本书系中国博士后科学基金面上资助项目"中国能源革命背景下绿色能源技术转移法律制度研究"（2020M670707）的最终成果。

能源革命背景下
张振宇◎著
绿色能源技术转移法律制度研究

Research on the Legal System of Green Energy
Technology Transfer under the Background
of the Energy Revolution

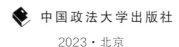 中国政法大学出版社

2023·北京

图书在版编目（CIP）数据

能源革命背景下绿色能源技术转移法律制度研究/张振宇著.—北京：中国政法大学出版社，2023.11
　　ISBN 978-7-5764-1202-4

Ⅰ.①能… Ⅱ.①张… Ⅲ.①无污染能源－技术转让－法规－研究 Ⅳ.①D922.674

中国国家版本馆CIP数据核字(2023)第221655号

出 版 者　中国政法大学出版社

地　　址　北京市海淀区西土城路25号

邮寄地址　北京100088信箱8034分箱　邮编100088

网　　址　http://www.cuplpress.com（网络实名：中国政法大学出版社）

电　　话　010-58908285(总编室) 58908433 （编辑部） 58908334(邮购部)

承　　印　固安华明印业有限公司

开　　本　720mm×960 mm　1/16

印　　张　19.5

字　　数　327千字

版　　次　2023年11月第1版

印　　次　2023年11月第1次印刷

定　　价　89.00元

//// 序 言 ////

　　能源是工业的粮食、国民经济的命脉，国家经济快速发展和社会民生长期稳定离不开能源事业的支撑。当前全球正面临着严峻的能源危机，尤以欧洲为甚。受后疫情时代经济复苏、气候变化导致风能、水能、太阳能等可再生能源减产，以及原计划于 2020 年和 2021 年实施的电厂（包括燃煤、天然气和核电厂等）维护与检修工作推迟等因素的影响，全球能源市场在 2021 年就已经面临着巨大的压力。2022 年 2 月爆发的俄乌冲突进一步加剧能源危机，对全球能源供应产生广泛而深远的影响，其持续时间及发展态势仍存在极大的不确定性。这些情况导致全球多个国家和地区在能源供应安全方面，面临着巨大风险。为应对当前能源危机，许多国家和地区采取了一系列短期能源政策和长期能源政策。短期能源政策的核心是在保障能源供应的同时，继续为人们提供可负担得起的能源。长期能源政策的关键是加快推进能源转型，特别是加快绿色能源的开发与利用，实现碳减排目标，包括提升可再生能源占比，提高能源利用效率，建设新核电机组，推进碳捕集、封存和利用技术的部署等。为此，国内和国际社会均迫切需要出台相关制度以促进绿色能源技术转移。

　　为加快创新技术转移，推动科技成果转移转化，国务院先后发布了《促进科技成果转移转化行动方案》和《国家技术转移体系建设方案》，明确提出我国目前迫切需要加强系统设计，构建符合科技创新规律、技术转移规律和产业发展规律的国家技术转移体系。综观当前技术转移方面的研究成果，国内外学术界多数围绕"跨国公司技术转移""大学技术转移""产学研合作""科技成果转化"等核心话题展开了大量的理论与实证研究，且在大学和企业技术转移能力、途径、模式等研究领域已形成一套完善的微观技术转移研究分析框架，然而大多数成果来自经济学和管理学，从法学的视角研究技术转移法律制度及其背后凸显的法律文化问题的成果相对较少。

《能源革命背景下绿色能源技术转移法律制度研究》一书基于能源革命这一时代背景，将研究对象从宏观层面的技术转移具象化至绿色能源技术转移法律制度，从国际法、国内法和争端解决机制三个维度构建绿色能源技术转移法律制度研究的分析框架，并在厘清绿色能源技术转移法律制度理论逻辑的基础上，沿着"现状总结——问题发现——成因分析——模式探索——完善建议"的思路剖析了当前绿色能源技术转移国际国内法律制度的运行机理与实践模式，充分结合能源革命的现实需求，为今后绿色能源技术转移法律制度的完善提供了很好的思路。

综观全书，作者在以下三个方面具有独特之处：

第一，在研究视角上，选取了能源革命这一时代背景。在能源革命语境下，仅靠企业自身开发绿色能源技术是远远不够的，需要国家通过法律的完善以及政策的制定等改革措施来激励企业通过参与技术转移的方式获取绿色能源技术，从而有效推动能源革命的进展。本书将绿色能源技术转移法律制度的完善置于能源革命这一大背景下进行研究，丰富了当前技术转移制度研究的视角，具有时代性和现实性。

第二，在研究框架上，构建了国际法、国内法、争端解决机制三层次的分析框架。当前，国际社会尚未形成系统完整的技术转移法律体系，其中较为典型的绿色能源技术转移法律制度更是缺乏体系性与逻辑性，因而对能源革命背景下绿色能源技术转移法律制度的研究缺乏一个宏观层面的指导。而本书从国际法、国内法和争端解决机制的维度出发，既体现了我国统筹推进国内法治与涉外法治的需求，又符合法律制度从制定到实施的运行逻辑。

第三，在研究方法上，本书不仅综合运用了管理学、政治学、法学等多学科的研究方法，对绿色能源技术转移法律制度的理论基础进行探析，而且还采用规范与实证研究相结合的方法，在对相关国际规范和国内规范内容进行分析的同时，选取相关典型案件对我国涉外和国内绿色能源技术转移行为进行分析，加强了本书的理论性与应用性的结合。此外，在绿色能源技术转移法律制度的现状分析上，本书运用多组数据予以佐证，使本书的可信度极大增强。

　　总体而言，本书选题新颖，立意高远，紧扣发展前沿开展研究。本书研究思路清晰，研究方法得当，进行了跨学科研究，强调理论与实证相结合，研究结论有一定的创新，对指导国家技术转移体系建设具有重要的参考价值。另外，本书的部分研究内容已经在《可持续性》（*Sustainability*）等国际重要学术期刊及《知识产权》等国内核心学术期刊上发表，体现了作者具有较强的独立研究能力。本书可供高校和科研院所在教学和研究中使用，也可供政府部门工作人员参考使用。

2023 年 8 月
于复旦大学江湾校区

自 序

当前，世界正经历百年未有之大变局，新一轮科技革命和产业变革深入发展，全球气候治理呈现新局面，生产生活方式加快转向低碳化、智能化。同时，逆全球化思潮抬头，单边主义、保护主义明显上升，世界经济复苏乏力，全球性问题加剧。各个国家和地区的气候承诺远不足以避免灾难性的全球变暖，各个国家和地区的举措和实践距离达到《巴黎协定》的目标和要求还有很大的差距，扭转碳排放趋势刻不容缓。《巴黎协定》的长期目标是在21世纪末全球平均气温与工业革命前相比上升幅度控制在2℃以内，并努力限制在1.5℃以内。然而，国际能源署在《2021年世界能源展望》报告中指出，在当前情况下，全球平均气温在2030年将超过1.5℃，并将继续攀升，直至2100年达到2.6℃。为此，我国加快节能降碳先进技术研发和推广应用，倡导绿色消费，推动形成绿色低碳的生产方式和生活方式，推动能源清洁低碳高效利用，推进工业、建筑、交通等领域清洁低碳转型，为全球气候治理作出积极贡献。

与此同时，全球能源生产和消费格局逐渐发生变化，能源市场上化石能源的退出与绿色能源的兴起，意味着以绿色、清洁、低碳、可持续发展为方向的新一轮能源革命到来。绿色能源资源丰富，且有着明显的时间性和地域性，只有依托绿色能源技术才能实现资源的高效开发和利用。因此，绿色能源技术的创新与应用显得格外重要。党的二十大报告中提出，要加快发展方式绿色转型，积极稳妥推进碳达峰碳中和，深入推进能源革命，加强煤炭清洁高效利用，加快规划建设新型能源体系，积极安全有序发展核电，积极参与应对气候变化全球治理。这些重要的工作举措是开展能源革命和实现"碳达峰、碳中和"的内在要求和有效途径，也是保障能源安全和实现经济高质量发展的重要支撑。

作为能源革命的关键所在，能源技术革命以提升能源自主创新能力为核心，以突破能源重大关键技术为重点，以能源新技术、新装备、新产业、新业态示范工程和试验项目为依托，为推动实现我国从能源生产消费大国向能源技术强国战略转变发挥着十分重要的作用。其中，推进绿色能源技术转移是释放能源革命科技创新力量的重要渠道。我国作为发展中国家，技术水平与发达国家和地区相比存在一定差距，面临新一轮的技术民族主义，以及《联合国气候变化框架公约》《联合国气候变化框架公约京都议定书》（以下简称《京都议定书》）、《巴黎协定》的目标实现受阻，给对发展中国家开展气候行动造成了严重影响和阻碍，加之发达国家和地区对技术垄断利益的追逐，导致我国和其他发展中国家和地区难以引进先进的绿色能源技术。作为负责任的大国，我国在构建人类命运共同体的实践中，将许多绿色能源技术分享给了其他国家和地区。作为技术的供应国与接受国，绿色能源技术转移的实现对于我们建设美丽中国、保障能源安全、实现高质量发展均具有重要的现实意义。其中，绿色能源技术转移法治路径的选择是推动能源革命的内生动力。

本书在分析能源革命背景下国内外绿色能源技术转移法律制度现有研究基础上，阐述了绿色能源技术及其转移的概念、特征，论述了绿色能源技术转移法律制度的概念、绿色能源技术转移法律制度的理论渊源（"私法行为公法化"理论、"限制贸易的技术民族主义与促进贸易自由的国际法制度的兼容性"理论、"气候正义"理论）以及绿色能源技术转移法律制度与能源革命的关系。在分析能源革命背景下绿色能源技术转移法律制度的现状及其不足的情形下，从国际法、国内法律以及争端解决机制三个层面尝试性地提出一些完善建议。本书认为，发达国家和地区在其私营部门的驱使下，为了保障自身绿色能源技术的竞争优势，聚焦知识产权保护新规则的制定，不断加大知识产权贸易壁垒，阻碍绿色能源技术向发展中国家和地区转移，成为绿色能源技术转移面临的主要问题。因而，在能源革命背景下，从国际社会来看，需要构建良性发展的制度环境与平台，完善国际知识产权制度，重视发展中国家和地区的主张，尤其要注重发挥清洁发展机制的作用；对我国而言，应当考虑技术发展的客观性，加快推进国内技术转移法律体系的构建，充分发挥政府的主导作用，同时通过税收优惠政策等措施激励私营部门积极参与绿色能源技术的转移；从争端解决机制来看，应当鼓励各个国家和地区仲裁机构以及技术转移争议主体主动选用国际通用商事仲裁规则来解决冲突，各个国家和地区也可开通与绿色能源技术相关仲裁的承认与执行快速通道，同时，加强绿色能源技术相关学科的综合性人才储备，并完善国际技术转移争议法律适用规定，特殊情形下私人利益应当适当让位于社会公共利益，以确保纠纷处理的公正性。

在太原理工大学文法学院工作已有近 6 年，本人的研究方向持续聚焦国际法、知识产权法、技术转移法。在此期间，本人在太原理工大学能源革命创新研究院以在职形式从事博士后研究，使本人对于包括超级电容电池、锂硫电池、石墨烯电池、燃料电池、固体锂电池等在内的新型化学储能技术，以及包括先进脱硫技术、新型清洁煤燃烧技术、先进脱硝技术、先进燃烧发电技术等煤炭清洁高效利用技术的发展现状有了深入的了解。在此，有些许感言需要表达。第一，感谢本人的博士后合作导师王晓敏教授给予的悉心指导，王老师为我们讲解了新型化学储能技术的相关知识，在一些学术活动上王老师分享了许多前沿储能技术在产学研合作及技术转移方面遇到的各种机遇和挑战，这些知识的传授令本人受益匪浅。第二，感谢复旦大学法学院马忠法教授。近年来，在国际法和技术转移法领域的教学方法、论文发表以及课题申报方面，马老师均给予本人很多指导和帮助。此外，马老师还分享了很多宝贵的法学学术研究经验和方法，使本人得到了许多启发。第三，感谢太原理工大学经济管理学院博士研究生杨秀瑞、山西大学法学院硕士研究生任旭敏、太原理工大学马克思主义学院硕士研究生葛转转、中南财经政法大学法学院硕士研究生郝顺兴，四位同学协助本人收集、翻译了相关国内外文献，对相关数据和信息进行了统计分析，制作了相关图表，对于本书的正文和参考文献的规范性做了大量细致入微的工作。第四，感谢中国博士后科学基金给予的资助，使本书得以顺利出版。最后，感谢中国政法大学出版社编辑对本书的认真校稿，因为他们的辛勤付出让本书的内容能够进一步完善。

本书旨在提供构建绿色能源技术转移法律体系的新路径，由于所涉研究具有一定的跨学科性，加之本人学识和能力的有限性，书中还有许多不足之处，敬请各位读者批评指正。

张振宇

2023 年 8 月

于太原理工大学明向校区

目 录 CONTENTS

绪　论

一、研究背景

能源是人类文明进步的重要物质基础和动力，关系国计民生和国家安全。近年来，我国已成为世界上最大的能源生产国和消费国，煤炭、电力、石油、天然气、新能源、可再生能源全面发展的能源供给体系已经基本形成，技术装备水平明显提高，生产生活用能条件显著改善。然而，能源需求压力巨大、能源供给冲击犹存、能源生产和消费对生态环境损害严重、能源技术水平总体落后等制约我国能源产业发展的因素也呈现在我们面前。[1]

20 世纪 70 年代以来，依靠技术推动经济迅速发展的国家和地区不在少数，近现代国家综合实力发展的本质就在于知识储量的扩大以及技术转换能力的增强。自第三次科技革命以来，世界步入信息化时代，科学技术转化为生产力，不断推动社会进步，实现了对原有落后技术的更迭，开启世界经济发展的新纪元，经济发展的张力与技术发展的潜能在经济全球化的催动下，最终造成发达国家和地区与发展中国家和地区之间经济与技术上的差距鸿沟。1964 年联合国贸易和发展会议成立，同年在日内瓦举办了第一届贸易发展大会，本次会议的召开为解决南北问题拉开了帷幕。在本次会议中提及"技术转移"一词，是解决南北问题的重要方略，这也是"技术转移"一词出现较早的场景。

（一）开展能源革命是实现能源安全和能源战略的必由之路

2014 年，习近平总书记就推动能源生产和消费革命提出五点要求：一是推动能源消费革命，抑制不合理能源消费；二是推动能源供给革命，建立多元供应体系；三是推动能源技术革命，带动产业升级；四是推动能源体制革命，打通能源发展快车道；五是全方位加强国际合作，实现开放条件下能源

---

〔1〕　参见吴新雄：《积极推动能源生产和消费革命——深入学习贯彻习近平同志关于能源工作的重要论述》，载《人民日报》2014 年 8 月 28 日，第 7 版。

安全。[1]2019年5月，中央全面深化改革委员会第八次会议审议通过《关于在山西开展能源革命综合改革试点的意见》（以下简称《意见》），这是党中央从世界能源大势和新时代能源战略全局出发，赋予山西的国家使命。《意见》要求山西扛起全国能源革命旗帜，以引领性改革为全国能源发展探路示范，以关键性改革为能源发展破解深层次矛盾，以全局性改革贯通能源发展领域各项改革任务，推动山西乃至全国能源发展出现一场深刻变革。[2]能源革命是我国现阶段的能源安全发展战略，是基于保障国家能源安全、构建现代化能源体系以及应对全球气候变化而提出来的。

2021年下半年，我国包括江苏省、浙江省、山东省、广西壮族自治区、云南省等在内的至少10余个省、自治区出现了限电、停产现象，原因：一是煤炭供应偏紧、电煤价格较高导致电力供应紧张；二是一些地区由于能耗双控压力而采取能源消费管控措施。在碳达峰、碳中和的目标下，这一轮限电、停产，尤其凸显了处理好中长期绿色转型与短期经济平稳增长之间关系的重要性。推进能源生产和消费革命是能源革命的主要内涵，目的是推进能源生产和消费方式的根本性变革。2022年1月，习近平总书记在山西考察调研时强调，推进碳达峰、碳中和，不是别人让我们做，而是我们自己必须做，但这不是轻轻松松就能实现的，等不得，也急不得。必须尊重客观规律，把握步骤节奏，先立后破，稳中求进。富煤贫油少气是我国的国情，要夯实国内能源生产基础，保障煤炭供应安全，统筹抓好煤炭清洁低碳发展、多元化利用、综合储运这篇大文章，加快绿色低碳技术攻关，持续推动产业结构优化升级。"双碳"目标的实现需要先立后破，减碳要通过转变生产生活方式来减，通过转型升级来减，通过科学发展、通盘谋划来减，而不应该通过一刀切式的停产、减产来减，以牺牲发展为代价来减。

党的十八大以来，在能源生产革命方面，以西电东送、西气东输等重点工程牵引，乌东德、白鹤滩水电站、国家大型风电、光伏发电基地、特高压输电通道等重点能源工程相继建成投运。在能源消费革命方面，持续推进煤炭、煤电淘汰落后产能，加快新能源汽车产业、充电设施建设发展，全电厨

---

〔1〕 参见吴新雄：《积极推动能源生产和消费革命——深入学习贯彻习近平同志关于能源工作的重要论述》，载《人民日报》2014年8月28日，第7版。

〔2〕 参见粟实、杨茂林：《以改革创新精神将能源革命进行到底》，载《山西日报》2019年9月23日，第9版。

房、全电景区、全电船舶等电能替代全面展开。在能源技术革命方面，中国自主三代核电华龙一号建成投运，深层天然气成藏理论及配套技术，页岩油气、海洋深水勘探开发关键技术等取得重大突破，氢能、储能、可再生能源、煤制油气技术取得重大进展。与此同时，我国的能源消费结构也发生了积极变化，煤炭消费比重从 2014 年的 65.8% 下降到 2021 年的 56%，是历史上下降最快的时期。清洁能源消费比重同期从 16.9% 上升到 25.5%，占能源消费增量的 60% 以上。[1] 截至 2023 年 6 月底，我国可再生能源装机达到 13.22 亿千瓦，历史性超过煤电，约占我国总装机的 48.8%。[2]

（二）促进技术转移是释放能源技术创新驱动效能的主要渠道

应对全球环境污染现状，发达国家和地区与发展中国家和地区已然达成节能减排的共识，但在具体应对策略上，发展中国家和地区相较于发达国家和地区而言，更需要通过绿色能源技术来达到节能减排与可持续发展的双重目标，但这也是发展中国家和地区的局限性所在，发展中国家和地区为了促进国内经济，不得不依赖化石能源推动工业发展，但这又与节能减排共识相矛盾。发达国家和地区已然度过早期高耗能发展阶段，其一方面依赖技术变革带来的便利，将更多资源投放在鼓励技术创新层面；另一方面将大量高耗能产业转至发展中国家和地区，使其在经济发展与节能减排之间进退维谷。从工业革命开始到 1950 年，人类由于化石燃料燃烧释放的二氧化碳的总量中发达国家和地区占了 95%；从 1950 年~2000 年，这 50 多年来，发达国家和地区的排放量仍占到总排放量的 77%。[3] 发达国家和地区过去大肆排放的做法为自身奠定了发展的经验与实力，在积累了足够财富的基础上发展新兴技术与科技，而发展中国家和地区在过去得到的发展有限，历史积累排放量少，但是就当前环境现状来看，发展中国家和地区无法再采用曾经发达国家和地区粗放式排放来发展自身经济，无法追及发达国家和地区的排放量来获得自身发展，而发展不足便难以汇集资源开展科学技术的研发，发展中国家和地

---

〔1〕　参见《我国加快建设能源强国 保障能源安全》，载 https://baijiahao.baidu.com/s? id = 1739554890283931817&wfr=spider&for=pc，最后访问日期：2023 年 5 月 16 日。

〔2〕　参见《装机突破 13 亿千瓦，约占总装机的 48.8%　我国可再生能源装机历史性超过煤电》，载《科技日报》2023 年 8 月 2 日，第 6 版。

〔3〕　参见《发达国家对气候变化负有不可推卸责任　应承担主要义务》，载 http://www.gov.cn/wszb/zhibo74/content_ 635138.htm，最后访问日期：2023 年 5 月 16 日。

区最终不得不面临发展与环保的双重压力。

因此，从历史责任与道义责任双重角度出发，发达国家和地区理应承担更多的环保责任，一定程度上保障发展中国家和地区的发展权利，在经济与技术上予以支持，其中技术是更为关键的要素。[1]联合国发布的《2019 年全球可持续发展报告》指出，未来使用前沿技术，能够同时解决发达国家和地区与发展中国家和地区在获取现有技术方面的风险和持续存在的差距，可能对实现可持续发展目标产生变革性的影响。[2]其中还指出气候变化是一项全球性的挑战，但其恶劣影响在各国或各地区之间分布不均，应对气候变化，取决于受影响国家和地区的发展水平，发展水平往往影响该国和地区应对恶劣状况的能力。发展中国家和地区受气候变化的影响过于严重，发展中国家和地区需要大规模投资于建设有复原力的基础设施、扩大安全网和采用新的气候智能型技术等方面，而这些需要花费大量资金，相反，发达国家和地区更要减缓和适应气候变化，但这并非割裂开的，需要采取全球办法以应对全球气候变暖的问题。[3]早在 2008 年，联合国主管经济和社会事务副秘书长沙祖康先生就在北京应对气候变化技术开发与转让高级别研讨会中表达，世界各个国家和地区领导人需要意识到，各个国家和地区必须采取共同行动，才能缓解和适应气候变化，技术是发达国家和地区与发展中国家和地区共同关心的问题，我们面临的实质挑战，就是要大大加快技术开发和转让的速度。

2021 年 5 月，习近平总书记主持召开中央全面深化改革委员会第十九次会议。会议强调，要加快推动科技成果转化应用，加快建设高水平技术交易市场。2020 年 5 月，科技部、教育部印发的《关于进一步推进高等学校专业化技术转移机构建设发展的实施意见》提出，"十四五"期间，全国创新能力强、科技成果多的高校普遍建立技术转移机构，体制机制落实到位，有效运行并发挥作用；高校科技成果转移转化能力显著增强，技术交易额大幅提升，高校成果转移转化体系基本完善。推进科技成果转化的关键手段就是促进技术转移。2022 年 1 月，国家发展改革委、国家能源局印发的《"十四五"现

[1] 参见尹锋林：《低碳技术创新、转移与知识产权问题研究》，知识产权出版社 2015 年版，第 33~37 页。

[2] See The United Nations, *Long-term Impact of Current Trends in the Economic, Social and Environmental Areas on the Realization of the Sustainable Development Goals: Report of the Secretary-General.*

[3] See The United Nations, *Financing for Development: Progress and Prospects 2018.*

代能源体系规划》指出，科技决定能源的未来，科技创造未来的能源。能源技术创新在能源革命中起决定性作用，必须摆在能源发展全局的核心位置。[1]这与习近平总书记提出的"创新是引领发展的第一动力"的重要论断高度契合。

从"能源发展"走向"能源革命"，我国经济发展方式向绿色低碳转变。在能源革命中，促进技术转移是释放能源技术创新驱动效能的主要渠道，应着力健全绿色能源技术转移法律制度，进一步打通绿色能源技术的产学研创新链、产业链、供应链以及价值链，加快能源技术创新和能源体制机制创新。

二、研究意义和研究目标

（一）本书的研究意义

1. 理论意义

（1）论述绿色能源技术转移与一般技术转移的区别，梳理分析我国、其他代表性国家和地区以及国际绿色能源技术转移法律制度，阐述能源革命与绿色能源技术转移法律制度的关系。

（2）论证如何完善绿色能源技术转移国际条约的订立及落实，积极确立合理的绿色能源技术转移国际规则；分析能源革命背景下阻碍我国绿色能源技术转移的主要原因，提出能源革命背景下健全国内相关法律制度的具体举措；论证绿色能源技术转移争端解决机制存在的问题，探寻一个具有执行力的国际争端解决机制。

2. 实践意义

（1）为国家及地方的人大、政府及其发展改革部门、科技部门、市场监督管理部门（知识产权管理部门）、税务部门、生态环境管理部门、自然资源管理部门等在绿色能源技术转移法律制度的构建及完善方面提供建议，促使绿色能源技术转移法律制度成为中国特色社会主义法律体系的重要组成部分。

（2）本书深入贯彻党的二十大精神、习近平法治思想以及习近平生态文明思想，为政府在制定推进生态文明建设和生态环境保护，促进人与自然和谐共生，推进能源多元化，提升能源保障能力以及促进科技创新及转化等方面政策提供相关参照；为企业、高校等研发单位在绿色能源技术转移、运用、

───────────────

〔1〕　参见国家发展改革委、国家能源局印发的《"十四五"现代能源体系规划》。

管理等方面提供参考。

（二）本书的研究目标

本书的研究目标是论述绿色能源技术的概念及特征；分析绿色能源技术转移与一般技术转移的区别；阐述能源革命背景下现行法律规定及政策的滞后性；在分析能源革命背景下我国绿色能源技术转移法律制度，及相关国际条约、国际会议文件的基础上，剖析现有相关制度存在的问题以及这些制度给绿色能源技术转移实践造成的消极影响，并分析这些不足产生的原因；从国际、国内和争端解决机制三个层面提出能源革命背景下促进绿色能源技术转移的法律完善建议。

三、国内外相关研究现状及其述评

（一）关于能源革命背景下绿色能源法律制度的相关研究

国内学者关于能源革命背景下绿色能源法律制度的相关研究，如韩兴旺认为，我国目前的能源法律制度存在缺位、错位现象，影响能源革命绩效释放，能源革命需要能源法律转型；提出通过构建以"能源法"为统领的能源法律体系来实现能源法律从行政管理到产业政策法的转型，以及能源调控从行政强制到市场淘汰机制的养成转型等措施，进而从根本上推动我国能源市场化进程，实现能源革命设定的目标，以此为基础实现可持续发展。[1] 曹俊金认为，能源与环境给社会提出的挑战，导致以化石能源为基础建立的法律制度体系难以为继，要求能源法律制度开始转型，从而反过来推动能源低碳转型。为此提出，除了技术、资金激励、市场规制与国际合作制度的匹配，能源低碳转型法律制度要从法律制定走向法律实效，必须通过相应的机制来推动能源法律制度的实施，应当健全能源低碳技术转移激励机制，完善能源低碳技术创新机制，加强低碳能源技术知识产权保护机制。[2] 田其云提出，绿色能源革命是一场以清洁能源替代化石能源的变革。在绿色能源革命背景下，最重要的是要调整固定电价制度，以可再生能源配额制度重构《中华人民共和国可再生能源法》（以下简称《可再生能源法》），在可再生能源配额制的基

---

〔1〕 参见韩兴旺：《能源革命视域下我国能源市场化法律转型研究》，华东政法大学 2015 年博士学位论文。

〔2〕 参见曹俊金：《我国能源低碳转型法律制度研究》，上海人民出版社 2017 年版，第 183～193页。

础上设计可再生能源绿色证书交易机制。[1]吕江认为，能源法律的形式构造是完善的能源法律体系的基本表现，我国的能源法律体系可以考虑形成能源基本法与能源政策法两大结构。[2]杨春桃认为，我国能源立法体系需要提升能源的生态环保价值，通过规制高碳化石能源，加快发展绿色低碳能源，建立绿色低碳能源激励与传统化石能源约束之间的结构性互补制度。[3]肖国兴认为，现行法律是适应传统化石能源结构的制度，因此法律创新就要敢于改变现行法律制度中有碍低碳发展的制度安排，并提出了制定"可再生能源产业振兴法"的设想。[4]徐以祥、刘继琛提出，在修法、立法的具体工作内容上，应当以低碳型"能源法"的制定为核心，以《中华人民共和国节约能源法》（以下简称《节约能源法》）、《可再生能源法》的科学修改为先导，有序在《中华人民共和国煤炭法》（以下简称《煤炭法》）、《中华人民共和国电力法》（以下简称《电力法》）及相关能源单行立法中落实"低碳化"能源法体系的具体制度。[5]

其他国家和地区学者的研究主要集中于能源革命背景下绿色能源法律制度的改革与完善方面，如 Teleuyev 等提出，对于可再生能源的使用，重要的是有一个良好的立法基础，可再生能源立法的主要任务是创造绿色技术发展的复杂条件，因而可再生能源立法需要包括某些层级结构，同时应当包括可再生能源开发的标准、激励措施的实现机制等内容。[6]Sabyrzhan 等提出，尽管有迫切的需求，但是可再生能源领域的国际合作只有少数特殊的国际标准的支持，且是在缺乏有效的制度基础上进行的。因此，可再生能源法应以全

---

〔1〕　参见田其云：《绿色能源革命背景下可再生能源发展的制度路径》，载《中州学刊》2019 年第 7 期。

〔2〕　参见吕江：《能源治理现代化："新"法律形式主义视角》，载《中国地质大学学报（社会科学版）》2020 年第 4 期。

〔3〕　参见杨春桃：《我国能源立法体系的不足与完善——以"结构—功能"分析方法为视角》，载《广西社会科学》2021 年第 4 期。

〔4〕　参见肖国兴：《论低碳革命与能源革命的法律实现》，载《南京工业大学学报（社会科学版）》2022 年第 2 期。

〔5〕　参见徐以祥、刘继琛：《论碳达峰碳中和的法律制度构建》，载《中国地质大学学报（社会科学版）》2022 年第 3 期。

〔6〕　See Galym B. Teleuyev et al., "Legal Regulation of Renewable Energy Sources Usage", *Journal of Legal, Ethical and Regulatory Issues*, Vol. 20, No. 2, 2017.

面的国际能源法为基础，不同的路径可以为可再生能源制定单独的规则或原则。[1]Bhargava 等提出，可再生能源产业的系统发展需要全面的立法。由于法律比政策能提供更多的确定性，碎片化立法不利于可再生能源产业发展，加上为可再生能源提供了独立立法框架的国家已经取得了显著和重大的发展，因而需要对可再生能源进行单独立法。[2]Meskic 等提出，国际环境法应通过技术转让促进现有清洁技术的更广泛应用，并审查新技术的发展是否符合可持续环境。此外，分享科学进步并享受其成果的人权体现为平等获得技术的权利。私营部门和政府部门对可持续目标的法律执行仍然是气候变化的主要关切之一。[3]

（二）关于绿色能源技术转移法律制度的相关研究

国内外学者对于绿色能源技术转移法律制度的研究并不多见，相关研究集中于环境无害技术、清洁能源技术、低碳技术或气候友好型技术转移的法律及政策制定等方面。国内方面，邹骥等提出，环境公约是政府间的协议，政府作为主要驱动力理应搭建技术转移的平台，发达国家和地区政府要采取优惠的措施，鼓励本国和地区企业向发展中国家和地区转移技术。[4]王艳冰认为，发展中国家和地区应灵活运用国际经济规则，在不违背国际义务前提下对环境敏感项目的投资实施技术转移要求，并积极参与有关国际规则的制订，利用各种可能途径强调私人投资的环境无害化技术转移义务。[5]张发树等提出，在巴厘路线图谈判中，国际社会应该加快谈判进程，积极推进气候变化领域《技术合作议定书》的建立，提出《联合国气候变化框架公约》下对发达国家和地区的可测量、可报告、可核实的技术转移义务，规定发达国家和地区必须通过技术转移在发展中国家和地区实现量化

---

[1] See Ali Sabyrzhan et al., "Economic and Legal Regulation of the Use and Development of Renewable Energy Sources", *International Environmental Agreements: Politics, Law and Economics*, Vol. 21, No. 4, 2021, pp. 595-610.

[2] See Bhargava A., Kochhar K, "The Need for Legislation on Renewable Energy for Sustainable Development in India", IOP Conference Series: *Earth and Environmental Science*, Vol. 1084, No. 1, 2022.

[3] See Meskic Z. et al., "Digitalization and Innovation in Achieving SDGs-Impacts on Legislation and Practice", IOP Conference Series: *Earth and Environmental Science*, Vol. 1026, No. 1, 2022.

[4] 参见邹骥、王海芹：《浅谈多边环境公约背景下国际技术转移的特殊性》，载《环境保护》2007 年第 8 期。

[5] 参见王艳冰：《环境无害化技术转移的法律障碍与对策》，载《学术论坛》2008 年第 4 期。

的减排。[1]刘芬等提出，政府应突出低碳环境友好技术转移在清洁发展机制（CDM）项目中的重要地位，可考虑将减排认证与技术转移挂钩，同时要对技术转移作明确规定，使技术转移真正地发生，而不是只转移相关的设备。[2]张桂红、蒋佳妮认为，气候有益技术的普及和应用需要打破国际知识产权保护只有"最低标准"的固有假设，在国际层面和各个国家和地区的立法中设置"上限标准"，重新定位和完善知识产权保护标准及相关的制度。[3]王敏认为，低碳技术转移应该落实到发达国家和地区与发展中国家和地区在明确知识产权归属及保障财产权的前提下进行合作，实现双方市场、资源和技术的优化配置。[4]黄以天、罗天宇提出，全球法律框架有必要就如何评估技术转让与受让国长期发展议程之间的兼容性制定更具体的规则，将关于技术转让的国家政策尽可能与全球气候法律框架更加顺利地联系起来。[5]马忠法等认为，从国内法的角度来看，应重视环境友好技术转让或引进的立法与执法，加快和完善国内环境友好技术的转化和转让及鼓励科技创新立法，建立和逐步完善技术交易机制，成立专门进行技术交易的交易所，推动技术转让和转化，让技术发挥其应有的作用。[6]史学瀛、陈英达提出，促进无害环境技术向发展中国家和地区的转让，发达国家和地区需承担道义责任，为发展中国家和地区提供国际援助，并适当引入干预机制，努力消除不合理利用知识产权制度的现象，而发展中国家和地区需要进行技术创新，建立更好的市场环境，以吸收域外先进的技术。[7]此外，马忠法等基于对国际、国内现有应对气候变化的技术转让制度存在的不足，提出了私营部门参与应对气候变化技术转让的法律规范的完善路径。在国际层面上，应当完善现有的多边、区域性和

---

〔1〕 参见张发树等：《低碳技术国际转移的双重博弈研究》，载《中国人口·资源与环境》2010年第4期。

〔2〕 参见刘芬等：《低碳环境友好技术转移研究综述》，载《中国能源》2013年第12期。

〔3〕 参见张桂红、蒋佳妮：《气候有益技术转让背景下国际知识产权保护标准再探讨》，载《南都学坛》2014年第4期。

〔4〕 参见王敏：《低碳技术转移与知识产权保护冲突研究》，华南理工大学2015年硕士学位论文。

〔5〕 参见黄以天、罗天宇：《气候友好型技术转让与国际法：挑战与应对》，载《复旦国际关系评论》2017年第2期。

〔6〕 参见马忠法等：《清洁能源技术转移法律制度研究》，法律出版社2018年版，第358页。

〔7〕 参见史学瀛、陈英达：《向发展中国家进行无害环境技术转让的知识产权困境及出路》，载《西部法学评论》2018年第3期。

双边协定，并利用政府和社会资本合作（PPP），吸引私人参与应对气候变化。在国内应以充分发挥私营部门在技术转让方面的积极作用为宗旨，完善我国的相关技术转让和 CDM 方面的法律规范等。[1]

其他国家和地区方面，Barton 认为，许可和参与研发是清洁能源技术转移的主要模式，知识产权制度为多数具有商业价值的技术之运用和开发提供了规制框架，《与贸易有关的知识产权协定》（以下简称 TRIPS 协定）和知识产权制度在无害环境技术的获得与分享方面的灵活性较弱，知识产权制度对清洁能源技术转移构成的障碍没有在药品领域大。[2]Abbott 认为，清洁能源技术不适合实施强制许可，清洁能源技术相对于药品而言，对专利强保护的适用性不强，并且环境领域的知识产权给发展中国家和地区带来的危险远小于公共健康领域的知识产权。[3]Karakosta 等认为，技术转移并不是 CDM 明确的目标，但 CDM 可以通过资助减排项目，为技术转移作出贡献。Banet 认为，由于清洁能源技术领域内的技术民族主义再次兴起，国家之间的竞争已经取代了企业之间的竞争。这一趋势导致许多国家和地区采取了保护性和防御性的法律和政策，这些法律和政策可能具有贸易限制性，因此阻碍了完成能源转型所需的技术转让。[4]Olawuyi 提出，新气候技术在非洲快速传播所遇障碍是复杂的，仅靠增加技术转让活动是无法解决的，必须解决阻碍协调气候技术吸收框架实施的法律制度及体制障碍。这些障碍具体包括：获取进口气候技术信息的渠道不足、对进口技术的法律保护薄弱、缺乏部署和维护进口技术的国内能力、刺激清洁技术创业的监管环境薄弱以及气候变化法律的缺失或不足。[5]Azam 评估了《巴黎协定》和《联合国气候变化框架公约》支持

---

〔1〕 参见马忠法等：《应对气候变化的技术转让法律制度》，上海人民出版社 2019 年版，第 289~290 页。

〔2〕 See John H. Barton et al. , "Intellectual Property and Access to Clean Energy Technologies in Developing Countries: An Analysis of Solar Photovoltaic, Bio Fuel and Wind Technologies", *ICTSD Programme on Trade and Environment*, No. 2, 2007.

〔3〕 See Frederick M. Abbott, "Innovation and Technology Transfer to Address Climate Change: Lessons from the Global Debate on Intellectual Property and Public Health", *International Centre for Trade and Sustainable Development*, No. 24, 2009.

〔4〕 See Zillman D. et al. , *Innovation in Energy Law and Technology: Dynamic Solutions for Energy Transitions*, Oxford University Press, 2018, p. 75.

〔5〕 See Damilola S. Olawuyi, "From Technology Transfer to Technology Absorption: Addressing Climate Technology Gaps in Africa", *Journal of Energy & Natural Resources Law*, Vol. 36, No. 1, 2018, pp. 61-84.

（或可能支持）最不发达国家和地区的程度，尤其是在获取气候技术方面，为实现《巴黎协定》的目标，提出了一些促进向最不发达国家和地区进行有意义的技术转让的潜在措施，包括明确技术要运用金融机制的作用，要注重能力建设、利用可持续发展机制，改进透明度和报告机制，以及对知识产权采取务实的做法等。[1]Chaewoon Oh 认为，在环境有效性的标准中，联合国气候技术中心与网络（CTCN）有助于缓解和适应气候变化，CTCN 为促进发展中国家和地区在能源领域获得气候技术和相关市场创造做出贡献。[2]

（三）关于一般技术转移法律制度的相关研究

针对一般技术转移存在的法律问题，各个国家和地区学者提出了一些学术观点。国内方面，李志军等提出，进一步明确《中华人民共和国科学进步法》（以下简称《科技进步法》）中的拜杜规则，在鼓励科技创新和技术产业化的同时，保持国家在公共利益维护上的适当威慑力，又不至于过度干预技术的许可转让等活动。[3]袁嘉认为，如果在《关于滥用知识产权的反垄断指南》中能够加入审查技术转让协议中的许可费条款是否构成横向垄断协议或纵向垄断协议的判断标准，更能增进该指南的指引作用，以避免在出现问题时再行修订。[4]唐素琴、周轶男提出，提升我国科研机构技术转移的地位，可借鉴美国 CRADA 技术转移合作模式，促进技术转移活动的标准化发展，确立相应技术转移模式及相应法律合同模板。[5]何艳认为，由于技术转让与贸易、投资和知识产权关系密切，我国作为多边贸易的坚定支持者应当推动在 WTO 多边贸易体制下的技术转让规则的新一轮谈判，达成具有操作意义的技术转让规则，以完善 TRIPS 协定和《与贸易有关的投资措施协定》（以下简称

---

〔1〕　See Monirul Azam, "A Journey from Rio to Paris via Kyoto to Facilitate Technology Transfer to the LDCs under the UNFCCC", *Journal of Property*, *Planning and Environmental Law*, Vol. 13, No. 1, 2021, pp. 60-84.

〔2〕　See Chaewoon Oh, "Evaluation of the UNFCCC Technology Mechanism's Contribution to An International Climate Policy Framework", *International Environmental Agreements*: *Politics*, *Law & Economics*, Vol. 22, No. 3, 2022, pp. 1-16.

〔3〕　参见李志军等：《技术转移与知识产权保护》，中国科学技术出版社 2013 年版，第 21 页。

〔4〕　参见袁嘉：《技术转让协议的反垄断规制》，中国政法大学出版社 2017 年版，第 152 页。

〔5〕　参见唐素琴、周轶男：《美国技术转移立法的考察和启示——以美国〈拜杜法〉和〈史蒂文森法〉为视角》，知识产权出版社 2018 年版，第 225 页。

TRIMS 协定）在技术转让国际规则方面的不足[1]。彭亚媛等提出，为克服"市场导向"的国际技术转移法律政策带来的贫富差距拉大和技术结构性权力固化，我国作为发展中国家的代表，应提升国际技术转移规则的"包容性"，提出构建"可持续的国际技术转移制度"。[2]

其他国家和地区方面，Teece 提出在许可和专有技术协议上制订许多限制性条款的目的在于保护交易和潜在的专有技术，当缺乏它们时，技术转移会变少，从而对所有双方造成损失，或者技术转移效率变低。[3]Khan 认为，由许可方式进行的技术转让与由外国投资方式的技术转移不同，其溢出收益对接收技术的组织或社会将是一笔巨大的财富。[4]Prud'homme 等提出，如果国家充分运用决定政策杠杆的七个条件的杠杆作用，[5]我国的 FTT（强制技术转让）政策使国内可能获得其他国家和地区的前沿技术，否则，这些杠杆作用就会减弱，甚至可能会阻碍技术转移。[6]Anderson 汇集了与技术转移相关的法律制度和实践信息，分别从知识产权法、合同法、欧盟竞争法等方面详细分析了技术转让合同的合规性及注意事项。[7]Klein 研究了知识产权对发展中国家和地区外国直接投资和技术转让的影响，认为加强专利保护可能会刺激外国投资，但无法鼓励技术转让。相比之下，加强商业秘密保护可能会实现这两个目标。[8]

---

[1] 参见何艳：《技术转让履行要求禁止研究——由中美技术转让法律争端引发的思考》，载《法律科学（西北政法大学学报）》2019 年第 1 期。

[2] 参见彭亚媛、马忠法：《管制与自由：国际技术转移法律规则的回顾与展望》，载《国际经济法学刊》2021 年第 3 期。

[3] 参见［美］大卫·蒂斯：《技术秘密与知识产权的转让与许可——解读当代世界的跨国企业》，王玉茂等译，知识产权出版社 2014 年版，第 39 页。

[4] 参见［美］拉希德·卡恩：《技术转移改变世界：知识产权的许可与商业化》，李跃然、张立译，经济科学出版社 2014 年版，第 5 页。

[5] 七个条件具体包括：国家对工业增长的大力支持、寡头垄断竞争、与 FTT 政策紧密互补的其他政策、高技术不确定性、提供具有基本可支配性和适应产业结构的政策运作模式、国家对改革的回避及严格的政策遵守机制。

[6] See Prud'homme et al., "'Forced Technology' Transfer Policies: Workings in China and Strategic Implications", *Technological Forecasting and Social Change*, Vol. 134, 2018, pp. 150–168.

[7] See Mark Anderson, Victor Warner, *Technology Transfer*, Bloomsbury Professional, 2020, pp. 9–12.

[8] See Michael A. Klein, "Patents, Trade Secrets and International Technology Transfer", *Economics Letters*, Vol. 210, 2022.

（四）国内外研究现状述评

从以上国内外学者关于能源革命背景下绿色能源法律制度、绿色能源技术转移法律制度以及一般技术转移法律制度的相关研究可以看出，相关研究主要采用法学、经济学、公共政策学等跨学科研究方法，尤其是绿色能源技术转移的研究更具有学科交叉的特征。除此之外，目前许多研究分别从宏观和微观的分析视角来论证法律制度对绿色能源技术转移的推动作用，既体现了总体法律制度的制定对促进绿色能源技术转移的指导作用，又强调了具体法律制度的实施对绿色能源技术转移的保障效用，为我国相关法律体系的完善提供了重要参考。总的来说，现有的研究为绿色能源技术转移法律制度的完善提供了较为丰富的理论基础和研究经验，具有重要的理论价值。

然而，现有研究在以下方面仍然存在不足：一是对绿色能源技术转移的法律问题分析得不够深入。许多对法律制度的探讨都仅停留于法律问题本身，没有进一步分析问题的产生原因和阐释制度的法律基础。二是由于不同专业领域的知识结构限制，相关研究很难对绿色能源技术转移的法律问题提出全面的制度设计。相关建议多是原则性和抽象化的建议，而缺少具体、实际、明确的制度指引。因此，一方面需要深入分析存在的法律问题，探寻问题的产生原因及制度的法理依据；另一方面在完善相关法律制度上仍需进一步细化，以提升其可操作性。具体而言，在国际层面进一步促使《京都议定书》《巴黎协定》及其实施细则（2021 年 11 月通过）等应对气候变化及环境变化的国际条约在各个国家和地区顺利实施，解决限制贸易的技术民族主义措施与促进贸易自由的国际法制度的兼容性问题，以及完善现有绿色能源技术转移法律制度的监督和纠纷解决机制；在国内层面完善和细化绿色能源技术转移法律制度，以应对尚未解决的法律问题，如深入探讨"绿色能源技术转移法律规范体系不健全，忽略市场经济主体的能动作用""法律规范实施不科学，绿色能源技术转移多流于形式"等。

四、研究思路和研究方法

（一）研究思路

为了更全面地构建能源革命背景下绿色能源技术转移的法律制度体系，第一，从现有理论出发，论述绿色能源技术及其转移的基本概念及特征，分析绿色能源技术转移与一般技术转移的区别，进而论述绿色能源技术转移法律制度的基本理论，并分析其与能源革命之间的关系；第二，从绿色能源技术转移的国际法规定、代表性国家和地区的法律规定和我国的法律规定出发，分析评述能源革命背景下域内外的绿色能源技术转移法律制度现状；第三，在现有法律制度基础上，分析能源革命背景下国际、国内绿色能源技术转移法律制度存在的问题及成因，并从制度实施后的纠纷解决途径来分析绿色能源技术转移争端解决机制的不足及背后的理由；第四，从我国能源实践出发，探索能源革命背景下我国绿色能源技术转移的三种模式：投资贸易、专利许可和国际合作；第五，针对存在的制度问题，结合我国的能源实践，从国际、国内和争端解决机制三个层面提出完善绿色能源技术转移法律制度的建议。

（二）本书的研究方法

1. 跨学科研究方法。本书运用了管理学、政治学、法学等学科的研究方法。如"限制贸易的技术民族主义与促进贸易自由的国际法制度的兼容性"涉及政治学与国际经济法的交叉，"绿色能源技术转移所涉知识产权管理问题"涉及管理学与知识产权法的交叉。然而，本书主要围绕绿色能源技术转移的法律制度的问题、成因及完善展开，法学研究依然是主要研究方法。

2. 规范研究与实证研究相结合的方法。如在"绿色能源技术转移与知识产权法律法规"部分，分析了《中华人民共和国专利法》（以下简称《专利法》）、《中华人民共和国专利法实施细则》（以下简称《专利法实施细则》）、《中华人民共和国促进科技成果转化法》（以下简称《促进科技成果转化法》）等相关法律规定内容及相关法律条款之间关系。在"完善国际技术转移争议法律适用规定"中引用了"OPPO 公司诉夏普公司标准必要专利许可纠纷"案的典型做法可以类推适用于跨国绿色能源技术转移案件，并提出了在处理跨国绿色能源技术转移诉讼案件时，我国法院应灵活适用相关法律制度，进一步加强法院判决的执行力。

3. 比较研究方法。通过对欧盟和美国关于绿色能源技术转移法律制度的分析，总结了其在技术转移人才队伍建设、政府发挥总体布局和优化配置作用以及行业规划和宏观政策支持方面的先进经验，将其与我国绿色能源技术转移法律及政策进行了比较。为我国构建技术转移的法律体系，激励私营部门参与技术转移的热情，促进绿色能源技术的推广及应用提供借鉴。

五、主要研究内容

本书主要围绕能源革命的时代背景，对绿色能源技术转移的国际法律制度、国内法律制度以及争端解决机制存在的问题及成因展开研究，并提出相对应的完善建议。具体包括以下五个部分。

（一）能源革命背景下绿色能源技术转移法律制度的理论基础

在阐述能源革命的基础上研究和分析绿色能源技术与无害环境技术、气候变化减缓及适用技术、清洁能源技术以及环境友好型技术等的共性及区别是本书第一章的重要内容。在此基础上，得出绿色能源技术的概念，并根据包括技术转移产权论、技术转移的功能趋同论、技术转移需求资源关系理论、技术转移中间技术理论等在内的技术转移理论，[1] 分析技术转移的本质，论述绿色能源技术转移与一般技术转移的区别，阐述气候风险日益加剧下绿色能源转移与一般技术转移在国际贸易、知识产权、投资和国际合作上面临的挑战并阐释绿色能源技术对于推动能源革命的意义；而后基于绿色能源技术转移与知识产权的关系，对当前学术界的三种主流观点进行简述，并提出三种理论拟解决的两个问题；最后论证绿色能源技术转移的知识产权制度、贸易相关法律、竞争法以及环境资源法律与能源革命的关系，提出我们需要在能源革命背景下找到适合绿色能源技术转移的法律路径和制度。

（二）能源革命背景下绿色能源技术转移的法律制度现状

本书第二章简要评述能源革命背景下绿色能源技术转移的国际法规定、代表性国家和地区以及我国的绿色能源技术转移法律制度。首先，对于应对气候变化及环境保护相关的国际条约及国际会议文件对绿色能源技术转移的规定，本书将分析它们内在的逻辑关系，重点指出它们对保护生态、节能降耗、低碳减排所带来的影响、积极作用与实际效果；其次，本书还将评述我国现有相关法律制度及争端解决的司法实践，分析我国从国际社会获取绿色能源技术和在此基础上形成创新能力的现状，评述我国自主原创技术方面的业绩和技术转让法律制度对其形成和扩散所产生的作用；最后，本书将评述欧盟、美国关于绿色能源技术转移的法律规定，分析可以从中借鉴之处及启示。

---

〔1〕　参见熊焰等主编：《专利技术转移理论与实务》，知识产权出版社 2018 年版，第 71~81 页。

（三）能源革命背景下绿色能源技术转移法律制度存在的问题

分析能源革命背景下绿色能源技术转移法律制度在国际层面、国内层面和争端解决机制层面存在的问题及成因是本书第三章的主要内容。第一，在国际层面，分析《联合国气候变化框架公约》《京都议定书》《巴黎协定》、TRIPS 协定等国际条约及相关实务活动，指出现有法律制度的问题，并探寻问题存在的原因；第二，在国内层面，分析《中华人民共和国环境保护法》（以下简称《环境保护法》）、《中华人民共和国清洁生产促进法》（以下简称《清洁生产促进法》）、《中华人民共和国民法典》（以下简称《民法典》）、《节约能源法》《专利法》《可再生能源法》等规定之不足、实证中存在的问题及原因；第三，在争端解决机制层面，研究现有解决绿色能源技术转移争端的两种国际通用方法——仲裁和诉讼，分析在能源革命背景下这两种争端解决机制的不足，并探析这些问题产生的原因。

（四）能源革命背景下我国绿色能源技术转移的实践

本书第四章将基于能源革命背景下我国绿色能源技术转移的实践，分析我国绿色能源技术转移的三种模式：投资贸易、专利许可和国际合作。一是在投资贸易方面，通过分析绿色能源技术相关的货物及服务贸易、CDM、外商直接投资及其技术溢出、PPP 的四种实践，得出适合我国绿色能源技术转移的贸易模式；二是在专利许可方面，通过分析我国绿色能源专利技术的现状，提出我国技术引进的不足，并提出相关建议；三是在国际合作方面，通过分析我国与美国、东盟、欧盟和非洲的绿色能源技术合作现状，为我国今后与他国（地区）的国际合作提出相应的建议。

（五）能源革命背景下绿色能源技术转移法律制度的完善

结合我国国情及在绿色能源技术转移方面的实践，针对上述问题和原因，本书第五章从国际法律制度、国内法律制度和争端解决机制三个层面提出相关完善建议。在国际层面，针对国际绿色能源技术转移法律制度存在的问题，从知识产权制度、发展中国家和地区、CDM 角度给予完善建议；在国内层面，从自身技术转移法律体系的构建及推进执法工作、知识产权与税法的完善、CDM 碳减排功能及政府主导作用的发挥以及适应能源革命需求的视角提出相关建议；在争端解决机制层面，从国际通用商事仲裁规则、承认与执行仲裁裁决的绿色快速通道、绿色能源技术综合性人才储备和国际技术转移争议法律适用规定完善等角度进行完善，以期在能源革命背景下对紧密相关的绿色能源技术转移法律制度予以完善。

六、研究重点、难点和创新点

(一) 研究重点

1. 如何通过国际性法律规范为绿色能源技术在全球范围内的广泛传播铺平道路，是当前和今后一个时期值得研究的重要问题。在应对全球气候变化方面，发达国家和地区与发展中国家和地区已然达成节能减排的共识，但在绿色能源技术转移的具体应对措施上，发达国家和地区与发展中国家和地区存在较大差距，从而导致达成的有关国际条约内容空洞，不具有可操作性，对绿色能源技术的国际转移没有实际效果。为此，应以现有国际法规范为基础，重视发展中国家和地区的主张和法律制度的实行效果，积极确立合理的绿色能源技术转移国际规则。

2. 提出并论证能源革命背景下阻碍我国绿色能源技术转移的主要原因在于我国对经济发展与环境治理之间协调性的忽视及相关法律制度对技术市场的推动作用不明显，从而使我国的法律规范制度难以满足能源革命的现实需要。基于此，我国应借鉴世界主要发达国家和地区以及发展中国家和地区在绿色能源技术发展和转移方面的经验，完善国内技术转移法律制度，在现有地方技术转移条例的基础上推动技术转移法的立法，或协调现有相关规定，促进技术转移。

3. 论证绿色能源技术转移争端解决机制建设的制度因应。仲裁和诉讼在解决绿色能源技术转移争端上各有优劣，对纠纷的解决都存在不确定性。因而，探寻一个具有执行力的国际争端解决机制对绿色能源技术转移纠纷进行处理至关重要。为此，各个国家和地区仲裁机构及争议主体对国际通用商事仲裁规则的适用、仲裁承认与执行快速通道的开通、人才的储备及法律适用规则的完善，都将推动新的争端解决机制的建立。

(二) 研究难点

1. 如何促进私营部门参与应对气候变化的技术转让。应对气候变化的公益性与私营部门技术转让的私益性存在根本冲突，如何促进以跨国公司为代表的私营部门积极参与相关技术转让，是能源革命背景下绿色能源技术转移制度建设的一大难题。从国际技术转移的实践和法律制度存在的诸多不足出发，分析其中对政府主导地位的重视和对私营部门作用的忽视，进而探讨能源生产和消费革命下激励私营部门参与绿色能源技术转移进程中的路径选择，是本书研究的重要方向。

2. 如何选择我国绿色能源技术转移法律制度的完善路径。一方面，统一技术转移法律规范的制定具有普适性，不仅可以对绿色能源技术转移部分作出特别规定，还能对其他技术转移部分进行激励与规制。另一方面，相较于现有的法律体系，将有关绿色能源技术转移的内容分布在知识产权、贸易投资、竞争法及税收、环境与资源保护等多个领域的选择实现难度更小，更符合现阶段的制度构建。因此，哪种路径更能促进绿色能源技术转移是研究的难点所在。

（三）创新点

1. 独特的研究角度。本书采用横向和纵向结合的分析视角，从国际与国内法律制度之横向维度和法律制度的实施与争议解决之纵向维度，聚焦法律体系、内容、实施等领域探讨了绿色能源技术转移制度存在的问题及成因，并分别从国际法律制度、国内法律制度和争端解决机制三个层面提出了相应的完善建议，为绿色能源技术转移法律制度的完善和正确实施提供借鉴。

2. 新的争端解决机制。绿色能源技术转移的争端具有特殊性，适用已有的仲裁或诉讼解决途径存在过程和结果的不确定性。不同于以往对 WTO 争端解决机制的直接适用，本书基于国际通用的两种方法和现有国际规则，提出了一个针对绿色能源技术转移的，包括仲裁规则的适用、仲裁的承认与执行、诉讼的法律适用的完善等多项内容的争端解决机制，为相关纠纷的处理提供了新的思路。

能源革命背景下绿色能源技术转移法律制度的理论基础

党的二十大报告提出，深入推进能源革命，加强煤炭清洁高效利用，加快规划建设新型能源体系，面对能源供需格局新变化、国际能源发展新趋势，为推进能源生产和消费革命，保障国家能源安全，我国制定了《能源生产和消费革命战略（2016—2030）》，实施期限为 2016 年~2030 年。其中，重点强调了能源技术革命的推动，提出我国要以绿色低碳为方向，坚持自主创新，分类推进技术创新、商业模式创新和产业创新，将技术优势转化为经济优势，培育能源技术及关联产业升级的新增长点。[1]与之相对应，绿色能源技术的兴起与发展引领了新的能源革命。从绿色能源技术本身出发，探寻绿色能源技术转移及其法律制度，进而分析能源革命与绿色能源技术转移法律制度的关系，是本书研究的基础。

第一节　能源革命概述

一、能源革命的产生及发展

（一）能源革命的历史沿革

能源作为人类社会发展的基础，其重要性不言而喻。至今人类历史上已经发生了三次能源革命，每一次能源革命都引起了社会经济的重大变革，对人类发展进程产生了深远影响，能否抓住并利用能源革命在一定意义上也决定了国家在世界发展进程中的地位和竞争力。从能源革命的实际内容来讲，每一次能源革命都与工业革命的发生密切相关。能源革命是工业革命的前提与实现条件，工业革命是能源革命的实现结果与表现形式。

---

〔1〕　参见《能源生产和消费革命战略（2016-2030）》，载《电器工业》2017 年第 5 期。

第一次能源革命以人工火代替自然火为标志，也叫"薪柴时代"。大概在40万年前，人类学会钻木取火并保留火种，实现了从利用自然火到利用人工火的转变。以"火"的使用为标志，人类可以通过燃烧柴薪来利用储存在有机物中累积的太阳能，并逐渐掌握冶炼技术，从石器时代走向铁器时代，推动了人类从原始文明迈向农业文明。第一次能源革命改变了整个人类社会的发展进程，奠定了人类发展的物质与生存基础。

第二次能源革命的标志是煤炭和石油的大规模应用，也被称为"煤炭时代"。18世纪中叶，英国工业革命的兴起加速了人类对能源的需求，人类对能源的利用从地表转向地下，煤炭成为主要的工业原料，蒸汽机的发明使得煤炭等化石能源可以转化为动力。到19世纪，内燃机的使用引发了对石油的需求，液体能源逐步接替固体煤炭成为主要能源。在这个阶段，工业化生产得到了更好的满足，人类社会现代化进程也得到了有力推动。

第三次能源革命的标志是电的发明和大规模使用，也称"电气时代"。19世纪下半叶，人类解决了能源长距离的传输问题，开启了能源利用的网络化时代。电的发现与使用彻底改变了人类的工业化进程，一大批使用电力的装备随之产生，大幅度提高了全社会的生产力，使人类文明进程不断提速，同时加快了全球工业化的进程。

如今，人类已经进入第四次能源革命，它以新能源和信息技术融合为标志，开启了以高效化、清洁化、低碳化、智能化为主要特征的能源时代。其目标是消除化石能源消费所引发的环境问题，塑造一个经济、可持续的能源供应新格局。事实证明，能源革命对人类生产生活所产生的影响是颠覆性的，它重新塑造了崭新的生活方式和经济模式。[1]

（二）能源革命的政策演进

党的十八大以来，从党中央召开的历次相关会议文件及会议精神可以看出，我国的能源革命政策经历了一个从"推动"到"推进""加快推进"再到"深入推动"的递进式过程。

第一，"推动能源生产和消费革命"。2012年11月召开的党的十八大首次提出"推动能源生产和消费革命"，随之我国的能源发展也进入新时代。

---

〔1〕 参见文绪武：《能源革命背景下中国能源管制法律问题研究》，浙江大学出版社2018年版，第14~17页。

2014 年 6 月 13 日，习近平总书记在中央财经领导小组第六次会议上明确提出了"四个革命、一个合作"能源安全新战略，为新时代能源高质量发展指明了方向、开辟了道路，成为新时代推进能源革命的指导思想和根本遵循。

第二，"推进能源革命"。2015 年 10 月召开的党的十八届五中全会提出"推进能源革命"，并提出"建设清洁低碳、安全高效的现代能源体系"。能源革命由"推动"到"推进"，意味着经过 3 年的努力，我国能源革命的基本路线不断清晰完善，"清洁低碳、安全高效"高度概括了能源革命的内容和目标，明确了建设什么样的现代能源体系。

第三，"加快推进能源生产和消费革命"。2016 年 12 月，习近平总书记对神华宁煤煤制油示范项目建成投产作出重要指示强调，要加快推进能源生产和消费革命，增强我国能源自主保障能力。2020 年 9 月，习近平总书记在第七十五届联合国大会一般性辩论上的讲话中宣布，中国二氧化碳排放力争于 2030 年前达到峰值，努力争取 2060 年前实现碳中和。2020 年 12 月，习近平总书记在气候雄心峰会上进一步宣布了中国非化石能源消费比重目标，为我国能源的创新发展和低碳布局指明了方向。

第四，"深入推动能源革命"。2021 年中央经济工作会议作出"深入推动能源革命，加快建设能源强国"的重大决策部署。"十四五"规划纲要提出构建现代能源体系，重申推进能源革命。同时，党的二十大报告也对"深入推进能源革命"进行了重申，将其作为实现"双碳"目标的主要手段。从"加快推进"到"深入推动"，意味着我国今后的能源革命工作重点在于推动能源革命的纵深发展，或者说是在已有改革工作的基础上更加注重把控细节。只有坚持政策引导，立足我国能源资源禀赋，把能源革命的推动与我国"双碳"目标的实现有机结合起来，能源强国的建设才能进入高质量发展轨道。〔1〕

（三）能源革命的推进动因

能源革命本质上是一种关于能源的改革或变革。从历史发展进程来看，能源革命的推进具有历史必然性。

首先，能源作为现代经济的基础要素，对于国家的经济运行和社会发展

〔1〕 参见刘华军等：《新时代的中国能源革命：历程、成就与展望》，载《管理世界》2022 年第 7 期。

具有决定性的影响。过去几十年来，世界各个国家和地区在能源领域的竞争日益激烈，尤其是石油、天然气等化石能源资源的争夺。一些国家和地区依赖进口能源，特别是对少数几个能源出口国高度依赖，使得其在能源市场上面临较大的不确定性和风险。一旦能源供应受到政治、经济或环境等因素的干扰，就可能导致国家经济的严重受损。同时，随着全球气候变化日益严峻，环境污染问题日益突出，可持续能源发展成为世界各个国家和地区的共同目标。因此，保障能源供应的稳定性，加快推动清洁能源和可持续能源的发展，减少对传统能源的依赖，降低环境污染和碳排放，推动环境保护和可持续发展，加强国际能源合作，对于国家和地区的经济发展具有重要意义。

其次，化石能源的不可再生性与清洁环境的需求促使人类不断寻求可替代性能源。有学者提出，能源革命的本质是替代。[1]而替代的最主要表现就是清洁能源或可再生能源的寻求。总体上看，发达国家和地区在完成工业化的过程中，也实现了由煤炭到油气的能源结构转化升级。目前我国的工业化进程已进入中后期阶段，但是能源结构的优化滞后于工业化进程，以煤为主的能源结构长期没得到改变，而煤炭的不可再生性意味着我国必须进行能源革命，寻求新的可替代性性能源。在煤炭使用过程中，会产生大量二氧化碳气体和其他污染物，造成生态环境的破坏，且这种环境污染与破坏是不可逆的，这也对民众的美好环境需求造成了威胁，从而需要污染更小、可持续性更强的新能源替代。

最后，我国的能源革命本身具有特殊性。通过能源革命和绿色发展，改变原有的能源发展模式，才能实现社会经济和能源的可持续发展。对于我国而言，由于工业化和城镇化尚未完成，能源需求从总量上看仍处于上升期，以较少的能源消费压缩式地实现工业化与城镇化，即新型工业化是我国作为后发工业国的最佳选择。然而，从经济发展水平对能源价格承受力来看，我国明显低于发达国家和地区。若按照经济法则由生产者和消费者进行自由选择，我国实现能源转型的时间可能要比发达国家和地区更长。因此，我国能源革命必须有更强的政策干预，才能与其他国家同步进行。[2]

---

〔1〕 参见许广月等：《能源革命与绿色发展：理论阐发和中国实践》，中国经济出版社 2018 年版，第 87 页。

〔2〕 参见史丹：《论三次能源革命的共性与特性》，载《价格理论与实践》2016 年第 1 期。

二、能源革命的内涵特征

（一）基本含义

现代汉语中，革命有两个基本释义，一是指被压迫阶级用暴力夺取政权，摧毁旧的腐朽的社会制度，建立新的进步的社会制度。革命破坏旧的生产关系，建立新的生产关系，解放生产力。二是指根本改革。革命在这两项解释中均为动词。由商务印书馆和牛津大学出版社共同出版的《牛津高阶英汉双解词典》在解释革命（Revolution）一词时，给出的前两项释义与汉语基本一致。第一项意指许多人通过一定行为尤其是暴力行为推翻一个国家的政府，第二项意指影响许多人的条件、工作方式、信仰等方面的大变革。其动词表示的含义是彻底改变、完全变革。以上中英文两种语境中，革命都表征着一种变革，但这种变革又不是一般的变革，而是一种脱离了以往惯性的、具有转折性的、历史性的根本改变。[1]

相应地，能源革命便是指能源领域的一种根本性变革，这种变革可以体现在能源开发利用的技术上，也可以体现在能源生产和消费方式等方面。从这个层面上讲，能源革命意味着能源开发利用的重大转变，因而多数欧洲国家和地区也把能源革命叫作能源转型。

（二）具体内容

在我国政策体系框架下，能源革命的内容具体表现在以下五个方面：

一是能源消费革命，着力提高能源效率和节能减排水平。要做好煤炭消费总量控制，实施煤炭消费减量替代，降低煤炭消费比重。将能源消费与经济增长挂钩，对高耗能产业和产能过剩行业实行能源消费总量控制强约束，切实扭转粗放用能方式。另外要牢固树立节能优先的理念，积极开展全民节能行动，通过加强舆论引导，提倡绿色生活方式，强化公众节能意识。

二是能源供给革命，优化能源结构。建立多元供应体系，立足国内多元供应保安全，大力推进煤炭清洁高效利用，大力发展非化石能源，积极发展水电，安全发展核电，大力发展风电、太阳能发电，扎实推进地热能、生物质能发展，同步加强能源输配网络和储备设施建设。

---

〔1〕 参见文绪武：《能源革命背景下中国能源管制法律问题研究》，浙江大学出版社 2018 年版，第 8 页。

三是能源技术革命,推动绿色低碳能源产业发展。大力发展水能、风能、太阳能等可再生能源,创新研发并更好地使用核能和生物质能。以清洁煤、智能电网、新能源汽车作为具体着力点推动能源科技的进步与发展,以"创新国家"的战略来带动低碳能源产业发展,逐步将我国变成向国外输出先进的能源技术、设备和产品的能源大国,让中国特色的新能源经济享誉全球。

四是能源体制革命,转变政府的能源监管方式,着力推进电力、油气和能源价格等重点领域改革,坚持简政放权与加强监管同步,创新能源管理机制。有计划、有步骤地开展能源价格、财税、资源和流通体制等改革,同时积极培育多元化市场主体,形成统一开放、竞争有序的现代能源市场体系。

五是加强国际合作,突出能源安全。坚持实施"一带一路"倡议,增强国际竞争力,提升国际话语权,统筹国内国际两个大局,维护安全稳定的良好政治环境,加强能源国际合作,努力实现开放条件下的能源安全。[1]

(三) 主要特征

从已有的三次能源革命经历与正在进行的第四次能源革命进程中可以看出,能源革命具有政策驱动性、技术主导性与可持续性。

第一,政策驱动性。从能源革命的政策演进可见,我国的能源发展政策对能源革命的推动起着重要的影响作用,尤其是党和政府的报告中对能源革命的表述是理解我国能源革命发展的一把钥匙,它不但推动能源革命,也是促进我国能源转型发展的重要手段。[2]如果我国没有能源相关政策的支持与引导,我国的能源结构可能不会得到优化,能源政策体系可能也不会形成,甚至能源供应与需求的矛盾还可能会进一步激化。因而,政策驱动性是能源革命不断进行的助推器。

第二,技术主导性。能源革命的重点不仅是新能源替代传统能源,还在于该新能源能否被广泛应用,能否解决经济、环境等问题,这就取决于新能源的核心技术突破与核心技术产业化。[3]于我国而言,在新一轮能源革命推

---

〔1〕 参见赵翔、胡光宇:《国家能源治理:从能源革命到能源治理能力现代化》,清华大学出版社 2015 年版,第 13 页。

〔2〕 参见胡光宇:《能源体制革命:中国能源政策发展概论》,清华大学出版社 2016 年版,第201 页。

〔3〕 参见许广月等:《能源革命与绿色发展:理论阐发和中国实践》,中国经济出版社 2018 年版,第 93 页。

动过程中，绿色能源技术的创新与转让将发挥主要作用，其对于我国经济建设、资源利用、环境保护之间关系的正确处理以及我国整体科研创新能力的提升具有重要意义。在能源政策驱动的大背景下，能源技术将成为能源行业夯实竞争力的主要工具。

第三，方式多元性。无论是在资源的开发利用上，还是在能源的转型发展上，新一轮能源革命的方式都更加多元化。从内容上看，能源革命不再局限于能源生产和消费革命，而是扩展到能源技术革命、能源体制革命等新的领域。从能源利用种类来看，虽然在相当长的时间内，化石能源仍是我国的基础能源，但是我国的可再生能源技术不断成熟，化石能源的使用将逐步减少。只有对化石能源和可再生能源利用的并重，新一轮能源革命才能进行得更加顺利。

三、能源革命的实现路径

从能源革命的提出到发展，国内外理论界对能源革命的实现路径提出了许多不同的观点，概括起来可以分为"技术论""效率论""制度论"和"综合论"这四种类型。

（一）"技术论"

"技术论"并不是凭空产生的，它保持了技术突破推动能源革命的传统，就像用蒸汽机技术控制煤炭燃烧、内燃机技术应用于石油以及核能利用中铀技术的突破，因此认为能源革命与技术突破联系紧密也就不足为奇。李立涅等系统分析了各能源技术领域的能源技术现状，明确提出了构建以可再生能源为主体，终端能源以电能为主，多能多网融合互补的技术体系，制定了前瞻性技术（2020 年）、创新性技术（2030 年）和颠覆性技术（2050 年）三阶段发展的能源技术路线，为我国研究制订能源相关规划和政策提供了科学支撑。[1] 景春梅提出，能源技术革命是助推能源消费、供给、体制革命和加强国际合作的基础，我们需要制度、政策、市场相互作用、协同演进，保障能源技术革命高效推进。国家层面要制定国家能源科技创新及能源装备发展战略，企业层面要以企业为主体、市场为导向、政产学研用相结合，人才层面

---

〔1〕 参见李立涅等：《我国能源技术革命体系战略研究》，载《中国工程科学》2018 年第 3 期。

要加强能源人才队伍建设，鼓励引进高端人才。[1]谢旭轩、任东明、赵勇强总结了近年来世界各个国家和地区能源体制机制在新的能源转型背景下的发展趋势和经验，分析了面向能源革命我国能源体制机制存在的主要障碍和制约，研究提出了为推动能源革命在建设能源科技创新体系、强化法律保障地位、建立管理和监管体制、推动市场化改革和财税体制改革等五大改革重点。[2]

（二）"效率论"

"效率论"代表者艾尔斯系统研究了能源效率作为"看不见的能源革命"对满足能源消费增长的贡献，为把经济整体能源效率从13%提高到20%且不降低生活水平，提出了八项关键措施作为"能源过渡桥梁的主梁"，即工业中废弃能量流循环利用、分布式热电联产、提升工业和建筑物能效、提高最终消费的能源效率、启动微发电革命、用能源服务替代能源产品、为应对气候变化重新设计未来城市和建筑物以及改革水务管理战略。艾尔斯还建议逆转不当激励方向和简化"补丁摞补丁"的次优管制。因为大多数的激励都出于煤炭和石油公司销售更多煤炭和石油的利润动机，没有朝着鼓励能效提高的方向，这样就形成了主流公共讨论的巨大盲点甚至禁忌。能源专家周大地指出，推动能源革命的目的是提供更好更清洁的能源，核心是提高效率、提高效益，回到环境生态红线之内，实现绿色低碳发展。为此应采取的措施是坚持较高的节能目标，引导经济社会发展加快转型；大幅度提高化石能源清洁利用水平；积极推动清洁低碳能源发展；积极发展核电；开展能源价格改革，还能源商品属性；推动能源体制和技术革命。[3]

（三）"制度论"

世界观察研究所所长克里斯托弗·费雷文认为世界已处于能源革命的初期，提高能源效率，发展无碳能源，设计新的能源体系，增加对新能源的投入，加强对新能源的政策支持，将是这场能源革命的主要内容。[4]瑞典学者克里斯蒂安特别强调要决然地运用政策工具为二氧化碳定价和支持技术进步，

---

〔1〕 参见景春梅：《能源技术革命：能源革命的动力源泉》，载《经济研究参考》2016年第48期。

〔2〕 参见谢旭轩等：《推动我国能源革命体制机制改革研究》，载《中国能源》2014年第4期。

〔3〕 参见周大地：《能源革命的核心是提高效率与效益》，载《中国电力企业管理》2014年第21期。

〔4〕 参见 [美] 克里斯托弗·费雷文：《低碳能源：世界能源革命新战略》，尹小健节译，载《江西社会科学》2009年第7期。

从而以太阳能、风能大规模开发利用这一能源革命让"绿色地球"的梦想成真。[1]宁立标和杨晓迪提出，我国应坚持能源正义优先理念，建立健全能源法律体系，制定专门的"能源转型促进法"。该法应建立能源转型的民生保障机制、程序保障机制、正义恢复机制、绿色能源使用的激励机制、监督与责任机制，以促进能源转型过程中能源正义的实现。[2]肖国兴提出，能源体制革命决定着能源法律革命的进程、时间与制度演化的方向和速率。能源法的制度设计必须从能源体制革命出发，任何有违能源体制的制度设计或者没有根据，或者不能实施。实际上，适应能源体制革命的能源法才能从"效力"走向"实效"，作为基础性法律的能源法只有顺应能源体制革命、做出适应能源革命的设计才能推动能源法律革命。[3]

（四）"综合论"

对能源革命路径进行系统综合考察得出的观点统称为"综合论"。成思危认为新的产业革命本质是由新能源引领的能源革命，而要发展新能源，应该从技术、经济、政治三个层次上解决问题。[4]中国国际经济交流中心课题组系统地阐述了我国能源革命的目标和路线图。我国工业化、城镇化的经济发展阶段和"富煤、贫油、少气"的能源资源禀赋现状决定了我国能源革命与国际大趋势既有相同点，又有特殊性。当前国际对能源革命的内涵大多强调以新能源为代表的绿色能源革命，或者说是可再生能源的开发利用。作为能源革命主要倡导者的欧、美、日等发达国家和地区，已经完成了能源结构的前两个转变，即煤炭时代向油气时代的转变，以及电力系统的大规模发展。我国则需要在同一时期面临能源结构的三重转变。同时进行化石能源革命、电力革命和绿色革命这三场革命，是我国能源革命的复杂性和特殊性之所在。[5]我国能源革命的目标是通过一场"自觉式"的能源革命，建立能够在

---

〔1〕　参见［瑞典］克里斯蒂安·阿扎：《新能源革命的前夜》，杜珩译，载《光明日报》2012年8月7日，第16版。

〔2〕　参见宁立标、杨晓迪：《能源正义视角下我国能源转型的法律规制路径》，载《山东大学学报（哲学社会科学版）》2022年第2期。

〔3〕　参见肖国兴：《能源体制革命抉择能源法律革命》，载《法学》2019年第12期。

〔4〕　参见成思危：《通过新能源引领产业革命　实现低碳经济和生态文明——在海峡两岸新能源产业发展研讨会上所作的〈新能源与低碳经济〉主旨演讲》，载《中国石油和化工》2010年第6期。

〔5〕　参见中国国际经济交流中心课题组：《中国能源生产与消费革命》，社会科学文献出版社2014年版，第40~41页。

经济发展、能源消费和生态环境三者之间实现零星稳定平衡的现代能源体系。这个体系应该既符合我国工业化、城镇化的需要，又顺应国际能源发展趋势的要求。其应具有六大特征：结构多元化、总量紧平衡、运行高效率、系统自适应、利用可持续、开放大循环。要实现这个革命目标，需要同时从需求、供给、运行即"减量革命""增量革命""效率革命"这三条路径推进。[1]

第二节　绿色能源技术概述

一、与绿色能源技术相关的几个概念

本书认为，绿色能源指最大限度地减少有害物质和温室气体的排放，且能够直接用于人类生产生活的能源。20 世纪以来，绿色技术[2]、环境友好型技术、无害环境技术、气候变化减缓和适应相关技术、清洁技术等在一些环境保护相关的国际条约、国际环境会议等专门文件中出现。在此，本节论述的与绿色能源技术相关的几个概念有绿色技术、无害环境技术、环境友好技术、气候变化减缓技术、气候变化适应技术和清洁技术。

党的十九大报告前瞻性地提出了构建市场导向的绿色技术创新体系。而绿色技术并不是单一技术，它包含不少技术领域或方向，在学术上缺乏明确统一的概念。世界知识产权组织（WIPO）基于《联合国气候变化框架公约》准则将绿色技术分为替代能源生产类、交通运输类、能源节约类、废弃物管理类、农业/林业类、行政监管与设计类和核电类七大领域。经济合作与发展组织（OECD）基于环境政策目标将绿色技术划分环境管理技术、水资源相关适应技术、温室气体的捕获封存隔离或处置技术、气候减缓技术（能源、交通、建筑、废物管理、产品生产领域）等。[3]2019 年，《国家发展改革委 科技部关于构建市场导向的绿色技术创新体系的指导意见》指出，绿色技术是指降低消耗、减少污染、改善生态，促进生态文明建设、实现人与自然和谐

---

〔1〕 参见文绪武：《能源革命背景下中国能源管制法律问题研究》，浙江大学出版社 2018 年版，第20~35 页。

〔2〕 参见《联合国报告呼吁绿色技术革命》，载 https://www.chinanews.com.cn/ny/2011/07-07/3163326.shtml，最后访问日期：2022 年 6 月 20 日。

〔3〕 参见秦阿宁等：《碳中和背景下的国际绿色技术发展态势分析》，载《世界科技研究与发展》2021 年第 4 期。

共生的新兴技术，包括节能环保、清洁生产、清洁能源、生态保护与修复、城乡绿色基础设施、生态农业等领域，涵盖产品设计、生产、消费、回收利用等环节的技术。[1]

就国内外现有研究而言，无害环境技术（EST）指对资源的可持续利用较为明显，不易造成环境污染和生态破坏，废料和产品的回收利用较多的技术。具体包括环境保护技术、减少污染的技术、可持续方式使用资源的技术、循环使用废品或产品技术。环境友好技术（EFT）指聚焦于利于地球的新的科学技术方法，有人认为等同于绿色技术，旨在保护我们的自然资源，涉及新技术的开发与现有技术的改进。[2]气候变化减缓技术指有益于减缓全球气候变化的技术，包括减少温室气体排放技术、增加碳汇技术，以及碳捕获和封存技术。[3]气候变化适应技术主要体现在受气候变化影响显著的农业、林业、水资源、海岸带、生态系统以及人类健康等领域，包括极端天气气候事件预测预警技术；干旱地区水资源开发与高效利用、合理配置与优化调度技术；植物抗旱耐高温品种选育与病虫害防治技术；典型气候敏感生态系统的保护与修复技术；气候变化的影响与风险评估技术；人体健康综合适应技术；典型海岸带综合适应技术；应对极端天气气候事件的城市生命线工程安全保障技术；重点行业适应气候变化的标准与规范修订；人工影响天气技术。[4]

在应对气候变化的视野下，清洁技术可以理解为任何能够缓解或适应气候变化的技术。具体而言，可以理解为任何减少温室气体排放或适应气候变化的技术、设备、专业知识或技能。在可持续发展背景下，清洁技术包括任何有利于环境而非损害环境的技术。《21世纪议程》将清洁技术视为保护环境的技术，因为它们污染更少，以更可持续的方式使用所有资源，回收更多的废物和产品，并以比其替代技术更可接受的方式处理残余废物，同时将清洁技术定义为不包括个别技术，而是包括专有技术、程序、货物和服务、设

---

〔1〕　参见《两部门联合印发〈关于进一步完善市场导向的绿色技术创新体系实施方案（2023-2025年）〉》，载《招标采购管理》2023年第1期。

〔2〕　See "What is Environmentally Friendly Technology?", in https://www.easytechjunkie.com/what-is-environmentally-friendly-technology.htm, last visited on 20 April 2022.

〔3〕　参见中国21世纪议程管理中心：《国际应对气候变化科技发展报告》，科学出版社2017年版，第50页。

〔4〕　参见《中国重点发展一批减缓与适应关键技术》，载《创新科技》2012年第8期。

备以及组织和管理程序在内的整个系统。[1]此外，有学者认为，清洁技术还包括管理环境资源和清洁技术运营所必需的信息技术，如智能电网和智能建筑，以节约能源的传输和使用。[2]《联合国气候变化框架公约》（UNFCCC）技术执行委员会（TEC）认为清洁技术包括相关设备和技术以及实用知识或技能。

本书所述绿色能源技术仅限绿色技术中涉及能源领域的技术。实践中，低碳技术、新能源技术、可再生能源技术、清洁能源技术等常与绿色能源技术互换使用。作为下位概念，同绿色技术一样，绿色能源技术也适用于国际条约以及国际会议文件的相关规定。

二、绿色能源技术的基本概念

针对绿色能源技术，目前没有严格的定义或者统一的概念。国际环境会议的宣言以及诸如《京都议定书》《21世纪议程》《联合国气候变化框架公约》及其成员方大会（以下简称 COP 会议）的决议等国际法文件，都没有对绿色能源技术作出确切定义。国内学者对于绿色能源以及绿色能源技术也缺乏认可度较高的定义，而诸多域外学者在研究各个国家和地区的绿色能源制度体系时，也并没有对绿色能源或绿色能源技术总结出具体的定义。赖先进提出，在全球气候变化治理背景下，清洁能源被赋予更为广泛的含义，这种含义的本质是实现能源的低碳化或者去碳化，既包括低碳的新能源开发，又包括对传统化石能源清洁利用。从这个意义上讲，新兴清洁能源技术既包括新兴的可再生能源（如人们经常提及的风能、太阳能、生物质能等），又包括新兴的对常规能源清洁化利用技术（如碳捕集与封存等）。[3]马忠法等认为，清洁能源技术指对环境和生态不会产生有害影响，且能清洁、高效、系统化地应用能源的技术体系。[4]

---

〔1〕 United Nations Conference on Environment & Development, 1992, Agenda 21, Chap. 34, para. 3; United Nations Sustainable Development, https://sustainabledevelopmen - t. un. org/content/documents/Agenda21. pdf, 2022.

〔2〕 See Joy Y. Xiang, "Climate Change, Sustainable Development and Cleantech: A Pathway for Developing Countries," *Edward Elgar Publishing*, 2022, p. 20.

〔3〕 参见赖先进：《清洁能源技术政策与管理研究——以碳捕集与封存为例》，中国科学技术出版社2014年版，第7页。

〔4〕 参见马忠法等：《清洁能源技术转移法律制度研究》，法律出版社2018年版，第43页。

　　关于煤炭清洁高效利用技术是否归于绿色能源技术，本书认为应给予肯定回答。长期以来，煤炭在我国能源生产和消费结构中占据主要地位。在20世纪50年代，能源生产水平较低，原煤占能源生产总量的96.3%。2021年，全国煤炭消费总量为29.34亿吨标准煤，煤炭消费总量占能源消费总量的56.0%，煤炭消费量占比在逐步下降。进入21世纪，我国大力推动能源结构调整优化，主导能源将从化石能源逐步转变为风能、核能、太阳能、潮汐能、地热能、天然气水合物、氢能等可再生能源和低碳能源，实现从煤炭独大到低碳清洁绿色能源的巨大转变。然而，从煤炭时代转型到可再生能源时代是一个循序渐进的过程。改革开放时期经济发展带动能源需求，这一阶段由原煤为主加速向多元化、清洁化发展，发展石油、天然气等化石能源。

　　2021年，全国煤炭突然供需失衡、煤价暴涨，能源市场剧烈波动，能源保供压力急剧增大。这与近些年来"谈煤色变""一刀切"去煤化的激进舆论和地方激进政策有关，严重影响了煤炭工业的稳定发展。过度唱衰煤炭、过度夸大碳排放危害，缺乏先立后破的常识。2022年以来的俄乌战争，充分暴露出欧洲完全依赖能源进口的极端脆弱性，这些给予我们现实的警示：能源的饭碗必须端在自己手里。[1]习近平总书记2022年1月视察山西时作了重要讲话，党和国家对于大力开展煤炭等传统能源的清洁高效利用技术的研发、推广及应用这一实现"碳达峰、碳中和"目标的重要路径给予高度认可。实现能源革命，一方面要做好煤炭清洁高效利用，另一方面要提升可再生能源的比重。在可再生能源、核能应用等总量不足、对外依存度高等问题突出和供应压力大的情况下，加快推动煤炭清洁利用已经成为必然选择。

　　综上所述，本书认为，绿色能源技术指包括传统化石能源的清洁高效利用技术以及可再生能源领域开发的旨在最大限度地减少有害物质和温室气体排放的技术在内的现代化能源技术体系。实践中，绿色能源技术表现为在生产、使用过程中不会造成环境污染与生态破坏的现代化能源技术形式，它的存在形式包括专利、专有技术等。诸如煤炭清洁高效利用技术、光伏发电技术、光热利用技术、风力发电技术、生物质能利用技术、核能技术、化学和太阳能电池新技术等都属于绿色能源技术。有学者按行业领域将清洁能源技

---

〔1〕　参见《如何推进我国煤炭清洁高效利用技术的发展》，载《煤炭加工与综合利用》2022年第4期。

术划分为能源转型、工业、建筑业、交通运输业和 CO2 基础设施 5 个一级技术领域和 26 个二级技术领域。其中能源转型和工业涵盖技术数量最多，分别为 126 项和 125 项，建筑业、交通运输业和 CO2 基础设施部门依次为 116 项、67 项和 10 项（见图 1-1）。[1]

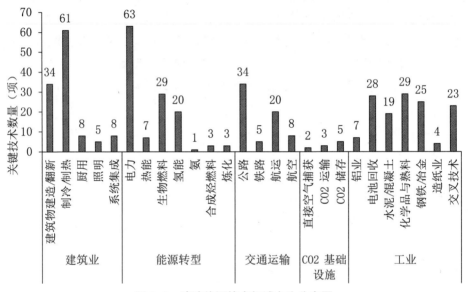

图 1-1　清洁能源技术领域占比分布图

对于上述绿色能源技术概念的理解，需要进行相关说明：第一，绿色能源技术不是对能源技术的简单分类，而是指能源利用的技术体系，既包含可再生能源，也包含对传统石化能源的高效利用，比如煤炭清洁高效利用技术、二氧化碳驱油与封存关键技术等。第二，绿色能源技术中的"绿色"要符合一定的排放标准，这些排放标准可以通过温室气体（GHG）、污染物等指标来衡量。第三，绿色能源技术是为解决发展与环境、发展与能源紧张等而开发和使用的，它不但强调清洁性，也强调经济性和社会性。

---

〔1〕　参见王超等：《碳中和背景下全球关键清洁能源技术发展现状》，载《科学学研究》2023 年第 9 期。

三、绿色能源技术的特点

（一）保护生态、减污降碳

绿色能源技术的首要特点是围绕"绿色"而展开，它们开发和使用的主要目的在于减少废气、废水及固体废弃物等的排放，利于环境保护、利于生态的平衡。这一点在可再生能源技术和煤炭清洁高效利用技术等提高能源效率的技术上是一致的。

（二）自然规律应用性显著、高科技支撑性突出

自然规律应用性显著、高科技支撑性突出是多项绿色能源技术所具备的一项鲜明特征。下文罗列出的可再生能源技术、核能技术等均是利用了特定领域的自然规律或现象等而产生的能源。对这些自然规律的开展运用，需要大量的科技研发投入，破解一系列"卡脖子"关键技术，进一步加强国际、国内相关技术人员的流动以及相关技术的转移等。从下文分析的三大类技术中可以看出，这些绿色能源技术的科技含量都很高，即对技术方案的创造性都有较高要求，特别是原创性方面，因为它们相对缺少具有可参考性的对象。

（三）不同的绿色能源技术之间具有优势互补性

绿色能源技术产生的能源最终要服务于人们的生活或生产，它们是传统化石能源技术的替代者，绿色能源技术生产解决的多是替代性可再生能源问题，在特定时间内可以重复使用，同时它们相互之间也具有优势互补的特点，如大容量电池储能技术在风电技术中的引用。此外，运用大数据技术的智慧能源综合管控平台，可以实现多能互补能源系统的组建，就近调度风能、水能、光能等不同的能源，不断提升各类能源的利用效率，满足环境友好型社会的发展需求。近年来，广东省大力开展海上风电与天然气发电融合多能互补关键技术研发及推广。

（四）主要国家相关技术发展水平相当

发达国家和地区与发展中国家和地区起步相当，各个国家和地区均可发挥自己的优势，如我国的风电、光伏装机容量均位居世界首位，第三代核电技术也已处于世界先进行列；印度在风能、太阳能和可再生能源装机容量方面排名比较靠前；巴西在生物质燃料方面发展得非常成熟。2010 年，联合国环境规划署（UNEP）、欧洲专利局（EPO）和国际贸易和可持续发展中心

（ICTSD）对全球绿色能源技术专利进行的多项研究表明，发达国家和地区在关键清洁能源技术（CET）领域的专利申请中占据主导地位。从国家层面对清洁能源技术统计可知，排名前十的国家依次为美国、日本、中国、德国、荷兰、英国、法国、加拿大、瑞典和挪威（见表1-1）。[1]美国在清洁能源技术领域具有明显的技术优势。虽然不同国家和地区清洁能源技术研发各有侧重，但能源转型是各个国家和地区普遍高度关注的技术领域，在本国和地区清洁能源技术的占比也最高。与此同时，一些新兴经济体，如阿根廷、巴西、中国、印度、俄罗斯、菲律宾和乌克兰等，在绿色能源技术方面的专利申请大幅增加，甚至在特定的绿色能源技术领域达到了世界领先水平，[2]这潜在地为发达国家和地区与发展中国家和地区企业的合作开发创造了前提。

表1-1 清洁能源技术主要技术国家统计表（单位：项）

序号	国家	建筑业	能源转型	交通运输业	CO_2基础设施	工业	合计
1	美国	37	46	12	8	28	131
2	日本	22	34	6	0	3	65
3	中国	19	18	11	2	12	62
4	德国	7	24	8	1	21	61
5	荷兰	8	18	2	4	13	45
6	英国	7	21	1	2	13	44
7	法国	6	22	3	0	7	38
8	加拿大	5	12	1	5	10	33
9	瑞典	7	11	6	0	8	32
10	挪威	1	12	2	6	8	29

---

〔1〕 参见王超等：《碳中和背景下全球关键清洁能源技术发展现状》，载《科学学研究》2023年第9期。

〔2〕 Metz, Bert et al., "*Methodological and Technological Issues in Technology Transfer——A Special Report of IPCC Working Group Ⅲ*", Cambridge University Press, 2000.

四、绿色能源技术的分类

通过对绿色能源技术的存在形式进行梳理，本书将其分为可再生能源技术、新型化学储能技术、煤炭清洁高效利用技术三个类别。

（一）可再生能源技术

可再生资源，有的学者也将其称为可更新资源。[1]就自然资本而论，地球上的不可再生资源主要有石油、天然气、煤炭、金属、矿产和土地等。虽然可再生资源可以随着时间的推移，通过大自然的进程而获得更新，但是我们也必须对其加以保护，以防止我们利用它们的速度超过了大自然的更新极限。[2]我国《可再生能源法》第2条规定，可再生能源，是指风能、太阳能、水能、生物质能、地热能、海洋能等非化石能源。该法律用列举的形式对可再生能源进行了解释，然而并没有对其概念给予明确的界定。联合国开发计划署（UNDP）把可再生能源分为三大类：大中型水电；新兴可再生能源，包括小水电、太阳能、风能、现代生物质能、地热能和海洋能等；传统生物能。[3]本书认为，可再生能源指在利用合理、保护得当的前提下，在自然界中能够循环再现、不断更新，不会随着人类的利用而日益减少，且不产生或极少产生污染物的一种能量资源。可再生能源具有的特点主要包括能流密度较低，并且高度分散；资源丰富，可以再生；清洁干净，使用中几乎没有损害生态环境的污染物排放；部分可再生能源具有间歇性和随机性（如太阳能、风能、潮汐能等）；开发利用的技术难度大等特点。可再生能源技术指与开发和利用可再生能源相关的技术方案体系。

可再生能源属于绿色低碳能源，是我国多轮驱动能源供应体系的重要组成部分，对于改善能源结构、保护生态环境、应对气候变化、实现经济社会可持续发展具有重要意义。《"十四五"可再生能源发展规划》提出，加快发展可再生能源、实施可再生能源替代行动，是推进能源革命和构建清洁低碳、安全高效能源体系的重大举措，是保障国家能源安全的必然选择，是我国生

---

〔1〕参见曹明德、赵爽：《环境与资源保护法》，中国人民大学出版社2020年版，第5页。

〔2〕参见［美］安妮·马克苏拉克：《可再生能源：来源与方法》，李昱熙等译，科学出版社2011年版，第14页。

〔3〕参见本书编写组编著：《低碳经济与公共政策》，国家行政学院出版社2013年版，第125页。

态文明建设、可持续发展的客观要求，是构建人类命运共同体、践行应对气候变化自主贡献承诺的主导力量。[1]可再生能源技术是绿色能源技术中的重要组成部分，以下具体介绍可再生能源技术的几个种类。

1. 太阳能技术

据估算，太阳每年投射到地面上的辐射约为当今世界各个国家和地区一年耗能总和的一万多倍。[2]太阳能技术可以分为光伏发电技术和光热发电技术。

（1）光伏发电技术

光伏发电技术是利用半导体界面的光生伏特效应而将光能直接转变为电能的一种技术。简而言之，即将太阳能直接转换为电能的技术。目前，世界上许多国家和地区都加大了对太阳能光伏发电技术的研究和应用，各个国家和地区纷纷出台政策转变能源发展方式（见表1-2），促进能源向绿色方向发展。

表1-2　各国光伏产业政策概况

国　家	关于光伏发展的主要政策
中国	2013 年，国务院发布《国务院关于促进光伏产业健康发展的若干意见》；2022 年，国家发展和改革委员会、国家能源局等 12 部门联合发布《关于印发促进工业经济平稳增长的若干政策的通知》，提出组织实施光伏产业创新发展专项行动。
澳大利亚	依赖于国家可再生能源计划，到 2030 年，每年新增 41 TW·h 可再生发电项目，其中包括许多光伏发电项目。
比利时	实施可再生能源行动计划，规定可再生能源占 20.9%。
加拿大	通过可再生能源项目、光伏固定上网电价政策以及小项目的投资补贴等增加光伏装机容量。
法国	每年装机容量为 1000MW，简化嵌入电价项目的并网发电，上调光伏建筑一体化产品的关税。

---

〔1〕　参见《关于印发"十四五"可再生能源发展规划的通知》，载 https：//www.ndrc.gov.cn/xwdt/tzgg/202206/t20220601_ 1326720. html? code＝&state＝123，最后访问日期：2022 年 6 月 1 日。

〔2〕　参见潘卫国等编著：《清洁能源技术及应用》，上海交通大学出版社 2019 年版，第 1 页。

续表

国 家	关于光伏发展的主要政策
德国	通过能源行动推动光伏项目：实施光伏固定上网电价政策，每年预计刺激 2.5GW~3.5GW 装机；2012 年实施光伏新政策，补贴由原来的按年递减改为按月递减。
意大利	在 2013 年上半年每年 67 亿欧元关税激励项目到期后，下半年实施新法令刺激风能和光伏发电。
日本	实施中短期光伏技术战略，降低装机成本，增加装机容量。
韩国	主要通过基础建设项目和光伏部署项目推动光伏发展，对于 50kW 以下项目，国家承担 50% 安装费。
马来西亚	实施光伏发电上网补贴政策；通过收取 1% 的超额电价组成能源基金，用于支持包括光伏在内的新能源项目。
荷兰	对不同光伏公司实行不同的税收激励；增加对家庭更换光伏屋顶最高 600 欧元的。
西班牙	与欧洲议会的光伏目标一致，继续降低能源消耗，增加新能源比例，加大光伏研发。
瑞典	实施新能源研究战略，每年 300 万美元用于光伏研发。
美国	财政激励分多层级，各州采取固定上网电价政策、第三方所有等政策刺激光伏装机容量增加。

近年来，面对复杂严峻的国内外形势，我国光伏行业迎难而上，实现高速增长，出台了许多政策支持光伏产业发展，涉及指导规划、创新发展、监管消纳、金融补贴等各个方面。美国、德国、意大利、法国等国对光伏产业给予了较大的支持，通过颁布新法令或实施行动计划，制定发展目标，再利用固定上网电价、税收等措施刺激光伏产业的发展。日本和韩国都制定了明确的光伏发展目标，并通过补贴降低安装成本。荷兰则是一次性直接给予光伏安装用户最高 600 欧元的安装资金，以刺激光伏装机量的增长。[1]

---

〔1〕 参见冯楚建、谢其军：《国内外光伏产业政策绩效对比研究》，载《中国科技论坛》2017 年第 2 期。

光伏发电系统的演变，按实际应用时间段划分大致经历了三代技术发展。第一代为晶体硅电池（单晶、多晶）产业过程；第二代为薄膜电池（非晶硅a-Si），铜铟镓硒（CIGS）和碲化镉（CdTe）电池生产过程；第三代聚光电池：主要指多结Ⅲ-Ⅴ族半导体化合物（砷化镓GaAs）电池，分为投射式和反射式聚光。

（2）光热发电技术

光热发电技术指将太阳辐射热能转化为电能。太阳能光热发电可分为两种类型：一种类型是利用太阳热能直接发电，如利用半导体或金属材料的温差发电，真空器件中的热电子、热离子发电以及碱金属热发电转换和磁流体发电等；另一种类型是太阳热能间接发电，如太阳热能通过热机带动发电机发电，其基本组成与常规发电设备类似。

不同国家和政府对光热发电采取不同的扶持政策（见表1-3）[1]，推动了太阳能发电行业的快速发展。

表1-3　各个国家和地区对光热发电采取的扶持政策

国家和地区	对光热发电的扶持政策
中国	第一阶段（1991年~2000年）：国家支持有关科研单位研发槽式太阳能聚光器；第二阶段（2001年~2005年）：国家成功研制1kW碟式斯特林发电系统，并在南京建立70kW塔式发电系统；第三阶段（2006年~2010年）：国家先后启动"863"重点项目"太阳能发电技术及系统示范"研究及"973"重点项目"高效规模化太阳能热发电的基础研究"；第四阶段（2010年~至今）：中国陆续支持研发了10kW、100kW、1MW槽式太阳能热发电技术。2021年国务院印发《2030年前碳达峰行动方案》，明确提出：积极发展太阳能光热发电，推动建立光热发电与光伏发电、风电互补调节的风光热综合可再生能源发电基地。
西班牙	颁布《对可再生能源的FIT补贴》，采取FIT补贴政策（上网电价补贴）以加强光热产业发展；2013年，迫于财政危机废除了该补贴政策。
美国	采用强制性产业推动RPS政策实施（可再生能源配额制），要求电力公司必须按照PPA价格向可再生能源发电公司购买可再生能源电力；围绕RPS制定了贷款担保和投资税收减免政策，以激励光热产业发展。

---

〔1〕　参见潘卫国等编著：《清洁能源技术及应用》，上海交通大学出版社2019年版，第77~78页。

续表

国家和地区	对光热发电的扶持政策
新兴市场	以南非为代表的新兴市场大多采取"竞争性项目投标制",以电价高低来决定中标与否,通过加强电价竞争,获取较低的光伏度电成本和更加优惠的融资支持。

从"十一五"时期以来,我国即开始制定一系列的专项能源发展规划,将太阳能光热发展列入发展目标。随后一段时间内,我国陆续颁布太阳能发展规划的相关文件,并坚持集中开发与分布式利用相结合的原则,因地制宜地在太阳能资源丰富、土地资源闲置的地区建造太阳能热发电项目,加强太阳能资源利用的高效性。

2. 风能技术

风能技术指将风的动能通过风轮转化为机械能,再通过发电机将机械能转化为电能的一种发电方式。风能资源分布广、可再生,且蕴藏量较大,不会产生污染,因而成为集聚大规模开发优势与优良发展前景的可再生能源发电技术之一。

截至目前,全球的风能资源蕴藏总量已经达到 2.74×10^9 MW,其中可利用的风能已有 2×10^7 MW,几乎是全球可利用水能的20多倍。风能发电技术对于实现"双碳"目标具有重大意义,对此,各国对风电发展作出巨大努力(见表1-4)。

表1-4 各国风力发电情况

国家	各国风力发电情况
中国	到2021年底,全国风电累计装机3.28亿千瓦,其中陆上风电累计装机3.02亿千瓦、海上风电累计装机2639万千瓦。2021年,全国风电发电量6526亿千瓦时,同比增长40.5%。
英国	2021年,英国海上风电装机为11 GW。英国的目标是利用风力资源丰富的北海和有利的政策环境,到2030年,英国海上风电装机容量的目标从之前的40 GW,提高到50 GW。
丹麦	随着风能的发展,可再生能源将成为丹麦的主要能源。2019年,风电占主导地位,47%的绿色能源来自风力涡轮机。2019年通过丹麦首部《气候法案》,旨在将可再生能源发电份额提高到100%,以达到2030年减少70%温室气体排放的目标。

国　家	各国风力发电情况
德国	2019 年，德国风力发电量达到 1272 亿千瓦时，占发电总量的 24.67%。政府的目标是到 2030 年将陆上风力机发电量翻一番，达到 115GWh。为了到 2035 年基本实现电力供应接近 100% 来自可再生能源，缓解俄乌战争带来的能源紧张和减少对化石能源依赖，联邦政府 2022 年 6 月提交法案，拟将 2% 的国土面积用于风力发电机建设。
美国	2021 年，美国可再生能源发电总量为 7.95 亿兆瓦时，超过了总量为 7.78 亿兆瓦时的核能发电。2021 年风力发电增长了 12%。2022 年 9 月，美国政府宣布了一项到 2035 年安装 15GW 漂浮式海上风力发电装置的计划，该计划实施后将为 500 多万个家庭供电。
日本	日本 2021 年风电装机容量达到 4581MW，由 2574 台发电机组提供。国内最大规模的陆地风力发电设备将从 2023 年起在北海道启动，发电能力为 54 万千瓦，相当于半个核电站，北海道内的风力发电量将增至原来大约 2 倍。

以布置形式作为分类标准，风能发电的方式大体上可分为水平轴风力发电机组、垂直轴风力发电机组和多种类型风力发电机。水平轴风力发电机组指风轮旋转平面与风向垂直，旋转轴与地面平行的风力发电机组，主要分为陆上风力发电机组与海上风力发电机组，二者之间存在多种不同的资源时空特性；垂直轴风力发电机组指风轮的旋转轴垂直于地面或气流的机组，也可分为两种类型，一种是利用空气动力的阻力做功，另一种是利用翼型的升力做功；多种类型风力发电机是在风电发展过程中不断涌现出来的，大致有高压风力发电机、液压风力发电机、超导风力发电机、海上用风力发电机、无刷双馈风力发电机以及变速变桨距风力发电机等。

3. 生物质能技术

生物质是指有机物中除了矿物质燃料以外的所有来源于动植物且能够再生的物质。生物质能是指有机物将太阳能转化为化学能而蕴藏的一种能量形式，它是自然界唯一可再生的碳源，也是目前仅次于煤炭、石油、天然气的全球第四大能源。与风能类似，生物质能储量巨大且无污染，因此可以认为生物质能是当前覆盖面最广的太阳能转换物质。

在生物质能的利用方面，我国最早是用沼气发电，并将蔗渣和稻壳作为主要燃烧设备，之后开始利用秸秆等生物质直接燃烧发电，与此同时还研发了生物质秸秆常温压缩固化成型技术与因地制宜及时成型技术。近几年来，燃煤-生物质耦合发电备受市场关注，成为低碳背景下技术改造的热点。

生物质类型繁杂，且大多具有不同的属性特征，因此在生物质能的利用上，也具有多样性特点。但生物质能利用技术原理相通，均是将生物质能转化为固态、液态或者气态燃料加以使用，生物质能技术大体可以分为以下几类：

（1）直接燃烧技术。该技术主要包括户用炉灶燃烧技术、锅炉燃烧技术、生物质与煤的混合燃烧技术以及与之相关的压缩成型和烘焙技术。炉灶燃烧技术大多适用于农村，且基本采用节柴灶，可以避免燃料浪费和环境污染；锅炉燃烧技术以及与煤的混合燃烧技术主要应用于规模较大、相对集中的生物质资源，可以在最大限度上提高生物质的利用率。[1]

（2）生物转化技术。该技术主要包括小型户用沼气池、大中型厌氧消化，主要原理是将木质纤维素原料进行原料预处理、酶解、发酵，最后将产品进行分离和提纯。

（3）热化学转化技术。该技术主要包括生物质气化、液化、快速热解液化技术。生物质气化是指对生物质原料简易加工使之破碎、压制成型后，往里通入氧气等气体氧化物，使其转换为可燃性气体，具体适用如秸秆热解气化技术的应用与推广；生物质液化是指利用热化学或生物化学方法将生物质部分或者全部转化为液体燃料；快速热解液化是指将生物质置于无氧或缺氧环境下使其热分解，最终得到不同液体的生物油的热化学过程。

4. 核能技术

核能技术是指以核性质、核反应、核效应和核谱学为基础，以反应堆、加速器、辐射源和核辐射探测器为工具的现代高新技术。核能具有绿色高效、低碳清洁以及可持续发展的优势，预计到 2035 年，全球核能发电水平将增加至 552GWe。

目前，世界核电发展的主流堆型是压水堆核电站，国际核电技术的发展如表 1-5 所示。[2]

---

〔1〕　参见马洪儒、苏宜虎：《生物质直接燃烧技术研究探讨》，载《农机化研究》2007 年第 8 期。

〔2〕　参见张栋：《世界核电发展及对我国的启示》，载《能源技术经济》2010 年第 12 期。

表 1-5 核电技术的发展

技术	特征	典型机组
雏形	20 世纪 30 年代德国科学家奥托·哈恩发现铀-235 原子核裂变释放巨量能	1951 年美国爱达荷国家实验室利用反应堆余热发电成功，点亮 4 个电灯泡
第一代	实现了核能发电的产业化，主要有压水堆、沸水堆、重水堆、英国 Magnox 石墨气冷堆等	苏联在 1954 年建成 5MW 石墨沸水堆型；美国在 1957 年建成 60MW 原型压水堆型；法国在 1962 年建成 60MW 天然铀石墨；加拿大在 1962 年建成 25MW 天然铀重水堆
第二代	实现了核能技术的商业化、标准化，压水堆、沸水堆、重水堆等达到 kMW 级；增设了氢气控制系统、安全壳泄压装置等	美国批量建成 500MW ~ 1100MW 的压水堆、沸水堆并出口至他国；苏联建造了 1000MW 的石墨堆和 440MW、1000MW 的 VVER 型压水堆；日本和法国引入、吸收美国的压水堆、沸水堆技术。中国的核电反应堆大多为第二代核电的改进型
二代加	自主品牌示范工程	以 CNP1000 和 CPR1000 为代表，在岭澳核电二期、泰山核电二期中扩建中应用
第三代	满足美国"先进轻水堆型用户要求"（URD）和"欧洲用户对轻水堆型核电站的要求"（EUR）的堆型	主要技术类型有 ABWR、System80+、AP600、AP1000、EPR、ACR 等，其中具有代表性的是美国的 AP1000 和法国的 EPR，中国引入了 AP1000 技术
第四代	满足经济、安全、可持续发展、风险低、核扩散概率小等要求	美国阿贡国家实验室安排全世界约 100 名教授提出了第四代核电站的 14 项基本需求

就我国核能发展状况来看，我国已明确了核电技术的发展路线与战略方针：近期目标发展热中子反应堆核电站，研发第四代反应堆核电站应用技术；将轻水堆、重水堆核电站中取得的实践经验应用于铀钚循环技术中，降低核废料数量，提高铀的利用效率；中期目标发展快中子增殖反应堆核电站，研发行波堆技术；远期目标开发聚变堆核电站。[1]

---

〔1〕 参见潘卫国等编著：《清洁能源技术及应用》，上海交通大学出版社 2019 年版，第 229 页。

纵观世界各种先进核电技术和产业运营管理，均能体现出较强的安全性、高效性、持久性与经济性，各种技术的范式发展必然是殊途同归。在未来的核电技术发展中，我国应在对核电安全保持高度重视的基础上，科学制定发展战略，加速标准化建设，以尽快融入国际核电市场。

（二）新型化学储能技术

2015 年 5 月 19 日，国务院发布了《中国制造 2025》。作为实施制造强国战略的第一个十年纲领，它明确指出把"绿色制造工程"和"高端装备创新工程"纳入五大工程之列，而这两项工程与新能源的发展密不可分。

在"绿色制造工程"中，该纲领明确提出要开展重大节能环保、资源综合利用、再制造、低碳技术产业化示范等工程建设，并要求制定一系列"绿色化"评价体系，如绿色产品、绿色工厂、绿色园区、绿色企业标准体系，从工程的建设到工程的考核，层层把关，立志在 2025 年基本成立绿色制造体系，将我国制造业绿色发展提升至世界先进水平。在"高端装备创新工程"中，该纲领明确要求组织一批具有创新和产业化专项、重大工程。开发一批标志性、带动性强的重大产品和重大装备。通过一系列高端装备的创新，突破相关技术瓶颈，提升自主创新意识和系统设计化水平，提高国际影响力和竞争力。[1]

新型化学能源的兴起主要来自社会、经济发展的需要，但与国家的重视程度也密不可分。从上述强国纲领来看，我国政府已对新能源的发展保持了高度重视。基于此，当前社会对新型化学能源的要求则应当从 10 多年前的提供能量续航向提高能量密度、提升安全性与环境适应性和降低制造成本方向转变。《储能产业研究白皮书 2022》指出，储能作为能源革命核心技术和战略必争高地，有望形成一个技术含量高、增长潜力大的全新产业，成为新的经济增长点。[2]根据中关村储能产业技术联盟（CNESA）全球储能项目库的不完全统计，截至 2020 年年底，我国已投运储能项目累计装机规模 35.6GW，占全球市场总规模的 18.6%，同比增长 9.8%。其中，电化学储能的累计装机规模位列第二，为 3269.2MW，同比增长 91.2%；在各类电化学储能技术中，

---

〔1〕　参见陈玉华主编：《新型清洁能源技术：化学和太阳能电池新技术》，知识产权出版社 2019 年版，第 1 页。

〔2〕　参见《去年新增储能装机突破 10 吉瓦，其中新型储能装机首次突破 2 吉瓦——储能产业实现超预期增长（行业观察）》，载《中国能源报》2022 年 5 月 2 日，第 3 版。

锂离子电池的累计装机规模最大，为2902.4MW。下文将从几种典型新型化学储能技术入手，对其作用机理、技术特点以及发展潜力进行简要介绍。

1. 超级电容电池

超级电容电池在结构上与普通电池无异，均是由正极、负极和电解液三部分组成，二者区别在于，超级电容电池的电极材料是由具有高比表面积的活性炭组成的，其比表面积远大于普通电池。这种结构决定了超级电容电池能够实现大电流充放电的技术需求，并有希望突破超高功率密度技术障碍。超级电容电池本质上是超级电容器和锂离子电池结合的产物，因而可以说，超级电容电池的发展与超级电容器和锂离子电池息息相关。进一步讲，由于超级电容电池的正负极材料和电解质溶液可以单独应用于超级电容器与锂离子电池，因此三者的发展呈现出一种相辅相成的关系。

2. 锂硫电池

锂硫电池是一种将锂作为电池负极，将硫单质作为电池正极的化学电池。在这种结构下，锂硫电池相比其他材料具备了比容量高、安全性强以及循环寿命长等优势，且由于单质硫本身价格并不高，对环境也不会造成污染，锂硫电池的成本也会相应降低，清洁度自然也会有所提升。不过，硫元素的绝缘性较强，由此带来的循环性缺陷将是未来需要突破的难关。总体来讲，锂硫电池较高的质量比能量密度大大降低了电池的重量，在电子设备尤其是电动自行车、电动汽车中可以得到广泛应用。

3. 固体锂电池

常规锂电池通常采用的是液态电解液，容易引发易燃易爆等安全隐患，且有机溶剂本身不易储存。固体锂电池由于使用的是固态电解质，不仅解决了液态电解液的安全问题，还可以提高能量密度，实现电池的微型化与轻薄化，具备储能容量大，便于携带的优势。作为一种新型化学储能技术，固体锂电池在未来的电子器件、屏显技术、环保领域等多方面必会得到有效推广。

4. 燃料电池新技术

燃料电池是指利用燃料和氧化剂将化学能转化为电能的化学能源技术。该种电池由于无须经过热机过程，因而能量的转换效率较高，可以达到40%～60%。除此之外，燃料电池还很少排放污染物，相比普通发电厂，其二氧化碳排放量能够减少40%以上。在当前环境污染和资源紧张的大背景下，燃料电池的开发与利用深受各国政府和企业关注，如中国、美国、日本、韩国等国都投入了大量的人力、物力资源加强燃料电池技术的研发。近年来，新能源汽车成为各大厂商的研究重点，燃料电池汽车以其高储能和低排放优势占据了广阔的应用前景。其中，备受关注的是氢能和燃料电池技术。氢能在能源革命中被认为是最具有发展潜力的清洁能源。[1]氢燃料电池可高效清洁地把化学能直接转化为电能，是比常规热机更为先进的转化技术，氢燃料电池技术一直被认为是利用氢能，解决未来人类能源危机的终极方案。

5. 石墨烯电池

石墨烯电池被誉为"黑金"，是新型化学电池领域的"明星材料"，也被叫作可以改变 21 世纪的"神奇材料"。在上述提到的《中国制造 2025》中，石墨烯材料被列为前沿新材料领域的四大重点之一，这种材料从石墨中剥离出来，厚度极薄、弹性极强、抗压能力极高、导电性能也极好。因此，使用了石墨烯的材料将会大幅度"瘦身"，而且将具有超强的弹力，可被无限拉伸。石墨烯材料中特殊的纳米结构及其众多优良的化学物理特性引发了科学界和各大企业的高度重视，在生物医学、电子学、储能、传感器等领域都可能会显示出石墨烯材料的巨大应用前景。在未来，石墨烯材料势必会引领新一轮的能源革命。

（三）煤炭清洁高效利用技术

公元 1080 年，我国便开始了对煤炭资源的利用，但由于当时交通不便、运输不畅，煤炭未能成为当时社会的主要能源。在随后几百年的历史进程中，荷兰凭借碳泥这一能源动力建立起了繁华帝国；随后英国又通过煤炭利用技术取代荷兰成为新的世界霸主；直至 1900 年，美国大量生产煤炭，其产量位居世界第一，为国家工业化奠定了坚实的经济基础，美国因此一跃成为世界经济霸主；而在此期间，由于我国能源结构仍以煤炭为主，因此成了如今的产煤第一大国。由此看来，煤炭的利用直接影响一国在世界上的能源地位，对一个国家的经济发展也起着不可估量的重要作用。[2]

我国作为一个富煤、缺油、少气的能源型国家，煤炭行业的发展一直呈不断上升的态势。据统计，煤炭在我国一次能源的生产消费比重中一直保持

---

〔1〕 参见赵玉晴等：《氢能产业发展现状及未来展望》，载《安全、健康和环境》2023 年第 1 期。

〔2〕 参见全球煤炭清洁技术专项服务研究组、新一代核能用材专项服务研究组编著：《全球煤炭清洁技术与新一代核能用材发展态势研究》，电子工业出版社 2020 年版，第 45 页。

70%左右，而且据《中国可持续能源发展战略》预测，到2050年，我国煤炭能源在可持续能源中的占比仍可能达到50%。换言之，近几十年内煤炭将持续保持其在我国能源结构中的主体地位。然而，随着环境污染问题的日益严重，能否控制燃煤污染物已经不可避免地成为影响我国能源可持续发展的重要因素。就目前来看，我国煤炭资源在开采、运输、利用和转化等方面尚且存在一系列未解决问题，许多诸如雾霾、酸雨等环境问题也大多与落后的煤炭利用技术有关。除此之外，我国煤炭资源的总体净化程度较低，无论是商品煤还是电煤，其平均灰分都远高于发达国家和地区平均灰分（<8%）的要求；综合利用效率仅为36%，比发达国家和地区低了约10%。矛盾之处就此显现：煤炭在为我们提供大部分能源的同时，也在不断污染着我们所生存的环境。在此背景下，引入先进的煤炭利用技术装备，淘汰落后的高能耗、高污染生产技艺，研发、创新煤炭清洁高效利用技术，促进社会可持续发展，成为当务之急。

煤炭清洁高效利用技术（CCT），是指以提高煤炭资源的利用效率和减少对自然生态环境的污染为宗旨，对煤炭进行生产、加工、燃烧、转化，并对有害的排放物进行控制。由此可知，CCT包含以下几方面内容：煤炭利用前的加工技术改善、煤炭利用中的燃烧技术改良以及煤炭利用后的污染物控制与净化技术改进。具体来讲，CCT可以分为以下几类。

1. 先进脱硫技术

煤炭脱硫技术大致有三种方式：物理方式、化学方式以及微生物方式，具体选取哪种脱硫技术大体应考虑三个因素：成本、效率以及操作难度。针对这三个考虑因素，每种脱硫方式各有优缺：物理脱硫技术的优点在于成本较低，操作难度也较低，但缺点是效率不高，难以有效地脱除煤结构中的有机硫；化学脱硫技术是最常用的一种脱硫工艺，它的优点在于成本易于控制，脱硫效率也较高，但在操作过程中存在缺点，如需定期清洁脱硫设备、定期检查设备腐蚀情况等；微生物脱硫技术优势在于效率较高，但不足之处也显而易见，即成本较高，大规模推广难度较大。总之，三种工艺各有优缺点，如何在既能保证脱硫效率、控制脱硫成本，又能降低操作难度、减少环境污染的前提下脱硫，还需各学科、各领域不断研发与创新脱硫技术，以满足煤炭清洁高效利用的现实需求。

2. 新型清洁煤燃烧技术

截至目前，我国应用最广的工业化燃烧技术为循环流化床燃烧技术，但该技术存在弊端，如发电效率低、二氧化碳排放严重等，这些问题也制约了燃煤技术在清洁方面的发展。当前被视为最具前景、最清洁的煤燃烧技术当属氧气/二氧化碳富氧燃烧技术和化学链燃烧技术，二者的共同特点是均能获取高浓度 CO_2，前者的优势在于较高的机组效率，后者的优势在于能耗较少，甚至在理论上不存在任何能量的耗散。不过两种技术尚且处于研发阶段，对于一些细节问题还需进一步研究创新。

3. 先进脱硝技术

现在常用的低 NO_x 燃烧技术虽然可以在一定程度上降低氮氧化物排放量并进行有效脱硝，但它的效率并不高，因此还需要更进一步改善脱硝工艺。常用的脱硝技术为烟气脱硝法，该方法又可分为干湿两类，但由于氮氧化物水溶性较差，因此一般使用干法脱硝，由此而来催化剂便成为重点关注对象。要改良脱硝技术应当重点考虑两个方向：一个是减少氮氧化物排放量，从根源上降低空气污染；二是通过提高催化剂活性，提升化学反应效率，节省转化时间。

4. 先进燃烧发电技术

煤炭清洁高效发展技术的主要方向在于提高设备运行效率，减少煤炭资源的消耗。现阶段我国煤炭发电技术主要依赖于煤粉发电技术和循环流化床锅炉发电技术。近几年来，大型火电机组的工作效率和可靠性也大幅度提高。[1] 整体煤气化联合循环发电技术是我国目前重点研发的项目之一，华能"绿色煤电"商业示范 IGCC 项目现已完成第一阶段，该项目的完全国产化意味着我国在 IGCC 技术的研发上已然处在世界领先位置。

5. 煤清洁高效转化技术

在煤直接制油技术方面，我国已有自主研发项目，且目前制油规模已经能够达到 100 万 t/a；在煤间接制油技术方面，我国煤制油产业已经具备 5000 吨/年的产能规模，且在重点技术方面已经掌握了自主知识产权。我国目前已经具备的煤制乙二醇技术虽已拥有全套知识产权，但该技术上尚存改进空间，如催化剂稳定性、产品质量等问题。

---

〔1〕　参见黄其励等：《先进燃煤发电技术》，科学出版社 2014 年版，第 70 页。

6. 污染物控制与净化技术

煤炭清洁高效利用技术要求对煤炭利用后的污染物进行有效控制和净化，主要集中在硫化物、氮氧化物的排放控制以及温室气体排放控制方面。从国际视野来看，我国的脱硫技术、脱硝技术较为领先，但脱硫、脱硝一体化技术还没有大范围应用。我国早在 2008 年就已经将降低温室气体排放量作为重点研究方向，国内多家电厂企业开展了 CO_2 捕集、利用与封存技术示范工作，不过在技术的经济性与环境安全性方面还需要进一步提高。[1]

第三节　绿色能源技术转移概述

一、技术转移的定义、本质及特点

（一）技术转移的定义

技术转移（Technology Transfer）最早出现在 1964 年第一届联合国贸易和发展会议上关于支援发展中国家的一篇报告中，这篇报告将各个国家和地区之间的技术输入与输出统称为技术转移。最早归纳技术转移定义的是美国学者布鲁克斯，他指出所谓的技术转移，就是在人类活动中将科学和技术传播的一个过程；由一些人或机构所开发的系统、合理的知识，通过人们的活动被另外一些人或机构应用于处理实物的方式过程。随后美国学者斯培萨也提出了技术转移的概念，他认为技术转移就是指为了实现一定的目标，将必要的技术、信息在有组织的工作中有计划地合理移动。除此之外，他还把技术转移的范围限定在政府和企业之间技术和信息的有计划、合理地移动，并且重点突出了技术转移的规则性和有序性。再后来，伴随着研究视角和侧重点的不同，陆续有学者对技术转移的定义提出不同的观点，大致有以下几种。

1. 狭义技术转移说

狭义技术转移学说认为，技术转移是一种将作为生产要素的技术从技术源转移至技术使用者的过程，而这一过程既可能有偿也可能无偿。提出类似的观点如美国得克萨斯大学奥斯汀分校技术转移研究小组的负责人汇集并研究了 14 篇关于技术转移作为沟通过程的论文，他们认为技术转移反映了将想

---

〔1〕 参见李文英等编著：《中美煤炭清洁高效利用技术对比》，科学出版社 2014 年版，第 1～3 页。

法从研究实验室转移到市场的过程中的全部或部分。简而言之，技术转移就是知识的应用。[1]总而言之，此种学说的特点在于将"技术"的范围限缩在技术本身。

2. 广义技术转移说

广义技术转移学说相比狭义技术转移说来讲外延更加丰富，它既强调技术本身的转移，也关注到了与技术移动有关的要素的转移。如《2022年世界能源展望》报告显示：2022技术转移发生的因素并不仅仅只有合适的交流渠道，换句话讲，政治、经济、文化等要素都会影响技术转移的发生。Samli认为技术转移中"转移"的客体应当全面包含条款、技术研发人员、交流渠道等与技术有关的各种要素，且发生在不同地理位置、不同领域、不同部门之间的转移都可以称为技术转移，这是一个动态变化的过程。[2]

3. 技术商品流通说

技术商品流通学说的特点在于将技术转移中的"技术"视作一种商品，根据商品的流通性，将技术转移理解为某种或某些技术商品在不同所有权人之间的交换及流通过程，[3]强调的是一种政治经济学概念。

4. 技术知识应用说

技术知识应用学说并非强调技术知识的流动与配置，而是将着眼点放在技术知识的应用上，具体来讲，则为技术知识从个体形态逐渐转变为社会形态或商业形态的动态发展过程，也即个体知识形态被推广和应用的过程。代表人物如弗兰克·普雷斯（Frank Press），他认为技术转移就是研究成果的社会化过程，其中包括国家内部的推广和国家之间的推广。[4]

5. 不同环节转移说

该种学说的侧重点在于"环节"，约瑟夫·熊彼特（Joseph Alois Schumpeter）将技术的发展分为三个阶段：技术发明阶段——产生新的技术；技术

---

〔1〕　See Frederick Williams, David V. Gibson. *Technology Transfer*: *A Communicaion Perspective*, SAGE PUBLICATIONS, 1990, p. 10.

〔2〕　See Samli and A. Coskun, *Technology Transfer*: *Geographic*, *Economic*, *Cultural and Technical Dimensions*, Quorum Books, 1985, p. 26.

〔3〕　参见熊焰等主编：《专利技术转移理论与实务》，知识产权出版社2018年版，第18页。

〔4〕　参见陈静、林晓言：《基于三螺旋理论的我国技术转移新途径分析》，载《技术经济》2008年第7期。

创新阶段——新技术的首次商业化；技术扩散阶段——新技术的外溢或社会化，[1]此种观点认为，技术转移便是技术信息沿着自身发展规律在这三个环节中的定向发展、流动和传递过程。

值得注意的是，要理解"技术转移"的定义，就需要将其与其他类似概念加以区分，相近似的如"技术扩散"。这两个概念虽然都是指技术信息通过一定的方式在不同区域、不同领域之间发生动态移动，但实则有许多不同点。其一，技术转移是一种带有经济目的的活动，供求双方在技术转移过程中都有各自明确的诉求；而技术扩散既包括有目的的技术转移，也包括无意识的技术传播，且更侧重于后者，也就是说，技术扩散的内涵更加丰富。其二，技术转移的受让方往往很明确；而技术扩散的受让方往往是不特定的公众或企业，只要对该技术存有兴趣，均可以成为技术扩散的受让方。其三，从某种意义上讲，技术转移带有商业性质；而技术扩散更偏向于理解为社会公益性活动。

综上所述，技术转移的定义可以这样理解，是指技术本身及与技术相关的知识、产品在不同主体之间随着市场需求进行流动的过程。这些主体包括不同的高校、科研机构、企业、政府机构，不同的国内行政区域，不同的国家和地区等。包括商业性质的活动，以及公益性质的活动。

（二）技术转移的本质

从上述技术转移的定义来看，技术转移总体表现：基于一定的市场需求而发生的一系列技术信息及其相关要素的转移，且该种转移应当扩大解释为不同区域、不同领域、不同路径之间的各种流动，这种流动既可以是一种有组织、有计划的过程，也可以是技术自身发展的过程。不论对技术转移的定义采取何种表述，其本质均是一致的，具体体现在以下几个方面。

1. 技术转移的实质在于知识的移动

技术转移的实质就是技术知识的移动，这种知识代表着某种技术类型、某项技术水平的一个知识整体，而非单独的某个技术知识。这里的知识既包括有形知识体系，也包括无形知识体系，还包括与有形知识体系和无形知识体系移动相关的信息与知识。具体来讲，有形的知识可以具化为产品、设备、零部件等"硬件"设施；无形的知识可以具化为认知、经验、管理与销售技

---

〔1〕 参见齐晓凡：《技术扩散模型及其政策意义》，载《江汉论坛》2004 年第 6 期。

巧等"软件"技术；与有形知识和无形知识相关的信息与知识是指广泛存在于各国、各地区、各企业组织或个体中，既有显性成分又有隐性成分的内容，此种知识的流动过程较为复杂，其转移途径既可能通过文字形式实现，也可能需要实际操作才能实现，因此其转移过程相较前两种而言相对困难。[1]

2. 技术转移是一个由三种环节组成的有机整体

如果将技术转移看作一个有机整体，那么整个转移过程可以拆分为三个环节：第一个环节是通用知识的转移环节，即该转移技术中基础性知识的转移环节；第二个环节是技术知识的转移环节，即该转移技术中特定知识的转移环节；第三个环节是企业特有知识的转移环节，即特定企业中与该转移技术密切相关的专有技术的转移环节。传统意义上的"技术转让"只能实现第二个环节的知识转移，而一个具有完整意义的"技术转移"却需要由上述三个环节有机结合才可构成，且第一个环节和第三个环节需要凭借一定的技术手段进行大量投入和积累才能实现，这就对待引入技术企业的学习能力和知识水平提出了更高的要求。当然，技术的转移并不是一种简单的堆砌和叠加，任何技术或知识的形态在转移之后都会发生变形，其所发挥的作用也会或多或少地存在差异。因此，一个企业要想真正内化其所引入的技术，还需投入大量的资源，为转移的技术创造一个优良的内生环境，也即完成通常所说的消化吸收过程。

3. 技术转移是一个复杂的综合过程

技术本身即具有内容的复杂性与应用的广泛性，因此技术在转移过程中也会伴随着这些特性的转移。技术转移不仅仅表现为技术形态在时间和空间上的转移，还会随着与技术相关的有形和无形因素的转移。这些因素会通过技术的溢出效应性对引入该技术的企业所在的地区形成区域性的影响，该影响可能会涉及政治、经济、文化乃至生态环境等各个方面。但需要注意的是，技术性资源往往是一个国家或地区的战略性资源，所谓的技术转移也往往只能实现技术的出租，而不能实现技术所有权的让渡，这就意味着不能过分夸大技术转移所带来的效果。出让方与受让方之间的交易准确说是一种当下的利益交换，而技术转移能否真正实现，核心还是在于引入方自身。因此，技术转移不能简单等同于市场交换，相反，其表现出的是一种极具复杂性与深

---

[1] 参见马忠法：《技术转移法》，中国人民大学出版社2021年版，第23页。

远影响性的综合过程。

（三）技术转移的特点

技术转移与物权转移存在本质区别，技术不同于物权中的物，技术是人们在制造物或者提供服务过程中形成的一种具有系统性的知识，因此技术转移相比普通的物权转移具备其独立的特点。

1. 当事人双方属民商事法律关系

技术转移的本质是私人主体间的技术交易行为，这种交易便凸显了技术转移的商事活动性质。技术转移的转让方往往是私人企业，私人企业对外转让其技术通常是出于对公司整体运营有利的长期利润和可得收益考虑。可以说，技术转让是公司与公司之间在商务合作上达成的一场交易。近年来，虽然私人主体间的技术转移常常受到国家宏观政策上的影响（如国家在进出口技术上的管制以及国家鼓励、优惠政策等），但其私人性的本质并没有变。

第一，技术转移不同主体的地位平等。民事法律行为的特点在于主体法律地位的平等性，主体活动的意思自治性以及行为内容的人身性和财产性。[1]传统的技术转让方式主要包括技术许可、交钥匙工程、技术合作、技术咨询和服务、补偿贸易等，如今的技术转移更多的是通过并购、直接或间接投资、服务贸易、货物贸易、政府采购、发展合作以及多边环境保护协议等多元化形式，由此看来，无论是过去的技术转让还是现在的技术转移，均具有显著的民事法律性质。

第二，双方当事人的行为属于民事行为。技术转移是双方在自愿原则上意思自治的选择，从某种意义上讲，该种行为在法理上应当定性为民商事法律行为。但由于技术作为交换客体本身具有特殊性，加之双方对技术的了解程度不同、对技术的使用水平不同以及所处的工作环境不同，使得双方在交易过程中可能会有明显的优势弱势地位，其"商事性"则体现得更加突出一些。

第三，技术转移活动具有市场性。技术转移是一种商品及服务的交换，当技术作为无形财产时，其价值是难以准确估量的，即使是有形财产形态，也可能会因为技术归属的单向性而无法在公平公正基础上准确定价。因此，在实际中技术转移双方在信息获取和议价能力上是不对等的，受让方无法准

---

〔1〕 参见马忠法：《技术转移法》，中国人民大学出版社 2021 年版，第 24 页。

确认定技术的价值，也很难有证据质疑定价是否具有合理性，在市场经济条件下，供需双方（特别是企业）的市场行为特征突出，技术转移活动的商事私人属性明显。

2. 技术转移具有复杂性

技术作为技术转移的客体，在融入了生产资料、生产力以及无形知识与生产经验后本身就具有极强的复杂性，这种复杂性不可避免地附随在了技术转移的过程中，具体可以体现在三个方面。

第一，技术本身具有系统性，也即关联性。技术不可能孤立存在，它或多或少地都会与其他关联技术以及其他支持性技术产生千丝万缕的联系。如工业生产中涉及的生产技术、产品技术、管理技术很多情况下难以单独存在。因而在技术转移过程中，受让方对该技术引入所期待的可获得性利益要远远高于技术转让方所能提供的技术产品，这样往往导致在配套设施或无形知识的引入前，交易双方会耗费较高的协商成本或交易成本，一定程度上降低了技术转移的成功率。

第二，技术本身存在内隐性，换句话说，技术中的隐性知识能否成功转移对技术转移的成功与否具有决定性作用。最典型的隐性知识如厂房选址、工艺程序、企业文化、设备维护方法、工作人员分配等，这些知识隐含在待转移技术中，很难以文字形式表达出来，也很少有受让方关注到这些细节，而这些细节恰恰是技术转移的关键。技术的内隐性不仅加大了转移的成本，也给受让方日后的经营带来了一定困难，可以说，技术的内隐性越强，技术转移的失败率越高。

第三，技术转移的形式多样。技术转移的形式既可以是所有权的转移，也可以是使用权的转移；既可以是纯技术的转移，也可以是技术与投资的捆绑转移；既可以是技术设备的转移，也可以是技术经验的转移。由此可见，依据不同的分类标准，技术转移可以分为不同的类别，而这些不同种类排列组合又达到了不同方式的转移效果，这种转移形式上的多样性决定了技术转移的复杂性。

第四，技术转移的流程繁多。由于技术转移过程会涉及技术评审、评估、谈判、合作、投资等诸多方面，牵扯政治外交、法律法规、金融政策等诸多领域，它所面临的风险也是来自四面八方的，所受到的价格制约也难以准确估量，因此也大大加重了技术转移的复杂性。

3. 技术转移具有国家干预性

技术转移虽然具有较强的私人属性，但与公共利益密不可分，由此带来的国家政策调整也会影响技术转移的效果。最典型的如国家的鼓励、优惠政策以及对核心技术在进出口上的管制。上述提到技术转移的复杂性日益提高，而市场自身潜力又具有局限性，因此有越来越多的技术开始朝公共方向发展。比如由政府投资开发技术，然后将任务分发到各企业、各高校以及各科研机构中。依照各国法律规定，以这种方式得到的技术成果归属权大多在于实际开发的主体。但弊端在于，相比企业自身，由于不直接涉及自身运营利益，受托开发技术的企业、高校或是科研机构内生研发动力不足，此时就有了国家激励政策，通过国家干预来激发受托主体的技术开发积极性，促使技术成果加快产业化进程，推动一国的经济发展。

从公共政策角度考虑，有些技术的转移不能仅仅认定为私人主体自己的事，比如关键技术的转移。企业自身在进行技术转移时将自己作为最佳利益的判断者，很可能会出于利益的考虑而将核心技术进行转移，在这种情况下，为了整体公共利益的考量，国家就可能通过一系列干预手段来对企业行为进行必要的管控与规制。实践中，各国对关键技术的转移是持有谨慎态度的，不加限制的转移只会给本国经济带来不可控制的销蚀。当然，过度限制技术转移也将对世界经济造成很多的不利影响。如近年来，美国"技术民族主义"思想对于国家间技术转移阻滞影响很大。美国通过掌控关键技术、实行技术出口管制以及握紧金融控制等手段，并采用限制进入、联合盟友施压手段实施市场控制，实现对竞争对手供给端到需求端的全面打击，以此维持其科技霸主地位，谋求特权垄断和巨额财富。[1] 2022 年 8 月，美国先后通过经拜登签署的《2022 年芯片与科学法案》，向全球化和多边贸易规则发起了全面挑战，力图按照阵营分割原则阻断全球芯片供应链。该法案规定，假如在美国建厂的半导体公司，同时也在中国或其他潜在"不友好国家"建设或扩建先进的半导体制造工厂，那么该公司将不会获得该法案的补贴。

二、绿色能源技术转移与一般技术转移的区别

技术转移作为一种经济现象，贯穿于社会发展始终。在社会发展初期，

---

[1] 参见肖君拥：《美"技术民族主义"意在维持科技霸权》，载《光明日报》2022 年 8 月 18 日，第 12 版。

生产技术一直处于公共领域，没有归属权，可以不受约束地随意传播，技术转移的方式、速度也通常是顺其自然。随着物品的私人化以及商业理念的出现，技术逐渐从公有转变为私有，原先漫无目的的技术转移逐渐具有了商业化色彩，有偿传播也渐渐取代了无偿传播。现如今，面对气候的急剧变化与环境污染的日益加剧，绿色能源技术开始对防治污染、减少温室气体排放量起决定性作用，技术的传播与分享也成为应对气候变化的核心手段和重要途径。

　　一般技术转移的产生，来源于技术提供方与技术受让方之间的利益交换。从技术提供方视角来看，其可能出于自身对技术的需要或者纯粹的经济获利目的来研发、生产技术，后一目的带来的转移动力可能更加强烈一些。从技术受让方视角来看，其进行技术转移活动的诱因主要来源于自身对该技术本身的需求，希望通过转移来的技术开发新产品，增强市场竞争力，获取有利市场地位，以谋求更大的利润。[1]技术转移形成的内在机理如图 1-2 所示。

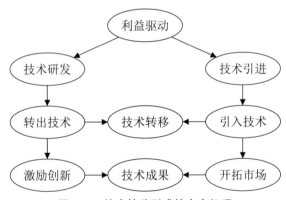

图 1-2　技术转移形成的内在机理

　　在应对气候变化与环境急剧恶化的大背景下，绿色清洁能源技术的转移在当前各个国家和地区可持续发展进程中扮演着重要角色，它在治理环境污染中所起的决定性作用已经成为很多国家和地区的共识。相比于一般技术转移，绿色能源技术转移又具有一定特殊性。在一般技术转移中，我国所制定的一系列法律政策、为技术转移双方提供的各种激励措施与优惠条件以及一

---

　　[1]　参见熊焰等主编：《专利技术转移理论与实务》，知识产权出版社 2018 年版，第15~21 页。

系列引进外资计划，在绿色能源技术转移中恐怕不能完全适用，因此，为确保绿色能源技术顺利转移，需要重新修订、完善相关法律、政策以及各项制度。1992 年《里约环境与发展宣言》〔1〕中的第九原则规定，各国之间应当通过科学技术的交流加强新型技术以及革新技术等技术的开发、适用、推广和转让，通过提高各国的科学知识水平来强化全球可持续发展的内生能力。2015 年通过的《2030 年可持续发展议程》反复提到，发达国家在技术转移中对发展中国家将产生重要意义，无害化绿色技术的转让对可持续发展目标的实现也具有重大积极意义。但就当前形势来看，我国并没有一个相对完善的体系或制度以供绿色能源技术进行转移，我国在相关法律法规的构建方面还需要不断加强与完善。绿色能源技术并非单指某项技术，而是指某个技术体系，整个体系的内涵很丰富，除了绿色技术、绿色商品、绿色服务本身，还包括具有管理性的绿色软件程序及其设备。可以说，所谓的绿色能源技术转移，其客体是非常庞大而繁杂的。

绿色能源技术转移与一般技术转移在作用机理上是相同的，均是技术转移双方出于不同的利益需求而进行的技术与资本的交换，以私人利益的获取带动了更大的社会利益。在当前能源危机的大背景下，为了实现全球的可持续发展，推广和普及绿色清洁能源具有现实的意义，其与一般技术转移之间的区别主要体现在一些细节层面，如转移动力、开发主体、转移方式、资金来源、技术应用、商业化模式等方面，〔2〕具体区别如表 1-6 所示。

表 1-6　绿色能源技术转移与一般技术转移的区别

类别	绿色能源技术转移	一般技术转移
转移动力	主要通过法律法规、公共政策、多边环境条约等推动	主要依靠供求、竞争、技术瓶颈等市场力量推动
开发主体	主要是高校，也可能是科研机构、公共实验室、国有或民营企业等	主要为以营利为目的的民营企业

〔1〕 《里约环境与发展宣言》是 1992 年 6 月在联合国环境与发展大会上达成的。联合国环境与发展会议于 1992 年 6 月 3 日至 14 日在里约热内卢召开，重申了 1972 年 6 月 16 日在斯德哥尔摩通过的联合国人类环境会议的宣言，并谋求以之为基础，通过在国家、社会重要部门和人民之间建立新水平的合作来建立一种新的和公平的全球伙伴关系。

〔2〕 参见马忠法等：《清洁能源技术转移法律制度研究》，法律出版社 2018 年版，第 88 页。

类别	绿色能源技术转移	一般技术转移
转移方式	主要向民营企业转移，因其公益性特点，经常会通过公私合营、校企合营等新兴转移方式	通常为私营公司内部研发，通过私人企业与私人企业进行转移
资金来源	政府财政支持、社会公众融资	民营企业出资，包括投资、再投资、风险投资以及股票买卖等
技术应用	主要在相对具体的领域及区域应用，如绿色清洁能源产品中，有些技术逐步趋于全球化	具有普遍适用性，不受领域、区域的限制，在全球范围内应用
商业化模式	主要依靠制度扶持，现在逐渐呈现私人模式，中小企业逐渐加入	通常为民营性质，私人主体之间主动进行

绿色能源技术转移与一般技术转移之间的区别主要可以从表 1-6 的六个方面加以讨论：

在转移动力方面，绿色能源技术转移主要是依赖法律法规、公共政策以及多边国际环境条约等宏观力量加以推动；而一般技术转移的驱动力主要来源于企业自身供求、市场竞争压力以及技术瓶颈等市场因素。

在开发主体方面，绿色能源技术无法像普通技术一样靠企业自身的盈利目的开发，它的主要目的在于降低碳排放、减少环境污染、高效绿色清洁，产生直接收益较为困难，因此其开发主要来自高校以及由政府资助的各科研机构、实验室，私人企业往往不愿意投资；而一般技术则主要由私人企业的相关部门进行研发。[1]

在转移方式方面，绿色能源技术一般由研发机构向私人部门转移，近年来一些新兴技术转移方式随之出现，如公私合营、高校与企业之间的合作，促进了产学研模式的生成；而一般技术主要由私人企业内部开发，在私营企业与私营企业之间进行转移，或者由高校、科研机构向私人企业转移。

在资金来源方面，就绿色能源技术而言，由于许多技术无法给企业带来直接经济效益，因此来自政府、社会的资金扶持是非常有必要的，主要体现

---

[1]　参见马忠法等：《清洁能源技术转移法律制度研究》，法律出版社 2018 年版，第 89 页。

在公共财政支持与公益性的绿色发展基金等方面；而对于一般技术来说，由于私人企业技术转移的动力基本来源于自身利益需要，因此其资金来源也大多是自身出资，包括通过资产抵押及股权质押等方式从银行、证券公司等金融机构获得的借款以及引入风险投资等。

在技术应用方面，绿色能源技术由于技术的特殊性，不同技术种类所针对的领域和地域也不同，比如光伏产业技术主要应用于光伏产业领域，在采用光伏发电的区域适用较广。不同国家和地区所需要的绿色能源技术也不尽相同，如我国中西部地区大量开发使用太阳能发电、英国大力发展海上风电，因此绿色能源技术在转移过程中呈现区域化、领域化特征；而一般技术则没有这个限制，其转移过程具有全球化趋势，绝大多数技术可以在全球范围内推行。

在商业化模式方面，绿色能源技术在转移中逐渐呈现私人化趋势，且不断有中小企业介入技术的转移过程，不过这些转移通常情况下需要政府的制度激励或者地域扶持；而一般技术在转移过程中则表现出较强的私营性质。

三、能源革命背景下绿色能源技术转移面临的挑战

技术国际化和国家化是当前全球范围内盛行的思潮。工业革命以来，人类在创造巨大物质财富的同时，也带来生物多样性丧失和环境破坏的生态危机，因此，需要抓住能源这个关键，推动世界能源革命，转变发展方式，以绿色低碳的能源助力保护生物多样性，共同守护人类地球家园。[1] 来势汹汹的发达国家为维护自身在国际上的绝对优势地位，在全球范围内推行了跨国公司绿色能源技术转移和知识产权强权保护。而我国作为一个发展中国家，必须提高本国在技术层面的竞争力，才能保障自身的生存发展和合理公平的技术交易环境。在应对能源革命过程中，推动能源技术革命是发展中的关键问题，而技术的研发和批量生产是耗资巨大且风险极高的事情，许多中小企业在技术创新的起步阶段基本依赖于政府的支持与鼓励。在这种政府干预型法律政策中，我国政府在大力支持绿色能源生产与出口的同时又常常受到来自多方面的压力和挑战，使得我国在全球能源革命背景下技术转移存在许多困难。

（一）能源革命背景下技术转移在国际贸易上面临的挑战

我国地大物博，幅员辽阔，密集的资源和劳动力优势使得我国在可再生

---

[1] 参见《全球能源互联网发展合作组织举办生物多样性与能源革命论坛》，载 https://www.chinanews.com/cj/2022/12-17/9916597.shtml，最后访问日期：2022 年 12 月 17 日。

能源技术（如风电、水电、核电）上占据了一定的国际市场，然而这样的价格优势在为我们带来市场竞争力的同时，也常常遭到他国在竞争法上的排斥，例如被认定为"低价倾销"。而在技术转移过程中，我国各级政府为了鼓励技术的创新与发展往往会给企业等机构制定补贴政策，[1]这些补贴政策因为具有专项性又常常遭受"反补贴调查"。事实上，在面对日益加剧的环境风险和日益增强的市场竞争，各国采取一定的保障手段维护本国贸易利益是合理的选择，但随着贸易全球化趋势不断加强，不当反倾销、反补贴成为当前我国技术转移在贸易领域中不得不考虑的风险之一。

依据《关税及贸易总协定》（GATT）相关规定，构成倾销需要满足三个条件：一是进口商品的出口价格低于正常价值；二是给进口国同类产品的工业生产造成了实质性损害，或者存在威胁，或者对某一工业的新建造成实质性阻碍；三是低于正常价值的销售与损害之间存在因果关系。在我国，由于政府对能源革命中的绿色能源技术给予了一定的优惠政策，我国的相关技术产品具备一定的低价优势，这一优势虽然给我们的产品带来了一定的竞争力，但也很容易让进口方抓到"把柄"，而被误认为有低价倾销之嫌。

伴随着能源革命的大力实施，生态环境污染状况亟须改善，中国政府不可避免地会给相关绿色能源技术在政策上予以一定的优惠待遇，这种状况下就很容易被采取反补贴调查。以绿色能源企业的出口信贷为例，如果该企业从政府手里获得的贷款条件比从金融市场中能获得的更加优异，就应当被认定为"利益授予"，否则将不能被认定。反补贴措施旨在通过限制、禁止扰乱正常市场交易秩序的不正当补贴，而恢复国际市场的自由竞争状态，那么此时将市场作为基准就合情合理了。

为了大力推动能源革命的实施，我国在绿色能源技术的研究与发展方面做出巨大努力，然而，同时又常遭受一些发达国家和地区发起的"双反"调查。以美国对我国光伏电池的"双反"案为例，2021年，美国海关依据暂扣令（WRO）相继对我国光伏企业出口到美国的组件产品进行了扣押。2022年

---

〔1〕　补贴指一国政府或者公共机构出于公共利益需要，向本国的生产商或者出口商给予一定的资金上或者财政上的优惠政策，使他们的产品比国际市场上同类产品更具竞争优势，而可能对其他国家同类产品的收益造成损害的政府性措施。并非所有的国家优惠政策都叫补贴，也并非所有的补贴都应当被禁止、被规制，只有严重违背国际贸易秩序、具有专项性，且对他方竞争造成不当损害的补贴政策才应当遭到反对。

12 月，美国商务部发布针对光伏电池和组件的反规避调查初裁决定，包括隆基、天合光能、阿特斯、比亚迪在内的 4 家中国企业被该局初步裁定存在"反规避行为"。[1] 近年来的"双反"案反映出光电技术领域持续成为中美贸易摩擦的焦点之一，为此，中方企业纷纷采取在国外投资一体化生产车间等应对之策。

（二）能源革命背景下技术转移在知识产权上面临的挑战

知识产权作为技术转移的重点考虑因素，在我国能源方面的技术转移中所扮演的角色非常复杂。知识产权兼具公私属性，它在保护产权所有人的产权利益、促进发明创新的同时，也可能出现限制相关技术转移的状况。以绿色能源"通用技术"专利化为例，丹麦 LM 玻璃纤维有限公司曾与我国上海玻璃研究所发生过一起专利纠纷（以下称"LM 叶片专利门"事件），其中便涉及了风能产业中的通用技术。2004 年，丹麦 LM 玻璃纤维有限公司被授权获得了"风车转子以及用于该转子的机翼型叶片"的发明专利，权利要求书中载明，该发明专利中最关键的一项技术：叶片外部 1/3 以向外并向前预弯的方式延伸。[2] 这一技术即所谓的"通用技术"，为了避免风机的叶片在旋转过程中误打到风机塔上，所有规格为长 37 米、功率 1.5 兆瓦的风机都需要运用这种预弯技术，如果不使用，风电机组就必须作出大的变动。2005 年年初，我国上海玻璃钢研究所研发出了一种使用预弯技术的 1.5 兆瓦风力发电机叶片。通过大量的调研工作，该研究所发现丹麦 LM 公司所申请的专利并不具有独创性，而是一种"通用技术"，只要专业技术人员稍加研究，就可以很容易研制出类似的设计。因此，上海玻璃钢研究院于 2005 年向国家知识产权局专利复审委员会，申请丹麦 LM 公司被授权的风力机预弯叶片为无效专利，2006 年复审委员会作出了宣告该专利无效的决定。丹麦 LM 公司对该决定不服，向北京市第一中院提起行政诉讼，要求撤销复审委员会对该专利无效的认定。一审支持了 LM 公司的诉讼请求，二审判决推翻一审决定，最终认定该专利无效，理由在于这种设计属于通用技术，不存在在先申请，因而不具备创新性和新颖性。

---

〔1〕 反规避指一种出口产品在被另一国实施反倾销措施的情况下，出口商通过各种形式减少或避免出口产品被征收反倾销税或被适用其他形式的反倾销措施的行为。

〔2〕 参见良宵：《"LM 叶片专利门"》，载《经济日报》2010 年 9 月 29 日，第 14 版。

那么是否所有的通用技术都不可以被专利化呢？也不尽然。对此本书提出两种出路：一是实施专利开放许可。如果申请人想要申请的技术是必须建立在前一项技术的基础之上的，并且这项技术的申请和使用会带来巨大的经济利益和发展前景，一个可行的路径是将前一项技术设定为开放许可，确需使用的话支付许可费用即可。但这个方法存在一定弊端，一方面我国专利开放许可在实操层面尚不成熟，开辟一条新路难免存在来自诸多方面的困难；另一方面由于技术信息的不对称，被许可方很难准确认定该项技术所需许可费用的合理性，高昂的许可费用不仅可能给被许可方带来巨大的成本压力，还可能引发国际市场的恶性价格竞争。因此，这条路径虽然在理论层面具备可行性，但实际操作难度大。二是运用竞争法规制。以上述案例为例，如果一项发明专利是公知的通用技术，且它的存在会影响正常的技术传播、技术转移，阻碍其他企业的市场准入，那么潜在的被侵权者有权通过认定技术权利人滥用市场支配地位、扰乱市场竞争的办法来主张其存在不正当竞争行为。但此种路径亦存在弊端，如在知识产权方面如何认定企业滥用市场支配地位、对于知识产权层面构成的市场垄断应当如何处理，都是《中华人民共和国反不正当竞争法》（以下简称《反不正当竞争法》）在当前知识经济横行时代，尤其是绿色能源技术迫切需求的时代中面临的新问题。[1]

（三）能源革命背景下技术转移在投资上面临的挑战

党的十八大以来，习近平总书记提出"四个革命、一个合作"能源安全新战略，为我国能源高质量发展指明了方向。我国加快构建清洁低碳、安全高效的能源体系，能源生产和利用方式发生重大变革，能源高质量发展迈出了新步伐。我国绿色能源技术产品在各种利好政策的鼓励支持下已经具备了良好的市场竞争能力，然而在此过程中，绿色能源企业在投资过程中也面临着诸多挑战。

其一，绿色能源核心技术难以获得。例如，处于起步阶段的我国光热发电产业面临着一系列困难。一是成本高，高性能核心设备部件需要进口，国产化制造水平较低。二是实际运营的成功经验较少，可借鉴的历史数据有限，需要进一步探索和积累。三是标准体系和标准缺乏，具备设计、施工、调试

---

[1] 参见马忠法等：《清洁能源技术转移法律制度研究》，法律出版社 2018 年版，第 159~160 页。

与运营的全流程标准体系尚未建立。此外，缺少商业光热电站的实际投资运营，当前光热电站的系统集成能力、关键技术和设备难以验证。[1]目前世界的光热电站有90%以上集中在美国和西班牙等国家和地区，长期以来，欧美国家和地区具备先进技术的企业并不愿意将该技术转移至我国。原因在于，绿色能源技术领域的多项核心技术都由国外企业控制甚至垄断，这些技术在给他们带来巨大经济利润的同时还不会对生产所在地的环境造成威胁，这些显性和隐性的回报远远高于技术转移可获得的收益。换句话说，现阶段掌握核心技术的企业主体根本没有技术转移的动力，而如何利用制度机制抑或其他方法来提升对方技术转移的积极性成为一项新的挑战。令人欣慰的是，近年来，经过国内企业的不断尝试和探索，我国在光热技术领域也取得了一定的突破。例如，由中广核太阳能德令哈有限公司在青海省海西蒙古族藏族自治州德令哈市市郊建设的太阳能光热发电项目年发电量可达两亿度，与同等规模的火电厂相比，每年可节约标准煤6万吨，减少二氧化碳等气体排放14万吨，相当于植树造林4200亩。该项目于2021年6月正式并网投用，我国由此成为第8个掌握大规模光热技术的国家。该项目的成功运营，可以为我国在设备生产制造、运行维护等方面提供经验，为更安全、经济地建设大规模光热电站、发展清洁能源奠定基础，为国家"双碳"目标实现贡献力量。

其二，产能过剩加剧竞争。光伏是未来电力供应的主力军，然而，面对蓬勃发展的光伏应用市场，光伏制造业竞争也在不断加剧。一方面，光伏制造端的国际竞争不断加剧。一些国家和地区已将发展新能源制造上升到政府层面，不仅支持本土企业制造，而且对其他国家和地区产业的发展有所限制。例如，美国2022年《通胀削减法案》计划投入300亿美元用于生产税收抵免，以促进美国太阳能电池板及关键矿物加工等。欧盟计划在2030年前形成100GW完整光伏产业链的目标。印度则公布"高效太阳能光伏组件国家计划"，旨在提高本土制造量，减少可再生能源领域的进口依赖。近年来，我国企业"走出去"引发的中欧光伏纠纷，给我国光伏产业造成了沉重的打击。另一方面，我国企业投资及扩产火热。除了行业"老企业"间的竞争外，跨

---

〔1〕 参见《太阳能光热发电之路如何走？——我国光热发电产业调查》，载《经济日报》2016年11月14日，第12版。

界企业也纷纷涌现，包括央企国企在内的各行各业的企业，都在进军光伏制造业，竞争进一步白热化。据不完全统计，2021 年 1 月至 2022 年 11 月，我国光伏规划项目超过 480 个，其中部分项目为分期建设，未来将视市场变化情况择机启动。跨界企业入局光伏制造端，既有机遇又有挑战。一是可以促进光伏技术百花齐放，刺激传统光伏企业加速推进技术迭代，为光伏行业带来新的经营模式，使行业更具活力。二是不可避免地出现行业低水平重复建设，部分环节存在产能过剩的风险。[1]这将造成光伏制造产品产量无法充分释放，出现产能急剧积压，产品价格也会随之下跌。

（四）能源革命背景下技术转移在国际合作上面临的挑战

近年来，随着国家对环境保护方面的极大重视以及我国碳减排政策的大力推行，我国在绿色能源技术转移方面与许多国家和地区建立了双边合作关系，尤其是与东盟地区之间的合作，这些合作成为我国绿色技术走向国际的一道桥梁。然而，这些国际合作中隐藏的一些问题也逐渐暴露了出来，最典型的如中美之间的合作。我国和美国在绿色清洁能源上的技术合作被广泛视为绿色能源技术转移的典范，CERC 和 ECR 项目为中美之间技术合作搭建了平台，但这一平台很难让美国从真正意义上履行《联合国气候变化框架公约》中规定的技术转移义务。从 CERC 项目中知识产权相关规定来看，产品的知识产权由技术的研发方享有，如果存在雇佣关系，即使是被雇佣者研发出来的产品，知识产权仍归雇佣者享有。依据该规定，作为雇佣方的美国采用"人工收割机"的方式雇用了我国的相关技术专家，而研发出来的产品的知识产权却要归属于美方，可见这种合作模式的最终受益人仍是美国。此外，中美合作的直接目的旨在绿色能源技术的研发与传播，但该项目并未对技术转移作出规定，那么中美之间的技术合作能否真正实现我国所期待的目的，还尚且未知。

此外，美国持续不断地将绿色能源的相关专利以许可使用方式输送到我国，凭借知识产权向我国攫取了高额贸易利润，这对我国来说无疑是一项重大风险。在我国对美国出口产品中，机电、建材、化工等传统高碳产品占据了我国出口市场一半以上的比重。然而，早在 2009 年《美国清洁能源安全法案》就对高碳产品进口加以明确限制，规定如中国不能对高碳产品采取减排

〔1〕　参见张维佳:《光伏新变局：穿越周期、不惧竞争》，载 https://www.china5e.com/news/news-1145430-1.html，最后访问日期：2023 年 9 月 13 日。

措施，美国将对这些进口产品征收"碳关税"。这项规定背后的目的显而易见，美国希望我国持续对其开放新能源产品以及相关技术市场，以推动实现美国"对外贸易倍增"计划。在新能源技术方面，我国所掌握知识产权尚且较少。据世界低碳发展报告，在 60 多项低能耗运输、交通、化学、建筑领域的新能源关键技术中，我国所掌握的尚且达不到 30%，言外之意，绝大多数的技术使用需要支付高额许可费用，而这无疑加重了我国的绿色清洁负担。从 20 世纪 80 年代开始，中美之间就陆续签订了各类环保技术合作协议，美国通过对我国的技术输出以获取巨额知识产权许可费用，我国通过支付知识产权费用引入美国先进新能源技术手段，以减少产品能耗，实现可持续发展。这样看似各取所需的合作其实暴露了许多问题，我国绿色能源的发展极大程度上受制于技术瓶颈，这种被动局面将成为推动能源革命的潜在风险。

四、绿色能源技术转移对于推动能源革命的意义

随着时代的发展，传统农业社会逐步向现代工业社会转变，在第一次和第二次工业革命阶段人们开始意识到科学技术对生产力的重要性，为资本主义对世界统治地位的确立奠定了经济基础。相比来说，第三次工业革命中科学技术直接转化为生产力的效率大大加快，不同领域之间的内在联系也在大大加强，整个社会朝着更系统性、综合性的方向发展。当前，第四次工业革命正如火如荼地开展，这是一个利用信息技术促进社会变革的时代，也可以称之为"智能化时代"，在这一时代，产业结构将朝着数据、互联、集成、创新等方向发展，与此同时，对人们生活环境的质量也提出了更高要求。政治、经济的迅猛发展不可避免地带来了气候、环境问题，开展能源革命是党中央、国务院为构建现代化能源体系作出的重大决策和部署，能源革命的实施将有利于稳步提升国家能源安全保障能力，促进社会经济高质量发展。

随着政治、经济、文化等各方面发展，人类在创造物质财富的同时，也加速了对自然资源的攫取和消耗，导致人类面临着前所未有的来自气候环境方面的危机。在这种背景下，越来越多的政府、专家、学者开始致力于解决气候变化、环境污染问题，并认为世界各个国家和地区及社会公众通力合作就能渡过难关，然而事实并非这么简单。2015 年年底巴黎气候大会落下帷幕，各参与国达成并签署了《巴黎协定》，即使该协定承载了许多气候方面的美好

期望，但里面并没有实际可行的操作规程与有效措施，可以说，该协定的签订对实际解决气候问题、防止环境恶化作用非常有限。在能源方面的技术转移上，许多国际协定中采取的是"自愿原则"，换句话讲，许多气候能源方面的国际协定对技术转让活动并没有起到一个很好的推动作用，由此便对各个国家和地区自主努力改善气候环境提出了更高要求。《联合国气候变化框架公约》第二十七次缔约方大会（COP27）以"共同落实"为主题，就《联合国气候变化框架公约》及《京都议定书》《巴黎协定》落实和治理事项通过了数十项决议，其中 1 号决议"沙姆沙伊赫实施计划"，重申坚持多边主义和"共同但有区别的责任"等原则，强调各方应切实将已经提出的目标转化为行动，合作应对紧迫的气候变化挑战，为推动《巴黎协定》全面有效实施注入了新的动力。在以我国为代表的发展中国家和地区团结合作之下，发达国家和地区作出罕见让步，首次就气候赔偿达成协议，"损失与损害基金"机制得以确立。然而，在逐步淘汰化石燃料、将升温控制在 1.5℃之内等与全球变暖息息相关的重要议题上，此次大会并未取得实质性进展。[1]

近年来，在国家的高度重视下，我国能源革命取得了一定的进步。2014 年以来，我国能源消费低碳转型步伐明显加快，能源消费结构明显优化，国内生产总值单位能耗已经降低 20 个百分点；能源质量和供给能力得以显著提升，人均用电量增加 2000 千瓦时，人均电力装机增加 0.7 千瓦，且未发生过大面积停电事件，电力设备的安全性能已经处于世界领先水平；清洁能源技术研发水平进一步提升，光伏产业发电效率多次打破世界纪录，完善了绿色能源制造装备产业链，并研制出 100 万千瓦水电机组，成为当前世界单机容量最大的清洁设备；能源体制机制改革也取得了重大突破，尤其是电力行业体制改革，用电制度有序推进，交易机构也可独立运行；能源方面的国际合作也得到了有效加强，当前已经与超过 50 个国家、地区建立能源合作伙伴关系，让绿色成为"一带一路"的发展底色。[2]绿色能源技术在能源革命中的重要地位已经毋庸置疑，而先进的绿色能源技术并非每个国家和地区都同步

---

〔1〕　参见《气候谈判举步维艰 中美合作众望所归》，载《中国青年报》2022 年 11 月 24 日，第 9 版。

〔2〕　参见《国新办举行"加快建设能源强国　全力保障能源安全"新闻发布会》，载 http://www.scio.gov.cn/xwfbh/xwbfbh/wqfbh/47673/48664/wz48666/Document/1727984/1727984.htm，最后访问日期：2022 年 7 月 28 日。

掌握的。要想实现绿色能源技术的全球化，而不是将其变为发达资本主义国家和地区或少数高新技术企业压榨、攫取发展中国家和地区或中小企业利益的工具，讨论绿色能源技术在全球范围内的转移便有了现实意义：一方面是传统的化石能源消耗殆尽使得社会对新能源发展有了更高需求；另一方面是环境状况的日益恶化加剧了全球可持续发展的压力。综上两方面原因，均表明绿色能源技术转移已成为国际能源发展与传播的主流趋势，任何一个国家或地区都不应当单打独斗，加强国家（地区）与国家（地区）间、企业与企业间的互联互通、资源共享，才是应对环境与气候危机的正确选择。

（一）绿色能源技术转移有利于增强能源的可持续发展

能源的可持续发展亦称可持续能源供应，指既满足当前对能源的需求，又能保障未来后代对能源需求的能力。可持续能源技术不同于可再生能源，其不仅包含太阳能、风能、水能、潮汐能、地热能等可再生能源，也包含提升可再生能源与不可再生能源利用效率的相关技术。可持续能源技术也不能简单等同于低碳能源技术，低碳能源技术仅仅指不会增加大气中二氧化碳的能源技术，属于可持续能源技术中的一种。众所周知，煤炭、石油、天然气等化石能源均属于不可再生能源，但它们在人们日常生产生活中却占据不可或缺的地位，如果在将来的某一天这些化石燃料全部耗尽，又没有足够多的替代能源，对人类乃至整个社会来讲将是一件不可想象的灾难。从经济效益角度出发，绿色能源技术转移可以充分利用国内外市场，借助他人技术实现自身绿色能源产品的研发，也可以通过对外转移自身技术获取经济利益，在满足多方能源发展需要的同时，实现环境、能源、经济的协同发展。[1]国际能源署研究表明，2020年由于新型冠状病毒性肺炎疫情以及各国广泛推行的降低燃煤发电强度等减碳目标政策的影响，全球煤炭消费在2019年已经下降0.5%的基础上，进一步加大下降幅度。2020年，全世界煤炭消费量以标煤当量能源单位核计，比上年减少5045.4万亿焦耳（TJ），同比下降3.1%，若以实物量来核计，比上年减少2.97亿吨，同比下降3.8%，创出历史最大降幅。国际能源署发布的《2022年世界能源展望》报告显示，随着越来越多国家开始加速能源转型，全球清洁能源产业进入一个快速发展期，2022年可再生能

---

〔1〕 参见黄可嘉：《促进我国能源可持续发展的税收政策问题研究》，首都经济贸易大学2009年硕士学位论文。

源发电量有望增长 20%。得益于风能、太阳能等清洁能源发电量增长，2022 年全球二氧化碳排放量增幅有望从 2021 年的 4% 下降至 1%。[1]在日常生活中，很多居民用电来源于新能源。

（二）绿色能源技术转移有利于提高应对气候变化能力

近年来，极端恶劣天气频发，干旱、酷暑、洪涝等事件层出不穷，应对全球气候变化风险成为当今社会的重要议题。据研究，气候急剧变化的主要原因在于温室气体的大量排放，而煤炭、石油、天然气等化石能源的燃烧占据了温室气体排放总量的 78%，且据预测表明，未来温室气体的持续排放将进一步加剧全球变暖的程度，届时可能会给人类社会带来新一轮的更大风险，如加剧某些地区的干旱程度、持续大范围高温、暴雨天气频发等，这些气候问题还会引发一系列社会问题，如大规模移民、大范围饥荒以及社会动荡等。由此，绿色能源技术的使用成为应对和减缓气候变化的主要出路。2021 年 4 月，欧洲专利局和国际能源署联合发布《专利与能源转型：清洁能源技术创新的全球趋势》，该报告显示，在 2017 年至 2019 年间，全球与低碳能源技术相关的发明专利数量以年均 3.3% 的速度增长。报告指出，当前的气候治理目标只能通过大力促进清洁能源创新来实现，因为在未来几十年中，降低二氧化碳排放量所需的许多技术现在还处于原型模式或演示阶段。[2]根据世界气象组织发布的《2022 年气候服务状况：能源》报告，未来 8 年全球来自清洁能源的电力供应必须翻倍，才能有效限制全球变暖，否则，由于气候变化、极端天气增加以及缺水等因素影响，全球能源安全可能受到损害。随着全球极端天气事件等越来越频繁且剧烈，气候变化正在给全球能源安全带来风险，直接影响到燃料供应、能源生产以及当前和未来能源基础设施的韧性。

（三）绿色能源技术转移有利于加快低碳绿色发展进程

在全面建成小康社会的基础上，开启全面建设社会主义现代化国家的新征程需要更加深刻地理解绿色低碳发展的意义。党的十八大以来，我国产业结构优化升级成效明显，在能源绿色低碳转型方面也取得了一定的成效。2021 年，我国清洁能源消费占比达到 25.5%，比 2012 年提升了 11 个百分点；

---

[1]　参见《全球清洁能源产业加速发展》，载《人民日报》2022 年 12 月 12 日，第 16 版。

[2]　See EPO, "*EPO-IEA study highlights need to accelerate innovation in clean energy technologies to meet climate goals*", in https://www.epo.org/news-events/news/epo-iea-study-hightlights-need-accelerate-innovation-clean-energy-technologies-meet, last visited on 20 April 2022.

煤炭消费占比下降至 56%，比 2012 年下降了 12.5 个百分点；风光发电装机规模比 2012 年增长了 12 倍左右，新能源发电量首次超过 1 万亿千瓦时。目前，我国可再生能源装机规模已突破 11 亿千瓦，水电、风电、太阳能发电、生物质发电装机均居世界第一。[1]2020 年习近平主席在第七十五届联合国大会一般性辩论上宣布，中国将提高国家自主贡献力度，采取更加有力的政策和措施，二氧化碳排放力争于 2030 年前达到峰值，努力争取 2060 年前实现碳中和。"双碳"目标是我国进一步转变能源结构、调整经济发展方式的重大战略，全面谋划绿色能源转型路径，开拓绿色能源技术转移市场，是实现碳减排目标、达到低碳绿色发展愿景的有效途径。但这些目标的实现不是一蹴而就的，我国目前碳排放体系仍然存在许多短板，尤其是技术层面的困难，气候投融资机制尚且处于不完备阶段，要想达到零排放愿景，不仅需要完善顶层设计，还需要转变能源利用思维方式。在新一轮能源革命浪潮的冲击下，我国在绿色能源低能耗产品供应中还存在诸多弱项，如能源企业创新动力不足、科研水平低下，在国际市场中竞争力不强等，这将严重限制我国在能源利用效率上的提升以及能源结构固化所引起的空气污染与生态环境破坏等问题。加强绿色能源的技术转移，将先进清洁能源技术引进来、走出去，将会加速破解我国当前面临的技术难题，加快"双碳"愿景的实现与绿色低碳发展进程。

（四）绿色能源技术转移有利于提升国际能源合作水平

能源是当代经济发展的命脉。加强国际能源合作，是提升全球绿色清洁能源技术水平、实现开放体系下能源安全的重要保证。随着各个国家和地区对传统能源地缘政治的突破，国际能源秩序发生了一定程度上的变化，能源被赋予越来越多的商品属性。

越来越多的能源相关技术融入国际市场，引发各个国家和地区能源利益之间的相互碰撞，造成的影响也是多方面的：一方面，发达资本主义国家和地区凭借强大的政治、经济实力在国际能源新秩序中占据了综合性优势，对先进能源技术的研发和利用具有较强的话语权，体现了新秩序下的不平等性；另一方面，在能源技术国际化进程中，各个国家和地区出于自身利益或全球共同利益正在为绿色能源技术的发展作出自身努力，这体现了国际能源新秩

---

〔1〕参见《国家发改委：我国能源绿色低碳转型成效显著》，载 https://baijiahao.baidu.com/s?id=1744638136138249689，最后访问日期：2023 年 11 月 13 日。

序的另一个显著特征——趋同性。随着不可再生能源的日渐枯竭，"零和博弈"能源观应当摒弃，越来越多的国家和地区开始重视绿色能源的生产和利用，加大绿色新能源的研发投入成为世界主流观点。然而，单靠一己之力已无法适应日趋变化的气候环境，加强绿色能源的技术转移应对环境危机的合理选择。2015 年，我国成为国际能源署联盟国，"一带一路"倡议以后，我们已经与多个国家、地区以及各种国际组织建立新能源互联合作关系，成为推动国际绿色能源发展的重要力量。我国在世界能源格局中至关重要的地位为国家绿色能源发展带来了雄厚的能源实力，[1]也为我国绿色能源技术引进来、走出去提供了重要的平台保障，换句话讲，绿色能源技术在全球范围内的流通与传播，极大地提升了当前国际能源合作水平。凭借出色的产品和技术经验，中国企业在全球多国协助开发可再生能源、电池制造等项目，惠及当地民众。在肯尼亚东北部加里萨郡，中国企业承建的东非地区最大光伏发电站自投入运营后，持续为当地民众提供清洁电力。加里萨光伏发电站年均发电量超过 7600 万千瓦时，满足了 7 万户家庭数十万人的用电需求。发电站还带来很大"绿色效益"——每年可节约标准煤超过 2 万吨，减少二氧化碳排放数万吨。无锡先导智能装备股份有限公司是全球领先的新能源装备制造和服务商，2021 年该公司在德国设立子公司，把我国的电池生产设备和技术带到德国，目前在当地的合作伙伴包括德国大众、宝马等知名车企。此外，无锡先导智能装备股份有限公司还与多家欧洲电池厂商达成战略合作。[2]

第四节　绿色能源技术转移法律制度的基本理论

关于绿色能源技术转移法律制度的概念，我们可以从技术转移法的概念进行借鉴。狭义的技术转移法指立法机关制定并颁布的技术转移法。广义的技术转移法既包含狭义的技术转移法，也包含与技术转移各环节、流程相关的法律规范。本书认为，绿色能源技术转移法律制度是指调整因绿色能源技术转让、扩散、许可使用等而产生的社会关系的具有法律拘束力的原则、规

---

〔1〕　参见许勤华：《中国在国际能源治理中的地位与作用》，载《人民论坛·学术前沿》2022 年第 13 期。

〔2〕　参见新华社记者：《十年开拓，中国助力全球绿色发展》，载《新华每日电讯》2022 年 10 月 18 日，第 11 版。

制和制度的总称。其目的是促进绿色能源技术的保护、运用和创新，以及经济社会高质量发展。

一、绿色能源技术转移与知识产权密不可分

从广义上讲，技术转移是指技术及其相关要素的传播和流动，从转移内容上讲，可以分为两种类型：一种是一次性引入某种技术的全部内容，称之为"移植型"转移；另一种是引入某种技术或设备的部分关键内容，称之为"嫁接型"转移，但不管是哪种方式的转移，都为优化产业结构提供了良好的路径。在技术转移过程中，技术受让方除了应当考虑技术转移方的技术能力、价格水平、供应链能力等外在因素，还应当考虑转移过程中可能涉及的知识产权问题，尤其是专利许可问题，以避免因知识产权侵权而造成不必要的损失。世界各个国家和地区对技术转移与知识产权之间的关系素来存在争议。发达国家和地区认为，发展中国家和地区在技术转移方面的能力尚有欠缺，其对知识产权重视程度不足，严重影响绿色能源技术的吸收与传播能力，应当加大知识产权制度对绿色能源技术的保护力度。而发展中国家和地区则认为，知识产权保护力度过大，对其获取绿色能源技术的难度将大幅度增加，成本也会大幅度提高。双方各自处于不同立场，对绿色能源技术转移和知识产权保护之间的关系争论不休。然而事实是否如此？Olena Ivus 等对发展中国家和地区进行了大量技术进出口研究，结果发现加强知识产权的保护力度使得发展中国家和地区在出口层面受到不利影响，虽然货物质量明显提升，但价格和出口量并未增长。[1]这与我们所认知的恰恰相反，知识产权保护的加强是对发展中国家和地区的出口产生影响，并未对发展中国家进口绿色高新技术产生影响，这种结果的出现主要是由于发展中国家和地区研发水平欠缺，且绿色新能源技术本身难以模仿所致。因此，在绿色能源技术转移方面，知识产权的保护力度应当恰到好处，过强或过弱都不利于技术的有效接收或转移。

（一）技术转移与知识产权的关系

关于技术转移与知识产权的关系主要体现在以下两个方面：

---

〔1〕 See Olena Ivus et al. , "Intellectual Property Protection and the Industrial Composition of Multinational Activity," *Economic Inquiry*, Vol. 54, No. 2, 2015.

一方面，知识产权制度激励技术转移和技术创新。专利权的出现不仅对技术创新起到一个正向激励与保护作用，也为大规模的技术转移提供了制度上的可能性。从社会效益角度来看，以专利技术的垄断换取公开，对原本垄断技术成果的技术权利人授予专利权，不仅可以为专利权人的合法权益保驾护航，而且通过保障交易安全为专利权人转移、传播其技术提供了制度信心。知识产权制度的存在对鼓励技术创新和促进技术传播方面有双重作用，在技术的广泛利用与传播上谋求利益的最大化，也大大降低了技术交易本身的无形性与隐蔽性所带来的交易风险。正是由于技术市场中交易风险的成本降低，越来越多的国家、地区或企业愿意通过技术交换来获得技术成果或者获取经济效益，由此也衍生出了越来越多样化的技术转移形式。[1]从政策角度来看，技术转移产生的原因在于技术转让方与受让方在技术水平上的不平等，为了鼓励绿色能源技术高效转移，国家和地区在宏观制度上提供了优惠的进口政策以及便利的市场条件，并通过不断完善以专利法为首的知识产权制度来激励技术匮乏企业积极引入其他国家和地区的先进技术，提升自身在国际市场的话语权，而技术转让方则可以通过限制某些关键技术的流出而保护自身的核心竞争力。相对欧美发达国家和地区而言，我国的知识产权制度特别是激励机制还有待进一步完善。长期以来，我们在技术转移方面一直存在着科技成果转化率低的问题，有关数据显示，我国科技成果转化率最高在30%左右，发达国家和地区是60%~70%。在科技成果转化过程中，我们经常碰到的一个典型问题就是科技成果与市场需求脱节，一方面，高校或科研院所的研发成果过于前沿，企业在当下用不上；另一方面，国内企业在生产过程中遇到的很多技术难题，高校和科研院所又不愿意去做。要解决这一问题，需要政府、高校和科研院所、企业，以及知识产权服务机构共同发力，促进知识产权供需对接，畅通转化渠道，推进交易方式创新，同时建立合理知识产权激励机制，形成以市场价值为基础的股权、期权和收益分成等多元化的经济激励政策，进而才能更好地推进绿色能源科技成果的转移转化。

另一方面，技术转移是知识产权被授权使用的过程。技术转移过程中，对于知识产权关键性评判因素包括：知识产权的权利归属必须核实，对于商业秘密的归属更要谨慎；核实专利权的稳定性很重要，专利的期限还有多长

---

〔1〕　参见李志军等：《技术转移与知识产权保护》，科学技术出版社2013年版，第2~3页。

也是重点考虑的问题；是否已经许可给他人使用，以什么形式许可的等。技术成果一般会以信息作为载体，因此技术转移过程从实质上说是信息转移、信息传布过程。信息具有可分享的特点，它在转移中不会损耗，甚至为很多人分享仍然坚持原有价值；而知识产权与其他民事权利客体如有形财产相比拟，最为明显的特点是非物质性和可复制性。因此技术转移过程的这一特色和知识产权的特征有着极强的一致性。这就决定了技术转移本身就是知识或者技术被授权应用的过程。另外，知识产权也是技术成果的主要的呈现形式，技术成果的转移和转化，一定意义上就是知识产权的转移和转化。从这个角度看，技术转移的本质也是知识产权被授权使用的过程。

（二）绿色能源技术转移的知识产权确立与保护

知识产权作为一项权利，如何确立以及如何保护是应当研究的两大重点，这条规律在绿色能源技术转移的知识产权研究上同样适用。绿色能源技术的知识产权相关法律法规归结起来有两大板块：一是民法、经济法、金融法、外商投资法等民商事法律规范，二是著作权、专利权、商标权、商誉等知识产权相关的法律法规。两大板块的法律规范为绿色能源技术转移提供了基础和前提。前者的规范重心在于技术转移交易本身，保障交易公平，维护交易安全；后者的规范重心在于保护绿色能源技术在创新过程中产生的智力成果，以及解决绿色能源技术在转移过程中专利权人与社会公众之间利益的平衡问题。技术转移从本质上讲是私人主体之间的利益交换行为，但它又与一般的商品交换不同，它的客体既包含有形财物也包括无形财产，需要经过特定法定程序认可才可以确定该项权益，因此绿色能源技术在知识产权上的确权是技术成功转移的关键前提。确权的重要意义：一是赋予绿色能源技术创新者以一定技术垄断权来保证其合法权益的实现，二是以知识产权的确权制度来激励社会公众不断创新，三是通过相关绿色能源技术对社会的公开为技术的转移提供可能性。[1]故而，在绿色能源的技术转移中应当先确定知识产权保护的对象、范围，然后由技术权利人去申请相应的专利，申请成功后技术公开，社会公众获取技术大致信息后，便可以通过直接购买、投资、合作等方式获得自己所需要的技术，从而完成技术转移过程。

绿色能源技术相比于一般技术而言，在利用上存在较强的紧迫性，因此，

---

[1] 参见郭寿康主编：《国际技术转让》，法律出版社 1989 年版，第 49 页。

在知识产权的确立与保护方面应当和一般技术转移有所区别。一般技术在专利的申请、审批与授权上有严格的时间要求，如《专利法》第 34 条[1]、第 35 条[2]对专利公布、审查的要求。为了满足绿色能源技术在当前气候急剧变化下的即时需求，在专利的申请、审查上可以加快进程，如建立绿色能源技术专利审查快速通道，让专利申请人尽快获得专利授权，也让该技术尽快在社会上知晓，通过效率上的提升，提高整个社会绿色化进程。另外，在专利的保护上也可以完善相关法律，如《专利法》第 42 条对发明、实用新型以及外观设计保护期的规定，对应到绿色能源技术上可以附条件适当缩短，通过给予一定补贴或者其他方法使专利权人放弃期限利益，通过缩短绿色技术的相对保护期来促使绿色能源技术提前进入公共领域。

二、绿色能源技术转移法律制度的相关理论

在探讨绿色能源技术转移法律制度本身之前应当先从理论入手，分析该制度产生的背景、直接原因、深层次原因、当前存在哪些问题以及如何解决这些问题等。这些问题不仅是绿色能源技术转移法律制度的理论基础，也是绿色能源技术转移发展的关键。当前学术界对绿色能源技术转移主要存在以下观点："私法行为公法化"理论、"限制贸易的技术民族主义与促进贸易自由的国际法制度的兼容性"理论以及"气候正义"理论，本书将对这三种主流观点分别详细介绍。

（一）"私法行为公法化"理论

所谓私法行为公法化，是指平等主体之间的民商事交易行为逐渐融入公权力意志，虽然背后的利益仍然体现私人意志，但公私之间的界限日趋模糊。它有两个层面的内涵：一个是私法的公法化，另一个是私法行为的公法化。私法的公法化重点强调的是政府作为拥有公权力的一方对私人活动的态度转变，即由消极放任态度转变为积极干预态度。换句话讲，由于国家公权力的

---

[1]《专利法》第 34 条规定，国务院专利行政部门收到发明专利申请后，经初步审查认为符合本法要求的，自申请日起满 18 个月，即行公布。国务院专利行政部门可以根据申请人的请求早日公布其申请。

[2]《专利法》第 35 条第 1 款规定，发明专利申请自申请日起 3 年内，国务院专利行政部门可以根据申请人随时提出的请求，对其申请进行实质审查；申请人无正当理由逾期不请求实质审查的，该申请即被视为撤回。

干预，平等主体之间行为的意思自治将受到限制。私法行为的公法化是指国家为了适应私人主体以及整个社会的需要，被动地采取某些行为以干预商事活动的进程，典型的如现有的法定公积金规定、合伙企业中的无限连带责任、反倾销、反补贴以及贸易约束政策等。这些国家干预活动看似是国家行为意志的体现，但背后的利益相关者均为私人主体，也即政府通过政策干预来帮助私人活动实现其利益，从而推动整个社会政治、经济的发展。

"私法行为公法化"理论有三个明显特征：其一，国家意志的表达为私法主体的营利活动创造条件。以跨国公司的商业行为为例，跨国公司无论从自身技术水平还是经济实力上，在国际范围内均占据一定的优势地位，发达国家和地区所采取的一系列贸易政策和法律规定看似营造了一个公平公正的商事环境，但事实上是在为跨国公司的竞争对手设限，要求其所在国降低干预程度，加重双方力量的不均衡与不对等。[1]其二，实现私法行为公法化应借助特定公权力才能达到。最典型的如反倾销、反补贴等贸易保护措施，中美贸易战则与反倾销、反补贴有关，我国以较低价格出口产品，不仅对国内企业提高销量有利，也可以激励进口国家消费者进行消费，但对于进口国家同类产品的销售企业来说，则动摇了其竞争地位，损害了其预期利益。因此，这类企业将运用贸易制裁手段，对我国企业进行反倾销调查、反补贴调查，以期通过征收反倾销税、反补贴税来消除贸易壁垒。这种借助国家政策行为才能达到的自我保护效果便是私法行为公法化的典型表现。其三，私法行为公法化具有两面性。事实上任何一项制度或理论都具有两面性，如使用得当，则事半功倍；如使用不当，则事倍功半。当前的国际贸易制度以个人主义为导向，倾向个人利益的最大化，但由此带来的是经济发展所导致的环境负外部性现象，这些问题又恰恰是自由贸易政策所不能解决的。在此背景下，为了保障社会公共利益，又不损害经济健康发展，国家需要将目光不断穿梭于私人主体与公共领域之间，通过科学合理的干预来防止私人主体滥用优惠政策，避免受到"贸易保护主义"的谴责。

从私法与公法的产生背景与职能划分来看，"私法行为公法化"理论产生的原因或者说拟解决的问题主要体现在以下三个方面：第一，矫正自由竞争的市场经济秩序。契约自由是古典经济学的基本原则。然而，随着垄断资本

---

〔1〕 参见沈宗灵：《比较法总论》，北京大学出版社1987年版，第98页。

的不断扩张，自由竞争的市场经济秩序不断遭到破坏，社会公共利益不断受到侵蚀，社会矛盾逐渐激化，由市场本身来调节社会经济秩序已经不再适用，这时需要国家公权力运用公法来进行调整。此时，在西方学术界出现一种"共同体主义"思潮，主张"政治是一种为民众普遍参与的公共存在状态"。[1]于是，传统的自由放任主义被社会各界所摒弃，转而社会民众要求政府加强对社会经济的国家干预。1926 年，剑桥大学教授凯恩斯（J. M. Keynes）撰写了《自由放任主义的终结》一书，主张政府对货币流通和企业信贷的国家调节，基于 1929 年~1933 年世界范围内的资本主义国家经济大萧条，1936 年他又出版《就业、利息和货币通论》一书，系统论述了国家干预的一系列政策主张，该著的发表引发了世界经济思想史上的变革。至此，以国家干预为基本论调的凯恩斯经济学，备受世界推崇，凯恩斯经济学也因此成了私法行为公法化的理论基石。[2]第二，化解各种社会矛盾。19 世纪末，垄断资本的无序扩张促使各种社会矛盾激化，第一次世界大战和经济危机等更进一步加深了各种社会矛盾。资本主义国家新旧势力间的利益冲突不断，社会不稳定事件频频发生，工业化大生产所引起的环境污染等愈发严重。在此背景下，以限制公权力为宗旨的公法和以保障契约自由为目标的私法受到极大挑战。强调消费者合法权益的保护、限制垄断等不正当竞争行为、呼吁环境保护、劳动者权益保护等私法运动接连发生，这从客观上要求公、私两法的融合，私法行为公法化理论得以催生与发展。第三，保护社会公众普遍福祉。传统市民社会理论认为，国家与社会是严格分离的，社会实行高度自治，国家不得任意介入。19 世纪中后期以来，当市场有序竞争被垄断资本肆意破坏时，市民社会发展已经突破自治管理的极限，国家与社会的划分不再那么明显，此时法律的制定是为了保障平等社会经济主体的公平有序竞争。也就是说，私法不仅要保障社会独立个体的合法权益，更要确保这种合法权益不能对他人的相关权益造成损害。正所谓单纯限制公权不是确保个体自由之合适手段，对自由的真正保障还需运用公权之手以遏制一部分人对另一部分人自由权利的侵害与践踏。[3]因此，保障社会公共权益的要求在民众的呼声中越来越高。有很多学

---

〔1〕 参见韩升：《现代公共生活的话语重塑——西方共同体主义的基本政治理念概观》，载《华侨大学学报（哲学社会科学版）》2013 年第 3 期。

〔2〕 参见董保华等：《社会法原论》，中国政法大学出版社 2001 年版，第 18 页。

〔3〕 参见王希：《原则与妥协：美国宪法的精神与实践》，北京大学出版社 2000 年版，第 25 页。

者认为，政府应通过立法积极介入劳动合同制定等私权领域，以维护弱势参与方的个人权利，保障私权领域的个体安全。随着法治观念、社会政治体制和经济体制的历史变迁，人们在日趋注重对私权保护的同时，也更加注重对社会公共利益的维护，以期有一个更安全、更公平、更公正的社会大环境。[1]

从制度表现来看，"私法行为公法化"理论主要体现在以下三方面的变革中：一是从绝对财产权保护到相对财产权保护。财产法律制度是私法中非常重要的部分，在自由资本主义时期，受自然法和"天赋人权"思想的影响，所有权人对其所有的财产享有绝对的、排他的、自由的处分权，也就是对个体的财产权给予绝对的保护。1856年法国里昂法院作出所有人对于所有物的自由利用，必须以不妨碍邻人所有权之享受为其界限的判决，确认了禁止权利滥用的原则。[2]自此，相对财产权保护的原则确立下来，其是指在坚持私有财产不受非法侵犯和剥夺的前提下禁止权利的滥用。而相对财产权保护的另一方面是关注私有财产所承担的社会义务。所有权行使需要一定的限度，也就是个体需承担的社会责任，即不侵犯他人的所有权权益。二是从契约自由到公平正义。在传统西方法律制度中，契约自由是指两个或多个当事人在订立契约确定相互之间的权利义务时是基于自由意志，并不是在受人欺骗或者强迫的情形下订立的，自由订立的契约就等于法律。由于契约自由被宣称为自然权利的一部分，每一个人都可以不受约束地自由运用其从事交易、进行交换和作出许诺，这尤其成为那些企图尽量地缩小国家作用的人们的信条。而对契约自由给予公法上的限制便是后期契约制度更加强调公平正义的内在表现，其与自由放任主义相对立，为私法上的契约关系增添了公法色彩。如果赋予私人以通过在法律上具有强制执行效力的协议来安排自己事物的广泛权利，公共利益可以因此而得到促进。一般来说，当事人可以自由地订立他们所愿意订立的协议，法院将会执行这些协议，而不去考察协议的实体内容。但是法院会在少数情形下判定，以公共政策为理由而拒绝强制执行一个协议时，这种当事人自治的益处被某种别的利益所超过，因而就会拒绝执行当事人

---

[1] 参见杨阳：《论私法公法化的逻辑本位及其限度》，载《河北学刊》2015年第6期。

[2] 参见何勤华、魏琼主编：《西方民法史》，北京大学出版社2006年版，第270~271页、第284~285页。

之间的协议的全部或部分。[1]三是从主观归责到客观归责。19 世纪以前，以过失责任为基础的主观过错归责原则取代了之前流行了几个世纪的绝对责任，即不需要对过错加以证明，有损害就有责任。进入 19 世纪以后，美国等国家的法律开始强调个人的自由决定和自由行为的社会要求。在诉讼中，受害人或原告方负有举证责任，证明行为人具有过错，责任是过错的必然结果，也就是无过错即无责任。但这种归责原则给劳动者造成了沉重的打击。在工作中受伤的员工不仅要证明雇主一方的过错，还要击败同伴工人过错规则和自担风险理论，于是无过错责任和公平责任原则应运而生，其是指责任的承担不以过错为要件，采用致害人承担责任的法律措施。它不仅省去了受害人的举证责任，而且取消了致害人因证明自己无过错而免责的条件，它更强调对不幸损害的合理分配。[2]这种客观归责原则本质上是对社会实质公平的维护，对私法负面效果的缓冲，可以弥补主观归责原则的缺陷与不足，解决社会矛盾与冲突，维护社会整体稳定与安全，也是现代私法行为公法化理论的突出特点。

（二）"限制贸易的技术民族主义与促进贸易自由的国际法制度的兼容性"理论

技术民族主义是指一国或地区政府对本国或地区技术的研发和转让采取的保护主义行为。

但是此概念存在双重标准，对西方国家和地区和非西方国家和地区的对待明显不同，对待非西方国家体现出严重的文化与技术对抗。在能源革命背景下，技术民族主义正在经历一场全球性的复兴。以人工智能为代表的科技竞争见证了技术民族主义的新形态。技术的创新与开发在人类社会发展的各个历史时期都发挥了不可忽视的重要作用，尤其是在我国当前的能源转型阶段。绿色能源技术将低碳目标和数字化技术有机结合，并能与国家利益和个人利益保持趋同，因此，无论是发达国家和地区还是发展中国家和地区都采取了技术民族主义，通过技术上的贸易保护政策推动本国和地区绿色发展进程。在许多国家和地区，绿色能源技术的开发已经成为产业政策的重要组成

---

〔1〕　参见〔美〕E. 艾伦·范斯沃思：《美国合同法》，葛云松、丁春艳译，中国政法大学出版社 2004 年版，第 320~321 页。

〔2〕　参见何勤华主编：《美国法律发达史》，上海人民出版社 1998 年版，第 149~151 页、第 169 页。

部分，它倾向于通过可再生能源的绿色技术研发，将气候变化与产业政策结合起来，并将侧重点放在了供应链的保障和增强出口潜力上，而非在国内直接使用。当前，绿色能源技术的技术民族主义复兴已经取代了公司之间的竞争，随之带来的是国家和地区之间的竞争。这一趋势使得国家和地区加大干预力度，通过制定一些防御性政策，以保护本国和地区技术的优势地位。但不可否认的是，这些政策在保护贸易的同时也在限制贸易发展，对能源革命中的技术转让造成阻碍。技术民族主义呈现出隐性贸易保护主义的新特征。技术民族主义的政策目标各不相同，有的国家和地区认为只要拥有某些关键部件的专业技能，并将其作为产品输出供应到其他国家和地区就足够了，而有的国家和地区则更具有前瞻性，其目标是更加全面、系统地将民族产业覆盖全球。虽然技术民族主义可以采取多种形式，但在多数情况下它与工业政策之间有着密切联系。制定合理的民族主义政策和确保当地就业被视为合法的目标，但如果这些政策成为限制贸易的手段，降低技术转移的可能性，那么这些措施将可能等同于保护主义。

近年来，美国政府渲染技术民族主义，针对我国和其他新兴经济体在科技遏制方面频频推出各类披着法律外衣的霸权举措，已经对全球科技合作与供应链布局产生了恶劣影响，使得全球科技"鸿沟"非但未能弥合，反而日趋增大。美国的技术民族主义，无非通过掌控关键技术、实行技术出口管制以及握紧金融控制等手段，并采用限制进入、联合盟友施压手段实施市场控制，实现对竞争对手供给端到需求端的全面打击，以此维持其科技霸主地位，谋求特权垄断和巨额财富。2020 年美国提出"反映美国价值观的人工智能"概念，阻挠中欧在人工智能领域合作。美国国会参议院通过 2021 年《美国创新和竞争法案》，该法案包含大量涉华内容，妄图进一步打压我国科技发展。2022 年美国政府向韩国、日本等提议组成"芯片四方联盟"，牵制正在科技崛起的中国，在全球供应链中对华形成包围圈。美国总统拜登签署了 2022 年《芯片与科学法案》，其中最受关注的是对芯片行业投入 527 亿美元补贴，试图提升美国的芯片技术研发和制造能力。同时，该法案还试图逼迫芯片企业选边站队，限制企业在中国的投资发展。[1]

---

[1] 参见肖君拥：《美"技术民族主义"意在维持科技霸权》，载《光明日报》2022 年 8 月 18 日，第 12 版。

根据世界贸易组织（WTO）的数据，已经有大约 420 个区域贸易协定签署并生效。其中大多数是国际自由贸易协定或称自由贸易协定。区域自由贸易协定的逐渐繁荣对国际经济法律制度即 WTO 多边法律体系的发展整体上起到了促进作用，为国际经济法律制度的完善与各国利益协调开辟了一个补充途径。2021 年 9 月，我国正式申请加入《全面与进步跨太平洋伙伴关系协定》（CPTPP），这是我国签署区域全面经济伙伴关系协定（RCEP）之后，参与全球多边经贸治理进程迈出的更重要一步，加入 CPTPP 将对我国高质量发展和高水平开放将起到巨大推动作用。就深度和广度而言，CPTPP 的内容相较 RCEP 更为丰富、全面，是高标准的综合性自由贸易协定，被称为"面向 21 世纪的高标准贸易协定"，代表了全球新一代贸易规则的典型特征，并已开始重塑亚太乃至全球贸易格局。CPTPP 的内容不仅包括货物贸易、原产地规则、贸易救济措施、技术性贸易壁垒等传统议题，还涵盖了大量的新议题，如服务贸易、TRIPS 协定、竞争中性、电子商务、政府采购、国有企业和指定垄断、中小企业、透明度，以及投资者—东道国争端解决机制（ISDS）等。据美国彼得森研究所测算，CPTPP 每年可为全球带来约 1470 亿美元的收益。若我国加入，不仅将获得 2980 亿美元收益，CPTPP 的收益将翻两番，达到 6320 亿美元。因而，在技术民族主义趋势下，为了世界经济尽快复苏，各个国家和地区在推进绿色能源转移的过程中都应当重视区域自由贸易制度的作用。

（三）"气候正义"理论

气候正义最初是将气候变化与法律、道德问题联系起来加以考虑的，如与气候变化相关的平等、人权、历史责任等问题。[1]所谓的气候正义，是指环境正义在气候变化方面的具体表现形式。美国环境保护署（EPA）认为，环境正义是指全体人类在环境决策上应当享有的公平对待和有效参与，不论肤色、种族、国籍、财产状况差别，也不论在环境法律、法规或者政策的制定、应用方面还是在执行方面。[2]许多权威学者认为，气候正义中的正义应当包含两个层面：一个是分配正义，另一个是程序正义。前者重点考虑的是

---

〔1〕　参见马忠法：《气候正义与无害化环境技术国际转让法律制度的困境及其完善》，载《学海》2014 年第 2 期。

〔2〕　See Seth Johnson, "Climate Change and Global Justice: Crafting Fair Solutions for Nations and Peoples," *Harvard Environmental Law Review*, Vol. 33, No. 2, 2009, p. 301.

气候变化在不同国家、不同地区表现的差异性，即不同情况不同对待；后者着重强调的是发展中国家和地区在全球气候话语体系中的不利地位导致的对气候正义格局形成的阻碍。虽然目前对于气候正义的定义尚未达成一致意见，但是对于气候正义的内容大多是聚焦于如何在全球范围内大幅度减少温室气体排放以及如何公平合理地分配各个国家和地区温室气体可排放额度这两个问题。[1]当前社会，气候变化问题的解决已经到了刻不容缓的地步，国际社会亟须建立一个可以充分顾及各个国家、各个地区利益的气候正义机制。部分学者指出，发达国家和地区在过去工业革命中对温室气体的排放"贡献"约占80%，从气候正义角度考虑，应当遵循"共同但有区别的责任"原则，要求这些国家和地区承担重于发展中国家和地区的责任。而且，经历过几次工业革命后的发达国家和地区已经积累了较雄厚的经济基础和技术实力，在绿色能源技术发展上也具有较明显的优势，由这些国家和地区来承担更多的气候责任既具有合理性也具有可行性。

生存权和发展权是国际气候治理中重要的基本人权，自然成为构建气候正义格局的重点。在绿色能源技术领域，某些弱势群体本应承担最小的责任，却遭受着最大的负面影响。最典型的如一些岛屿国家和地区，它们在日常生产生活中并未产生很多环境污染，却面临着来自气候变化造成的海平面上升问题，对岛上居民的生存权造成严重威胁。因此，在绿色能源技术转移领域，应当重点关注此前未关注到的经济弱势群体以及不发达国家和地区，它们在环境变化中所受影响最大，适应能力却最小，保障此类群体的生存权才是对气候正义的最大落实。此外，世界各个国家和地区的发展权也应当受到重视。由于发展中国家和地区在经济发展中也对碳排放量的增加有所"贡献"，因此，明确其减排责任也是非常有必要的。许多发展中国家和地区目前正处于工业化进程中，其绿色能源技术发展水平有限，故而其碳排放量势必会随着经济增长而不断增加。在此背景下，仍然要保障发展中国家和地区的发展权，不能因为其碳排放量的增加而阻止经济发展，因为此种做法不仅有违气候正义，也无法保证发展中国家和地区真正参与全球气候治理中，不利于气候正义格局的全面形成。

---

〔1〕 参见陈晓：《气候正义理论的两次转向及其展望》，载《上海交通大学学报（哲学社会科学版）》2018年第2期。

三、绿色能源技术转移法律制度相关理论拟解决的问题

绿色能源技术转移与国际治理水平相关，而非仅仅是各种学说理论的随意堆砌。上述讨论的几种理论，包括"私法行为公法化"理论、"限制贸易的技术民族主义与促进贸易自由的国际法制度的兼容性"理论以及"气候正义"理论，至少需要解决以下两个问题：一是如何促进私营部门参与应对气候变化的技术转让问题；二是如何应对发展中国家和地区与发达国家和地区之间的分歧问题，推动绿色能源技术由发达国家和地区向发展中国家和地区转移。

（一）如何促进私营部门参与应对气候变化的技术转让

在当前气候变化的大背景下，许多绿色能源技术以发明、实用新型、外观设计、技术秘密等知识产权形式存在并控制于私营主体手中，属于私人权利保护范畴。而对于一些发达资本主义国家和地区来说，它们的法律制度是以私有制为基础的，也就是说绿色能源技术发展越发达的国家和地区，对私权利的保护力度越强。技术转移的方式是多种多样的，但大多以许可的方式进行，技术许可方转移技术的动力在于获利，如果无利可图，许可方将不会转移其技术。而且逐利是商人的天性，在技术转移过程中如果不加限制，一定会伴随着暴利的出现，很难保证技术受让方的交易公平。虽然国际法上有许多国际条约已经对技术转移作出明确规定，要求资本主义国家和地区的相关企业履行绿色能源技术的转移义务，但对绿色技术享有控制权的国家和地区及其企业并未积极履行，导致技术转移的实现率很低。产生这种现象的原因是掌握技术的私营部门将自己的利益通过国家和地区意志在国际法律层面给予体现，而各私人主体的利益往往与其所在国家和地区的利益密切相关。[1]事实上，国际条约并不会对私人企业产生直接约束力，企业是否进行技术转移关键还是要看其意愿。一般来讲，企业会将营利作为履行国际条约的最终驱动力。作为一个掌握绿色能源技术的企业，为了实现利益的最大化，它一定会将一些不太关键、不太重要的技术先行转移，利用大规模生产迅速占领国际市场，并对关键技术、"卡脖子技术"以商业秘密的形式进行保护。当出现潜在的竞争者打破这种平衡时，技术拥有者会通过对关键技术申请专利的方式，借助知识产权保护手段形成技术垄断地位，直到该类技术有潜在

---

〔1〕　参见马忠法等：《应对气候变化的技术转让法律制度》，上海人民出版社2019年版，第54页。

的非独占性可能时，该类技术才会大范围出现在公众视野，进入技术转移环节。

上述提到发达国家和地区应当在应对气候变化中承担更多社会责任，但更多企业选择通过设立基金等方式来承担，而不是转移其技术。由于转移技术是一项私人权利，这些国家和地区又以私人权利作为保护的核心，因此对于这种现象，政府也无权干涉。绿色能源技术往往以专利或者商业秘密的形式存在，政府要想获得，只能征收征用或者强制许可。然而，技术具有无形性，很难成为征收征用的客体，强制许可又需要综合许多考量因素，要想促进技术的转移，还需通过激励措施来鼓励交易。如我国对专利技术的归属权有明确规定，知识产权通常情况下归属于发明人或发明人所在单位，权利人享有权利后，同时也拥有了将知识、技术转化为其他财富的可能。绿色能源技术的知识产权确权与保护为技术的创新提供了源源不断的动力，越来越多的企业愿意加大绿色成本，研发绿色能源技术，既可以提高我国企业在国际市场的竞争力，也为我国实现碳减排目标、增强能源的可持续性作出贡献。总而言之，在当前社会对绿色环境的迫切需要下，我国应当结合绿色能源技术发展的特点，通过分析绿色能源技术转移理论，从技术转移的目的和本质出发，采取科学有效的手段激励私营部门积极参与技术转移进程中，以应对全球变暖等气候变化和生态破坏问题。

（二）如何推动绿色能源技术由发达国家和地区向发展中国家和地区转移

发展中国家和地区在绿色能源技术的研发与传播中往往处于劣势地位，有些国家和地区能源储量丰富但技术水平欠缺，导致其一直作为廉价劳动力与原材料输出方立足于国际舞台。这种财富获取方式并不能改变这些国家和地区贫穷、落后的局面，长此以往，经济没有得到有效发展，生态环境也遭到了破坏。1952年的"伦敦烟雾事件"和1956年的"日本水俣病事件"引发了人们对于环境问题的关注，并引起了人们在发展理念上的思考。1964年，联合国贸易和发展会议（UNCTAD）成立，其目的之一在于鼓励发达国家和地区向发展中国家和地区转移技术，通过贸易手段促使发展中国家和地区发展，减小国家和地区间经济水平差异。但事实是，即使UNCTAD极力倡导发达国家和地区积极向发展中国家和地区进行技术转移，且制定了一系列行动指南，但最终还是以发达国家和地区的不支持而告终。

向不发达国家和地区转移技术这一方案最早出现在国际经济学领域，

1939 年在"国际开发技术"中，英国经济学家尤金斯泰莱考虑到国际贸易中自我调节的有限性以及知识技术的转移在全球社会、经济中的重要地位，提出了要向生产技术和知识落后的国家和地区转移技术的观点。[1]当时社会背景还处于国际经济旧秩序中，发展中国家和地区经济实力薄弱，在国际地位上缺乏话语权，整个国际秩序完全按照发达资本主义国家和地区的意志建立。旧秩序的特点在于，国际生产体系分工不合理，国际贸易也并非在等价交换基础上建立，发达资本主义国家和地区的大型企业占据国际市场支配地位，全球经济掌握在少数国家与少数地区手中。而此后，随着部分发展中国家和地区的崛起，公正、平等、民族自决逐渐成为国际经济交往的原则，国际秩序开始逐步向互利互益的新格局转变。要实现这一目标，其中一个方式就是技术转移。在这种新国际秩序语境下，尤其是气候变化日趋严重的背景下，科学技术应当成为全世界的共同财产，任何一个国家都不应当对技术形成独占。相反，每一个国家和地区都应当为了维护自身所处环境的生存权和发展权而让渡一部分技术，尤其是绿色能源技术，以应对气候急剧变化与环境污染所可能带来的灾难，且每一个国家和地区都应当享有技术发展所带来收益的权利。

　　发展中国家和地区与发达国家和地区之间利益的分歧还比较大。以各个国家和地区为应对气候变化而签订的国际公约为例，1992 年里约热内卢国际环境峰会上签订《联合国气候变化框架公约》，明确将发达国家和地区向发展中国家和地区转移技术确定为一项义务而非权利。随后通过的 1997 年《京都议定书》也作出了类似规定，但在会议上，各发达国家和地区并未站在环境问题是全人类共同问题的立场考虑问题，依然强调自我利益，一些强势国家或组织对自身承担更多社会责任持有不同意态度。在 2009 年哥本哈根气候大会上，发达国家和地区承诺到 2020 年将向发展中国家和地区提供每年 1000 亿美元的气候援助，以帮助发展中国家和地区减少碳排放并应对气候变化的影响，该承诺也是 2015 年《巴黎协定》的一个重要组成部分，但迄今发达国家和地区尚未兑现，这对发展中国家和地区开展气候行动造成了严重影响和阻碍。在 2022 年 11 月举办的《联合国气候变化框架公约》第 27 次缔约方大会上，以美国为首的发达国家和地区表现得令人失望，对达成设立"损失和

---

[1]　参见唐晓云：《国际技术转移的非线性分析与经济增长》，复旦大学出版社 2005 年版，第 1 页。

损害"基金的出资问题，它们只关注如何支持损失和损害，对责任或赔偿条款却没有兴趣，就如何以及从何处为该基金筹集资金，目前并未达成任何共识。从国际条约现状来看，来自国际法调整的发达国家和地区向发展中国家和地区转移技术的动力远远不足，导致包括绿色能源技术在内的技术转移效率依然缓慢而低下。在发达国家和地区眼里，技术转移不畅通的主要原因在于发展中国家和地区自身制度不健全，缺乏一定的技术基础和良好的市场环境。且发达国家和地区认为，只有国家和地区所拥有的制度建立了强有力的知识产权保护，才能推进技术转移进程。但在发展中国家和地区眼里，发达国家和地区技术转移是其应当履行的国际义务，其在国际绿色环境保障中应当承担一定的社会责任，因此发达国家和地区应当强化技术转移意识，降低技术转移的门槛，调整技术许可费用，将该项国际义务落到实处。双方的争论未曾停止，出发点的不同导致分歧越来越大，这也是制约发达国家和地区向发展中国家和地区转移绿色能源技术的一项不可忽视的重要原因。

第五节　能源革命与绿色能源技术转移法律制度的关系

纵观人类社会发展进程，每一次工业革命都离不开能源。第一次工业革命以蒸汽机的发明为代表，由此引发了煤炭的大规模开发；第二次工业革命发明了内燃机，与石油能源的开发利用密切相关；第三次工业革命以原子能、电子计算机的发明为主要标志，涉及新能源技术、电子计算机信息技术等众多新兴领域，同样与能源脱不了关系。可见，能源在每一次历史进步中均发挥着不可或缺的作用，同样能源的发展也要靠技术和创新的推动。在能源革命背景下，绿色能源的开发利用不仅可能逐步取代煤炭、石油等化石能源，还可能与氢能、电能等新型载体组成新能源，构建一个全新的能源体系。然而，我国以煤炭为主导的能源供给消费结构在短期内还难以改变，当前的发展思路应该是优化能源供给结构，变更煤炭利用方式，减少碳排放量，以实现绿色、清洁、无污染和低碳化发展。在能源革命语境下，单靠企业自身开发绿色能源技术是远远不够的，需要政府通过法律的完善以及政策的制定来激励企业通过参与技术转移的方式获取绿色能源技术，从而有效推动能源革命的进展。

一、绿色能源技术转移的知识产权制度是能源革命的智力基础

知识产权制度在对权利人的智力成果加以确认与保护的同时，也在重新配置资源。从功能机构上讲，知识产权制度之所以存在，其中一个大的作用便是将技术的创新、开发、应用、转移以及变更形成一个往复循环的有机整体。知识产权制度一体化在各个国家和地区都确定了最低标准，使绿色能源技术可以在各个国家和地区都得到相同程度的保护。在知识产权制度中，技术大多以专利形式存在，其中我国与技术转移相关的法律制度主要涉及《专利法》《中华人民共和国专利法实施细则》（以下简称《专利法实施细则》）以及 2015 年修正的《中华人民共和国促进科技成果转化法》（以下简称《促进科技成果转化法》）。这些法律法规对技术转移具有多重意义：一方面，这些法律法规的存在可以加大技术保护力度，为技术的开发与转移营造一个良好的制度环境，实现较低成本的技术交流，同时还能达到激励技术创新、促进技术流转的积极意义；另一方面，这些法律法规还可以通过保护措施，有效防范技术知识受到他人不当侵害，并且对侵权人给予相应的法律惩罚。

（一）能源革命与《专利法》的关系

专利从本质上讲是一种垄断，但这种垄断是相对的，即专利申请人通过授权获得专利后，国家赋予其一定的垄断保护期，期限结束后则将技术信息予以公开。通常来说，绿色能源技术在知识产权中的存在形式多为发明或者实用新型，发明是指对技术、产品进行的改进方案，如为了降低煤炭燃烧排放污染物含量的某种绿色能源技术改进；后者是指对某项产品的外观形状、结构而提出的更易于适用的方案，如改造锅炉构造降低其能耗或污染等。从绿色能源技术转移角度考虑，许可制度可以发生在技术运行的各个环节：在取得专利过程中，可以通过技术转移引进技术或者委托开发；在专利侵权纠纷中，可以将技术转移作为条件达成和解协议；在专利相关技术实际运行中，企业可能出于获利目的频繁进行技术转移活动。[1]

亚当·斯密在《国富论》中指出，对于所有的尊贵职业，报酬的绝大部分来源于荣誉。专利权人在获得专利以及行使专利时将会体会到很大程度的幸福感与成就感。专利权人推广其专利技术的主要途径便是专利许可，而且

---

[1] 参见陶鑫良主编：《专利技术转移》，知识产权出版社 2011 年版。

世界上许多工业国家和地区之间的技术转移均是通过许可方式进行的。在我国《专利法》中，技术的许可与转移是一项重要内容，目的是激励技术创新与技术传播。所谓的技术许可，是建立在双方意愿的基础上，许可方出于获利或公益目的将技术许可给被许可方使用，既能满足技术许可方的经济目的，也能充分平衡技术所有者与社会公众之间的利益。作为一项技术推广、技术传播的激励制度，技术许可在社会中是普遍存在的，同意许可的专利可以获得专利申请费上的优惠，这也大大激发了专利申请人许可其专利的意愿。事实上，从本质上讲，专利许可的意义在于通过专利权人对自身享有专利权的限制，换取更大的应用市场和竞争力。专利许可既有优点又有缺点，优点：一方面专利权人的技术推广驱动力较强，被许可人获得专利许可的门槛较低；另一方面专利许可多为非独占性许可，费用不会太高，被许可方所需成本低，可以促进双方协议的达成。从这种意义上讲，专利许可制度可以在极大程度上缓解技术弱势企业在技术方面的短板，促使他们通过获得许可技术加强自身经济实力，以便投入更多的技术研发。不足之处则在于，在这种技术许可的制度下，专利权人在被许可方上没有选择权，被许可的专利技术无法申请临时禁令，即使被许可人存在恶意，但只要其支付了双方约定的许可费，就可以规避临时禁令，逃避惩罚。此外，从社会公众利益角度讲，中小企业真正需要的核心技术仍然难以通过许可制度获得，专利权人没有足够的动力将核心技术对外转移，这对被许可方来说依然是一大困扰。

专利权的行使并非不受限制，尤其是在绿色能源技术的专利上。在以绿色能源应对气候变化的迫切需求下，绿色能源技术的专利权行使依然要在法律框架内进行，不得违背诚实信用原则，也不得滥用专利权。如果专利权人的行为损害到国家利益、社会公共利益，或者妨害技术的进步与发展，则将会受到我国《专利法》及其相关法律法规的惩罚。我国《专利法》从制定至今经历了多次修正，2020 年进行了第四次修正，增加了专利权行使应当遵循诚实信用原则的规定，[1]该条旨在对专利权人申请专利、行使专利权进行适当限制，以平衡专利权人与社会公众之间的利益。除此之外，《专利法》在许

---

〔1〕《专利法》第 20 条规定，申请专利和行使专利权应当遵循诚实信用原则。不得滥用专利权损害公共利益或者他人合法权益。滥用专利权，排除或者限制竞争，构成垄断行为的，依照《中华人民共和国反垄断法》处理。

可费用方面也对专利权人作出了限制，如《专利法》第 13 条中对他人实施专利所应支付的费用规定了"适当性"要求。[1]也就是说，专利权人许可专利时不能无限制获利，这对被许可人也是一种经济上的保护。关于对绿色技术专利实施强制许可方面，为了应对气候变化问题，促进我国能源结构调整，有学者提出，应当适当强制许可使用涉及重大公共利益的清洁能源技术专利。[2]也有学者认为，根据绿色技术所涉及的法律关系的不同，应当对不同的绿色技术进行区分，并分别适用不同的强制许可制度。在符合 TRIPS 协定要求的前提下，为了满足推动绿色技术扩散和应用的目标，应当将私人实施绿色技术和政府实施绿色技术区分开来，为后者构建专门的绿色技术专利强制许可制度。[3]从能源发展角度来看，《专利法》对专利技术的种种限制大多体现在对专利权人的约束上，有效缓解了绿色能源技术在转移过程中技术转移方与技术受让方之间存在的矛盾，从社会效应上来说，有效地促进了我国绿色能源技术在国内乃至全球范围内的推广，以及"双碳"目标的进一步实现。

（二）能源革命与《促进科技成果转化法》的关系

我国《促进科技成果转化法》规定的内容相较于我国《专利法》而言，则显得更为活跃，是一部相对动态的法律。该部法律制定的目的旨在推进科技成果向现实生产力的转化，规范转化过程，加速科技进步、经济建设和社会发展。[4]《专利法》的着眼点在于专利的申请、审批、利用和保护，而《促进科技成果转化法》的着眼点在于技术成果的进一步发展，如后续开发、利用、传播，直至形成新产品、新技术、新工业。《促进科技成果转化法》中明确规定了国家在绿色能源技术转移中应当采取的积极推动措施，如政府采购、采用试点推广、建立科研资助、发布指导目录等，以降低能耗、减少环境污染，提升气候风险应对能力，加强能源的合理开发和利用。该法律强调

---

〔1〕《专利法》第 13 条规定，发明专利申请公布后，申请人可以要求实施其发明的单位或者个人支付适当的费用。

〔2〕参见王明远、汪安娜：《绿色技术专利权社会化：缘起、表现、争议与出路》，载《政法论坛》2017 年第 2 期。

〔3〕参见曹炜、张舒：《绿色技术专利强制许可法律问题研究》，载《中国环境管理》2019 年第 1 期。

〔4〕《促进科技成果转化法》第 1 条规定，为了促进科技成果转化为现实生产力，规范科技成果转化活动，加速科学技术进步，推动经济建设和社会发展，制定本法。

了科学技术成果在经济和社会发展中的重要作用，并制定了一系列保障措施，如固定一定比例的财政经费用于科技成果转化、设立风险基金、建立科技成果转化网络信息库、加强标准的制定、鼓励产学研模式的合作等，推进绿色能源技术的推广和应用，法条中还明确鼓励相关企业和科研机构采取作价投资或者技术许可、技术转让等手段积极转移其科技成果。为督促上述机制的落实，该法还号召社会建立相应的考评机制，鼓励保险机构开创新型险种以降低科技成果转化主体的转化风险，并倡导金融机构在绿色能源技术产权的抵押贷款方面开展新业务。在宏观调控手段上，提出了科技成果转化的税收优惠政策。

《促进科技成果转化法》同样也是对我国《民法典》合同编在科学技术转化合同上的补充。该法在当事人意思自治的基础上，对合同未尽事宜进行了补充规定。在合作转化的归属权方面，如果合同未明确约定，那么应当分情况考虑：如果在合作转化中产生发明创造，则该成果归属于双方共同所有，任何一方不得擅自使用该技术，如需使用，需要取得对方同意；如果没有产生发明创造，则该成果依然归属于完成单位所有。此外，本法还规定了无约定情况下对科技成果有重大贡献之人的奖励政策：转让许可的奖励不得低于净利润的20%，单位独立研发或合作研发成果成功投产后，单位应当连续3年~5年从成果营业利润中提取至少5%的比例为重大贡献之人提供奖励。此类激励机制旨在通过物质奖励，鼓励创新型人才加大科研投身力度，加速建设科技创新型人才强国。对于能源革命而言，《促进科技成果转化法》的积极意义在于：一是明确国家鼓励研发机构、高等院校向企业或者其他组织转移科技成果；二是激励科技人员创新创业；三是创造科技成果转移转化的良好环境。

为发展高新技术产业，国务院于2016年颁布了《实施〈中华人民共和国促进科技成果转化法〉若干规定》，明确提出要促进研究开发机构、高等院校技术转移，并要求研究开发机构、高等院校建立健全技术转移工作体系和机制，完善相关管理制度，明确责任主体，保障技术转移机构的运行和发展。为营造良好的绿色能源技术转化环境，该规定还提出将科技成果转化情况作为单位业绩考评指标之一，并要求研究开发机构、高等院校制定激励制度，加强创新激励机制。同时，该规定还对各地方、各部门的领导指挥工作提出新要求，强调政策的协同配合与转化效率的提升。

二、绿色能源技术转移的合同及贸易法律推进能源革命发展

技术转移最主要的途径之一就是贸易往来，通过贸易方式取得技术在许多发展中国家和地区的创新体系中占据了半壁江山。发展中国家和地区进口获得技术或产品后，可以通过细微式的、渐变式的改进对产品或技术加以革新，以获得一些新的发明、实用新型或外观设计专利。这种看似微小的改变已经促使一些本身具备一定技术实力的金砖国家加大创新力度，转换创新视野，利用引进技术着力开发更经济、更实用的创新型产品。在新能源需求日益急迫的形势下，绿色能源技术的传播与扩散大多通过产品携带进行，而产品的流转则以贸易往来为主要载体，因此，在绿色能源技术的转移过程中，合同及贸易相关法律将发挥不可或缺的重要作用。在我国，规制或保护商事贸易行为的主要有三大板块：一是民法体系中对合同的约束和保护，二是对外贸易法对产品、技术进出口方面的保护与限制，三是国际经济法对国际贸易活动的相关规定。这三大板块各有侧重，分别出于不同目的对商事贸易行为的各方利益加以平衡。

（一）能源革命与《民法典》合同编的关系

《民法典》合同编中明文规定了 19 种有名合同，其中对技术合同予以了专章规定，从立法上可以看到国家对技术转移的重视程度之高。《民法典》合同编第 20 章中规定的技术合同共有四节[1]，首先是一般规定，其次是对技术开发合同、技术转让合同、技术许可合同、技术咨询合同、技术服务合同五类具体合同的专门规定。一般规定中对技术合同的概念、范围、内容以及技术成果的归属权作了概括性的规定。技术开发合同主要规范内容为新技术、新产品、新工艺、新材料，开发方式包括委托开发和合作开发，前者详细规定了委托人与受托人之间的权利义务关系，后者主要规定了合同在履行过程中双方的注意事项，同时该节还对委托开发以及合作开发的技术成果归属、专利权的使用作出了规定。在技术转让合同和技术许可合同一节中，技术如何流转以及流转中各方权利义务的平衡成为规范的重心，对不履行或不适当履行义务的当事人规定了较为确定的违约责任。在技术咨询合同与技术服务合同一节中，明确了两类合同的定义与覆盖范围，对技术咨询合同以及技术

---

[1]　参见《民法典》合同编第 20 章。

服务合同的委托人与受托人权利义务关系加以确定。综上所述，"技术合同"该章的主要特点在于在合同规范中融入了技术的特性，既体现了当事人的意思自治，又从知识产权角度对该意思自治加以适当的限制，有效平衡了技术权利人与社会公众之间的利益关系。

绿色能源技术作为新技术的一种，应当受到《民法典》合同编第20章的调整。从整体上来看，该章主要是针对技术转移在意思自治层面的约束，即充分保障技术转让主体自治性的同时，又基于技术的特殊性予以一定的规制，具体体现在专利申请权以及专利权的使用上，这与能源革命中绿色能源技术转移的特征一脉相承。绿色能源技术转移是一个兼具公私属性的活动，虽然技术转移的目的是出于双方利益的交换，但技术转移的结果牵扯到整个知识链条的扩展，波及的范围不仅存在于转移双方，还会对国内技术市场乃至国际范围产生影响。同时，绿色能源技术的转移要在法律框架内行使，一旦产生限制技术发展或者妨碍技术竞争的效果，其技术合同也将归于无效。

（二）能源革命与《对外贸易法》[1]的关系

全球气候变化以及环境的急剧恶化，促使各国开始反思经济发展中存在的主要问题。2009年世界气候大会在哥本哈根举行，会议主要讨论了人类与自然界之间的关系，人类逐渐意识到只有与大自然和谐相处，才能获得可持续发展能力。为了防止生态危机爆发，人类需要约束自己的行为，避免以牺牲环境为代价一味发展经济。能源问题一直是生态环境与经济发展之间的连结点，也是冲突点，能源革命必然会带动人类社会价值观、发展观的意识形态改变，各个国家和地区的对外贸易发展战略也应当适时调整。

改革开放以来，我国经济发展的主要战略就是开放市场，通过对外贸易引进国外先进技术和产品，利用自身劳动力充足的优势积极组装加工引进产品，强化出口，平衡贸易逆差。然而在绿色能源开发领域，发达资本主义国家和地区仍然占据较大的国际市场，我国的技术能力和知识水平尚不足以支撑我国绿色能源技术在国际上的话语权，如何扶持新兴产业的发展，是当前能源革命背景下应当考虑的主要问题。在对外贸易领域，我国已经颁布了《对外贸易法》，使得绿色能源技术的进出口及知识产权保护有了更为完善和

---

[1]《中华人民共和国对外贸易法》简称《对外贸易法》。

丰富的法律依据。该法对货物进出口和技术进出口作了专章规定：首先，对进出口技术作出限制，对于一些妨害国家安全、社会公共安全、扰乱国际市场秩序、损害国际收支平衡等的货物或者技术限制、禁止其进行进出口活动；其次，规定了配额、许可制，即对限制进出口的货物、技术采取配额、许可方式管理。[1]此外，该章还对自由进出口货物及技术规定了备案机制，但对于军用物资等进出口问题因涉及国家安全因而必须采取必要措施。在知识产权保护方面，该法规定技术的被许可人有权对被许可的知识产权有效性质疑，许可人不得阻止异议的提出，如果出现知识产权人强制性包揽许可或者在合同中约定排他性反授条件，且危害贸易秩序的，对外贸易主管部门有权消除危害。[2]

（三）能源革命与国际经济法的关系

在能源革命背景下，碳减排、碳汇、低碳经济等词语成为环保热词，绿色能源、绿色经济、绿色贸易已经是当前社会、经济发展的主要趋势。能源被认为是"现代经济的血液"，言外之意，能源的发展是一个国家安全、稳定的来源，也是经济繁荣的基础。尤其是 21 世纪以来，能源问题在全球政治、经济局势中的影响力日渐增强，俄罗斯和乌克兰之间的天然气之争、朝鲜与伊朗之间的核问题冲突等一系列国际冲突均由能源问题引起，国际上有关能源的对话日渐增多。2022 年 12 月，首届中国—海湾阿拉伯国家合作委员会（以下简称"海合会"）峰会顺利举行。峰会决定建立并加强中海战略伙伴关系，未来 3 年~5 年，中国将同海合会国家在以下重点合作领域作出努力：构建能源立体合作新格局。中国将继续从海合会国家扩大进口原油、液化天然气，加强油气开发、清洁低碳能源技术合作，开展油气贸易人民币结算等。作为一项全球问题，国际政治、国际经济、国际生态环境都是相互关联的，在错综复杂的变革之中，能源已经不可避免地嵌入国际秩序的方方面面中。正如国际法学者斯塔克所说，未来国际经济法的一个重要分支将会由能源、

---

[1]《对外贸易法》第 19 条第 1 款、第 2 款规定，国家对限制进口或者出口的货物，实行配额、许可证等方式管理；对限制进口或者出口的技术，实行许可证管理。实行配额、许可证管理的货物、技术，应当按照国务院规定经国务院对外贸易主管部门或者经其会同国务院其他有关部门许可，方可进口或者出口。

[2]《对外贸易法》第 30 条规定，知识产权权利人有阻止被许可人对许可合同中的知识产权的有效性提出质疑、进行强制性一揽子许可、在许可合同中规定排他性返授条件等行为之一，并危害对外贸易公平竞争秩序的，国务院对外贸易主管部门可以采取必要的措施消除危害。

原材料等自然资源的规范和指导组成。然而，当前全球治理存在着两难的问题：全球经济是世界共同的，政治却是各个国家和地区的，在能源领域，该冲突表现得更为突出。国际经济法是伴随着第二次世界大战出现的一个新的法律部门——经济法而出现的，指调整国际经济交往中关于商品、技术、资本、服务在流通结算、信贷、税收等领域跨越国境流通中的法律规范和法律制度的总称。[1] 主要包含国际货物买卖制度、国际货物运输与保险制度、国际贸易支付制度、国际知识产权保护制度等内容，其所调整的范围在不断扩大，各国国内法也逐步呈现出与国际法律制度的趋同化趋势。在国际经济法体系中，各项制度都与能源革命息息相关，尤其是国际货物买卖制度与国际知识产权保护制度。国际货物买卖中伴随着商品的跨境或跨国交换，其中便涉及相关技术的转移，如产品的研发、生产、贸易、运输、储备以及利用等。由于当前气候形势严峻，绿色能源产品拥有了广阔的国际市场，绿色能源技术存在于绿色能源产品之中，多数情况会附带着或者单独转移到买受人手中，实现技术的传播。

能源是当今世界上最有前景也是规模最大的贸易商品，同时也是全球财富分配的重要杠杆。如何通过以国际经济法为代表的国际性法律规范为绿色能源技术在全球范围内的广泛传播铺平道路，是当前值得研究的重要问题。发达资本主义国家和地区与发展中国家和地区在国际贸易经济上存在一项主要矛盾：一方面是发展中国家和地区采用市场优先权换股权、政府采购换股权、贸易捆绑股权等方式为跨国企业提供足够动力，吸引外商投资，换取先进技术和经验；另一方面这种交易又与国际经济法的基本原则（如国民待遇原则、最惠国待遇原则、普遍性原则等）相悖，导致发达资本主义国家和地区与发展中国家和地区之间在能源贸易中出现分歧。这一矛盾产生的根源在于体制差异，以我国为例，很大程度上是由国家机制培养社会精英，再由社会精英创造社会财富。而在英美资本主义体制之下，是先由社会精英创造了社会财富，再以这些财富为物质基础建立制度体系。由这些发达资本主义国家和地区为主导建立的国际秩序有一个典型特征——市场高于一切，任何利益都不能阻碍私人利益的实现；但是当以我国为代表的发展中国家和地区崛起并参与较多的国际事务时，国家高于市场的贸易理念便融入国际秩序中，

---

[1] 参见王传丽主编：《国际经济法》，中国政法大学出版社 2018 年版，第 12~14 页。

新的国际经济秩序逐步建立起来。在能源消费方面，发达国家和地区在工业化进程中形成了高产能、高消耗的生产习惯与能源使用习惯，在占据较高国际能源供给的同时也拥有了较高的人均能源消费量。在能源市场领域，绿色能源技术往往存在于能源产品之中，技术提供方在技术转移时常常会与技术受让方约定知识产权的归属问题，此时依托的便是国际经济法中关于知识产权的保护与限制规定。

然而，在绿色能源技术的跨国转移实践当中，TRIPS 协定整体倾向体现发达国家和地区保护知识产权的意志，而对于发达国家和地区对发展中国家和地区、最不发达国家和地区进行技术转让的规定都过于原则和抽象，涉及专利强制许可、防止权利人滥用知识产权等可能影响发达国家和地区维持其技术优势及保护其辖内跨国公司的技术转让利益方面，TRIPS 协定给予发展中及最不发达国家和地区的可利用之处非常有限。为了平衡南北技术发展，进一步促进绿色能源技术在全球的传播，必须重新审视 TRIPS 协定技术转让条款并对其进行完善，诸如完善专利授予客体和范围、完善强制许可以及限制性条款的具体规定等。本书建议，可以尝试探索建立一个具有强有力的执行力的国际技术转移争端解决机制，强化诉讼与仲裁、调解、公证、行政复议、行政裁决等非诉讼方式有机衔接，真正意义上促进绿色能源技术在全球范围内实现便捷转移。

三、绿色能源技术转移的竞争法律为能源革命提供公平保证

竞争法是在市场经济体制下产生的，当市场调节机制失灵时，政府便参考竞争法相关规定进行干预，主要规制的是违法垄断行为以及不正当竞争行为。在我国，绿色能源技术主要由能源企业所掌握，且大多属于国有企业，竞争法的存在则起到一种约束作用，时刻防止能源企业滥用市场地位，产生排除、限制竞争的效果，阻碍绿色能源技术的转移，妨碍绿色能源技术的创新之路。下文将以《反不正当竞争法》与《中华人民共和国反垄断法》（以下简称《反垄断法》）为例，分析此二部法律在能源革命中所起的作用。

（一）能源革命与《反不正当竞争法》的关系

《反不正当竞争法》旨在打击不正当竞争行为，鼓励公平交易，维护社会

主义市场竞争秩序良性发展。[1]在绿色能源技术转移过程中，《反不正当竞争法》的意义主要在于规范企业对商业秘密的保护，并对商业虚假宣传和商业贿赂行为作出惩处。

其一，对保护商业秘密进行有效规范。虽然绿色能源技术主要以专利形式存在，但专利在绿色能源技术转移这一动态过程中只占其中一小部分，许多核心技术以及实施专利时形成的专有知识，通常是以商业秘密形式而存在的。商业秘密与专利技术的最大区别在于商业秘密无须被公开，但其被保护程度较低，如果社会公众凭借一己之力攻破该秘密，商业秘密人是极难找到维权途径的。然而，保护力度小不代表没有保护，如《反不正当竞争法》对商业秘密的规定，任何人不得以盗窃、贿赂、欺诈、胁迫或者其他不正当手段获取权利人的商业秘密，不得披露、使用或者允许他人使用以前项手段获取的权利人的商业秘密。同样，绿色能源技术（尤其是核心技术）在未申请专利的情况下，可以作为商业秘密受到保护，但需要注意的是，该项技术究竟适宜用哪种方式来保护，还需结合技术的专业性、可获得性、可复制性等因素综合考量。

其二，对虚假宣传和商业贿赂进行有力规制。《反不正当竞争法》中明确规定，经营者不得对其生产、销售的商品作出虚假或者容易引发误解的商业宣传，[2]不得以谋取不当竞争优势或者交易机会为理由贿赂单位或个人，包括但不限于财物贿赂手段。[3]这两项规定主要是针对商品或者技术的交易与宣传环节，背后的法理基础在于诚实信用原则。在绿色能源技术转移的实践中，交易双方往往因信息不对称而处于实际上的非平等地位，如果无法保证技术所有者在技术转移时的诚信品质，则将大大降低交易安全，明显不利于包括绿色能源技术在内的商品流通，也不利于技术的二次创新。对此，《反不正当竞争法》对不正当竞争行为确定了法律责任，因不正当行为给他人造成损害的，经营者及相关单位应当承担侵权损害赔偿责任。同时对于虚假宣传

---

〔1〕《反不正当竞争法》第1条规定，为了促进社会主义市场经济健康发展，鼓励和保护公平竞争，制止不正当竞争行为，保护经营者和消费者的合法权益，制定本法。

〔2〕《反不正当竞争法》第7条第1款规定，经营者不得采用财物或者其他手段贿赂下列单位或者个人，以谋取交易机会或者竞争优势：（一）交易相对方的工作人员；（二）受交易相对方委托办理相关事务的单位或者个人；（三）利用职权或者影响力影响交易的单位或者个人。

〔3〕《反不正当竞争法》第8条第1款规定，经营者不得对商品的性能、功能、质量、销售状况、用户评价、曾获荣誉等作虚假或者引人误解的商业宣传，欺骗、误导消费者。

与商业贿赂等违法行为，还应当受到没收违法所得、罚款等行政处罚。

（二）能源革命与《反垄断法》的关系

《反垄断法》与《反不正当竞争法》并称两大"反法"，二者的落脚点均是通过对市场竞争行为的规范，维护市场交易公平。《反垄断法》更侧重于对不当垄断行为的规制，但并非所有的垄断行为都是违法的，只有达到排除、限制竞争效果的垄断才是该法规制的对象。在该法中，明确规定了对知识产权垄断行为的禁止。排除、限制竞争的垄断行为主要有以下几种形式：横向或纵向垄断协议、滥用市场支配地位、经营者集中、行政垄断。在绿色能源技术转移过程中，技术所有权人转移其技术中的知识产权往往出于自由意志，达不到违反《反垄断法》的程度，但由于知识产权本身具有时间以及地域上的专有性特点，所有权人的技术极易形成垄断地位，在趋利诱导下，很有可能产生排除、限制竞争效果。虽然垄断地位可以在某种程度上激励创新，但其更多地带来的是妨害市场正常竞争秩序的危害，这将对其他社会公众乃至整个市场经济造成损失。在绿色能源领域，可能形成的垄断行为主要有以下几种：一是滥用技术专利等知识产权的市场支配地位，无正当理由或者以不合理的高价转让或许可其知识产权，或者对条件类似竞争者采取差别对待模式；二是在知识产权方面达成垄断协议，限制利用知识产权生产的商品数量，固定或者变更专利产品的价格，限制购买新技术或者开发新技术。[1]但垄断协议并非绝对禁止，如果经营者是为了开发、改进新技术，或者降低生产成本、提高生产效率，增强企业竞争力，或者实现社会公益目的而达成的垄断协议，则不应受到《反垄断法》的规制。

伴随着《反垄断法》的颁布，结合当前能源革命背景，能源资源行业逐渐成为反垄断执法机构的重点调查对象，具体包括电力资源、水资源、天然气资源等。近年来，以滥用市场支配地位方式构成垄断的案件占比最大，垄断协议方式构成垄断的案件呈现逐年上升趋势。从涉及行业来讲，在水力、电力、天然气、石油化工领域涉及案件居多。总体来说，我们在能源行业的反垄断力度在不断加大，能源并购申报审查效率也在不断提升，反映出国家

---

[1]《反垄断法》第13条第1款规定，禁止具有竞争关系的经营者达成下列垄断协议：（一）固定或者变更商品价格；（二）限制商品的生产数量或者销售数量；（三）分割销售市场或者原材料采购市场；（四）限制购买新技术、新设备或者限制开发新技术、新产品；（五）联合抵制交易；（六）国务院反垄断执法机构认定的其他垄断协议。

对打击不当能源垄断行为的重视程度。

四、绿色能源技术转移的环境资源法律为能源革命提供生态屏障

能源革命背景下，绿色能源技术转移的核心目的在于节约资源、保护环境以及提升能源的利用效率，促进社会可持续发展。能源、环境、资源三者之间存在密不可分的联系，因此，要促进能源的绿色转型发展，需要从环境与资源入手，通过分析当前在资源环境方面的法律规范与绿色能源转型之间的关系，才能更加全面地加速绿色能源技术转移进程。

（一）能源革命与《循环经济促进法》〔1〕的关系

2008 年全国人大常委会通过了《循环经济促进法》，于 2018 年作了修正。该部法律的制定具有深刻的社会背景，既回应了经济社会发展又好又快的现实需要，也是落实循环经济大规模发展战略目标的重要措施，在推动绿色循环产品的研发创新、拉动内需以及解决民生问题等方面具有重要的推动作用。所谓循环经济，是指产品在生产、流通以及消费过程中进行的减量化、再利用、资源化活动。〔2〕其中"减量化"是指减少废物产生、减低能源消耗的过程；"再利用"是指将工业废物再修复、再制造、再利用的过程；"资源化"是指将回收的产品作为原料再生利用。这些绿色化过程的实现仅靠企业自身难以完成，需要国家借助宏观政策适度干预，激励企业之间进行绿色能源技术转移，促进先进技术的流通与传播，才能更加高效地实现经济的可循环发展。在我国传统经济运行模式下，高能耗、低利用的产品占据了大量的市场，虽然经济得到了长足发展，但与环境之间的关系日趋紧张。大气污染、水污染、土壤污染等问题日渐尖锐，环保压力越来越大，森林覆盖率低、生物多样性不断遭到破坏，部分生态园区的生态功能严重退化。此外，我国能源形势也很严峻，许多不可再生能源面临枯竭危险，如果不能尽快找到替代能源，现有资源必定难以为继。

要想解决上述问题，就要转变我国社会经济发展结构，促进循环经济的发展。循环经济模式改变以往传统经济的"资源—产品—污染排放"单向线性流动模式，而是由"资源—产品—再生资源"所构成的、物质反复循环流

---

〔1〕《中华人民共和国循环经济促进法》简称《循环经济促进法》。

〔2〕参见马忠法等：《清洁能源技术转移法律制度研究》，法律出版社 2018 年版，第 169 页。

动的经济发展模式。循环经济突破传统经济与生态破坏的矛盾，代之以经济与生态环境的和谐共生，在这种模式下，人与自然地位平等，人不能凌驾于自然之上，人属于自然的一部分。《循环经济促进法》对政治、经济、社会、民生、生态发展统筹考虑，突破生态瓶颈对我国发展的制约，建立了与生态保护相适应发展模式，制定了一系列综合性法律规范，涉及税收、投资、市场准入、信贷等多领域，为促进科学发展、良性循环奠定了重要基础。《循环经济促进法》中规定了多项制度，如涉及国家、政府的宏观安排与部署的循环经济规划制度、资源浪费与污染物排放的总量调控制度、以生产者为主的责任延伸制度等，通过政府的规范与引导，加强对高能耗企业的监督管理，并对不履行法定义务的主体规定了相应的法律责任，确保法律的有效落实，不断推进绿色能源革命进程。与此同时，为了有效应对能源危机、大力发展循环经济，应进一步完善循环经济立法，一是加强对高耗能企业的管理，特别是加强对综合能源消费量超过国家规定总量的重点企业的管理；二是建立可操作性强的循环经济评价考核制度，将循环经济中节能减耗的相关要求作为对省级、市级、县级地方党政部门主要负责人政绩考核的重要事项。

（二）能源革命与《环境保护税法》[1]的关系

2013 年党的十八届三中全会指出，要严格落实税收法定原则，紧接着 2016 年全国人大常委会审议通过了《环境保护税法》，2018 年进行了修正。该部税法是我国第一部专门体现绿色的税法，也是我国第一部推进生态文明建设的单行税法。该部法律中规定了环境保护税的纳税主体、征税对象、计税依据、征税范围等课税要素以及税收减免、税收管理政策，取消了排污收费制度。作为坚持绿色发展、推进生态文明体制改革的重要举措，环境保护税的征收有利于转变发展方式、调整经济结构，通过国家宏观调控，形成对企业的约束机制，激励企业节能减排，提升全社会环保意识。《环境保护税法》与《环境保护法》相衔接，是税制改革后出台的第一部地方税种法律，是地方税体系化建设的一个里程碑，有效解决了以往排污费制度的法律效力低、执法强度低等弱点。

《环境保护税法》坚持多排多征、少排少征、不排不征的原则，对排污浓度值低的纳税人规定了税收减免政策，以这种税收调节的激励机制倒逼企业

---

[1]《中华人民共和国环境保护税法》简称《环境保护税法》。

降低排污量，实现企业经济发展的绿色转型。[1]同时强化企业环保治理责任，淘汰高污染高排放的落后生产方式，积极调整产业结构，加强绿色能源技术的引进，以技术的发展促进能源产品的绿色转型，降低排污量，享受税收优惠政策，实现一手抓经济、一手抓环保的良性互动。此外，《环境保护税法》规定了五项免税情形，主要涉及农业生产领域，道路机动车、船舶或者航空器等交通流动领域，城乡污染物集中处理领域，综合利用固体废物领域并规定了兜底情形。[2]此五种情形下由于涉及特殊情况，因而即使排放应税污染物，国家也不予征收环境保护税，体现了原则与例外相结合、法律与情理相结合的理念。

　　环境保护税是典型的功能性税收。在能源危机、气候危机、环境危机三重压迫下，经济发展面临着新的挑战。自环境保护税开征以来，加强了执法刚性，细化了征税规定，为国家财政增收提供了一份稳健、有力的保障；与此同时，该法的施行提升了公民的环保节能意识，有效调节了经济与环保之间的关系，企业开发、创新、转移、吸收绿色技术的动力不断增强，充分彰显了《环境保护税法》的立法目的与能源革命、绿色发展的正向激励效果。

　　（三）能源革命与《节约能源法》的关系

　　2018 年全国人大常委会对《节约能源法》进行了第二次修正，这对我国建设资源节约型、环境友好型社会具有深远意义。《节约能源法》中所称能源，是指自然界可为人类提供能量的各种可再生及不可再生物质，既包括煤炭、石油、天然气等自然开采物质，也包括由其加工、转化而来的物质。现行《节约能源法》对能耗的限值标准、高能耗产品的淘汰机制、工业节能及其标准、节能产品认证、交通运输领域节能等方面作出了明确而又详细的规定，旨在提高能源利用效率，加大环境保护力度，促进全面协调可持续发展。

---

　　〔1〕《环境保护税法》第 13 条规定，纳税人排放应税大气污染物或者水污染物的浓度值低于国家和地方规定的污染物排放标准百分之三十的，减按百分之七十五征收环境保护税。纳税人排放应税大气污染物或者水污染物的浓度值低于国家和地方规定的污染物排放标准百分之五十的，减按百分之五十征收环境保护税。

　　〔2〕《环境保护税法》第 12 条第 1 款规定，下列情形，暂予免征环境保护税：（一）农业生产（不包括规模化养殖）排放应税污染物的；（二）机动车、铁路机车、非道路移动机械、船舶和航空器等流动污染源排放应税污染物的；（三）依法设立的城乡污水集中处理、生活垃圾集中处理场所排放相应应税污染物，不超过国家和地方规定的排放标准的；（四）纳税人综合利用的固体废物，符合国家和地方环境保护标准的；（五）国务院批准免税的其他情形。

节约资源、保护环境作为我国的一项基本国策，在《节约能源法》中得到了充分体现。同时，资源的节约与开发处于同一能源发展战略之中，可见国家对节约能源的重视程度之高。

《节约能源法》与上述《循环经济促进法》并非完全独立的关系，《节约能源法》在制定时已经考虑到了能源的重要地位，并将节能作为促进发展循环经济的重要组成部分。该法对绿色能源转让制度的规定主要集中于"节能技术进步"一章，首先，该章对国务院及各地政府在节能技术的研发、推广工作上提出了要求，建议有关部门发布政策大纲，制定推广目录，倡导用能单位及个人积极引进先进节能技术或节能产品。其次，该章还规定了农科相关部门对节能技术的积极推动作用，建议淘汰落后产能，更新低能耗产品。在"激励措施"一章中，对需扶持的节能技术、节能产品规定了政策支持制度与税收优惠政策，以激励高能耗企业向节能方向转型，控制在生产过程中高污染、高排放产品的出口。[1]总体来说，《节约能源法》实施以来，各级政府围绕节能产品的开发、传播以及节能宣传做了大量工作，许多用能企业规范了生产行为，积极创新绿色清洁、低能耗低排放产品，在节能工作推进方面取得了良好成效，为控制温室气体排放、能源消费总量控制和碳排放交易制度提供了重要的法律依据。

本章小结

由于国际生态环境问题日趋严峻，能源革命在全球范围内的开展已经迫在眉睫。气候急剧变化、温室效应日渐严重、传统不可再生能源面临耗竭……人类在资源节约与环境保护上的压力已成为急需解决的问题。而在知识经济时代，尽管各个国家和地区以及各国际组织已经采取许多措施来应对这些危机（如签订《京都议定书》《巴黎协定》《格拉斯哥气候公约》等国际条约、制定节能目标、加大绿色技术创新力度、开发新能源等），但仅凭自身努力很难解决波及全球的环境公共问题。于是，绿色能源技术逐渐登上历史舞台。

---

[1] 《节约能源法》第63条规定，国家运用税收等政策，鼓励先进节能技术、设备的进口，控制在生产过程中能耗高、污染重的产品的出口。

本章第一节在对绿色能源、绿色技术、无害环境技术、环境友好技术、气候变化减缓技术、气候变化适应技术以及清洁技术等相关概念进行细致梳理的基础上，提出了绿色能源技术的概念。所谓绿色能源技术，是指包括传统化石能源的清洁高效利用技术以及可再生能源领域开发的旨在最大限度地减少有害物质和温室气体排放的技术在内的现代化能源技术体系。实践中，绿色能源技术表现为在生产、使用过程中不会造成环境污染与生态破坏的现代化能源技术形式，它的存在形式包括专利、专有技术等。诸如煤炭清洁高效利用技术、光伏发电技术、光热利用技术、风力发电技术、生物质能利用技术、核能技术、化学和太阳能电池新技术等都属于绿色能源技术，旨在减少对环境的损害，提高环境资源的可持续能力。在该部分，本书总结凝练了绿色能源技术的四个特点，对于绿色能源技术进行了分类，并且详尽地介绍了可再生能源技术、新型化学储能技术以及煤炭清洁高效利用技术的发展现状以及主要内容。绿色能源技术转移并非一个简单的过程，创新、绿色、产能、消耗、知识产权等，都是绿色能源技术转移的关键词，这些关键词综合在一起，造就了转移过程的复杂性。

本章第二节梳理了技术转移的定义、本质及特点，从转移动力、开发主体、转移方式、资金来源、技术应用以及商业化模式等六方面分析了绿色能源技术转移与一般技术转移的区别。分析了能源革命背景下绿色能源技术转移面临的挑战，包括在国际贸易、知识产权、投资、国际合作上面临的挑战等。阐述了绿色能源技术转移对于推动能源革命的意义，具体而言，一是增强了能源的可持续发展，二是提高了应对气候变化能力，三是加快了绿色低碳发展进程，四是提升了国际能源合作水平。

本章第三节在提出绿色能源技术转移法律制度的概念的基础上，分析了绿色能源技术转移与知识产权的关系，阐述了"私法行为公法化"理论、"限制贸易的技术民族主义与促进贸易自由的国际法制度的兼容性"理论、"气候正义"理论等绿色能源技术转移法律制度的相关基础理论。长期以来，发达国家和地区与发展中国家和地区之间关于绿色能源技术转移的分歧，私营部门与社会公众之间关于利益让渡与分享的分歧，都加重了新型绿色能源技术转移的难度。为此，本书提出了绿色能源技术转移理论拟解决的问题：一是促使私营部门参与应对气候变化的技术转让，二是如何推动绿色能源技术由发达国家和地区向发展中国家和地区转移。

　　本章第四节为能源革命与绿色能源技术转移法律制度的关系。分别从四个方面进行论述：绿色能源技术转移的知识产权制度是能源革命的智力基础；绿色能源技术转移的合同及贸易法律推进能源革命发展；绿色能源技术转移的竞争法律为能源革命提供公平保证；绿色能源技术转移的环境资源法律为能源革命提供生态屏障。

　　现行国际法律规范以及国内法律法规均有对绿色能源技术转移的直接规定，但并未成体系化存在，有些规定甚至难以有效实施。从国际法层面来讲，绿色能源技术转移作为一项国际义务已经规定在了许多国际条约之中，但规定得并不具体，"尽可能""适当性""提供援助"等模糊字眼或许导致义务人不履行绿色能源技术转移义务，为协定本身的落实制造了障碍。此外，绝大多数国际条约并未规定不履行义务的强制机制，也大幅提升了技术转移的难度。于国内法层面而言，为了弥补国际法律规范在绿色能源技术转移的不足，我国不断修改完善法律法规，出台一系列政策，适当加大国家干预力度，激励创新、鼓励技术的流通与移转，同时将排污量作为衡量企业业绩的指标之一，通过税收调节与税收优惠政策对企业环保形成激励机制，迫使企业淘汰落后产能，加大绿色能源技术转移的参与力度，着力建设资源节约型企业，为能源安全和可持续发展贡献力量。

第二章
能源革命背景下绿色能源技术转移的
法律制度现状

　　减缓气候变化的关键在于"节能减排"，但目前全球的气候目标更加依赖于低碳技术的革新，低碳技术的发展成为支撑"节能减排"目标实现的关键性要素。[1]根据欧洲专利局2021年4月发布的研究报告，全球低碳能源技术专利数量从2000年起的20年间一直在不断攀升，这与2015年以来化石燃料专利下降呈现鲜明的对比，但相较于低碳能源专利在2013年前的上升速度，近年来低碳能源技术专利增长率大不如前。根据报告内容可以看出，近20年来，欧洲研发低碳能源技术的能力处于世界领先地位，具有较强研发能力的国家还包括日本、美国、韩国，近十年来我国的研发水平也在不断上升。[2]目前，国际社会没有作出专门规定绿色能源技术转移的立法文件，但基于国际社会的环保共识，在其他相关法律文件中均有体现，主要分散于知识产权组织管辖下制定的诸多知识产权条约、联合国内部管理知识产权等相关领域的机构制定的条约或文件以及世界贸易组织管理下制定的相关法律规范文件，三大主体结构共同组成国际层面技术转移的行为规范与指导。但是，这些规范与指导并未在技术转移领域中发挥实质性作用，国家与地区间在维护自身利益与全球公共利益过程中形成激烈的对立局面，虽然各个国家和地区认可气候恶化需要共同的努力，但就各方权利义务分配等问题常常无法达成一致意见，国际条约及法律文件中的积极倡导条款一再被搁浅，绿色能源的知识产权借助各类国际保护条约得到过度保护，发展中国家和地区并不能从中得

---

　　〔1〕　See IEA, *Clean Energy Innovation Part of Energy Technology Perspectives*, IEA website（15 March 2022），https://www.iea.org/reports/clean-energy-innovatio.

　　〔2〕　See EPO, *EPO-IEA study highlights need to accelerate innovation in clean energy technologies to meet climate goals*, EPO website（15 March 2022），https://www.epo.org/news-events/news/2021/20210427.html.

到有效的技术帮助与支持。

　　近些年，我国在绿色能源技术领域获得了一系列的研发突破，例如太阳能、风能、水能、潮汐能、地热能等一系列可再生能源，我国倡导利用先进科技解决当前环境困境。我国对国际社会处理相关问题的过程进行了经验总结，认为在进行绿色能源技术转移时需要注意以下三个问题。首先，是技术创新的驱动力，我国是发展中国家和地区，对技术革新具有迫切的需要，这是提升国家综合实力必经之路，也是应对世界环境恶化、气候变化的重中之重。若我国不对技术革新予以充分的激励，就无法突破广大市场主体对化石能源的强烈依赖性，特别是绿色能源技术是一种新兴技术，在市场经济中仍处于初级探索阶段，市场主体更容易将这类技术研发视为高风险投资，稍有不慎便会血本无归，这样的消极懈怠心理会阻碍绿色能源技术止步不前。所以我国需要投入更多、激发市场主体的创新性，国家在制定相关法律法规乃至政策时，除了需要列明法律责任，还需要将激励手段考虑在内，将激励措施固定在法律法规乃至政策中，对市场主体的研发心理具有安抚作用，知识产权相关法律以及环境保护相关法律在此过程中将扮演重要角色，可以通过产权制度激励研发人员创新，推动技术的转移与扩散。其次，研发过程依靠激励措施予以推动，而技术转移与扩散需要的是自由、便捷、稳定的交易环境。技术转化为现实生产力需要投入具体产品中，但是有时研发主体与投入生产的主体并不重合，二者的结合就涉及市场交易。法律法规以及政策的程序设计科学合理、监管制度透明能够保障政府不会非法干涉相关主体的交易行为。政府间气候变化专门委员会认为，稳定的政治体制、健全的经济政策和监督机构、安全的法律和开放的贸易以及清廉政府建设等因素对于构建适合引进国外技术的国内环境十分重要。最后，政府不能完全充当绿色能源技术发展的守门人，还要适时实施一定的管控行为，毕竟技术的发展完全依靠市场是不现实的，因为市场主体具有趋利性，难免会出现不正当竞争乃至垄断行为，这样的现象出现后会阻碍环境保护规划进程。此外，绿色能源发展并非市场主体随意就能研发出来的，试错成本、环境代价都是市场主体不得不面临的现实因素，政府应当主动负责收集国际社会前沿资料，对市场主体的研发行为予以指导，甚至是构建一定的信息系统，弥补市场主体相关知识的欠缺，这样对绿色能源技术的研发、转移才更有好处。

第一节　能源革命背景下绿色能源技术转移的国际条约和国际文件

　　能源革命背景下绿色能源技术转移的国际法规定主要包括关于绿色能源技术转移的国际条约和国际会议文件等。当前有关绿色能源技术转移的国际条约主要由三大部分构成，第一部分为世界知识产权组织规定的有关知识产权的确权与保护制度。该制度为科技创新进步保驾护航，同样这也是构成绿色能源技术转移的前提性条件，世界各个国家和地区均需要符合世界知产组织构建的规范体系，才能合法有效实现绿色能源技术在世界范围的流转。第二部分为联合国内部管理知识产权等相关领域的机构制定的条约或文件。这是绿色能源技术转移在特定条件下的体现，目前国际中较为权威的国际条约就出于此，例如《保护臭氧层维也纳公约》《联合国气候变化框架公约》《巴黎协定》等。第三部分为世界贸易组织，其在继承前两者对知识产权作出的规定的基础上，又从全球贸易的角度构建独特的知识产权保护体系，在环境保护、气候变化、公平竞争等方面作出了新的规定，丰富了绿色能源技术转移制度的内容，例如 TRIPS 协定、TRIMS 协定等。

　　国际会议文件主要用来概括介绍国际条约以外的"软法"内容，其集中体现在联合国召开各类有关环境、发展等的会议，并由此总结发布的各种会议决议、宣言、议程等，这些会议文件的法律效力虽然不尽如人意，但其活跃的会议活动对国际条约的形成产生积极的推动作用，丰富了绿色能源技术转移制度的内容。

一、世界知识产权组织框架下的国际条约

（一）保护工业产权巴黎公约

　　《保护工业产权巴黎公约》（以下简称《巴黎公约》）于 1883 年通过，至 2022 年 3 月 18 日共有成员 176 位，该条约适用于最广义的工业产权，涉及专利、商标、制止不正当竞争等 8 类内容，《巴黎公约》是协助创作人在世界范围内确保自己创作作品受到保护的基础性内容。《巴黎公约》共计 30 个条款，根据内容可以划分为 3 个部分，第一部分为前 12 条，其中以实质性内容为主，第二部分为第 13 条至第 17 条，主要规定了组织机构等行政性内容，剩下的内容为第三部分，主要规定了成员方在组织中的具体行为内容。从以

上内容可以发现，该公约并未构建完整的工业产权保护规则，更偏向于一部基本原则的法律规范，其中涉及技术转移的内容并不多，主要集中于前 12 条实质性内容中，主要涉及国民待遇、优先权、独立性原则、强制许可以及规制不正当竞争。[1]

《巴黎公约》第 2 条和第 3 条规定了关于国民待遇的内容。[2]其中表示在保护工业产权方面，所有成员方应该享受各该国法律目前或未来授予其国民的各种利益，一切都不应该损害本公约特别规定的权利，此外成员方与各该国的国民享有同样的保护，并在其权利受损时与其国民享有同样的法律救济方式。对于成员方的国民，各该国不得因其在各该国没有拥有住所或者营业场所而拒绝其享有相应的工业产权，若成员方以外的其他国家国民如若在各该国拥有住所或者营业场所，理应与其国民享有相同的工业产权。其实在《巴黎公约》签订以前，互惠原则是用以解决知识产权纠纷的重要内容，但随着《巴黎公约》的签署以及越来越多的知识产权保护条约的权属，国民待遇取代了互惠原则成为解决类似纠纷的主要规定，使工业产权保护变得更加广泛，从国民待遇规定可以发现，《巴黎公约》对工业产权的保护呈现宽容态度，这在一定程度上有助于知识产权在各国范围内的流转，即便国家间存在不和谐的因素，也不能成为阻碍国民待遇实现的理由。

《巴黎公约》第 4 条规定了关于优先权的内容。优先权是指当向本公约任一成员方提出知识产权申请或者是相应权利继受人，以确切的申请日期为准，不论申请结果如何，在法定期限内均享有优先权，提出申请的日期即优先权日。优先权设立的目的在于鼓励加强技术的交流与流转，避免申请与继受等行为在国际法与国内法之间产生冲突，能够为技术的转移与扩散奠定良好的

---

〔1〕　See WIPO, "Paris Convention for the Protection of Industrial Property", in https://www. wipo. int/treaties/en/ip/paris/, last visited on 30 may 2023.

〔2〕　参见《巴黎公约》第 2 条规定，"本联盟各国国民的国民待遇"：其一，本联盟任何国家的国民，在保护工业产权方面，在本联盟所有其他国家内应享有各该国法律现在授予或今后可能授予该国国民的各种利益；一切都不应损害本公约特别规定的权利。因此，他们应和各该国国民享有同样的保护，对侵犯他们的权利享有同样的法律上的救济手段，但是以他们遵守对各该国国民规定的条件和手续为限。其二，但是，对于本联盟国家的国民不得规定在其要求保护的国家须有住所或营业所才能享有工业产权。其三，本联盟每一国家法律中关于司法和行政程序、管辖权以及指定送达地址或委派代理人的规定，工业产权法中可能有要求的，均明确地予以保留。《巴黎公约》第 3 条规定，"某类人与本联盟国家的国民同样待遇"：本联盟以外各国的国民，在本联盟一个国家的领土内设有住所或有真实和有效的工商业营业所的，应享有与本联盟国家国民同样的待遇。

制度基础，是如今国际社会普遍遵守的一项原则。《巴黎公约》第 4 条之二规定了关于独立性原则。[1]独立性原则是指成员方国民向其他国家（无论是否为本公约的成员方）就同一发明所取得的专利都是相互独立的，并且这种独立应当从更宽泛的角度去理解，在优先权期间进行的各项专利活动，无论是无效和丧失权力的理由还是正常期间，均是相互独立的。各成员方依据本国国内法保护由本国授予的专利，并没有保护别国专利的义务，因此独立性原则对技术转移影响重大，在进行技术转移活动时，需要向目标国履行相关手续并获得批准，这样才能得到目标国对专利的保护，否则就有被侵权的风险。

《巴黎公约》第 5 条规定了强制许可内容。强制许可是指各成员方均有权在立法中规定强制许可内容，防止权力滥用，强制许可具有非独占性、不得转让，但若将使用该许可内容的企业或荣誉一起转让，则是可行的，除了强制许可仍不能防止权力滥用外，立法不得强制取消专利，另外公约还规定了时间期限对专利进行特殊保护。这些内容足以看出《巴黎公约》对权利人的保护态度，在新时代下科技更迭速度极快，在公约规定的时间期限内，技术已然更新，强制许可的规定不利于技术在世界范围内转移，发展中国家曾多次反对，但效果并不显著。

《巴黎公约》第 10 条之二规定了规制不正当竞争行为内容。[2]《巴黎公约》特别指出成员方有义务制止在工商业事务中违反诚实习惯做法的不正当竞争行为，并对各该国正常的工商业事务进行保护。公约还特别列举了混淆

---

〔1〕 参见《巴黎公约》第 4 条之二规定，"专利：就同一发明在不同国家取得的专利是互相独立的"：其一，本联盟国家的国民向本联盟各国申请的专利，与在其他国家，不论是否本联盟的成员国，就同一发明所取得的专利是互相独立的。其二，上述规定，应从不受限制的意义来理解，特别是指在优先权期间内申请的各项专利，就其无效和丧失权利的理由以及其正常的期间而言，是互相独立的。其三，本规定应适用于在其开始生效时已经存在的一切专利。其四，在有新国家加入的情况下，本规定应同样适用于加入时各方面已经存在的专利。其五，在本联盟各国，因享有优先权的利益而取得的专利的有效期间，与假设没有优先权的利益而申请或授予的专利的有效期间相同。

〔2〕 参见《巴黎公约》第 10 条之二规定，"不正当竞争"：其一，本联盟国家有义务对各该国国民保证给予制止不正当竞争的有效保护。其二，凡在工商业事务中违反诚实的习惯做法的竞争行为构成不正当竞争的行为。其三，下列各项特别应予以禁止：一是具有不择手段地对竞争者的营业所、商品或工商业活动造成混乱性质的一切行为；二是在经营商业中，具有损害竞争者的营业所、商品或工商业活动商誉性质的虚伪说法；三是在经营商业中使用会使公众对商品的性质、制造方法、特点、用途或数量易于产生误解的表示或说法。

行为、虚伪说法以及误解表示三项内容，注重对权利人合法权益的保护。但从定义层面出发，不应当仅局限于对他人行为的规制，对工商业行为人本身滥用权力、限制技术发展的行为也应当予以规制。

（二）专利合作条约

《专利合作条约》（PCT）于 1970 年签署通过，于 1979 年、1984 年和 2001 年修改，至 2022 年 3 月 20 日止共有成员 155 位。《专利合作条约》是与《巴黎公约》相匹配的一份文件，主要目的是解决《巴黎公约》中实体权利义务的程序性内容，二者均由世界知识产权组织管理。《专利合作公约》具有很强的程序性、中立性、兼容性和稳定性，其前言部分明确表达该条约是为了帮助科学技术进步、保障法律完备、方便简化程序、更新技术信息、推动发展中国家和地区技术发展而缔结，上述内容在专利申请、审查、授权层面都能够提升技术的流转，客观上有助于技术在不同国家和地区的专利获取，传达了为技术转移拓宽道路的信息，有望实现各个国家和地区之间的友好交流与合作。《专利合作条约》历经多次修改，对条约细则和内容逐一完善，其目的是应对世界发展过程中出现的各种新型问题，包括但不限于各个国家和地区专利局、国际检索和审查机构所面临的挑战，还存在专利申请人所要面临的问题，保证专利申请制度得以平稳运行，促进了国际专利申请的程序价值和工具价值的实现。[1] 从工具和程序价值角度出发，多次修改并未产生较大争议，反而能够达成一致意见，这就说明发达国家和地区与发展中国家和地区在专利等知识产权保护的程序内容中易洽谈成功达成共识，因为程序内容的更改并不会触及实体利益的消亡，这也侧面体现出《专利合作条约》的中立性特点，目前世界大量国家和地区通过该条约进行专利申请，反映出该条约影响广泛深得各国的信赖。

（三）专利法条约

《专利法条约》（PLT）于 2000 年签署通过，至 2022 年 3 月 20 日止共有成员 43 位，目前我国并未加入其中。《专利法条约》是在《巴黎公约》的基础上对专利申请的程序及形式作出了更具体的规范，该条约的宗旨在于简化全球范围内专利申请及形式程序，使专利申请更加便利，避免因程序繁琐、

---

〔1〕　参见韩荣：《〈专利合作条约〉对国际专利生成规则的形塑作用分析》，载《太原理工大学学报（社会科学版）》2021 年第 2 期。

形式复杂导致当事人丧失实体权利，其对成员方主管局可予适用的最大限度的要求也作了规定。《专利法条约》的内容不仅涉及程序方面还涉及实体权利方面，除了对专利的申请及审批过程作了详实的规定外，还特别强调安全例外、专利的有效性、优先权的更正、权利恢复与救济等。虽然《专利法条约》与《专利合作条约》都是用以解决国际专利申请程序及形式方面的问题，但《专利法条约》更多是作为《巴黎公约》以及《专利合作条约》的补充以及更正，《专利法条约》很多内容都是援引于《专利合作条约》，而《巴黎公约》基础性内容，更侧重于对实体权利的规定与保护，三者互相作用，不可割裂。

《专利法条约实施细则》于 2006 年生效，第 8 条特别规定成员方可以排斥纸件形式的专利申请，以电子形式取而代之，构建更加高效快捷的申请方式，这在发达国家和地区以及部分发展中国家和地区能够得以实现，但世界上还有很多发展中国家和地区乃至最不发达国家和地区并不具备这样的实力，其专利主管局难以实现电子设备全覆盖。针对上述问题，外交会议出具了一份议定声明，提出由世界知识产权组织以及本条约成员方向发展中国家和地区、最不发达国家和地区以及转型期国家和地区提供相应的技术援助，以帮助其履行条约内容。此外，外交会议还提倡经济发展良好的国家和地区能够积极与发展中国家和地区、最不发达国家和地区以及转型期国家和地区构建良好的技术和财政合作，外交会议为了保证以上内容能够得到确切的履行，特别约定会在普通会议中监测和评价此类合作的进展实施状况。[1]

（四）实体专利法条约（草案）

《专利法条约》通过后，世界知识产权组织在众多发达国家和地区的倡议下将目光放在《巴黎公约》的实质权利与义务上，并付诸实施。世界知识产权组织于 2001 年召开会议首次研讨《实体专利法条约》，此后一直努力组织各方进行谈判，以期制定出一部有关专利的实体法内容，谈判过程中受到世界范围内众多国家和地区的重视，甚至联合国与世界卫生组织也安排人员参会，最终于 2002 年形成了《实体专利法条约》（草案）（SPLT 草案），共有16 条。该草案旨在减少专利规定的不稳定因素，在全球范围内形成一份相对

---

〔1〕 参见《专利法条约实施细则》以及《外交会议的议定声明》，载 https://www.wipo.int/trea-ties/zh/ip/plt/，最后访问日期：2022 年 3 月 18 日。

统一的规范标准，提升各个国家和地区专利申请的效率，也便于专利受理机关的工作，条约的宗旨在客观上能够促进技术转移，但在谈判过程中，关于专利保护的具体条款，发达国家和地区与发展中国家和地区分歧较大，导致该条约最终未能颁布并生效。发达国家和地区更看重专利自由发展不受限制，建议将会议议题限定在现有技术定义、宽限期、新颖性和创造性四个内容中，但发展中国家和地区提出反对意见，他们认为这四个议题无法保护发展中国家和地区的遗传资源和传统知识，相关议题需要作出调整，此后的会议吸取了发展中国家和地区的建议，将遗传资源和传统知识两个议题扩充于其中，但是仍旧有部分发展中国家和地区予以反对，认为该条约更侧重于保护发达国家和地区的专利发展，忽略了发展中国家和地区科技发展不协调的问题，认为自身合法权益没有得到有效的保障。至此，谈判难以继续进行，该条约目前仍旧处于"草案"阶段，直到现在世界知识产权组织也无法给出下次会议举行的确切时间。

上述四个条约是一脉相承的关系，签署过程体现了国际社会对专利制度关注的深入，从基本原则到制度形式到制度程序再到实体规范，一步一步深入到专利制度的本质内容，因此也显露出发达国家和地区与发展中国家和地区之间有关专利保护与技术转移的矛盾与纠纷，但是这些条约本身对绿色能源技术专利的产生具有确权和保护作用，这是绿色能源今后流转的基础性依据，若没有这些依据，绿色能源技术转移更是无从谈起。虽然这些条约中仍有尚未实现的目标与宗旨，但这是必然的，因为绿色能源技术都是各个国家和地区独有的智慧成果，其长远价值对一国（地区）的发展与建设具有决定性的影响，在瞬息万变的国际事态中，各个国家和地区都想尽最大的努力保护本国（地区）实现更快速的经济增长，如果确权和保护制度不周全或者不公平，就极容易导致各个国家和地区宁愿不在国际社会中申请专利，也要保护技术秘密，绿色能源技术转移将更无从谈起，气候变化与环境破坏终将对整个人类产生毁灭性的影响，因此要客观看待谈判的失败，积极寻找其中利益平衡点，只有当这些制度能够平衡不同国家和地区之间的需求，技术转移制度才能得到实现，帮助世界减缓气候变化带来危害。[1]

---

〔1〕　参见马忠法等：《清洁能源技术转移法律制度研究》，法律出版社2018年版，第118页。

二、联合国框架体系下制定的国际条约

自工业革命开始，机器取代人力，化石能源在各个国家和地区经济发展过程中发挥了巨大的作用，综合国力的积累也在这个过程中逐渐由量变发展为质变。但是粗放式的工业发展带来了环境污染，英国作为最早开展工业革命的国家，煤烟污染以及水污染十分严重，当时的人们已经注意到这种粗放式的生产会对环境造成恶劣的影响。但是，局部地区的污染并不能够引发国际社会的足够关注，直到20世纪初，国际社会才发觉无节制的工业发展带来的环境危害，为此联合国多次组织各种会议，鼓励各个国家和地区出谋划策解决环境问题。在讨论过程中，技术发展层次不平衡等问题在发达国家和地区与发展中国家和地区乃至最不发达国家和地区之间的谈论争端中逐渐显露，20世纪60、70年代，绿色能源技术转移在发达国家和地区与发展中国家和地区乃至最不发达国家和地区之间的博弈中才获得国际社会的普遍关注。诸多发展中国家和地区都受殖民影响，在艰难奋斗中实现政治独立，但经济发展难以在短期内实现，发展中国家和地区为此制定引资政策，寄希望于引进先进技术来谋求自身发展。但是事实证明，发达国家和地区选择将本土污染严重的产业迁移，发展中国家和地区引进的产业大部分都属于高耗能产业，其本身在经济发展的急切需求面前并未对引进产业的技术含量进行长远评估，当其发展出现弊端时往往为时已晚，付出高昂的环境代价也并未换取到得以借鉴的高新技术。

20世纪70年代，在发展中国家和地区的强烈呼声中，联合国认为环境恶化、气候变化已经严重威胁到全人类共同的生存问题，为了应对这些威胁便决定在斯德哥尔摩召开会议，于是联合国在1972年组织了人类环境大会，本次会议主题就在于保护环境，很多国家和地区在会议中表示关心人类共同的利益，人类面临环境恶化与气候变化不应再被动等待，而是需要主动改善，因此众多国家和地区在环境保护角度达成了一致意见，最终在各个国家和地区热烈的讨论下通过了保护环境的重要宣言，即《联合国人类环境宣言》（以下简称《人类环境宣言》）。这份宣言的颁布关注到了发展中国家和地区的弱势地位，其在序言中表达了发展中国家和地区不利的发展现状，认为其在环境保护方面以及经济发展方面面临着双重困境，很多发展中国家和地区在经济层面甚至难以保障国民的基本生活需求，例如保健卫生、衣食住行等都无

法与发达国家和地区相比拟，发达国家和地区不应坐视不理，因为发展中国家和地区面临的困境很多一部分源自历史原因，发达国家和地区应当提供帮助，况且环境问题尤其影响着全人类的命运，仅依靠发展中国家和地区自身力量难以实现伟大的环境目标，因此宣言提倡各个国家和地区政府勇于承担更多的责任，整合自身资源，与发展中国家和地区积极建立友好合作，帮助和支持发展中国家和地区承担改善环境变化的责任。

此外，《人类环境宣言》还提出，技术对环境保护的作用是不可忽视的，发展中国家和地区应当注重发展技术来提升保护环境的效率与能力，但出于发展中国家和地区的实际能力考量，国际社会应当对其提供相应的帮助，以优惠的条件确保环保技术在国际社会中的流通的利用。[1]这份宣言虽然是1972年通过的，但如今看来仍不过时，2022年联合国环境规划署的执行主任英厄·安诺生在一次访谈中表达，当你面对非洲水资源短缺、太平洋岛屿脆弱生态，你就会清楚地意识到世界的不公平，这些国家没有做什么破坏环境的事，但受到的危害却首当其冲。[2]《人类环境宣言》并非国际条约，其法律效力不尽如人意，各个国家和地区并没有必须遵守和实施的法律义务，但本次宣言在国际上产生了深远的影响，国际社会在宣言的指导下，积极开展各项环保活动。

（一）联合国气候变化框架公约

环境持续遭受破坏，气候变化影响逐渐显现。自20世纪80年代开始，日益严重的全球气候变暖导致极端气候事件不断出现。暴雨、洪涝、海啸、沙尘暴席卷城市，冰川持续融化、海平面不断的上升、土地能力退化等给人类敲响了警钟。以上问题得到了国际社会的广泛关注，为应对上述问题，1988年成立联合国政府间气候变化专门委员会（IPCC），委员会对与气候变化有关的各种问题进行整理与分析，主要集中在科学技术、社会经济等问题层面，为国际社会提供气候变化原因、气候变化潜在影响以及针对气候变化应采取的措施对策等相关问题提供科学有效的评估与意见，政府间气候变化专门委员会的设立为国际社会应对气候变化提供了专门谈论场所并提供了一

---

[1]　参见李扬勇：《国际组织宣言和决议的法律意义——对国际环境法"软法"的探讨》，载《孝感学院学报》2006年第2期。

[2]　See Inger Andersen, "Justice is An Essential Part of the Environmental Discussion", in https://www.un.org/en/climatechange/inger-andersen-climate-justice, last visited on 30 March 2022.

定的科学基础。政府间气候变化专门委员会目前正处于第六个评估周期（AR6），现已编写了五套多卷册评估报告，这些报告被国际社会普遍认为是有关世界气候变化最可靠的信息来源，这对气候变化规律研究以及防治策略研究具有重要作用。

《联合国气候变化框架公约》（本部分简称《框架公约》）于 1994 年生效，1994 年有关气候变化的研究与报告甚少，甚至没有足够的证据对公约内容进行佐证，但是公约在国际社会各方的共同努力下依然成功颁布，这在当时属于标志性的事件，并且《框架公约》从《蒙特利尔议定书》中借鉴了一条非常重要的内容，即它约束成员方即便在科学不确定的状况下，各个成员方也要出于对人类社会共同安全问题的考量再去行事。[1] 从历史角度出发，发达国家和地区在温室气体排放问题上需要承担更多的责任这是毋庸置疑的，因为在过去百余年的时间里，发达国家和地区都是温室气体排放的主要责任方，同时为其经济积累与增长打下的坚实基础，反观发展中国家和地区，其在过去乃至现在都无法达到曾经发达国家和地区的温室气体排放量，但其当下确受环境影响严重，发展中国家和地区面对由于气候恶化导致的生态脆弱、应对能力低下等问题，长时间无法解决，严重影响国际社会整体的公平问题，发达国家和地区与发展中国家和地区对此也长期争论不休。鉴于此，《框架公约》为了实现维持国际社会的公平正义、保障生态系统平衡稳定、确保经济发展可持续等目的，确立了一条极为重要的原则，即"共同但有区别的责任"，这项原则绘制出实现微妙平衡发达国家和地区与发展中国家和地区之间关系的路径起点，主张由发达国家和地区在承担责任的前提下起带头作用，虽然在《框架公约》中明确，工业化国家与非工业化国家需要共同面对气候变化带来的危害，理应共同承担减排的义务，但其在附件一与附件二列举了工业化国家应当尽最大努力节能减排，甚至是强制性减排，带头依照公约内容制定国内相关政策，减缓温室气体排放，而非工业化国家则在考虑自身发展要求的前提下按照自愿原则进行，因为经济发展对于发展中国家和地区的重要性不言而喻，即便不存在节能减排义务，其经济发展也难以实现突破性

---

[1] See UNFCCC, "What is the United Nations Framework Convention on Climate Change?", in https://unfccc. int/process-and-meetings/the-convention/what-is-the-united-nations-framework-convention-on-climate-change, last visited on 30 May 2022.

进展，在科技横行的年代，经济发展、知识储备、科技进步早已不分彼此，发展中国家和地区需要弥补的短板还有很多。值得庆幸的是，《框架公约》的制定将这些现实考虑其中，在一定程度上应允了发展中国家和地区温室气体排放的增量，甚至工业化国家也同意向不太先进的国家和地区分享技术，但这并不是长久之计，因为气候变化相比于发展对人类的威胁更为严重，为了取得双赢局面，国际社会想出了一个双赢方案，即《京都议定书》的前期构想。

（二）京都议定书

《框架公约》签署设立了"共同但有区别的责任"，虽然没有为工业化国家规定具体的量化减排指标，但也为后续工作的开展奠定了良好的社会基础。为了实现《框架公约》设定的崇高而具体的目标，各个成员方自 1995 年起几乎每年都会召开会议，对节能减排对策与措施进行商讨，但是由于节能减排措施与经济发展都直接挂钩，导致发展中国家和地区与发达国家和地区难以就节能减排的量化标准达成共识。会议先后召开多次，历经 3 年异常艰苦的反复磋商，终于在联合国气候变化第 3 次缔约大会中，通过了《京都议定书》，共有149 个国家及地区通过。《京都议定书》具体规定了工业化国家的量化减排指数，要求工业化国家落实 2008 年至 2012 年的第一期节能减排承诺，此外还重点规定了发达国家和地区对发展中国家和地区乃至最不发达国家和地区之间有关技术转移和资金支持内容，与此形成鲜明对比的是《京都议定书》并没有为发展中国家和地区规定量化指标，对《框架公约》的精神进行了传承。

《京都议定书》诸多条款表明了立场，成员方应当加强彼此之间的联系与合作，在技术研发、技术应用甚至技术传播方面要有建树，特别要关照发展中国家和地区有关绿色能源技术的发展，发达国家和地区可以通过制定政策或机制，积极将相关技术向发展中国家和地区转移，或者使发展中国家和地区能够实际接触到上述技术。《京都议定书》创新设立的联合发展机制和清洁发展机制可以有效促进低碳技术的国际转移。这两项政策是用以平衡发达国家和地区与发达国家和地区之间以及发达国家和地区与发展中国家和地区之间有关节能减排的矛盾。联合发展机制作用于《框架公约》附件一中的国家之间可以互相转让温室气体排放权，转让排放权可以获得一定的资金，用此资金可以促进技术的发展。清洁发展机制与联合发展机制的工作原理相一致，发达国家和地区通过帮助发展中国家和地区节能减排，以充抵自身减排义务，最终实现减少世界范围内的温室气体排放总量，达到最终节能减排的目的。这两项机制对绿色能源技术转移具有很好的引导作用，但在实践中并未发挥其应有的作用，但是这种以具有国际法效力的条约形式限制温室气体排放、保护人类环境的一致行动，开创了保护地球、保护生命的新时代。

（三）巴黎协定

《巴黎协定》是一项具有法律约束力的而气候变化国际条约。它于2015年12月12日在巴黎举行的第21届联合国气候变化大会上被196个缔约方通过，并于2016年11月4日生效。《巴黎协定》第2条及第4条规定了长期的温度目标，要限制全球变暖的温度变化，最理想的状态是控制在1.5摄氏度以内，各个国家和地区应当为了这个目标贡献自己的力量，尽快达到"温室气体排放量的全球峰值"，并在21世纪中叶实现气候中和世界，使得人类生产活动排放量与自然界的净化能力相匹配，不再过度消耗环境。《巴黎协定》第6条规定了基于市场和非市场方法的自愿合作机制，即认为成员方之间的合作能够实现更伟大的目标，鼓励国家（地区）与国家（地区）之间实施绿色能源的技术转移，减少温室气体的排放实现可持续发展。《巴黎协定》第9条、第10条及第11条是主要规定发达国家和地区与发展中国家和地区之间权利义务关系的内容，集中表达了有关资金支持、技术支持以及能力建设支持三个方面的内容，协议重申了发达国家和地区有义务支持发展中国家和地区成员方努力建设适应气候变化的清洁技术，并鼓励自愿捐款。此外，发达国家和地区成员方还承诺每两年提交一次关于未来给发展中国家和地区支持的指示性信息，包括预计的公共资金水平。该协议还规定，包括绿色气候基金（GCF）在内的公约财务机制应为该协议服务。发展中国家和地区在气候安全技术开发和转让以及能力建设方面的国际合作也得到加强：根据该协定建立技术框架，除其他情况外，将通过加强对发展中国家和地区成员方能力建设行动的支持和适当的体制安排来加强能力建设活动。[1]《巴黎协定》以5年为一个周期，由各个国家和地区采取相应的"气候行动"，2020年，各个国家和地区分别按照规定提交各自气候行动计划，被称为国家自主贡献（NDC），在国家自主贡献中，各个国家和地区传达了他们将采取的减少温室气体排放的行动，以实现《巴黎协定》所设立的目标，为此各个国家和地区还表达了他们将采取何种

---

〔1〕 See "Key aspects of the Paris Agreement", in https://unfccc.int/most-requested/key-aspects-of-the-paris-agreement, last visited on 25 March 2022.

行动，来构建适应全球变暖影响的复原力。[1]从 2023 年开始，每隔 5 年将对全球气候行动进行一次评估盘点，以敦促、帮助各个国家和地区提高整治气候能力以及国家（地区）与国家（地区）之间的合作，以实现最终的气候目标。

在技术转移的具体内容方面，各个国家和地区都意识到技术对节能减排的重要作用，绿色能源技术对减缓气候变化具有极高的重要性，甚至表达愿意通过技术转移来实现人类的共同利益。在接下来的气候大会中，各成员方提出建设技术框架的方法，目的是通过技术框架指导现有的相关气候、能源机构，促进技术开发与转让并积极寻求新技术与新科技，突破科技创作研发瓶颈。但是《巴黎协定》并未对技术框架进行更加详细的规划与构建，仅仅作了简要的阐述。2022 年 3 月 15 日，联合国气候变化新闻发布了《加强对发展中国家和地区报告其气候行动的支持》一文，其中提及 2021 年 11 月在格拉斯哥举行的联合国气候变化大会，在大会中确立了与报告气候行动透明度相关的规则，由此产生了增强透明度框架（ETF），该框架是评估成员方国家自主贡献的重要衡量工具，这对于《巴黎协定》的长期温度目标十分重要。[2]《巴黎协定》是多边气候变化进程中的一个里程碑，因为具有约束力的协议首次将所有国家和地区带入共同事业，为应对气候变化并适应其影响做出雄心勃勃的努力。

（四）格拉斯哥气候公约

2021 年，在英国格拉斯哥举行的第 26 届联合国气候变化大会汇聚了众多代表及媒体参与。在与会过程中，众多代表认识到全球温室气体排放仍远未达到维持宜居气候所需的水平，对受气候影响较大的国家和地区的支持仍不够，需要继续推动《巴黎协定》的落实，这样才能实现可持续的低碳发展目标，最终与会成员方通过了《格拉斯哥气候公约》，这份协议旨在将全球变暖控制在 1.5 摄氏度以内，实现世界免遭灾难性的气候变化。该份协议在达成过程中出现了激烈的分歧，在协议草案即将生效的最后一刻，以印度为首的国家和地区提出要将煤炭使用的规定由"逐步淘汰"变更为"逐步减少"，最终经过多方研讨才最终艰难通过，达成相对平衡的政治成果文件。本次会

---

〔1〕 See UNFCCC, "The Paris Agreement", in https://unfccc.int/process-and-meetings/the-paris-agreement, last visited on 25 March 2022.

〔2〕 See "Support for Developing Countries in Reporting their Climate Action Enhanced", in https://unfccc.int/news/support-for-developing-countries-in-reporting-their-climate-action-enhanced, last visited on 25 March 2022.

议依旧贯彻了"共同但有区别的责任"原则，维护国际规则的稳定局面，在推动低碳能源转型等方面进一步凝聚了国际共识，对国际社会推动绿色低碳可持续发展形成了积极影响，但是发达国家和地区对曾经承诺为发展中国家和地区提供的资金及技术支持等内容仍未予以充分的回应，减缓全球气候变暖仍旧面临诸多挑战，但是新的协议达成至少证明发达国家和地区与发展中国家和地区治理气候的态度，气候目标的实现已然迫在眉睫。

我国高度重视此次会议，《格拉斯哥气候公约》的达成，中方发挥了建设性作用。习近平主席在世界领导人峰会发表书面致辞，提出维护多边共识、聚焦务实行动、加速绿色转型三点建议，赢得国际社会广泛赞誉，为大会提供了重要政治指导。大会期间，中方代表团夜以继日连续工作，主动与联合国、《框架公约》秘书处、大会主席国英国及各缔约方密切磋商、协调立场。在谈判陷入胶着的关键时刻，中美联合发布《中美关于在 21 世纪 20 年代强化气候行动的格拉斯哥联合宣言》，这为弥合各方分歧提供了重要解决方案。我国代表团以中国智慧、中国方案有效维护"共同但有区别的责任"原则和发展中国家和地区的共同权益、为大会最终顺利达成成果发挥了建设性作用，展现了我国负责任的大国形象。

三、世界贸易组织框架下制定的条约

世界贸易组织是处理国际社会国家与国家之间贸易规则唯一的全球性国际组织，是社会进步及经济全球化下的必然产物。其核心文件是世界贸易组织协议，它是目前国际社会处理贸易交往和经济纠纷的基础性法律文件。国际社会大部分国家都签署了该份文件，因为商品和服务的生产与流转需要统一的规则予以维护，这样便于贸易往来。对于世界贸易组织的定位，有多种分析角度。首先，这是一个开放性的贸易组织，为普遍存在的贸易往来提供公平自由的竞争环境；其次，这是一个政府间谈判贸易协定的商讨地，对贸易不断发展过程中出现的新问题提供研讨解决的场所；最后，这是一个争端纠纷解决地，通过一套规则体系对国际社会出现的各种贸易争端进行处理，从本质上来看，世界贸易组织由成员方政府进行管理，其就是为成员方解决彼此之间出现的各类贸易问题而存在，一切涉及国际社会贸易的重大决定都需要由全体成员方作出。随着科技时代的到来，世界进入创新驱动发展阶段，贸易不再局限于有形物，知识产权等无形物进入贸易体系，刺激了世界范围内的创新竞争，

技术价值凸显，技术转移成为贸易领域的新问题，世界贸易组织各成员方对此进行积极磋商，商讨应对之策，其中以 TRIPS 协定和 TRIMS 协定为代表。

（一）TRIPS 协定

TRIPS 协定 规定的目标是知识产权的保护应当是为技术创新、转让及传播保驾护航，使得知识产权的生产者与使用者之间实现互惠互利，以此平衡社会和经济福利之间的关系。虽然 TRIPS 协定构建了一个美好的目标，但是从世界贸易组织的性质来看，其更多体现的是一个经贸组织的特性，本质上需要以经济实力作为发言谈判的基础，而这种本质更有利于发达国家和地区而非发展中国家和地区，发达国家和地区经济发展时间久远，贸易规则成熟，科技基础稳固，关键技术的掌握使发达国家和地区在谈判中并不会因数量少而产生劣势地位，依靠商业贸易往来而运作的世界贸易组织总体上有利于发达国家和地区的运作。因此，TRIPS 协定在具体内容中将《巴黎公约》《保护文学和艺术作品伯尔尼公约》（以下简称《伯尔尼公约》）《保护表演者、音像制品作者和广播组织罗马公约》（以下简称《罗马公约》）等技术转移内容吸纳其中，但依旧无法掩盖其维护和激励竞争的本质。TRIPS 协定中涉及技术转移的条款，集中在第 7、8、30、31、40、66.2 和 67 条等条款中，这些条款主要是为了照顾发展中国家和地区的需要。其中第 7 条规定了 TRIPS 协定的目标，认为知识产权的保护应当能够促进技术创新、转移及传播，并带动社会与经济的进步，目标的出发点对技术转移的实施是有利的，为成员方之间的技术交流提供了根本性的目标指导。[1]第 8 条规定了 TRIPS 协定的原则，认为技术转移需要受到一定限制，不能损害成员方本身的合法利益，在不违反 TRIPS 协定的前提下，成员方可采取一定限制措施。[2]但是仔细分析第 7 条和第 8 条的内容会发现其中存在一定矛盾，技术转移这一概念在 TRIPS 协定生效之前以及多次提及，也同样在多个国际法律文件中出现，但是在实践过程中，即便发展中国家和地区积极倡议，但技术转移仍旧难以落在实处，

---

〔1〕　参见 TRIPS 协定第 7 条规定，知识产权的保护和实施应有助于促进技术创新和技术的转让和传播，有助于技术知识的创造者和使用者的相互利益，并有助于社会和经济福利及权利与义务的平衡。

〔2〕　参见 TRIPS 协定第 8 条规定，一是在制定或修改其法律法规时，各成员可以采取必要措施保护公众健康和营养，并在对其社会经济和技术发展至关重要的部门促进公共利益，前提是这些措施是一致的与本协议的规定。二是可能需要采取符合本协定规定的适当措施，以防止权利人滥用知识产权或采取不合理限制贸易对国际技术转让产生不利影响的做法。

在这样的实际背景下，TRIPS 协定对尚未实现的技术转移就规定限制条件，难免成为发达国家和地区逃避责任的借口，而这样的担忧也成为现实。发达国家和地区对自身技术的过度保护本身就是国际社会实现技术转移的难题之一，而第 8 条的表述，似乎对这种情况在一定程度上表态同意。除了第 7 条和第 8 条之间的矛盾外，其他条款更注重对技术转移程序和形式进行规定。第 30 条规定了专利授予权利的例外情形，第 31 条规定了专利强制许可的情形，虽然第 30 条和第 31 条对发展中国家和地区实施技术转移有利，但在实践中，发展中国家和地区受政治因素的影响而无法落实。[1]第 40 条则承认对于可能妨碍技术转移的规范必要性，该条款也是表面看似尊重各个国家的主权自由，但实际上也是体现了发达国家和地区的意志。[2]而第 66.2 条和第 67条，又清晰地表述了发达国家和地区应当向最不发达国家和地区进行技术转移，发达成员方应提供激励机制来促进本国企业与机构向最不发达国家和地区转移技术，最不发达国家和地区更希望该条能够有效得到实施。[3]为了保障第 66.2 条和第 67 条的实施，世界贸易组织决定构建一个机制来保障技

---

〔1〕 参见 TRIPS 协定第 30 条规定，各成员可对专利授予的专有权规定有限的例外，只要此类例外不会专利的正常利用发生无理抵触，也不会无理损害专利所有权人的合法权益，同时考虑到第三方的合法权益。

〔2〕 参见 TRIPS 协定第 40 条规定，（一）各成员同意，一些限制竞争的有关知识产权的许可活动或条件可对贸易产生不利影响，并会妨碍技术的转让和传播。（二）本协定的任何规定均不得阻止各成员在其立法中明确规定在特定情况下可构成对知识产权的滥用并对相关市场中的竞争产生不利影响的许可活动或条件。如以上所规定的，一成员在与本协定其他规定相一致的条件下，可按照该成员的有关法律法规，采取适当的措施以防止或控制此类活动，包括诸如排他性返授条件、阻止对许可效力提出质疑的条件和强制性一揽子许可等。（三）应请求，每一成员应与任一其他成员进行磋商，只要该成员有理由认为作为被请求进行磋商成员的国民或居民的知识产权所有权人正在采取的做法违反请求进行磋商成员关于本节主题的法律法规，并希望在不妨害根据法律采取任何行动及不损害任何一方作出最终决定的充分自由的情况下，使该立法得到遵守。被请求的成员应对与提出请求成员的磋商给予充分和积极的考虑，并提供充分的机会，并在受国内法约束和就提出请求的成员保障其机密性达成相互满意的协议的前提下，通过提供与所涉事项有关的、可公开获得的非机密信息和该成员可获得的其他信息进行合作。（四）如一成员的国民或居民在另一成员领土内因被指控违反该另一成员有关本节主题的法律法规而被起诉，则该另一成员应按与第 3 款预想的条件相同的条件给予该成员磋商的机会。

〔3〕 参见 TRIPS 协定第 66 条第 2 款规定，发达国家成员应鼓励其领土内的企业和组织，促进和鼓励向最不发达国家成员转让技术，以使这些成员创立一个良好和可行的技术基础。第 67 条规定，为促进本协定的实施，发达国家成员应发展中国家成员和最不发达国家成员的请求，并按双方同意的条款和条件，应提供有利于发展中国家成员和最不发达国家成员的技术和资金合作。此种合作应包括帮助制定有关知识产权保护和实施以及防止其被滥用的法律和法规，还应包括支持设立或加强与这些事项有关的国内机关和机构，包括人员培训。

术转移的实现，于是 2003 年 TRIPS 协定理事会通过一项决定（IP/C/28），完成了这一机制的建设，它详细说明了发达国家和地区将在每年年底之前提供的关于其激励措施在实践中如何发挥作用的信息，发达成员方根据他国的请求，在同意的基础上提供有利于发展中成员方和最不发达成员方的技术合作，其中包括但不限于保护和执行知识产权、禁止滥用法律、协助构建法律规章制度、支持他国机构建设等。在这一机制实施过程中，2003 年 11 月由 TRIPS 协定理事会在会议中对相关信息进行全面审查，从此发达国家和地区成员方每三年提交一次新报告，并在其间需要对这些报告进行更新。

（二）TRIMS 协定

世界贸易组织为了避免歧视性投资范围的扩大导致国际贸易停滞不前，达成了 TRIMS 协定，TRIMS 协定是乌拉圭回合谈判中新增加的议题，其目的在于规范成员方采取的各项投资措施，实现国际投资自由化，防止国际社会贸易环境受到不良影响，但究其本质是发达国家和地区跨国公司需求的体现。TRIMS 协定共有 9 个条款和 1 个附件，协议旨在避免投资措施破坏贸易秩序，推动国际社会贸易不断扩展。协议第 2 条是整个协议的关键所在，规定了"国民待遇和数量限制"之一般条款并附加附件清单列举的方式规定了禁止性投资的内容。除了第 2 条，其他条款更多偏向于程序性内容或非实质性内容。从 TRIMS 协定整体内容出发，是有利于跨国投资发展的，能够在保证自由竞争的同时，促进发达国家和地区与发展中国家和地区的经济增长。TRIMS 协定附件清单中明确列举了五种被禁止的投资措施，其中四种涉及了技术转让的问题，可以简单概括为两类，第一类是当地成分要求，第二类是贸易平衡要求，这些被排除在外的限制措施对外商投资十分有利，因为外商投资企业可以借此将投资地转化为加工地，将核心技术掌握在自己手中。跨国公司这种将母国当作"科技创造中心"而将他国当作"生产制造中心"的做法通过 TRIMS 协定得到了巩固。投资商能够充分利用他国廉价劳动力促进生产的同时，无须担心自身核心技术被泄露，甚至其政府不必考虑环境污染与保护资源等的问题，跨国公司赎回大量财富其国家财政也得到了保障，这也解释了近代以来发展中国家和地区虽然积极引进外资，但未对技术含量进行评估而导致的不良后果，造成目前污染问题严重但自身经济未得到有效发展，这对发展中国家和地区来说，经济水平不高还限制了其发展的其他可能，例如民族产业往往无法对抗流水线作业的跨国企业，进一步遏制了发展中国家和地区本土经济的发展。[1]

四、绿色能源技术转移的国际会议文件

从绿色能源技术转移的立法活动来看，国际社会历经几十年的探索，发达国家和地区与发展中国家和地区的矛盾仍旧十分激烈，特别是"技术转移"更突出表现了发达国家和地区与发展中国家和地区在环境治理乃至国家发展问题上的权利义务分配。因此，具有法律效力的国际法条约因多方力量制衡容易无法通过而被搁置，而国际会议文件正是因为缺乏法律效力，才能被不断讨论、颁布进而得到论证，因此国际会议文件不断对环境变化、气候治理等问题颁布文件供国际社会审阅，这对国际条约的确立与权利义务分配提供了有效的参考。

1992 年在巴西里约热内卢召开了联合国环境与发展会议（UNCED），也被称为"地球峰会"，该会议通过了《关于环境与发展里约热内卢宣言》（以下简称《里约宣言》）、《21 世纪议程》等文件，重点强调了如何在不同因素影响下能够持续以发展的眼光为环境问题制定广泛的议程与蓝图。本次会议最终认为，若能平衡良好的社会、经济、环境问题，可持续发展在全球范围内是具有可行性的。上述软法对绿色能源技术转移作了突破性的规定，《21 世纪议程》第 34 章专门对绿色环境技术的转移、合作与能力建设作了规定，其根本目的同样是为了减少污染、实现可持续发展，其中第 4 条及第 5 条对绿色能源技术转移的方向与政策作了原则性规定，要求以优惠的条件向其他国家特别是发展中国家和地区转移绿色能源技术，注重对技术实际知识的转移，期望发展中国家和地区能够真实掌握技术以带动国家发展。[2]这些文件

---

〔1〕 参见马忠法等：《清洁能源技术转移法律制度研究》，法律出版社 2018 年版，第 76 页。

〔2〕 参见《21 世纪议程》第 34.4 条规定，需要以优惠条件取得和转让无害环境技术，特别是对发展中国家而言，方法是采取辅助措施，以促进技术合作，并使之能够转让必要的技术实际知识，以及建立有效利用和进一步发展转让过来的经济、技术和管理能力。技术合作需由企业和政府，技术供应方和接受方共同努力。因此，这种合作是政府、私营部门以及研究和发展设施均需参加的多代过程，以确保技术转让取得最佳结果。如要技术合作的长期伙伴关系获得成功，必须在很长一段时间里在各级上执行持续而有系统的培训和能力建设。第 34.5 条规定，本章所提议的活动旨在改进信息的状况和程序、取得和转让技术（包括最先进技术和相关的实际知识）。特别是对发展中国家而言，以及技术领域的能力建设与合作安排和伙伴关系，以促进持续耐久的发展。新技术和有效率的技术对于提高实现持续耐久的发展的能力，特别是发展中国家的能力。维持世界经济、保护环境、舒减贫困和人类苦难方面都是十分重要的。这些活动的内在要求是，解决改进当前利用的技术以及斟酌情况以较易取得、对环境比较无害的技术取代的问题。

开启了全球治理环境污染的新篇章，可持续发展能够实现，环境保护需要全球人类共同关注与努力，人们的消费方式、生活习惯乃至工作方式都会对会议内容的落实产生不同程度的影响，这些想法在当时是具有一定先进性的，引发了民众、社会乃至国家之间的热烈讨论。

斯德哥尔摩+50 会议联合国高级别会议，用以纪念 1972 年联合国人类环境会议并庆祝全球环境行动 50 周年，该会议将推动联合国十年可持续发展行动、巴黎气候变化协定、2020 年后全球生物多样性框架的实现，并积极鼓励采取绿色行动实现疫情后的恢复。由于全球的生产都受到疫情不同程度的影响，这样的行为限制极大改善了环境质量，尤其是空气质量。然而，这样的限制虽然对环境产生的积极作用大，但是对劳动环境、企业经营产生了毁灭性的打击，经济发展与环境改善似乎成为不可融合的对立角色，很明显这样的观点是无法被国际社会所接受的，各个国家和地区都在积极寻找解决之策，希望在疫情恢复过程中平衡可持续发展的需求。为了尽快摆脱疫情带来的不良影响，高收入国家和地区在复苏支出方面的人均投资为 11 826 美元，而低收入国家和地区的人均支出仅为 57 美元，疫情对低收入国家和地区的冲击最为严重，并且低收入国家和地区也容易在疫情的影响下陷入严重的债务危机，国际社会不得不考虑这对全球整体经济走势的影响，这需要强有力的全球反应。针对以上问题，全球整合力以及领导力显得尤为重要，以确保我们采取的每一项措施都能对糟糕的现状有一部分改善作用，进而解决世界不公平现象以及全体人类健康问题，这个分析角度不仅仅涉及短期还涉及长期角度。因此，2022 年 6 月召开的斯德哥尔摩+50 会议以"斯德哥尔摩+50：一个健康的地球，促进所有人的繁荣——我们的责任，我们的机会"为主题，致力于实现可持续和包容性的复苏。我们有理由相信，在急迫的现实面前技术转移能够发挥巨大的作用，期望本次会议内容能够带动国际社会技术转移制度的落实。

第二节　能源革命背景下我国绿色能源技术转移的主要法律规定

国际社会对绿色能源技术转移问题的关注主要源于人们意识到煤炭、石油等化石能源属于不可再生能源，人类无节制的取用势必会对环境产生巨大的危害，而环境损害也终将回归到人类本身的生存问题。值得一提的是，20世纪 70 年代的石油危机让发达国家和地区意识到不能够继续依赖不可再生的化石能源，其不仅会造成环境恶化，还会危害社会乃至国家和地区发展。因此，发达国家和地区开始积极探寻提高化石能源利用效率的技术或者能够替代化石能源继续供人类利用的绿色能源，防止对化石能源的过度依赖。[1]我国 20 世纪 70 年代目光聚焦在制度的构建与完善上，与国际社会的交流并不密切，因此对化石能源不可再生性的关注并不如发达国家和地区那样紧密，且我国幅员辽阔、资源丰富，化石能源在相当长的一段时间内为我国的发展作出了贡献。但是，随着化石能源的开采，我国也逐渐认识到无节制、粗放式地开采与使用对环境以及可持续发展目标的不利影响，特别是在 20 世纪 90 年代之后，我国参与众多国际会议，这些会议都重点提及环境友好型技术的重要性。因此，我国的法律与政策开始逐渐向绿色能源技术倾斜，不仅制定多部法律如《清洁生产促进法》《可再生能源法》，还加大了对绿色能源技术开发的投资力度，积极推动绿色能源技术的研发与利用，虽然我国当时一直在加强对绿色能源技术的研发，但毕竟起步晚，总体而言还是稍落后于发达国家和地区，技术不成熟与利用成本高是主要原因。近年来，我国不断增加研发力量，绿色能源及其技术以惊人的速度迅速增长，取得了很多成就。REN21[2]在 2021 年 6 月正式发布《2021 可再生能源全球状况报告》，在电力一节中提及我国在可再生能源新增装机容量方面再次引领世界，占到 2020 年世界装机容量的近二分之一，主要在聚光太阳能热发电、水电、太阳能光伏发电和风力发电方面引领全球市场，数据显示 2020 年中国新增装机甚至在 2019 年的增加数据基础上翻了一番，取得了令人瞩目的成就。但是，当前绿色能源及技术的开拓成本远高于传统能源行业，而盈利能力却大不如传统能源行业，因此市场活力不足，我们目前取得的成就很大一部分是由于国家对绿色能源及技术的政策支持与财政补贴，在该领域的产业发展产生了良好的引导促进作用。从长远发展来看，国家政策支持与财政补贴并不是长久之计，还是需要鼓励更多民营资本加入绿色能源技术研发行列，并逐步实现市场自主调节抑或制定相关法律法规对研发行为进行规制与保护，只有这样才能推动我国绿色能源技术的发展。

从国际层面出发，各个国家和地区在技术转移保护与规制的法律制度建

---

[1] 参见石定环：《我国新能源的发展历程及现状》，载《中国制造业信息化》2008 年第 16 期。

[2] REN21 是全球唯一由科学、政府、非政府组织和行业参与者组成的可再生能源社区，REN21 负责提供最新的同行评议的事实、数据和全球技术、政策和市场发展的分析。REN21 的目标是促进知识交流，政策制定和联合行动，以实现全球向可再生能源的快速转型。

设上大致相同，即一般通过知识产权法、合同法、对外贸易法、外商投资法、竞争法等进行保护与规制。从立法内容上看，根据法律调整的关系是否是平等主体之间的关系，还可以分为私法领域调整以及公法领域调整。私法领域调整主要是指法律调整平等主体之间的法律关系，即关注平等主体之间有关绿色能源技术转移的内容，这通常与市场经济自由贸易机制紧密联系，关注私权利的确定与保护，主要体现在知识产权保护领域，例如专利、商标等，此类法律制度大多侧重解决私权利之间的权利纠纷，促进生产要素在贸易中的流转，保障市场经济交易的效率与公平。而公法领域调整主要是指政府干预性的法律制度，即关注的并非单纯是平等主体之间的权利义务，而是国家政府干预的强制内容，这方面内容以反垄断法律规范为典型，即为了保证市场的良性运转，政府会调动自身能动性，用以维持竞争秩序的稳定。我国绿色能源技术转移法律制度目前主要由两部分内容构成，一部分是我国加入或批准的国际条约规范，另一部分就是国家专门规定绿色能源技术转移内容的国内法规范。国际条约规范就是前述列举的由世界知识产权组织、联合国及其相关部门以及世界贸易组织管理项下制定的具有法律效力的国际条约，除了这一部分还包括我国与其他国家缔结的双边条约或多边条约，这些国际条约的内容为我国在国际社会中的行为提供了明确的指导。而我们专门规定绿色能源技术转移内容的国内法规范主要是以根本大法《中华人民共和国宪法》（以下简称《宪法》）为基础，《民法典》总则编、其他各编为指导，以其他特定领域专门法为具体体现的一种多元化、分层次的法律制度规范体系，从而形成一个门类齐全、相互交叉、相互独立又相互协调的科学法律制度体系。[1]

---

〔1〕 我国在绿色能源技术转移方面的法律规范体系已经初步构建完成，依照其内容来划分，可以划分为基础性规范和专门性规范两大类。基础性规范主要包括：我国《宪法》《民法典》总则编、知识产权法［《中华人民共和国专利法》（以下简称《专利法》）、《中华人民共和国著作权法》（以下简称《著作权法》）等］、竞争法［（《反不正当竞争法》《反垄断法》）］、税法［《中华人民共和国企业所得税法》（以下简称《企业所得税法》）、《中华人民共和国个人所得税法》（以下简称《个人所得税法》）等］等。专门性规范包括：《民法典》合同编、《对外贸易法》《中华人民共和国技术进出口管理条例》（以下简称《技术进出口管理条例》）、《中华人民共和国技术进出口合同登记管理办法》（以下简称《技术进出口合同登记管理办法》）、《禁止进口限制进口技术管理办法》《禁止出口限制出口技术管理办法》《中华人民共和国知识产权海关保护条例》（以下简称《知识产权海关保护条例》）、《中华人民共和国外商投资法》（以下简称《外商投资法》）、《中华人民共和国外商投资法实施条例》（以下简称《外商投资法实施条例》）等。

一、绿色能源技术转移与知识产权法律法规

绿色能源技术转移能够实现科学技术融合环境保护的目的，可以归属于科技服务范畴，是科技成果在产品中的体现，是信息与技术能力的整合。单纯的技术未应用在产品中，难以得到保全，而知识产权可以弥补这一缺陷。知识产权相关规定对绿色能源技术进行界定使得该技术脱离产品也能成为可配置与可利用的资源，独立于外物而存在，成为单独进行转让的标的，这大大增加了绿色能源技术的广泛适用。由于绿色能源技术发展的时间较晚，诸多国家和地区对此设立的法律保护与国际社会的推动相关联，因此知识产权制度对此的保护较为一致，即便各个国家和地区在制定各自国内法时有一定的区别，但总体上最低标准的保护是能够得到确保的，这就极大增强了各国企业研发的积极性。而知识产权制度的构建离不开技术的研发、应用、传播以及更迭，其能够为技术研发的整个过程提供较为周全的保护，以避免私人利益、技术成果受到不法侵害。技术研发过程是整个技术流程中最为艰难的环节，这是从无到有的历史性跨越，每一个技术的成功都对整个国家乃至整个世界起到跨越性的推动作用，而技术的应用、传播是最容易受到不法侵害的过程，因为这是一种社会实践活动，技术落实在产品中，不可避免地被他人拿去研究，而技术转移是技术应用与传播的一种具体表现方式，比如国际转移、国内转移抑或者不同技术领域之间的转移，这些都属于转移的范畴，并不一定局限在地理位置或空间位置的转移，因此知识产权的保护是不可或缺的。

技术转移首先涉及的就是专利技术转移。近年来我国技术成果创新速度不断加快，专利产业化率也持续提升。2022 年，我国有效发明专利产业化率为 36.7%，较上年提高 1.3%。其中，企业发明专利产业化率为 48.1%，较上年提高 1.3%，较 2018 年提高 3.1%。国内龙头企业专利转移转化能力较强，带动我国发明专利产业化率不断提高。与此同时，高校发明专利转移转化水平较上年提升。2022 年，我国高校有效发明专利实施率为 16.9%，较上年提高 3.1%。加大转移转化机构建设力度等措施的实施，有效促进了高校专利转移转化水平提升。[1]专利制度离不开技术与市场，具有明显的市场特征，但

---

〔1〕 参见《〈2022 年中国专利调查报告〉发布 我国发明专利产业化率近 5 年稳步提高》，载《中国市场监管报》2022 年 12 月 30 日，第 A1 版。

是专利的本质其实是一种垄断性的权利，即国家通过法律制度干预，与专利权人订立一定的契约，用以换取专利信息的公开，目的是避免技术进步的步伐停滞，阻碍技术的发展与进步，在经过一段合法垄断期限后，专利权人的技术将进入社会公共领域供所有人无偿使用，这其实变相地实现了专利技术的市场化，推动技术转移实现的可能性。[1]我国《专利法》从专利的取得、实施以及保护等各个方面都作了相应的规定，2020 年《专利法》再度进行修正，将 2008 年第六章有关"专利实施的强制许可"变更为"专利实施的特别许可"，第六章变更后的内容主要包括"法定许可"和"开放许可"。首先，增加了国家相关专利工作部门应当联合其他同级相关部门加强专利政府服务能力的规定；[2]其次，涉及法定许可，主要指国有企业事业单位的法定许可，重点在于经过法定批准后实施单位支付费用即可以推广应用，这促进了专利技术的推广；[3]最后，涉及开放许可，主要指的是专利权人自愿表明愿意任意单位或个人实施其专利，但这种自愿是可以撤回的，经过一定的程序，专利权人可以对许可实施撤回行为。[4]《专利法》对技术转移的重要性，首先，体现在该法界定了专利权利的归属问题，这是一种确权保护，只有法律对专利权人的专利权进行认可与承认，才能进入后续的技术流通环节。其次，便是该法对技术转移法律地位的认可，现行《专利法》第 10 条明确规定专利权和专利申请权可以转让，并明确了转让的形式要求，在《专利法实施细则》中也对专利权转让问题作出更为详细的规定，这为技术转移提供了初步的法律指引。专利权可以从两个方面予以理解，一方面是具有积极性的财产权，

---

　　[1]　参见《专利法》第 1 条规定，为了保护专利权人的合法权益，鼓励发明创造，推动发明创造的应用，提高创新能力，促进科学技术进步和经济社会发展，制定本法。第 3 条规定，国务院专利行政部门负责管理全国的专利工作；统一受理和审查专利申请，依法授予专利权。省、自治区、直辖市人民政府管理专利工作的部门负责本行政区域内的专利管理工作。

　　[2]　参见《专利法》第 48 条规定，国务院专利行政部门、地方人民政府管理专利工作的部门应当会同同级相关部门采取措施，加强专利公共服务，促进专利实施和运用。

　　[3]　参见《专利法》第 49 条规定，国有企业事业单位的发明专利，对国家利益或者公共利益具有重大意义的，国务院有关主管部门和省、自治区、直辖市人民政府报经国务院批准，可以决定在批准的范围内推广应用，允许指定的单位实施，由实施单位按照国家规定向专利权人支付使用费。

　　[4]　参见《专利法》第 50 条规定，专利权人自愿以书面方式向国务院专利行政部门声明愿意许可任何单位或者个人实施其专利，并明确许可使用费支付方式、标准的，由国务院专利行政部门予以公告，实施开放许可。就实用新型、外观设计专利提出开放许可声明的，应当提供专利权评价报告。专利权人撤回开放许可声明的，应当以书面方式提出，并由国务院专利行政部门予以公告。开放许可声明被公告撤回的，不影响在先给予的开放许可的效力。

另一方面是具有消极性的禁止权。积极的财产权主要体现在专利权人有获得利益及专利使用费的权利,而消极的禁止权主要体现在未经专利权人许可,任何单位及个人均不得实施其专利,法律从正反两方面都对专利权给予了保护。[1]在积极的财产权范畴内,还可以详细区分权利人的行权范围。首先,专利权人能够按照自己的意思表示行使自身专利权。当专利权人为一人时,这个问题并不会产生歧义,但是现实情况往往是专利权由多人共有,这就容易出现纠纷与争议状况,因此《专利法》第14条专门对此作了规定,就专利权的行使方式有约定从约定,若无约定共有人可以单独实施或者以普通许可方式许可他人实施,获取的利益应当在共有人之间进行分配。[2]该规定的进步性就在于不要求共有人事前达成合意,鼓励权利人最大限度提高专利权的利用率,推动专利权的推广与适用,这样才能促进技术不断进步。其次,专利权可以成为权利质押的客体。《专利法实施细则》第14条明确规定专利权可以出质,同时需要办理出质登记。[3]权利质押不仅能够提升专利权的利用率,还能增强专利权融通资金的能力,这就更加增强了专利权的财产属性,与《专利法》规定的精神相吻合,但是《专利法》并未规定权利质押的内容,仅有《专利法实施细则》的一条原则性规定,这不利于专利权质押融资的发展,甚至可能出现纠纷解决无法可依的局面,造成专利权人利益进一步受损状况的出现。最后,专利权人可以通过许可使用或者转让的方式来获取收益,即专利权人能够通过许可、转让专利权的方式来实现权利,获取财产性利益。在消极的禁止权范畴内,包括了生产环节的禁止、获得产品权利的禁止、销售环节的禁止、广告宣传环节的禁止以及进口贸易环节的禁止,这

---

〔1〕 参见《专利法》第11条规定,发明和实用新型专利权被授予后,除本法另有规定的以外,任何单位或者个人未经专利权人许可,都不得实施其专利,即不得为生产经营目的制造、使用、许诺销售、销售、进口其专利产品,或者使用其专利方法以及使用、许诺销售、销售、进口依照该专利方法直接获得的产品。外观设计专利权被授予后,任何单位或者个人未经专利权人许可,都不得实施其专利,即不得为生产经营目的制造、许诺销售、销售、进口其外观设计专利产品。第12条规定,任何单位或者个人实施他人专利的,应当与专利权人订立实施许可合同,向专利权人支付专利使用费。被许可人无权允许合同规定以外的任何单位或者个人实施该专利。

〔2〕 参见《专利法》第14条第1款规定,专利申请权或者专利权的共有人对权利的行使有约定的,从其约定。没有约定的,共有人可以单独实施或者以普通许可方式许可他人实施该专利;许可他人实施该专利的,收取的使用费应当在共有人之间分配。

〔3〕 参见《专利法实施细则》第14条第3款规定,以专利权出质的,由出质人和质权人共同向国务院专利行政部门办理出质登记。

些内容分别对应制造权、使用权、销售权、许诺销售权以及进口权，其核心内容都围绕一个点，即未经专利权人许可，任何人都不得违法侵犯该专利权。总体而言，能够体现技术转移的内容表现在财产权、禁止权等方面，但关键在于积极的财产权范畴，因为财产权范畴的专利权更关注专利权的充分利用，有助于技术的扩散与进步，特别是"开放许可"的内容，在尊重当事人的基础上，能够均衡个人利益与社会利益之间的平衡。

专有技术也是知识产权保护内容的一部分，但专有技术并不等同于专利技术，20世纪80年代，科学技术发展速度加快，国际贸易交流日渐频繁，各个生产领域都存在专有技术，甚至专有技术的实际转让数量要远多于专利技术转让，但专有技术与专利技术也并非绝对独立的存在，实践中的技术转让大部分均涉及专有技术与专利技术。这里需要区分专有技术与专利技术，一方面，专有技术虽然属于知识产权保护范畴，但是专有技术不属于专利法的保护范围，我国《专利法》第25条明确列举了六类内容不授予专利权，部分专有技术因属于这六类内容之一而无法获得专利权授予。[1]我国《专利法》还明确规定，专利权应当具备新颖性、创造性和实用性，部分专有技术因不具有新颖性、创造性或实用性无法获得专利权授予，甚至部分专有技术存在于技术人员的头脑中，因其太抽象而无法客观表达也无法得到专利权保护。[2]另一方面，除了这些客观原因，部分专有技术持有人主观故意规避专利权的申请，虽然专利权能够获得《专利法》的专门保护，但专有技术更具有保密性，无须公开其技术内容，专有技术在保密的状态下没有法定保护期限，须若从未被人发现，这项专有技术可以一直存在于保密状态，在地域方面，专有技术也不受限制，部分专有技术持有人基于以上状态，更愿意维持保密状态进而巩固自身市场垄断地位。[3]专有技术虽然无法申请专利制度保护，但是可以受其他法律制度的保护，例如民法、合同法、反不正当竞争法、反垄断法、知识产权乃至刑法相关法律制度。

---

〔1〕　参见《专利法》第25条规定，对下列各项，不授予专利权：（一）科学发现；（二）智力活动的规则和方法；（三）疾病的诊断和治疗方法；（四）动物和植物品种；（五）原子核变换方法以及用原子核变换方法获得的物质；（六）对平面印刷品的图案、色彩或者二者的结合作出的主要起标识作用的设计。对前款第（四）项所列产品的生产方法，可以依照本法规定授予专利权。

〔2〕　参见《专利法》第22条第1款规定，授予专利权的发明和实用新型，应当具备新颖性、创造性和实用性。

〔3〕　参见王力彬：《论专有技术的法律保护》，载《广东经济管理学院学报》2005年第3期。

《促进科技成果转化法》着眼点就在于提高科技成果转化率，为科技成果转化提供法律保障。《促进科技成果转化法》第 17 条明确阐述国家鼓励研发机构及高校向企业及其他组织转移科技成果，并且第 26 条也明确阐述国家鼓励企业与研发机构、高校等其他组织联合建立技术转移机构，上述内容都强调了国家对技术的研发与转移的鼓励态度。[1] 对于绿色能源技术的开发与利用，该法详细列举了国家通过政府采购、财政支持等方式对绿色能源技术进行支持的六类科技成果转化项目，具体包括能够提高产业技术水平或经济效益、能够提高国家和公共安全水平、能够合理利用资源或节约能源、能够改善公共健康水平、能够促进农业发展、能够促进边远贫困地区经济发展的项目，其着眼点在于规范科技成果的转化，这为绿色能源技术的研究与开发奠定了社会基础。从这里能够看出，该法更多的是一部从动态角度针对整个研究开发过程进行支持与保护的特别法，其具有推动科学技术进步的现实性。此外，该法的进步性还体现在第三章"保障措施"中，众所周知技术研发是一项漫长的过程，需要耗费大量时间、精力乃至金钱，因而国家的保障就显得尤为重要，国家依照有关法律对相关科技研发行为实行税收优惠，并且鼓励银行等金融机构开放权利质押贷款，为技术研发提供资金保障，还有保险或融资方式的保障以及基地构建的鼓励措施等，都为科技研发与成果转化提供了全方位、多层次的保护，推动科技成果向现实化、产业化方向发展。在组织实施方面，国家也将科技成果转化纳入国民经济和社会发展计划，积极组织协调相关科技成果的转化，还积极构建定期报告制度与科技成果汇报系统。此外，《国家环境保护局环境保护科学技术研究成果管理办法》（以下简称《环保科技成果管理办理》）也对绿色能源技术作出了规范，该办法第 3 条对环保科技的范围进行详细列举，并强调由专门行政机关进行管理

---

〔1〕 参见《促进科技成果转化法》第 17 条规定，国家鼓励研究开发机构、高等院校采取转让、许可或者作价投资等方式，向企业或者其他组织转移科技成果。国家设立的研究开发机构、高等院校应当加强对科技成果转化的管理、组织和协调，促进科技成果转化队伍建设，优化科技成果转化流程，通过本单位负责技术转移工作的机构或者委托独立的科技成果转化服务机构开展技术转移。第 26 条规定，国家鼓励企业与研究开发机构、高等院校及其他组织采取联合建立研究开发平台、技术转移机构或者技术创新联盟等产学研合作方式，共同开展研究开发、成果应用与推广、标准研究与制定等活动。合作各方应当签订协议，依法约定合作的组织形式、任务分工、资金投入、知识产权归属、权益分配、风险分担和违约责任等事项。

和保护。[1]对于绿色能源技术转让问题，该办法积极倡导相关部门应当加强相互之间的配合，积极交流先进成果信息，并落实推广计划。[2]2021年起施行的《科学技术进步法》第6条要求促进军用、民用之间的技术双向转移，发展军民两用技术，此外第30条也明确要求加强技术转移机构的建设，落实科技成果转化制度，[3]将注意力放在科技研发主体上，例如企业、科研机构、科研人员及其他政府技术部门，同时该法在具体内容上也较为注重对技术研发整体规划的布局，对企业给予税收优惠，对科研机构的研究给予财政支持。该法承认事物发展具有客观性及局限性，对于勤勉尽责但无法完成或成功的项目，予以一定宽容，这有利于打消科研人员的顾虑，对技术进步具有推动作用。

二、绿色能源技术转移与贸易投资法律法规

技术转移大多在国际之间或国内的贸易交流过程中实现，往往通过转让、许可、投资作价等方式实现流动。这种模式对发展中国家和地区的技术研发具有好处，发展中国家和地区可以通过"模仿、改良、创新"的方式构建属于自己的技术体系，但也存在一定的弊病。因为模仿与改良的重要基础就是

---

〔1〕　参见《环保科技成果管理办法》第3条规定，本办法所指环保科技成果包括：（一）为阐明环境污染、生态破坏及其效应的机理、规律、特征而取得的具有一定学术价值的应用理论研究成果；（二）为解决某一环境问题而取得的具有创造性、先进性和实用性的应用技术成果；（三）对引进的环境保护科学技术进行消化、吸收、创新而取得的具有新颖性、先进性和实用价值的技术成果；（四）应用推广已有科技成果过程中取得的新的环保科技成果；（五）为环境决策和环境管理提供科学依据，促进环境、经济与社会协调发展而取得的软科学研究成果。第4条规定，国家环境保护局负责管理全国的重大环保科技成果。各省、自治区、直辖市环境保护行政主管部门负责管理本地区的环保科技成果；国务院有关部委环境保护机构负责管理本部门的环保科技成果。各基层单位负责管理本单位的科技成果。

〔2〕　参见《环保科技成果管理办法》第11条规定，各级环保科技成果管理部门应与科技情报、科技服务、科技开发和科技宣传等机构配合，交流环保科技成果信息；对技术先进，工艺成熟，环境效益、经济效益和社会效益较好的环保科技成果，应编制推广计划，安排落实。

〔3〕　参见《科学技术进步法》第6条规定，国家鼓励科学技术研究开发与高等教育、产业发展相结合，鼓励学科交叉融合和相互促进。国家加强跨地区、跨行业和跨领域的科学技术合作，扶持革命老区、民族地区、边远地区、欠发达地区的科学技术进步。国家加强军用与民用科学技术协调发展，促进军用与民用科学技术资源、技术开发需求的互通交流和技术双向转移，发展军民两用技术。第30条规定，国家加强科技成果中试、工程化和产业化开发及应用，加快科技成果转化为现实生产力。利用财政性资金设立的科学技术研究开发机构和高等学校，应当积极促进科技成果转化，加强技术转移机构和人才队伍建设，建立和完善促进科技成果转化制度。

经济实力以及人才储备，并且更新的方式又需要耗费较长的时间，需要一步一步慢慢探索。但换个角度想，虽然这种方式见效较慢，但总体而言能够为发展中国家和地区开辟技术进步的道路。绿色能源技术同样适用于这种模式，应对环境恶化、气候变化的状况，发达国家和地区与发展中国家和地区需要共同但有区别地承担国际责任，而绿色能源技术很大程度上就是通过技术产品来实现技术交流，特别是对具有一定技术基础的发展中国家和地区，可以通过研究先进技术产品的方式进行反向创新，构建属于自己的绿色能源技术体系，在此过程中便会涉及许多与贸易相关的法律规范，因此研究贸易相关法律规范对技术转移显得尤为重要。

技术转移合同方面的法律规范经历了很长时间的演变过程，从 1987 年的《中华人民共和国技术合同法》（以下简称《技术合同法》）到 1999 年的《中华人民共和国合同法》（以下简称《合同法》），直至 2020 年《民法典》颁布。《民法典》专门设立合同编的内容，自此《民法典》合同编的法律规范成为技术转移过程需要参考的基础性法律。《民法典》合同编专章设立技术合同内容，对技术开发合同、技术转让合同、技术许可合同、技术咨询合同和技术服务合同作了详细的规定，其中有关技术转移的内容主要包括合同类型与形式、价款、支付方式、双方权利义务分配、技术成果权属划分以及部分限制性内容等。对于技术转移合同的定义，《民法典》相较于《合同法》《技术合同法》的内容具有进步性，《民法典》第 862 条对技术转让合同与技术许可合同分别做了定义性解释，对二者进行了区分界定，技术转让是合法拥有技术的权利人，将现有的相关权利让与他人，并为此订立合同，而技术许可是合法拥有技术的权利人，将现有的相关权利许可他人实施使用，并为此订立合同。[1]《民法典》合同编对技术转移相关当事人之间的权利义务也予以关注，详细规定了当事人之间的行为准则，特别强调了转让费用、使用费用以及保密义务。对于违反上述内容的当事人的法律责任，《民法典》合同编也进行了详细的规定，将当事人的法律责任分为两个部分，一个是违约责任，另

---

[1] 参见《民法典》第 862 条规定，技术转让合同是合法拥有技术的权利人，将现有特定的专利、专利申请、技术秘密的相关权利让与他人所订立的合同。技术许可合同是合法拥有技术的权利人，将现有特定的专利、技术秘密的相关权利许可他人实施、使用所订立的合同。技术转让合同和技术许可合同中关于提供实施技术的专用设备、原材料或者提供有关的技术咨询、技术服务的约定，属于合同的组成部分。

一个是侵权责任，违约责任的规定更多从司法实践角度出发，对技术许可合同的规定更多，侵权责任主要针对技术转让合同中提供技术一方当事人的责任。[1]

技术转移不可避免地涉及贸易与投资，我国对技术转移在贸易方面的规定已经较为成熟，例如针对进出口贸易的法律法规《对外贸易法》《中华人民共和国技术进出口管理条例》（以下简称《技术进出口管理条例》）。我国《对外贸易法》是关于技术贸易的基础性法律规范，其对技术进出口以及技术相关的知识产权作了相应的保护规定，其第 2 条第 2 款规定，本法所称对外贸易，是指货物进出口、技术进出口和国际贸易服务，因此对外技术转移属于《对外贸易法》规制的范围。《对外贸易法》第三章对技术进出口进行了专门规定，第五章对知识产权保护进行了规定，这些内容都为技术转移提供了相应的保护。《技术进出口管理条例》为了依法维护公平、自由的技术进出口秩序，对技术进出口进行了分类别的统一管理，在不违反法律、行政法规的基础上，准许技术进出口自由，提高了整个技术进出口管理体系的效率。依据条例内容，技术进出口主要是指境内外之间通过贸易、投资或者经济技术合作的方式转移技术的行为。[2]该条例将技术分为禁止进出口、限制进出口和自由进出口三类，由国务院对外经贸主管部门会同国务院有关部门，制定、调整并公布禁止或者限制进出口的技术目录。对于禁止进出口的技术，不得进出口，而对于限制进出口的技术，实行许可证管理，经过许可才能够进出口，对于自由进出口的技术，经过合同登记管理程序即可。[3]为了便于操作，相关技术目录也在不断更新，2007 年商务部公布了《中国禁止进口限制进口技术目录》，2008 年修订了《中国禁止出口限制出口技术目录》，2022 年商务部发布关于《中国禁止出口限制出口技术目录》修订公开征求意见的通知。虽然国家公布了一部分禁止进出口、限制进出口的技术目录，但总体

---

〔1〕　参见《民法典》第 874 条规定，受让人或者许可人按照约定实施专利、使用技术秘密侵害他人合法权益的，由让与人或者许可人承担责任，但是当事人另有约定的除外。

〔2〕　参见《技术进出口管理条例》第 2 条规定，本条例所称技术进出口，是指从中华人民共和国境外向中华人民共和国境内，或者从中华人民共和国境内向中华人民共和国境外，通过贸易、投资或者经济技术合作的方式转移技术的行为。前款规定的行为包括专利权转让、专利申请权转让、专利实施许可、技术秘密转让、技术服务和其他方式的技术转移。

〔3〕　参见马忠法：《试论我国向外转让专利权制度的完善——兼论制定我国统一的〈技术转让法〉》，载《复旦学报（社会科学版）》2007 年第 5 期。

而言，自由进出口部分仍旧占据主流，因此技术转让合同也是国家重点关注的内容，除了《民法典》合同编的基础性技术合同内容，还包括《技术进出口合同登记管理办法》《技术合同认定规则》等部门规章。在司法实践层面，最高人民法院专门颁布《关于审理技术合同纠纷案件适用法律若干问题的解释》，以此正确审理技术合同纠纷案件。上述法律法规为我国技术的进出口构建了一套完整的管理规则和流程，有助于我国更好地掌握技术信息，为绿色能源技术的发展增添助力，也为我们帮助其他发展中国家和地区实现节能减排目标提供制度保障。

技术转让除了涉及贸易，还涉及投资问题。投资不仅能够引进先进技术，还能够引进先进的管理经验与制度。投资是推动自身经济发展、技术发展必不可少的一部分。《中华人民共和国中外合资经营企业法实施条例》（以下简称《中外合资经营企业法实施条例》）第 4 条规定，造成环境污染的合营企业，中国不予批准。由此可见我国在引进外商投资过程中隐含着对绿色能源技术入境的要求。[1] 该条例第 25 条对外国合营者出资的工业产权及专有技术符合的要求进行列举，其中包括能够显著节约原材料、燃料、动力，这也是对绿色能源技术要求的体现。[2] 由此可见，无论是以贸易方式还是投资方式实施技术转移，我国都对技术提出了一定的环保要求。我国通过采取限制或者禁止措施对环境有害型技术予以制止，更加鼓励绿色能源技术的转移。

三、绿色能源技术转移与竞争法及税收法律法规

竞争法主要通过对不正当竞争以及垄断等扰乱市场竞争秩序的行为进行规制来维护市场的公平竞争秩序，保护经营者、消费者的利益和社会公共利益。而绿色能源技术转移作为技术转移的特殊类型，需要通过正常的市场交易行为才能实现，若不正当竞争或垄断行为出现，扰乱正常的市场秩序，将

---

〔1〕 参见《中外合资经营企业法实施条例》第 4 条规定，申请设立合营企业有下列情况之一的，不予批准：（一）有损中国主权的；（二）违反中国法律的；（三）不符合中国国民经济发展要求的；（四）造成环境污染的；（五）签订的协议、合同、章程显属不公平，损害合营一方权益的。

〔2〕 参见《中外合资经营企业法实施条例》第 25 条规定，作为外国合营者出资的工业产权或者专有技术，必须符合下列条件之一：（一）能显著改进现有产品的性能、质量，提高生产效率的；（二）能显著节约原材料、燃料、动力的。

不利于绿色能源技术转移的实现。因此,绿色能源技术转移不可避免地会涉及竞争法的内容。我国的竞争法主要集中在《反不正当竞争法》以及《反垄断法》中。

《反不正当竞争法》是1993年颁布的,其目的是促进市场经济健康发展,维护正常的市场秩序。但随着市场经济的发展,经济总量以及规模不断扩大,《反不正当竞争法》的滞后性逐渐显现。例如法律内容陈旧无法应对新生事物、法律空白点多无法规制新型不正当竞争行为、行政执法力度弱无法对违法行为予以沉重打击等。因此,《反不正当竞争法》亟须更新,只有这样才能跟上市场发展和经济增长的速度。《反不正当竞争法》历经几次修改,实现了对不正当竞争的执法统一,构建了反不正当竞争工作协调机制。对于绿色能源技术转移而言,可以规范商业秘密保护,并对商业贿赂和虚假宣传进行严厉打击、严格处罚。在绿色能源技术转移过程中,专利与专有技术往往都会存在,但专利技术有专门法律予以保护,而专有技术一般通过不为公众所知悉的商业秘密进行保护。《反不正当竞争法》第9条列举了侵犯商业秘密的类型,其中包括盗窃、贿赂、欺诈、胁迫、电子侵入等不正当的手段获取,也包括直接或者间接违反保密义务要求的披露行为,上文也提到,专有技术虽然不属于专利法保护范畴,但其也并非法外之地,绿色能源技术秘密可以作为商业秘密予以尊重和保护。[1]同时,禁止商业贿赂也是反不正当竞争的要求,《反不正当竞争法》第7条第1款专门规定不得通过贿赂行为牟取交易机会与竞争优势,但是该条款并非将给予好处的行为一刀切地认定为商业贿赂行为,将交易相对方排除在了商业贿赂对象之外,因为该法注意到了交易双方作为自负盈亏的商业主体,是可以存在正常的让利、优惠的行为,这并未

---

〔1〕 参见《反不正当竞争法》第9条规定,经营者不得实施下列侵犯商业秘密的行为:(一)以盗窃、贿赂、欺诈、胁迫、电子侵入或者其他不正当手段获取权利人的商业秘密;(二)披露、使用或者允许他人使用以前项手段获取的权利人的商业秘密;(三)违反保密义务或者违反权利人有关保守商业秘密的要求,披露、使用或者允许他人使用其所掌握的商业秘密;(四)教唆、引诱、帮助他人违反保密义务或者违反权利人有关保守商业秘密的要求,获取、披露、使用或者允许他人使用权利人的商业秘密。经营者以外的其他自然人、法人和非法人组织实施前款所列违法行为的,视为侵犯商业秘密。第三人明知或者应知商业秘密权利人的员工、前员工或者其他单位、个人实施本条第一款所列违法行为,仍获取、披露、使用或者允许他人使用该商业秘密的,视为侵犯商业秘密。本法所称的商业秘密,是指不为公众所知悉、具有商业价值并经权利人采取相应保密措施的技术信息、经营信息等商业信息。

直接或间接损害其他方的利益，因此不能被认定为商业贿赂。[1]禁止虚假宣传是对产品或者技术在销售、宣传行为的规范，在现实中较为典型的行为就是"广告宣传行为"。《反不正当竞争法》第 8 条规定，经营者不得对商品的主要内容作虚假宣传或者引人误解的宣传，不得欺骗、误导消费者，条文中所指的商品应当包含技术，因为绿色能源技术转移常常会通过产品实现转移交换。[2]本条对虚假宣传行为的认定比较清晰，一旦经营者出现上述行为，就被认定为涉嫌虚假宣传，这就要求经营者对产品、技术的阐述要真实，遵守诚实信用原则，不得对产品、技术的性能、功能、质量等内容作出虚假的意思表示，如若违反该规定，除了应当立即停止虚假宣传行为，还要承担相应的赔偿责任，甚至是行政机关的处罚。《反垄断法》的实施能够预防和制止垄断行为，保护市场公平竞争，促进我国市场经济健康发展。[3]绿色能源技术是科技含量高、符合社会发展趋势的新技术，无论我国还是国际社会都对此十分重视，因此国家对绿色能源技术的发展提供了诸多政策扶持，但是难免部分技术权利人利用自身技术优势、滥用权力，扰乱正常的市场秩序，《反垄断法》第 55 条明确规定，滥用知识产权，排除、限制竞争的行为，将受到本法的规制，该条对于在技术转移过程中可能涉及的垄断行为提供了法律规制途径，也为法律的适用奠定了基础。"滥用知识产权"主要体现在技术权利人在转移或者许可技术的过程中，利用自身的强势地位，不正当地排除他人的权利，使得双方出现不平等的交易局面。绿色能源技术转移，应当是转移双方自由意志的表达，但是绿色能源技术目前属于研发阶段，其发展尚未形成成熟局面，加上其中涉及大量知识产权内容，权利人有很大的空间排除或

---

[1] 参见《反不正当竞争法》第 7 条规定，经营者不得采用财物或者其他手段贿赂下列单位或者个人，以谋取交易机会或者竞争优势：（一）交易相对方的工作人员；（二）受交易相对方委托办理相关事务的单位或者个人；（三）利用职权或者影响力影响交易的单位或者个人。经营者在交易活动中，可以以明示方式向交易相对方支付折扣，或者向中间人支付佣金。经营者向交易相对方支付折扣、向中间人支付佣金的，应当如实入账。接受折扣、佣金的经营者也应当如实入账。经营者的工作人员进行贿赂的，应当认定为经营者的行为；但是，经营者有证据证明该工作人员的行为与为经营者谋取交易机会或者竞争优势无关的除外。

[2] 参见《反不正当竞争法》第 8 条规定，经营者不得对其商品的性能、功能、质量、销售状况、用户评价、曾获荣誉等作虚假或者引人误解的商业宣传，欺骗、误导消费者。经营者不得通过组织虚假交易等方式，帮助其他经营者进行虚假或者引人误解的商业宣传。

[3] 参见《反垄断法》第 1 条规定，为了预防和制止垄断行为，保护市场公平竞争，提高经济运行效率，维护消费者利益和社会公共利益，促进社会主义市场经济健康发展，制定本法。

限制竞争，虽然这种局面能够敦促其他企业加紧研发脚步，但是垄断局面的出现必然会损害消费者的利益甚至是社会公共利益。因此，《反垄断法》需要将目光转移至技术转移垄断中，防止造成更大社会范围内的损害。绿色能源技术转移可能涉及的具有危害性的垄断行为集中在两类，第一是垄断协议，第二是滥用市场支配地位。在垄断协议中，掌握技术的一方为了取得更高的利益，会整合知识产权，固定或变更价格，甚至会限制生产、销售产品的数量，以此实现自身在市场中的优势地位，取得高昂利润。在滥用市场支配地位中，以不公平的价格售出或者是无正当理由拒绝交易，在差别待遇中阻碍、影响其他企业进入相关市场。这些行为都会直接或间接影响绿色能源技术的发展，不符合我国社会发展的需求，因此，《反垄断法》需要迅速辨别相关不法行为，避免阻碍绿色能源技术的发展。

另一方面，税法对绿色能源技术的发展提供了诸多支持，特别是《中华人民共和国企业所得税法》（以下简称《企业所得税法》）及其实施条例。当企业实施技术转移符合相关条件时，或者从事符合条件的环境保护、节能节水项目，国家将对其免征、减收企业所得税。[1]《中华人民共和国企业所得税法实施条例》（以下简称《企业所得税法实施条例》）第90条对《企业所得税法》第27条第（四）项进行详细解释，将纳税年度以及钱款范围进行规范。[2]国家以税收优惠、鼓励性法律法规推动企业或高校、科研机构积极实施技术转让，促进技术成果在社会中进行流转与交流，这是很多科技成果交易主体愿意在相关部门进行登记的原因，这对绿色能源技术的发展，构建资源节约型、环境友好型的社会建设目标都有重要意义。[3]除了以上对绿色能源技术具有直接针对性的条文外，还有其他条文能够折射出国家对绿色能源技术的支持，

---

〔1〕　参见《企业所得税法》第27条规定，企业的下列所得，可以免征、减征企业所得税：（一）从事农、林、牧、渔业项目的所得；（二）从事国家重点扶持的公共基础设施项目投资经营的所得；（三）从事符合条件的环境保护、节能节水项目的所得；（四）符合条件的技术转让所得；（五）本法第三条第三款规定的所得。

〔2〕　参见《企业所得税法实施条例》第90条规定，企业所得税法第27条第（四）项所称符合条件的技术转让所得税免征、减征企业所得税，是指一个纳税年度内，居民企业技术转让所得不超过500万元的部分，免征企业所得税；超过500万元的部分，减半征收企业所得税。

〔3〕　参见《企业所得税法实施条例》第3条第1款规定，企业所得税法第2条所称依法在中国境内成立的企业，包括依照中国法律、行政法规在中国境内成立的企业、事业单位、社会团体以及其他取得收入的组织。

如《企业所得税法》第 28 条第 2 款规定，国家重点扶持高新技术企业，减按 15% 的税率征收企业所得税，这部分内容虽然并未直接提及绿色能源技术内容，但众所周知绿色能源技术的科技含量，特别是在国际社会中发达国家和地区与发展中国家和地区对绿色能源技术的博弈中更能体现出来。与第 28 条相对应的是第 30 条，条文规定企业在开发新技术、新产品、新工艺时发生的研发费用，可以在计算应纳税所得额时加计扣除，这些规定对技术研发与转移具有极强的推动作用，企业会在引进过程中进行登记，推动自身科技发展，增强企业研发活力，最终实现整个社会的科技进步。相较于《企业所得税法》，《环境保护税法》对绿色能源技术转移更具有针对性，该法颁布的目的就是保护和改善环境，减少污染物的排放，推动生态文明建设。该法主要规定计税依据、应纳税额以及减免管理等内容，并附有《环境保护税税目税额表》《应税污染物和当量值表》与该法相配合。首先，关于纳税人，《环境保护税法》与《环境保护法》的内容相呼应，依照法律规定违法直接向我国领域或者我国管辖的海域内的环境排放应税污染物的主体即是纳税主体，需要依法纳税。[1]但本条并非绝对，《环境保护税法》第 4 条罗列了两类排除事项，即相关主体即使排放相应的污染物，法律上对此不认为是直接向环境排放污染物，不需要相关主体缴税。[2]其次，关于征税对象和征税范围，主要针对大气污染物与水污染物等的污染排放物，将相应污染内容按照对环境的影响大小予以罗列，提示相关主体避免选择污染排放严重的技术与生产行为。最后，关于税收优惠，《环境保护税法》第 13 条规定，纳税人排放污染物低于国家或地方规定的排放标准，予以不同程度的税务优惠。[3]《环境保护税法》上述内容虽然未明确提及对绿色能源技术转让的优惠，但是从反面缴纳

---

〔1〕 参见《环境保护税法》第 2 条规定，在中华人民共和国领域和中华人民共和国管辖的其他海域，直接向环境排放应税污染物的企业事业单位和其他生产经营者为环境保护税的纳税人，应当依照本法规定缴纳环境保护税。

〔2〕 参见《环境保护税法》第 4 条规定，有下列情形之一的，不属于直接向环境排放污染物，不缴纳相应污染物的环境保护税：（一）企业事业单位和其他生产经营者向依法设立的污水集中处理、生活垃圾集中处理场所排放应税污染物的；（二）企业事业单位和其他生产经营者在符合国家和地方环境保护标准的设施、场所贮存或者处置固体废弃物的。

〔3〕 参见《环境保护税法》第 13 条规定，纳税人排放应税大气污染物或者水污染物的浓度值低于国家和地方规定的污染物排放标准百分之三十的，减按百分之七十五征收环境保护税。纳税人排放应税大气污染物或者水污染物的浓度值低于国家和地方规定的污染物排放标准百分之五十的，减按百分之五十征收环境保护税。

税务的标准来表明减少污染排放对企业经营的益处，特别是在该法第 13 条的内容中体现得尤为明显。《企业所得税法》与《环境保护税法》从税务的正反两面提醒各个企业注意绿色能源技术的研发与转移，无论企业是积极主动实施还是消极被动采取，都将对绿色能源技术的发展，我国环境目标的实现，全球气候变化的应对与减缓，以及国家与全人类双重利益的实现起到关键作用。

四、绿色能源技术转移与环境资源保护法律法规

我国十分注重履行国际条约中有关节能减排、减缓气候变化的义务，因此制定了诸多有关环境保护的法律法规，还签署了多项与环境保护相关的国际条约，并在加入后及时更新国内法，从自身出发切实履行国际义务，实现环保目标。在环境保护方面，阻断化石能源的使用是不现实的，从客观规律出发，我们目前无法完全摆脱对化石能源的依赖，因此我们在制定环保目标时需要考量客观因素，摆正对待化石能源的态度，将断绝使用化石能源转变为提升化石能源的利用效率，与此同时提高绿色能源技术的研发水平，这才是应对气候变化的关键性因素。

2014 年修订的《环境保护法》是为了保护、改善环境而制定的。《环境保护法》第 4 条将保护环境确定为国家的基本国策，这表明了我国在节约资源和保护环境方面的决心，将环境问题作为经济发展的重要衡量指标之一。这些内容对绿色能源技术发展具有价值观方面的指导作用，与基本国策相对应的是本法的第 7 条，该条规定国家鼓励和支持绿色能源技术的研究、开发和应用，期望提高环境保护的科学技术水平。[1]该法重点强调应当坚持保护优先、预防为主的方针，并非仅仅关注损害发生后的补救措施。众所周知环境具有自我净化能力，但这是一个非常漫长的过程，而损害一旦发生，人类需要耗费数倍乃至更多的代价才能挽救。因此，不论从经济角度看，还是从环保角度看，这都不是一个良策。正如上文所提及，技术开发是环保过程中至关重要的一点，因为技术不仅可以提升化石能源利用效率，还能够研发出替代性能源。这些才是人类可持续发展的关键性问题。《环境保护法》中并未

---

〔1〕 参见《环境保护法》第 4 条规定，保护环境是国家的基本国策。国家采取有利于节约和循环利用资源、保护和改善环境、促进人与自然和谐的经济、技术政策和措施，使经济社会发展与环境保护相协调。第 7 条规定，国家支持环境保护科学技术研究、开发和应用，鼓励环境保护产业发展，促进环境保护信息化建设，提高环境保护科学技术水平。

明确提及有关绿色能源技术转移的规范，但这不代表该法不关注绿色能源技术转移的内容，例如该法第 46 条规定，我国将淘汰严重耗能产业产品，并禁止引进不符合我国环保规定的技术、设备、材料和产品，这一条从反面表明我国不接受严重耗能产业及技术，也从另一个角度说明，我国积极倡导使用或者引进先进的绿色能源技术。[1]事实上，环境保护法律体系并不只有这一部法律，其体系十分庞大且复杂，《环境保护法》更多的是作了原则性的规定，毕竟环境是一个整体性概念，具体还可以细分为自然环境以及人文环境，因此技术转移作为相对较小的一个类别是无法在原则性规定中出现的，有关环境保护的相关法律还包括《中华人民共和国森林法》（以下简称《森林法》）、《中华人民共和国水污染防治法》（以下简称《水污染防治法》）、《中华人民共和国大气污染防治法》（以下简称《大气污染防治法》）、《中华人民共和国大气污染防治法》（以下简称《大气污染防治法》）、《清洁生产促进法》《循环经济促进法》等，其中《清洁生产促进法》以及《循环经济促进法》两部法律对技术转移内容的规定更具体一些。《清洁生产促进法》同样规定了国家鼓励各方主体积极开展绿色能源技术的研究、开发以及国际合作，将清洁生产纳入国民经济与社会长短期发展的规划中。[2]该法的科学性、引导性除了体现在支持绿色能源技术研发中，还体现在相关部门应当构建绿色生产信息系统以及信息咨询服务体系，其中不仅包括绿色生产方法、技术，还包括废物利用方式以及相关政策，该项措施能够有效帮助企业节约试错成本，避免造成不必要的资源浪费，有助于增强企业构建绿色能源生产系统的信心，积极开展绿色能源技术研发项目或者引进转移项目。[3]该法除了推动市场主体构建绿色能源生产体系外，还推动政府主体协助构建与指导，政府

---

〔1〕 参见《环境保护法》第 46 条规定，国家对严重污染环境的工艺、设备和产品实行淘汰制度。任何单位和个人不得生产、销售或者转移、使用严重污染环境的工艺、设备和产品。禁止引进不符合我国环境保护规定的技术、设备、材料和产品。

〔2〕 参见《清洁生产促进法》第 4 条规定，国家鼓励和促进清洁生产。国务院和县级以上地方人民政府，应当将清洁生产促进工作纳入国民经济和社会发展规划、年度计划以及环境保护、资源利用、产业发展、区域开发等规划。第 6 条第 1 款规定，国家鼓励开展有关清洁生产的科学研究、技术开发和国际合作，组织宣传、普及清洁生产知识，推广清洁生产技术。

〔3〕 参见《清洁生产促进法》第 10 条规定，国务院和省、自治区、直辖市人民政府的有关部门，应当组织和支持建立促进清洁生产信息系统和技术咨询服务体系，向社会提供有关清洁生产方法和技术、可再生利用的废物供求以及清洁生产政策等方面的信息和服务。

相对于市场主体而言更具有示范作用。[1]

《循环经济促进法》则从循环经济角度出发而制定,其目的在于提高资源的利用效率。该法在尊重客观规律的基础上,以技术、经济、资源等多元因素为基础,构建科学的环保体系,而非盲目地实施"一刀切"政策。[2]该法第五章专门规定了相关激励政策,其中包括专门设立的专项资金,用以支持循环经济技术的研发、帮助技术与产品的示范推广、构建发展循环经济的信息服务等。[3]此外该法还专门规定相应法律责任,提醒各个企业重视循环经济发展,否则将受到罚款、吊销营业执照、责令停业等处罚。《循环经济促进法》从激励发展、责任承担两个方面构建技术发展体系,具有一定合理性。总体而言,《环境保护法》《清洁生产促进法》《循环经济促进法》这三部法律都并未直接规定绿色能源技术转移的相关规定,但上述环保内容的发展均离不开绿色能源技术的支持,条文未明确提及并不代表法律规范深层次含义不包含这些内容,因此无论从实践角度出发,还是从法律文本角度出发,国家均支持绿色能源技术在国内甚至是国际之间的转移。

为了落实环境保护的相关法律法规的内容以及相关政策的实施,我国2021年实施了《环境信息依法披露制度改革方案》(以下称《方案》),《方案》对于落实企业环境管理制度而言十分重要,是构建生态文明制度体系的基础性内容,环境信息披露的落实能够推动各项生态环境治理内容。《方案》的主要目标是在2025年基本构建完成环境信息强制性披露制度,在该制度下企业依法、按时、如实地披露相关环境信息,监督与管理制度相关配合、协调运行,最终形成成熟的技术规范体系。为了实现这一目标,《方案》构建了三个工作原则:第一,依法推进信息披露制度构建,落实相关主体的责任,

---

〔1〕　参见《清洁生产促进法》第14条规定,县级以上人民政府科学技术部门和其他有关部门,应当指导和支持清洁生产技术和有利于环境与资源保护的产品的研究、开发以及清洁生产技术的示范和推广工作。

〔2〕　参见《循环经济促进法》第4条规定,发展循环经济应当在技术可行、经济合理和有利于节约资源、保护环境的前提下,按照减量化优先的原则实施。在废物再利用和资源化过程中,应当保障生产安全,保证产品质量符合国家规定的标准,并防止产生再次污染。

〔3〕　参见《循环经济促进法》第42条规定,国务院和省、自治区、直辖市人民政府设立发展循环经济的有关专项资金,支持循环经济的科技研究开发、循环经济技术和产品的示范与推广、重大循环经济项目的实施、发展循环经济的信息服务等。具体办法由国务院财政部门会同国务院循环经济发展综合管理等有关主管部门制定。

保障社会公众知情权。第二，以环境、信息披露等现实存在的问题为导向，建立健全企业环境信息披露强制性制度体系。第三，着重加强对环境信息强制性披露企业的管理，强化政府与社会的监督，保障制度能够有效落实。《方案》第 10 条、第 13 条的内容，将企业环境信息披露纳入企业信用管理以及上市公司发行环节，成为企业信用评价的重要指标，并实施分级分类管理，切实加强了对环境信息的监测与评价，这有助于制度全方位得到落实。[1]

五、绿色能源技术转移争端解决的司法实践

随着经济全球化的推进和全球应对气候变化力度的加大，绿色能源技术发挥的作用越来越大，相应的各国（地区）之间技术转移频率也逐渐增多。然而，由于相关理论基础不统一，我国绿色能源技术转移争端的解决也存在不确定性。根据相关案件是否含有涉外因素，将案件分为国内争端解决和涉外争端解决两种类型。通过相关争端的处理方式和裁决结果，来分析我国绿色能源技术转移争端解决的司法现状。

（一）国内相关案件争端解决的司法实践

我国绿色能源技术转移争端解决案例较多，根据涉案标的、案件性质、争议焦点、裁判理由、案件影响力等综合因素，将国内争端解决案件分为技术转让类、技术入股类、技术许可使用类、标准必要专利类。需要说明的是，标准必要专利由于其本身存在特殊性，所以将相关纠纷解决单独列为一类。

1. 技术转让类。技术转让类纠纷的前提在于合同性质的认定，关键在于权利归属和合同履行。如"北京华恒汉方制药有限公司、马德林等技术转让合同纠纷"的争议焦点之一在于技术转移合同性质的认定。最高人民法院及

---

[1] 参见《环境信息依法披露制度改革方案》第 10 条规定，纳入信用监督。将环境信息强制性披露纳入企业信用管理，作为评价企业信用的重要指标，将企业违反环境信息强制性披露要求的行政处罚信息记入信用记录，有关部门依据企业信用状况，依法依规实施分级分类监管。（国家发展改革委、工业和信息化部、生态环境部、中国人民银行、中国证监会负责）。第 13 条规定，健全相关技术规范。生态环境部门牵头制定企业环境信息依法披露格式准则。工业和信息化部门在相关行业规范条件中，增加环境信息强制性披露要求。证券监督管理部门修订上市公司信息披露有关文件格式，将环境信息强制性披露要求纳入上市公司发行环节，在招股说明书等申报文件中落实相关要求。发展改革、人民银行、证券监督管理部门将环境信息强制性披露要求纳入企业债券、公司债券、非金融企业债务融资工具的信息披露管理办法，修订发债企业信息披露有关文件格式。（生态环境部、国家发展改革委、工业和信息化部、中国人民银行、中国证监会负责）

一审法院均认为，涉案合同的标的是专利权，双方义务分别为转让专利技术和支付专利费用，转让的技术是否可以实现对方生产合格药品不是专利权人的义务，取决于受让人的能力，且专利权人没有义务保障受让人取得药品许可证。药品技术转移后生产企业可以自行报批并由当地药监局进行现场核查，受让人无法通过核查与专利权人无关。[1]再如"广西康华药业有限责任公司、烟台荣昌制药股份有限公司技术转让合同纠纷"关于合同履行及解除的认定。法院认为，涉案合同转让的是已完成前期全部研究工作的技术秘密，属于阶段性的技术成果，受让方的目的就是取得相关证书及生产批件，获得最终的技术成果。转让方未进行前期所需要的全部临床试验，应承担瑕疵履行违约责任，瑕疵履行问题双方当事人应协商解决，无法协商解决的可以另案起诉。但由于申请材料还可以补充，瑕疵履行并未造成合同目的无法实现而构成根本违约。因此，法定解除合同的条件尚未成就，技术转让费无须退还。[2]

2. 技术入股类。技术入股类纠纷争议的焦点在于技术出资义务是否履行方面。如"朱洪模、易良明等执行异议之诉"的争议焦点之一就在于非专利技术出资的认定。根据《民法典》及《合同法》关于技术转让合同的规定，对非专利技术的产权转移应当采用书面形式，用以明确转移技术的内容、范围和资料的保密等，对外宣告产权归属。最高人民法院认为，股东是否履行了知识产权出资义务，应以技术是否办理转移手续为标准，并不以工商行政部门的备案确定，且非专利技术的权属通常没有明确的证明文件，亦无明确的法律交付手段，只能以被出资企业和出资方的出资协议或其他相关法律文件为依据[3]。再如"杭州炳盛投资管理合伙企业、中国长城铝业有限公司等合伙企业纠纷"中关于非专利技术出资的认定。案件中，国网郑电公司供电技术咨询服务的核心是供电技术，属于具有实用价值的技术和经验，咨询服务合同仅是非专利技术转移的形式，以供电技术咨询服务作价出资符

---

〔1〕 参见《北京华恒汉方制药有限公司、马德林等技术转让合同纠纷民事二审民事判决书》（2021 最高法知民终 1013 号）。

〔2〕 参见《广西康华药业有限责任公司、烟台荣昌制药股份有限公司技术转让合同纠纷二审民事判决书》（2019 桂民终 638 号）。

〔3〕 参见《朱洪模、易良明等执行异议之诉民事申请再审审查民事裁定书》（最高法民申 55 号）。

合法律规定〔1〕。这两例非专利技术出资案件均采取的是"谁主张，谁举证"原则，在申请人无法提出证据证明非专利技术持有人的出资不到位的情况下，法院通常会按照已有的公司章程、技术转移手续等证据支持技术转移人的主张，即认定技术转移成立。

3. 技术许可使用类。技术许可使用类纠纷的争议焦点在于技术许可使用关系的认定和技术许可使用费方面。如"张海与黄良东、泰州市晋晟针织机械有限公司专利权权属纠纷"中判断侵权的关键就在于技术许可使用关系的认定。法院认为，被告黄良东与晋晟公司共同虚构虚假的专利独占许可使用合同，并向国家知识产权局进行备案属于侵权行为，原被告实际不存在技术许可使用关系，此侵权行为导致张海在与斯托尔公司履行专利许可合同中构成违约，并承担了违约责任，造成其损失，被告应当承担侵权责任〔2〕。再如"李卉与帕斯库奇（北京）咖啡餐饮管理有限公司特许经营合同纠纷"中关于技术合同实质的认定。法院提出，食品设备合同以单店特许合同正常履行为前提，在单店特许合同解除的前提下，食品设备合同亦无存续的必要，应一并解除。技术转让合同虽名为"转让"，但该合同明确限定了技术使用的范围，该合同实质为技术许可使用合同。同时，考虑到技术转让合同明确限定了技术的使用范围为李卉开设的帕斯库奇咖啡店内，该技术转让合同与单店许可合同直接相关，在单店许可合同解除的情况下，技术转让合同亦应予以解除。〔3〕再如"邢台市延方中医中药研究所与河北兴达饲料集团有限公司发明专利实施许可合同纠纷"关于技术许可使用合同性质的认定。法院认为，双方在《专利技术合作合同》中明确约定，被告向原告每年一次性支付专利使用费10万元。尽管该合同还包括原告以技术入股等其他内容，但并不能否定本合同具有专利实施许可合同的性质。我国《专利法实施细则》第14条规定，专利权人与他人订立的专利实施许可合同，应当自合同生效之日起3个月内向国务院专利行政部门备案。这表明，专利实施许可合同的效力不受备

---

〔1〕 参见《杭州炳盛投资管理合伙企业、中国长城铝业有限公司等合伙企业纠纷民事申请再审审查民事裁定书》（2021 最高法民申 7457 号）。

〔2〕 参见《张海与黄良东、泰州市晋晟针织机械有限公司专利权权属纠纷二审民事判决书》（2015 苏知民终字第 00195 号）。

〔3〕 参见《李卉与帕斯库奇（北京）咖啡餐饮管理有限公司特许经营合同纠纷一审民事判决书》（2019 京 0105 民初 13869 号）。

案与否的影响。我国《民法典》规定，依法成立的合同，自成立时生效。原告、被告双方在《专利技术合作合同》中明确约定，双方法定代表人或授权代理人签字或盖章后生效。该合同经原、被告双方代表签字、盖章，表明了双方当事人的真实意思表示。该合同内容不违反我国法律规定，为有效合同。[1]

如 "陆昌精细化工（昆山）有限公司、杜宗鑫技术合同纠纷" 中关于技术许可使用合同性质的认定与技术许可使用费的支付。法院提出，技术许可合同是合法拥有技术的权利人将现有特定的专利、技术秘密的相关权利许可他人实施、使用所订立的合同。在案件中，《聘雇合约书》《千灯厂大包干合同书》及两份《协议书》具有延续性，可以证明系权利人将其 "高活性氧化铜" 的特定技术许可给陆昌（昆山）有限公司实际使用，因此，两份《协议书》的内容均明确了合同的性质为技术许可合同。同时，陆昌（昆山）有限公司以帮权利人避税才以 "特许权使用费" 名义支付包干费的辩称意见，并不能改变双方达成并履行技术许可合同的事实。因此，相应技术使用费应按《协议书》约定的方式支付至合同解除之日，陆昌（昆山）有限公司始终未支付技术许可使用费的行为，违反了《协议书》的约定，技术权利人有权要求解除合同。在合同解除后，公司应当停止使用权利人研发的高活性氧化铝在内 "氨法生产金属盐" 的专利专用设备及专利生产工艺。[2] 再如 "TY&T+LIMITED 与东莞市光能新能源科技有限公司、桂辉电气（深圳）有限公司专利实施许可合同纠纷" 中关于能否拒绝支付技术许可使用费的争议。法院认为，光能公司作为许可方，其负担的主合同义务应当系将技术载体交付给许可方 TY&T 公司并许可后者使用该技术在日本申请专利以及在我国国内制造产品；TY&T 公司作为被许可方，其负担的主合同义务应当系支付合同约定的技术实施许可费。案涉合同并未将光能公司的技术须在我国被授予专利权作为 TY&T 公司在日本申请专利的前提条件，亦未将该技术在日本获专利授权作为被许可方支付许可费的前提条件，更未将光能公司许可的案涉技术须获得专利授权作为合同效力成就的停止条件。在光能公司作为许可方已经履

---

〔1〕　参见《邢台市延方中医中药研究所与河北兴达饲料集团有限公司发明专利实施许可合同纠纷一审民事判决书》（2012 石民五初字第 00503 号）。

〔2〕　参见《陆昌精细化工（昆山）有限公司、杜宗鑫技术合同纠纷民事二审民事判决书》（2021 最高法知民终 1505 号）。

行了将案涉技术许可 TY&T 公司实施的主合同义务的情况下，相关专利申请未被我国授予专利权，并不会必然导致 TY&T 公司无法在日本申请专利权或无法在日本销售产品。因此，光能公司对案涉合同的履行虽有瑕疵，但尚不能构成 TY&T 公司拒绝履行其所负担的主合同义务即支付技术实施许可费的有效抗辩事由。[1]

4. 标准必要专利类。如"夏普株式会社；赛恩倍吉日本株式会社；OPPO 广东移动通信有限公司；OPPO 广东移动通信有限公司深圳分公司标准必要专利许可纠纷"中关于管辖权的认定。法院认为，标准必要专利许可纠纷是兼具合同纠纷和专利侵权纠纷特点的特殊类型纠纷。标准必要专利纠纷应由哪个法院管辖，可以根据具体情况考虑专利权授予地、专利实施地、专利许可合同签订地或专利许可磋商地、专利许可合同履行地、可供扣押或可供执行财产所在地等管辖连结点。本案标准必要专利组合包括 645 个 3G/4G 专利族（555CN）、13 个 WiFi 专利族（10CN）、44 个 HEVC 专利族（45CN），涉及中国、美国、日本等多族专利，且纠纷实质主要是所涉标准必要专利全球许可条件的确定。在本案所涉标准必要专利许可谈判过程中，夏普株式会社、赛恩倍吉日本株式会社提议许可的整体首选结构为：期间为 5 年，许可专利（许可标准）为期限内拥有的 3G/4G/Wi-Fi/HEVC 标准必要专利，许可范围为全球非独占许可，没有分许可权，仅限于许可标准的实施使用领域。可见，当事人的谈判内容包含了涉案标准必要专利在全球范围内的许可条件。因此，即便某个案件的平行诉讼正在外国法院审理，只要我国法院对该案件依法具有管辖权，外国法院的平行诉讼原则上也不影响我国法院对该案行使管辖权。[2]再如"衡水永信制动材料有限公司、克诺尔商用车制动系统有限公司侵害发明专利权纠纷"中关于标准必要专利的认定。法院认为，永信公司提交的在案证据不足以证明涉案专利系推荐性国家、行业或者地方标准明示所涉必要专利的信息，故永信公司涉案专利为标准必要专利，其许可费用应较普通专利为低，且克诺尔公司拒绝就案件和解及专利许可费事宜与永信

---

[1] 参见《TY&T+LIMITED 与东莞市光能新能源科技有限公司、桂辉电气（深圳）有限公司专利实施许可合同纠纷二审民事判决书》（2019 粤知民终 470 号）。

[2] 参见《夏普株式会社；赛恩倍吉日本株式会社；OPPO 广东移动通信有限公司；OPPO 广东移动通信有限公司深圳分公司标准必要专利许可纠纷民事二审民事裁定书》（2020 最高法知民辖终 517 号）。

公司进行沟通，亦违反了 Frand 原则的抗辩理由不能成立。[1]

再如"朱江蓉、山东省惠诺药业有限公司侵害发明专利权纠纷"中关于标准必要专利申请是否构成专利权滥用的认定。法院认为，抗辩语境下的专利权滥用，特指专利权人在明知其所有的技术并不具备专利性的情况下取得专利权，并且据此向人民法院起诉未经其许可而使用该专利技术者侵犯其专利权的行为。因此，恶意取得专利权是认定其构成本条所指"滥用专利权"的事实基础。通常所谓的专利权人恶意取得专利权，是指专利权人将明知不应当获得专利保护的发明创造，故意采取规避法律或者不正当手段获得专利权。本案中，涉案专利技术虽与惠诺药业申请的涉案药品国家标准一致，但在涉案药品国家标准发布之前，涉案专利只是处于申请阶段，是否能获得授权存在不确定性，并且国家标准在发布之前其标准内容也存在不确定性，因此惠诺药业仅仅依据涉案药品国家标准发布时间与涉案专利申请时间相隔较近即推定涉案专利权的取得存在恶意没有依据。[2]

（二）涉外相关案件争端解决的司法实践

根据涉案标的、案件性质、争议焦点、裁判理由、案件影响力等综合因素，将涉外争端解决案件分为技术引进类、技术合作开发类、技术出口类三种类型。

1. 技术引进类。涉外技术引进争端主要集中在技术引进合同的效力、性质、当事人的权利义务上。如"奥斯纳布吕克储蓄银行、安徽中辰投资控股有限公司合同、无因管理、不当得利纠纷"中关于技术引进合同的效力认定。本案中，奥斯纳布吕克储蓄银行（以下称"储蓄银行"）住所地在德国，因与安徽中辰投资控股有限公司（以下称"中辰公司"）、袁铄、金朝阳损害公司债权人利益纠纷一案，向法院提起诉讼。在再审过程中，法院认为，《购买合同》《专利权购买协议》签订时 1985 年《技术引进合同管理条例》第 4 条规定，受方和供方必须签订书面的技术引进合同，并由受方在签字之日起的 30 天内提出申请书，报中华人民共和国对外经济贸易部或对外经济贸易部授权的其他机关审批，审批机关应当在收到申请书之日起的 60 天内决定批准

---

〔1〕 参见《衡水永信制动材料有限公司、克诺尔商用车制动系统有限公司侵害发明专利权纠纷二审民事判决书》（2021 最高法知民终 6 号）。

〔2〕 参见《朱江蓉、山东省惠诺药业有限公司侵害发明专利权纠纷民事二审民事判决书》（2020 最高法知民终 1564 号）。

或不批准；经批准的合同自批准之日起生效。在规定的审批期限内，如果审批机关没有作出决定，即视同获得批准、合同自动生效。因此，案涉合同签订后，因当事人未申请审批，合同效力未生效。2002 年施行的《技术进出口管理条例》第 17 条规定，对属于自由进口的技术，实行合同登记管理。进口属于自由进口的技术，合同自依法成立时生效，不以登记为合同生效的条件。因此，至 2002 年《技术进出口管理条例》施行之日起，案涉合同的效力已由未生效变为生效。[1] 再如 "悟释堂（上海）国际贸易有限公司买卖合同纠纷" 中关于技术引进合同性质以及当事人义务的认定。本案中，上诉人罗曼·帕韦尔切克海卓姆贸易服务公司（以下称 "罗曼公司"）住所地在波兰，上诉人悟释堂（上海）国际贸易有限公司（以下称 "悟释堂公司"）为中国企业，二者因承揽合同纠纷一案提起上诉。二审法院认为，《成套设备技术引进合同》为承揽加工性质，悟释堂公司对于《成套设备技术引进合同》项下全部货物明确表示已经收到，且一审法院基于涉案已经查明的事实而作出安装义务虽为罗曼公司的合同义务，但因罗曼公司未完全履行，悟释堂公司自行安装，罗曼公司客观上已无法履行安装义务，而安装费仅为合同总价美金 50 万元中的一部分，在罗曼公司未履行安装义务并且已经无法再履行的情形下，并不能剥夺其向悟释堂公司主张安装费以外的其他款项的相应处理符合查明的涉案事实并具有相应的法律依据，因而，悟释堂公司应支付罗曼公司相应的合同款。[2]

2. 技术合作开发类。涉外技术合作开发类纠纷的争议焦点主要体现在技术合作开发合同的效力以及合同履行上。如 "itec JAPAN Co Ltd、广东美的制冷设备有限公司技术合同纠纷" 中关于技术合作开发合同履行的认定。原告住所地在日本，被告为广东企业，关于技术合作开发合同的履行发生纠纷，遂提起诉讼。法院认为，本案系涉外技术合同纠纷，讼争合同《技术开发合作合同书》第 13.1 条明确约定该合同受制于中华人民共和国法律，故本案应适用中华人民共和国相关法律进行审理。讼争合同系原、被告双方经磋商签订，是双方的真实意思表示，且未违反法律法规的强制性规定，合法有效，

---

[1] 参见《奥斯纳布吕克储蓄银行、安徽中辰投资控股有限公司合同、无因管理、不当得利纠纷再审审查与审判监督民事裁定书》（2018 最高法民申 6250 号）。

[2] 参见《悟释堂（上海）国际贸易有限公司买卖合同纠纷二审民事判决书》（2020 沪 02 民终 9712 号）。

应受法律保护。原告在涉案合同签订后着手履行合同约定的设计、开发工作，但证据反映的均是各机器部件的设计开发日程安排、对设计进行讨论及评价，无法证明已最终完成整个原型机的设计、测试、调试验证并通过结项评审及验收，且中期评审会议不通过原告的前期开发成果。涉案合同约定的合作期限至 2019 年 12 月 30 日止，在案未有证据证明原告在中期评审会议后有进一步履行合同义务，亦未有证据证明双方进行了续约，故合同已因期限届满而终止。合同第 4.2 条同时约定第二期合同款项是在中期评审通过后支付，现中期评审未能通过，故第二期款项及其后续款项的支付条件并未成就。因而，原告要求被告支付合同剩余的技术开发费用及利息的请求缺乏事实依据，不予支持。[1] 再如"广东顺德金易厨电器有限公司、中荷炒菜机公司技术合同纠纷"中关于技术合作开发合同效力的认定。本案中，原被告分别为中国和荷兰企业，争议焦点为涉案专利被宣告无效的事实对涉案合作协议效力的影响以及原告金易厨公司是否构成了违约。2013 年 6 月 6 日，荷兰 CNL 与案外人华研力合公司签订了《锅体旋转多功能自动烹饪锅合作协议》，之后华研力合公司的出资方之一的华南家电研究院决定将开发内锅旋转自动烹饪锅的项目转给金易厨公司，合作条件不变。2015 年 9 月 13 日，荷兰 CNL 与金易厨公司签订《〈锅体旋转多功能自动烹饪锅合作协议〉变更主体协议》约定，金易厨公司接收该项目。即，金易厨公司承接了华研力合公司在上述合作协议中的全部权利和义务。上述合作协议第 2 条第 2.1 项：甲方保证本专利的真实性和合法性。涉案合作协议中，甲方（荷兰 CNL）有义务保证涉案专利的真实性和合法性，但并未约定荷兰 CNL 有义务保证涉案专利的有效性。涉案专利是申请号为 ZL20122063××××，名称为"锅体旋转多功能自动烹饪锅"的实用新型专利，该专利真实存在。该专利于 2013 年 7 月 3 日获得中华人民共和国国家知识产权局的授权，为合法授权。即使后来涉案专利被宣告无效，但在双方合作期间，金易厨公司已根据涉案合作协议由该专利获得了利益，其后专利被宣告无效并未影响金易厨公司在合作期间的利益。因此，涉案合作协议是双方真实意思表示，荷兰 CNL 并未违反其保证涉案专利真实性和合法性的合同义务，金易厨公司提出的涉案专利无效则涉案合作协议为无效协

---

〔1〕　参见《itec JAPAN Co Ltd、广东美的制冷设备有限公司技术合同纠纷民事一审民事判决书》(2021 粤 0604 民初 12403 号)。

议以及据此荷兰 CNL 构成违约等主张不能成立。至于是否违约，从相关产品序列号和销售表格中的生产数据可知，金易厨公司违反双方协议约定，应承担相应的违约责任，其上诉主张不能成立。

3. 技术出口类。涉外技术出口类争端解决主要集中在对相应技术进行知识产权保护的范围和技术保护的权利基础上。如"浙江飞达三和家居用品有限公司、布拉邦蒂亚荷兰公司侵害外观设计专利权纠纷"中关于技术保护范围的认定。本案中，原被告分别为中国企业和荷兰企业，原告依法享有专利号为 ZL20153031.9，名称为"回收箱"的外观设计专利权，该外观设计专利处于有效期内，原告的专利权应受法律保护。本案向内凸起设计，被诉侵权设计产品上没有，但该设计在正常使用时不易被观察，对视觉效果的影响很小。被诉侵权产品既可以用于悬挂，也可以直接放置在地面上，产品中的黑色部件是选装部分。被诉侵权设计产品在实际生活中如何使用并不影响对外观设计的判断，被诉侵权设计产品与涉案专利之间的卡条设计几乎一致，黑色部件是否与被诉侵权设计产品组合使用并不会影响消费者对被诉侵权产品的识别。被诉侵权设计产品底部设有月牙形的凹槽，但基于该设计在被诉侵权设计产品的底部，不易被消费者发现，且涉案专利影响消费者视觉效果的主体部分应为箱体和箱盖。从一般消费者的角度隔离观察难以察觉两者存在明显的区别。二审法院认为，根据"整体观察、综合判断"的比对原则，以一般消费者的知识水平和认知能力加以评判，应认定被诉侵权设计与涉案专利不具有实质性差异，二者构成近似，被诉侵权设计落入了涉案专利权的保护范围。综上，被诉侵权设计与授权外观设计构成近似，可以认定被诉侵权设计落入了涉案外观设计专用权的保护范围。[1] 再如中华老字号"王致和"案。这是中国加入 WTO 后中华老字号企业海外维权第一案。2006 年 7 月，北京王致和食品集团到德国注册商标时发现，"王致和"腐乳、调味品和销售服务三类商标已被其德国销售代理商欧凯进出口公司在德国专利和商标局注册。2007 年 1 月，王致和集团在德国慕尼黑地方法院向欧凯公司提出起诉，追讨商标权。当年 11 月 14 日，该法院一审判决，要求欧凯禁用此商标，并撤销商标注册。欧凯不服，于 2008 年 2 月向慕尼黑高等法院上诉。2009 年 1 月 22

---

[1] 参见《浙江飞达三和家居用品有限公司、布拉邦蒂亚荷兰公司侵害外观设计专利权纠纷二审民事判决书》（2019 浙民终 1060 号）。

日，慕尼黑高法开庭审理。"王致和"方面出示了充分证据，而欧凯未能提出新的证据。2009 年 4 月 23 日，德国慕尼黑高等法院第 29 民事庭就中国百年老字号"王致和"商标被恶意抢注案进行二审判决，维持一审判决结果，驳回了欧凯的上诉，法院按德国《反不正当竞争法》判决王致和集团胜诉，要求抢注方德国欧凯进出口公司停止在德国使用"王致和"商标，并撤销它在德国抢注的"王致和"商标。[1]中国驰名商标并不能在国外自然获得跨类保护，本案原告成功的关键在于以德国《反不正当竞争法》作为撤销请求权和不作为请求权的基础，否则在德国没有注册商标的情况下，原告撤销被告所注册商标并使其就此不作为的诉讼请求很难实现。

(三) 我国绿色能源技术转移争端解决展望

综上所述，尽管目前我国关于绿色能源技术转移的司法纠纷还较少，但从数量众多的其他技术转移争端解决中可以得出：第一，在国际技术转移方面。技术在国家和地区之间的分布具有不均衡性，资源供给也具有时效性。在技术引进上，除了应当采取激励政策加大国际先进技术的引进力度外，更应当加强相关法律法规的完善和健全，尤其是技术引进合同方面的内容，对关键性法律条款进行专门解释，避免产生法律歧义，造成实践中的诸多纠纷；在技术出口上，我国企业在相关技术出口之前，首先应当进行有关知识产权调查和在国外或国际申请专利或注册商标，避免侵犯他国和地区知识产权，这也是多数国际公约规定的卖方义务。由于知识产权保护存在地域性，在我国有效的知识产权在国外大多数不会自动生效，只有在一国（地区）或国际申请注册了才会受到这个国家（地区）的法律保护。第二，在国内技术转移方面。无论是技术转让，还是技术许可使用，都离不开以下几个阶段。一是启动阶段，即双方当事人进行基本诉求的沟通、材料和资质的审核，知识产权的审核，技术评估评价等事项；二是谈判阶段，即双方确定初步合作意向的基础上，供需双方经过多次洽谈、谈判、沟通，敲定交易、合作的所有细节，在所有重要合作环节达成共识，并形成双方最后共同认定的合同文本；三是履约阶段，即按照双方认定的合同文本，完成最后正式签约、开启履约、并维护和保障履约有序进行的过程。而国内的技术转移争端通常出现在第三个阶段——履约阶段。因而，在今后技术转移合同履行的纠纷中，应加强相

〔1〕 See OLG Muemchen 29. Zivilsenat, Urteil vom 23. 04. 2009, 29U5712/07.

关合同纠纷解决的理论研究，从制度层面减少相关纠纷发生的可能性。第三，在绿色能源技术转移方面。由于绿色能源技术具有环境保护、能源供给等多方面的特殊性，因而此类技术转移，尤其是技术出口，通常会受到东道国的限制，故相应的纠纷较少，但这并不意味着相应的争端解决机制创新不重要。随着"人类命运共同体"理念的深入和全球应对气候变化呼吁的加强，绿色能源技术转移的障碍会越来越少，此类纠纷也将不可避免。技术转移争端的妥善解决不仅关系到争端当事国依据国际条约所享有的权利的实现，而且也是全球经济治理法治化的具体呈现。因此，基于风险预防和法律规制原则的要求，我国应当积极进行绿色能源技术转移争端解决机制的创新，在现有多边主义的基础上以开放、合作、共赢的姿态为世界经济发展和环境保护注入新的活力。

第三节　代表性国家和地区绿色能源技术转移的主要法律规定

代表性国家和地区的绿色能源技术转移法律制度主要围绕欧盟、美国、日本、英国和加拿大等国家和地区的绿色能源技术转移法律制度展开。由于世界各个国家和地区面对国际社会问题时所处的立场不同，加上相互之间的自然地理条件和社会经济条件也存在差异，所以各个国家和地区针对绿色能源技术转移的态度也有所不同。但是总体而言不外乎三种态度，第一就是积极支持的态度，第二就是限制转移的态度，第三就是禁止转移的态度，且各个国家和地区对绿色能源技术转移的态度在瞬息万变的国际社会中并非一成不变的。

一、欧盟关于绿色能源技术转移的法律规定

欧盟是一个兼具经济和政治因素的实体，欧盟各个成员国的经济实力与科技研发实力都较强，其作为一个整体面对国际上各类事务，以较为统一的态度一起发声。欧盟的成员国之间联系都颇为紧密，因此，欧盟颁布的条约能够代表大部分欧洲国家处理与条约有关事务的态度，具有一定的代表性，同时，其内部对相互之间的科技研发合作活动以及技术转让活动都呈现积极支持的态度。

绿色能源技术是近些年来的热词，主要在于应对环境恶化与气候变化带

来的问题，各个国家和地区都在研究相关法律法规的建构，但是究其根本，绿色能源技术转移是技术转移项下的子目录，虽然欧盟并未颁布针对绿色能源技术转移的相关条约，但是我们可以从现有的条约中探究一二，其中欧盟的竞争法涉及技术转移适用的内容。我国竞争法概念涉及的内容包括反垄断法和反不正当竞争法两部分，但是欧盟的竞争法概念一般只涉及反垄断法部分，并不包含反不正当竞争法部分，因为欧盟竞争法的执法和司法实践深受美国反托拉斯法的影响，而美国反托拉斯法中并不包含反不正当竞争法。欧盟认为，技术转移一般随着贸易行为进行，其具有无形贸易的特点，技术转移符合贸易流通的要求，但是技术转移并非欧盟在制定条约时独立考虑的对象，因此并未专门针对技术转移内容制定相关条约，而只是在考虑成员国之间的贸易中得以反映。[1]

技术转移涉及的就是知识产权相关内容，欧盟知识产权滥用的反垄断规则立法起步较早，发展也相对完善，《欧盟运作模式条约》规定了竞争法原则性的内容，能够规制知识产权的滥用行为，有利于进行技术保护。《欧盟运作模式条约》第 34 条至第 35 条对贸易行为作出了原则性规定，要求成员国之间应当禁止对进口、出口的数量限制和所有具有同等效力的措施，第 36 条还对第 34 条、第 35 条作了具体的适用解释，第 36 条具体规定为第 34 条和第 35 条的规定不排除以公共道德、公共政策或公共安全为由禁止或限制进口、出口或过境货物；保护人类、动物或植物的健康和生命；保护具有艺术、历史或考古价值的国宝；或工业和商业财产的保护。但是，此类禁止或限制不应构成任一歧视的手段或对成员国之间贸易的变相限制。依照这些规定，极大地保护了成员国之间的贸易往来，增强了贸易往来的透明性、公正性，其中也包括技术转移内容。《欧盟运作模式条约》第 101 条规定禁止垄断协议，第 1 款是关于可能影响成员国之间贸易并且有可能产生限制、扭曲竞争目的或效果的企业之间签署的协议、决定及一致行为的禁止性规定；第 2 款重申了违反上述禁止性规定的协议或决定是无效的；第 3 款是针对第 1 款禁止性规定的豁免事由，豁免与否关键在于能够改善商品生产或分销或促进技术、经济进步，同时消费者能够从中获益，也就是说第 3 款列举的事项不仅要求

---

〔1〕　参见孙国瑞：《欧洲联盟科技合作与技术转让的法律制度》，载《科技与法律》1998 年第 3 期。

不能够对企业施加限制进而产生限制、扭曲竞争的局面，还要求能够产生积极影响并让消费者获益。[1]第 101 条主要是为了防止企业之间联合限制竞争，从技术角度出发，本条保护的是技术间竞争和技术内竞争，技术间竞争是指具有竞争技术的企业之间的竞争，技术内竞争是指同类技术的企业之间的竞争，判断技术转移是否违反该条，首先需要对相关市场的竞争状况进行分析，判断技术转移协议是否会产生限制、扭曲竞争的局面，如果相关竞争状况受到影响，则可能违反了本条的规定。[2]关于《欧盟运作模式条约》第 101 条第 3 款的豁免内容，《技术转让协议集体豁免条例》针对集体豁免事项作出了规定，这些规定适用的前提就是企业之间有关技术转移的内容违反了《欧盟运作模式条约》第 101 条的规定，《技术转让协议集体豁免条例》中第 5 条也规定了集体豁免情形中的非豁免情形，总体而言提供了较为周全的列举与说明。《技术转让协议集体豁免条例》是为了反垄断法的实施而制定的，其目的就是简化欧盟在审批相关协议是否违反反垄断规制的审批程序，也简化了企业考量其协议是否符合豁免要求的步骤，豁免了企业的报告义务，此外本条例还有意增强成员国之间有关技术的竞争，竞争是促进技术进步的有效手段之一，因此本条例将市场份额设置了标准，并且列举了"豁免白名单"，低于相应份额标准或者符合白名单列举事项的，原则上不会受到反垄断的规制，欧盟相应的执法机构会据此对相关企业予以豁免。另一个与技术转移关系较为密切的规范文本是《技术转让协议指南》，该指南是比《技术转让协议集体豁免条例》规范效力低一个等级的法律文件。《技术转让协议指南》更偏向于告知与解释《技术转让协议集体豁免条例》的内容，便于欧盟成员国适用《技术转让协议集体豁免条例》。

---

[1] 参见《欧盟运作模式条约》第 101 条规定，1. 应当禁止下列与内部市场不相容的行为：企业之间的所有协议、企业协会的决定以及可能影响成员国之间贸易并以防止、限制或扭曲竞争为目的或效果的协同行为在内部市场内，特别是那些：（a）直接或间接确定买卖价格或任何其他交易条件；（b）限制或控制生产、市场、技术开发或投资；（c）共享市场或供应来源；（d）对与其他交易方的同等交易适用不同的条件，从而使其处于竞争劣势；（e）使合同的订立以对方当事人接受附加义务为条件，这些附加义务在性质上或根据商业惯例与合同标的没有任何关系。2. 违反本条禁止的任何协议或决定均无效。3. 但是，针对以下情况，可以宣布第 1 款的规定不适用：企业之间的任何协议或协议类别、企业协会作出的任何决定或决定类别、任何协同做法或协同做法类别，有助于改善商品的生产、分销或促进技术、经济的进步，同时让消费者公平分享由此产生的利益，并且不会（a）对有关企业施加对实现这些目标而言必不可少的限制；（b）使此类企业有可能消除对大部分相关产品的竞争。

[2] 参见袁嘉：《技术转让协议的反垄断规制》，中国政法大学出版社 2017 年版，第 127 页。

除此之外，欧盟对绿色能源技术转移的资金支持力度也很大。以碳捕存与封存技术（CCS）为例，根据《联合国气候变化框架公约》和《京都议定书》这两个全球性、统一性、协作性的国际应对气候变化条约，欧盟于 2005 年 1 月 1 日开始正式运行欧盟碳排放交易计划（EU-ETS），欧盟温室气体排放交易体系由此形成，由于欧盟的特殊性质，这个交易体系目前还是世界上最为庞大的跨地域、跨国界、跨行业的温室气体排放机制。2009 年，欧洲能源复兴计划（EEPR）在欧盟委员会的领导下展开实地运作。该计划在经济上给予战略性能源项目一定的财政扶持，保证欧洲内部能源市场的完整性，最终确保欧洲的可持续发展。2012 年，该计划正式进入实施阶段，该计划从欧盟碳市场中拿出 300 万的排放单位加以核发作为低碳科技的发展资金使用，这些资金将使用到当年申请计划中选择 8 个 CCS 技术项目进行投资。[1]因而，一定程度上，CCS 项目的发展受到欧盟排放交易体系和欧盟 CCS 指令的支持，包括 CCS 技术研发与创新、技术转移、示范项目落地实施等。

综上所述，绿色能源技术转移属于技术转移的一部分，同样适用上述规定，根据三个法律文件可以看出，欧盟对于其内部成员国之间的合作是积极鼓励的态度，因此绿色能源技术也不例外，在应对环境恶化、气候变化的问题上，欧盟及其成员国态度较为统一，这三份文件对其成员国制定国内法起到了正向的引导作用。

二、美国关于绿色能源技术转移的法律规定

美国一直积极制订和完善相关法律以规范技术转移行为，其法律体系一直是国内外知识产权和技术转移研究的主要内容。从 1980 年开始，美国政府一直推动国家技术转移活动，《拜杜法案》（1980 年）界定了项目成果所有权，《史蒂文森—威德勒技术创新法》（1980 年）鼓励产学合作及联邦实验室技术向民间转移，《联邦技术转移法》（1986 年）加速推动技术转移和商品化，《国家竞争力技术转移法案》（1989 年）将技术转移上升到国家竞争力的高度，《国家技术转移与升级法》（1996 年）保证共同合作研发企业获得充分的知识产权（至少取得优先许可选择权），提高和扩大对研究人员及发明人的奖励数

---

〔1〕　参见闫立东：《气候变化背景下碳捕获与封存技术资金机制法律问题研究》，上海社会科学院 2016 年硕士学位论文。

额和范围。通过上述一系列法案，美国在知识产权保护和技术转移方面，已经形成了以《拜杜法案》和《史蒂文森—威德勒技术创新法》为核心，覆盖专利法、商标法、版权法等方面的一套完整的技术转移法律体系。[1]

美国自 20 世纪 70 年代后，一直都在着手制定并完善关于绿色能源的政策与法规，其中比较具有代表性的是《能源政策与节约法案》（1975 年）、《清洁空气法案》（1990 年）、《能源政策法案》（1992 年）、《能源独立与安全法案》（2007 年）以及《清洁能源安全法案》（2009 年），这些文件的进程可以看出美国对绿色能源发展的重视。美国是老牌资本主义国家，美国的科技研发与创新能力一向占据领先地位，除了积极制定上述相关法律政策为绿色能源技术研发保驾护航外，美国也善于利用市场机制促进绿色能源科技的发展，通过一系列金融优惠政策促进商事主体对绿色能源技术的开发，当今的科技与信息传递速度如此迅猛，美国对科技研发与成果转化愈发重视，并且美国也是较早开展技术转移活动国家，已建构起一套符合其特点的完整的技术转移战略体系，以及促进科技成果转化为生产力的鼓励促使，在这方面确实值得其他国家予以借鉴。

从美国修订更新法规政策来看，美国政府确实十分重视环保事业，认为提高能源利用效率的同时发展绿色能源技术，能够更好地应对环境污染与气候变化带来的一系列环境问题，是能够平衡环境挑战与能源供给的有效手段，并且美国为此专门设立一个节能管理机构，即"能效和可再生能源局"，用以保障公共和私人部门的能源安全、环境质量和经济活力，具体包括提高能源效率和生产率，向市场转让洁净的、可信赖的和可以转让的能源技术，增加美国人的能源选择机会等几个方面。[2]这样有助于更新不同时期的民众想法，也便于法律政策的后续实施，在不断的更新中，环保类型的法规政策内容也逐渐趋于完善。值得一提的是，美国绿色能源法律越来越有党派色彩，在化石燃料工业较弱的州，共和党人对绿色能源法律的支持程度更高，同时，共和党人倾向于支持那些家庭收入中值较低、环保组织较弱、劳工—环境联盟不

---

〔1〕 参见刘群彦、邱韶晗：《发达国家知识产权和技术转移管理机制及启示》，载《中国高校科技》2015 年第 5 期。

〔2〕 参见《能效和可再生能源局（EERE）》，载中华人民共和国商务部网，载 http://zys.mofcom.gov.cn/aarticle/cp/200604/20060402048830.html，最后访问日期：2023 年 6 月 3 日。

存在、立法机构中民主党人比例较低的法律。[1]美国的立法者对法律条文的内容要求十分严谨与详细，除了原则性条款用以指导方向外，还会详细列举具体行为对相关市场主体以及政府行为进行引导，例如美国《资源保护回收法》中有专章介绍废物管理的内容，这部分的解释就占据大量篇幅。

绿色能源技术转移除了需要环保方面的法律法规，还需要构建技术转移法律体系。美国政府同样重视技术转移的法制建设，已经构建了包括《拜杜法案》、《史蒂文森—威德勒技术创新法》、《联邦技术转移法》以及《国家技术转移与升级法》等近 30 多部专门或者涉及技术转移的法律法规在内的一套较为完备的技术转移法律体系，对保护环境和知识产权起到推动作用。《拜杜法案》的施行为国家财政资助下专利权的归属制度构建了新的规则，在这样的规则下，国家财政资助的科技成果归属于大学或小企业所有，但若不予实施，政府将依法介入其实质是通过采取国家财政资助的方式引导科技成果的商业化，因此《拜杜法案》也被称为"美国高校技术转移大宪章"。在《拜杜法案》的影响下，我国颁布制定了一系列的法律规章，例如 2002 年颁布的《关于国家科研计划项目研究成果知识产权管理的若干规定》、2008 年修订生效的《科学技术进步法》，以及 2015 年修订实施的《促进科技成果转化法》。《史蒂文森—威德勒技术创新法》是首部规定美国联邦技术转移的法律，也是美国国立科研机构技术转移的法律渊源，其明确定义了技术转移，规定了国立科研机构技术转移的实现路径。从 1980 年起，美国多次对《史蒂文森—威德勒技术创新法》进行修订，形成了多部修正案，将参与联邦技术转移的法律主体越来越多地囊括进来，这也体现了美国联邦技术转移制度在不断探索与完善，最终形成一套较为完整的技术转移体系，为美国的技术发展提供源源不断的法律制度保障。1986 年制定的《联邦技术转移法》是对《史蒂文森—威德勒技术创新法》的补充，其鼓励联邦实验室与企业合作建立联盟；1989 年《国家竞争技术转移法案》进一步明确了技术转移的任务，并将技术转移上升为国家意志，允许联邦实验室与大学、企业建立合作研究关系，成立国家技术转移中心；1992 年《小企业技术转移法》要求五大部门参与制定小企业技术转移计划；1995 年的《国家技术转移与促进法》将"合作研发协议"的发

---

[1] See Jonathan S. Coley, David J. Hess, "Green Energy Laws and Republican Legislators in the United States", *Energy Policy*, Vol. 48, 2012.

明权归属于合作企业。

美国大学主要通过技术许可办公室（OTL）和概念证明中心（POCC）来实现技术成果的转移转化，由此形成了两种不同的技术转移模式，分别是 OTL 模式和 POCC 模式。一般而言，OTL 作为学校发明专利的专门机构，可以全权代表学校处理专利许可事务，其隶属于大学内部行政序列，技术转移收益也由学校统一支配，其中斯坦福大学的 OTL 最早建立，并由此带动了"硅谷"的形成和运作；麻省理工学院的 OTL 形成了组织机构、运作流程、利益分配与激励机制、成果转化等方面的独特经验，该办公室承担了学校科技成果的商品化、技术评估、风险测评、技术许可、专利申请等几乎全部知识产权管理工作。美国的 OTL 模式引来众多大学的仿效，到 20 世纪 90 年代初，美国多数大学采用了 OTL 模式，现已成为当今美国大学技术转移及知识产权经营的标准模式。[1]除此之外，POCC 是在学校内部运行的组织机构，主要为具有前景的技术成果进行技术转移转化搭建桥梁，成为技术转移过程中的中转站。[2]

美国在技术转移体系中已经建立了相对成熟的技术许可证贸易制度。技术许可证贸易制度推动和管理技术转移的重要制度，其使技术供给方在不改变专利权属关系的前提下获取专利技术成果的长期收益。专利技术许可一般要经过专利技术评估、技术运营、技术谈判、颁发许可证等程序。从技术许可的方式来看，许可证贸易一般分为独占许可、普通许可贸易、排他许可贸易。[3]除此之外，2009 年《清洁能源安全法案》还建立了一个国际技术转让基金框架，该框架由美国政府操控，由能源部、环保署、国际开发署及国库提供咨询。发展中国家和地区如隶属于某项有美国参与在内的国际气候协议，且该国家已经承担适当的国内减排任务，可以获得上述基金的支持。资金必须致力于大型的温室气体减排，捕获或避免排放活动。国务卿将通过双边援助或根据公约协定的多边资助发放资金。总之，美国的能源政策和法律一直

---

〔1〕 参见贺艳：《美国、德国大学和科研机构技术转移模式及启示》，载《华北电力大学学报（社会科学版）》2019 年第 2 期。

〔2〕 参见卓泽林、赵中建：《"概念证明中心"：美国研究型大学促进科研成果转化的新组织模式》，载《复旦教育论坛》2015 年第 4 期。

〔3〕 参见高月：《技术转移中的专利制度问题：中美比较研究》，山东大学 2020 年硕士学位论文。

都将促进绿色能源技术的开发利用以及转让许可作为核心内容，绿色能源技术转移在环境保护法律体系以及技术转移法律体系的规制下，能够很好地得到实现，有助于美国节能减排目标的实现。

三、日本关于绿色能源技术转移的法律规定

日本向来重视法律在推动经济社会发展中的重要作用，往往先制定有关法律而后制定发布重大政策，从而使得政府的政策制定和执行有章可循。为了推动技术转移工作，日本立法机构和政府部门从企业相关法律、技术转移基本法律和技术转移专门法律等三个方面进行了长期努力。其中企业相关法律包括《企业合理化促进法》《中小企业现代资金资助法》《中小企业现代化促进法》等，技术转移基本法律包括《专利法》《外汇与外贸法》《外资法》《工业标准化法》《科学技术基本法》《设计法》《商标法》《特许法》《工业所有权法》《专利代理法》《核心制造技术促进法》等，而技术转移专门法律及其涉及的内容主要包括技术转移各方职责、技术转移机构建设、发明所有权、技术成果商业化等多个方面。[1]

从时间和内容上来看，日本自 1995 年以来形成了符合本国国情的技术转移法律体系。在此之前，日本公平贸易委员会于 1968 年公布了《关于国际许可证协议的反垄断法则》，根据该法则，如果企业签订的技术转让合同可能会造成不公平贸易的情形，法律会对这种行为进行限制。但是这些限制限于根据反垄断法进行事后审查，且这部法律制定的主要目的是促进外国技术引进自由化。[2]《科学技术基本法》是日本发展科学与技术的基本法律，该法强调产学研合作的基础作用，形成了基础研究、应用研究和开发研究的共同发展机制。《科学技术振兴事业团法》决定成立科学技术振兴事业团，鼓励大学和科研机构的先进成果向产业和企业转移，借此改变传统产业并形成和培育新的产业。《关于促进大学等的技术研究成果向民间事业者转移的法律》通过规定专利权的转让、相应的资金支持业务、专利费用的缴纳等内容，鼓励在大学内部成立促进技术转移的中间机构，政府在运行资金方面提供重要支持，

---

〔1〕　参见任昱仰等：《日本技术转移制度体系概述》，载《科技与法律》2012 年第 1 期。
〔2〕　参见赵阳：《清洁能源技术转让与我国知识产权制度的完善》，复旦大学 2014 年硕士学位论文。

推动了大学与民间企业之间的合作，促进了技术研究成果的推广应用。《产业活力再生特别措施法》改变了大学职务发明专利所有权的归属制度，并对大学专利年费和专利申请费实行特例减免。《产业技术促进法》明确了国家政府、地方政府、产业技术研究公司、大学和企业在提高日本产业技术能力方面的责任，为促进技术转让的实现规定了研发设施维护、研究成果转移便利化、委托研究经费受理便利化、特定研究开发机构技术转让业务实施人免费使用国家设备、中央政府低价获得国有专利权、实用新型权的非独占许可等制度。[1]《知识产权基本法》确定了"知识产权立国"的基本法律原则。经过上述一系列立法，日本在技术转移、知识产权保护与管理方面已经相对规范和完善。[2]

科学技术振兴事业团（JST）是日本政府设立的最具代表意义的技术转移机构，JST的运行费来自政府资助和社会资金。如果技术的出让、受让双方均是公立机构时，技术转移中介费免于收取。日本中小企业事业团（JASMEC）是日本技术转移机构的另一个代表，中小企业事业团作为大学和科研机构技术转移和合作平台，以具体项目方式推动产学研合作，其业务范围包括将大学、科研机构的技术向企业实施扩散和转移，开展广泛的技术推广活动，推动风险投资等社会资本向技术项目投资。

1973年石油危机后，日本开始摆脱对石油的依赖，引进天然气和核能。除了依靠大量采用核能发电取得成效外，风力和太阳能发电在日本被加快普及。1979年，为应对石油危机，日本制定了《合理使用能源法》即《节能法》，其中规定了合作节能计划认证（多个企业合作实施节能措施时，通过节能法的定期报告在各企业之间分配合作节能量的制度）、委托方合作节能计划认证（在多个委托人共同努力实施节能活动时，在节能法规定的定期报告中，允许多个委托人共享并报告合作节能量的制度）、认证管理总发货人认证（如果企业集团的母公司等被认定为集团综合节能监督管理人，允许母公司等授

---

〔1〕 参见日本2000年第44号法案《产业技术促进法》，载 https://www.japaneselawtranslation. go. jp/en/laws/view/3998#je_ at18，最后访问日期：2022年11月22日。

〔2〕 参见刘群彦、邱韶晗：《发达国家知识产权和技术转移管理机制及启示》，载《中国高校科技》2015年第5期。

权管理总委托人以综合方式提交定期报告）等制度。[1]日本的能源效率逐渐达到国际先进水平，发展可再生能源的技术也已经基本成熟，进一步降低成本，提高绿色能源效率成为日本新能源战略转变的重要突破口。因此，日本政府、高校、企业正在全力攻坚进行能源技术创新，如实施太阳能光伏发电技术创新。一旦清洁能源技术获得突破，日本将可能实现从传统能源进口大国向清洁能源技术输出国的转变。为此，日本策划制定了能源技术战略，充分利用所积累的尖端技术和专业经验，加强"革新型能源高效利用技术"的开发与利用，开发能源储存、运输技术，提高生物质转化为生物质燃料的效率等技术。[2]

在管理机构方面，日本虽然有许多参与能源管理的组织，但真正决定政策并发挥综合作用的机构是自然资源和能源局（Agency for Natural Resources and Energy），它是经济产业省（METI）一个外部局。公平地说，作为一个外部局，它具有高度的独立性，但该局只是 METI 内部一个组织，决定能源政策的也是 METI 部长。在福岛核事故之前，核能发展机构核能政策规划司与核工业监管机构核和工业安全局都隶属自然资源和能源局。然而，核与工业安全局在灾难发生后被撤销，作为环境部独立监管机构的原子力规制委员会（NRA）及其秘书处于 2012 年 9 月成立。日本有许多与能源政策相关法律，首要法律是 2002 年颁布的《能源政策基本法案》。尽管在基本法案颁布之前，各个领域存在各自的法律体系，但基本法案的颁布促进了制定一项涵盖所有能源领域的全面政策。[3]

四、英国关于绿色能源技术转移的法律规定

在埃及举行的 COP27 谈判中，英国商务大臣宣布向气候投资基金发起的世界上第一个大规模产业转型计划提供 6500 万英镑，以帮助加快新绿色技术的开发——由英国企业的人才和专业知识提供支持。此举将有助于扩大清洁能源技术的整个全球市场，使发展中国家和地区能够获得和负担得起这些技

---

[1] 参见日本《节能法》，载 https://www.enecho.meti.go.jp/category/saving_ and_ new/saving/enterprise/overview/amendment/index.html，最后访问日期：2022 年 11 月 22 日。

[2] 参见孙霞：《西方国家新能源战略走向的分析借鉴》，载《环境保护》2013 年第 12 期。

[3] 参见《一文了解日本能源管理》，载 https://www.in-en.com/article/html/energy-2299704.shtml，最后访问日期：2022 年 11 月 22 日。

术，并使英国公司能够在这个重要且不断发展的行业中分享他们的人才和专业知识。[1]同时，英国知识产权局（UKIPO）发布了一份更新版企业战略报告，将绿色技术列为企业优先考虑事项，这是基于对英国的知识产权制度是可再生能源创新的核心驱动力的认识。

英国主张的全球绿色科技协议和优先考虑事项表明英国对绿色能源技术转移的积极态度。英国没有专门的绿色能源技术转移法律，环保方面的法律中也没有提及技术转移相关的内容，只有在知识产权法律中才有相关内容出现。英国2008年率先通过和实施了世界上第一部《气候变化法》（Climate Change Act，CCA），该法案确立了温室气体减排的中长期目标，设立了气候变化委员会。[2]英国《专利法》第38条规定了转让专利的效力，即专利权人对外转让专利，则原来在该专利上授予或创建的任何许可或其他权利一般情况下应继续有效。[3]从其国内法律制度和实践来看，绿色技术专利的快速审查制度、绿色技术银行制度、高校技术转移模式等都为英国绿色能源技术转移的实现提供了依据。

首先，英国是绿色技术专利申请快速审查制度的开创国。英国知识产权局（UKIPO）早在2009年5月份就开始推行绿色通道（Green Channel），这一程序大大缩短了绿色专利审查和授权的期限，减少了绿色专利技术获得法律保护的时间成本，极大地促进了绿色技术的自主研发力度和成果转化效率，其中就包括绿色能源技术专利的快速审查。具体而言，进入绿色通道除要提交在申请审查阶段所需要的资料外，还要满足两个条件：第一，申请涉及环境友好型技术；第二，申请者希望加快检索和审查相结合（Combined Search and Examination，CES）、加快紧缩或审查（Accelerated Search/Examination）、早期公开（Early Publication）程序。然后，专利审查员对此专利申请评估核准，作出是否准许进入绿色通道进行处理的决定，当然，若被拒绝，仍可以按照专利申请审查的一般规定进行处理。一般情况下，通过绿色通道的专利

---

〔1〕 See "Global agreement in green tech will open doors for UK PLC", in https://www.gov.uk/government/news/global-agreement-in-green-tech-will-open-doors-for-uk-plc, last visited on 4 May 2023.

〔2〕 参见宋锡祥、高大力：《论英国〈气候变化法〉及其对我国的启示》，载《上海大学学报（社会科学版）》2011年第2期。

〔3〕 See Intellectual Property Office, "The Patents Act 1977（as amended）", in https://www.gov.uk/guidance/the-patent-act-1977, last visited on 25 November 2022.

与一般专利申请耗时 2 年~3 年取得专利权相比，时间可缩短为 8 个月。[1] 因而，绿色能源技术专利的快速审查制度为技术转移提供了基础。

其次，以英国为代表的以半市场化和市场化的方式投资发展绿色技术银行，实现知识产权有效转化的策略。国际上绿色技术银行分三类：第一类，将气候变化和环境保护领域的投融资作为其业务组成部分之一。例如，亚洲开发银行（Asian Development Bank，ADB）是致力于促进亚洲及太平洋地区实现繁荣和可持续发展，努力消除极端贫困的区域性政府间金融开发机构。第二类，以对某一绿色领域的投资为主要方向，建立相应的绿色银行。例如，英国的绿色投资银行（Green Investment Bank，GIB）主要以绿色基础设施建设为投资方向。GIB 最开始由英国政府成立，并由英国政府全资控股。2017 年 4 月，英国政府宣布将 GIB 以 23 亿英镑的价格出售给多元化的金融管理公司麦格理。2017 年 8 月出售完成，英国政府仅保留 GIB 所拥有的部分资产股权。第三类，中国从国家层面建立的绿色技术银行，将绿色技术成果转移转化和绿色投融资作为银行的重要业务范畴。其中，英国绿色技术银行发展较具有代表性和借鉴性：第一，绿色技术银行先由政府组建，然后逐步部分私有化，实行混合制的运营方式。英国政府将 GIB 定位为一个独立于政府运作的可持续性金融机构，它的所有投资都必须遵循"绿色"和"盈利"双重原则。前期由英国政府确定若干个优先投资领域，同时政府介入以吸引更多的投资者。市场化后，很多大学、研究机构等仍愿意与英国技术集团（British Technology Group，BTG）展开合作，将技术成果交由其运营，英国技术集团也逐步发展为市场化运作的技术开发和技术转移机构。第二，绿色技术银行将绿色技术转移与绿色金融紧密融合，积极采用直接的股权投资和引导基金杠杆社会资本的方式投资相对成熟可行的绿色技术，并建立合理的多方利益分配机制，以及科技创新网络、国际科技转移网络和建立全生命周期的科技创新链产业链体系。根据亚洲开发银行的报告，全球整个金融体系需要重新定位以支持绿色经济。公共部门基金和发展援助只能为绿色技术发展提供一小部分的资金，私营部门需要填补长期融资缺口。GIB 的主要投资方法：一是对具备商业可行性的成熟技术采用直接股权投资策略；二是通过与基金管

---

〔1〕　参见米日班·吾甫尔：《论我国清洁能源技术的专利保护》，上海交通大学 2015 年硕士学位论文。

理公司合作投资一些中小型绿色项目。BTG 在评估项目的可行性和商业开发可能性基础之上，通过建立风险投资企业，对通过评议的技术予以直接投资支持。BTG 从原有的专利中不断衍生新的专利，获得的报酬在技术提供者、合伙人等之间进行利润分成。科研人员把技术成果委托给 BTG，在得到丰厚利润的同时也可获得知识产权保护。第三，建立严格的绿色影响评估体系和科学的公司治理结构，BTG 瞄准世界范围内的高校、科研院所、企业和发明人，与其建立合作关系，共建技术转移国际网络，形成从技术开发——技术转移——再开发/产业化等全链条的治理体系。[1]

最后，设立技术转移公司或创新服务公司是英国高校实施技术转移的重要模式之一。为推进科技成果转化，牛津大学从组织架构和运作机制等方面进行设计，建立了包括博格布洛克科技园、专门科研管理服务机构、企业和创新中心以及 Isis 创新有限公司。英国政府通过强化顶层设计，积极发挥政府在推进科技成果转化中的引导作用，完善高校科技成果转化的政策体系，破除高校科技成果转化机制障碍，从政策层面为高校科技成果转化提供保障。明确政府、高校和企业等创新主体在科技成果转化体系中的定位和作用，加大对高校科技成果转化的支持力度，引导高校提高对科技成果转化工作的重视程度，推动高校为科技成果转化成立专门机构、搭建合作平台和构建创新中心，为高校科技成果转化营造良好的氛围。

五、加拿大关于绿色能源技术转移的法律规定

加拿大的绿色能源技术转移法律制度主要体现在与贸易投资、环境保护和知识产权相关法律法规中。

第一，在贸易投资方面，加拿大的贸易法律体系主要涉及关税、进出口管理、贸易救济、贸易投资等方面。加拿大对进口商品所征关税的税率取决于关税待遇与税则分类，而对于绿色能源技术的引进通常会依据相应设备的原产地及功能用途等实施关税优惠待遇政策。对于绿色能源技术设备的引进，加拿大没有特别规定，根据加拿大《进出口许可法》，绿色能源技术的出口需要出口许可，技术进口没有限制。加拿大《投资法》鼓励加拿大公民和非加

---

〔1〕 参见郭滕达、赵淑芳：《绿色技术银行：来自中国的探索》，载《中国人口·资源与环境》2019 年第 12 期。

拿大公民对加拿大投资，而绿色能源技术则可以作为其中一种投资手段。加拿大的创新科技和经济发展部负责审核非加拿大公民对非文化产业的重大投资，遗产部负责审核文化项目的投资。任何一项对加拿大的外国投资都需要向政府备案或者通过政府的审核。政府审核的标准比较复杂，但主要取决于投资项目及金额，同时，加拿大边境服务署和国际贸易法庭根据《特别进口措施法》对反倾销与反补贴行为进行调查处理。总之，加拿大的绿色能源技术出口是受到一定限制的，不利于国际技术转移体系的形成。[1]

第二，在环境保护方面，加拿大的环境保护实行联邦、省和市三级管理。通常，国际环境事务由联邦政府决策，省际的环境事务由联邦政府协调。加拿大政府的环保原则概括起来为：各级政府共同负责、环保方针政策完全透明、实行全国环境监督、动员公民积极参与、积极进行综合治理、生物环境资源共享、坚持走可持续发展之路、严格防止污染、谁造成污染谁负责清除。根据这些原则，各级政府和部门制定和明确了各自的环保职责和分工，避免了工作中发生职责不清、推诿扯皮、形式主义等问题。在法律法规方面，主要涉及环境评价、污染防治、物种保护等诸多方面。以《环境保护法》为例，加拿大于1988年首次颁布《环境保护法》，并于1999年9月通过了新的《环境保护法》。该法将可持续发展作为立法所追求的终极目标，直面生物技术发展对环境法的挑战。虽然该法未对绿色能源技术转移作出明确的规定，但绿色能源技术转移本身所蕴含的可持续发展价值为该法所倡导，自然也是该法所鼓励的行为类型。

第三，在知识产权方面，加拿大没有关于知识产权的统一立法，但针对不同种类的知识产权均有相应的法律法规。法律方面主要包括《专利法》《著作权法》《商标法》《工业设计法》等，法规方面主要包括《专利法实施规则》《著作权法实施规则》《商标法实施规则》《工业设计法实施规则》等。此外，加拿大签署的《伯尔尼公约》《专利合作条约》《巴黎公约》等国际条约也是构成其知识产权法律体系的重要部分。以《专利法》为例，加拿大的专利保护类型有发明和工业设计两类，没有实用新型。加拿大知识产权局（CIPO）于2011年启动了绿色专利快速审查程序，在其专利数据库开通了

---

〔1〕　参见《加拿大环境保护法》，载 https://tbt. sist. org. cn/mbsc_ 106/jndsc/hjbh_ 442/jndhjbhf/200906/t20090616_ 173546. html，最后访问日期：2022 年 12 月 18 日。

"绿色技术"这一模块，专门公布每年绿色专利快速审查程序下的专利申请和授权专利数量、具体的专利信息。在这项新的规则下，申请人可以向加拿大知识产权局提交书面请求，说明自己专利申请的技术有助于解决或减轻对环境污染的影响或保存自然环境和资源，请求加快审查。目前，该请求不需要支付任何额外的官方费用。

加拿大政府设立了产业研究资助计划，加拿大商业开发银行为大学研究团队提供大量的概念验证基金。[1]许多加拿大大学衍生公司都接受过这项专门针对大学与公司合作项目的公共资助。该研究显示，加拿大政府的上述资助政策对于衍生公司的发展产生了积极的影响，72%的受资助公司得到了风投资金的支持。此外，研究者还分析了加拿大政府的另一概念验证专项基金——为大学的发现或发明向商业技术转化提供资金支持，该基金主要是面向个体研究者。[2]

加拿大大学的技术转移分为两种模式：技术推动模式（the Technology Push Model）和工业拉动模式（the Industrial Pull Model）。前者是从实验室到工业界（市场需求），即先有技术，再寻求市场。这种模式的技术转移成功率一般在10%以下；后者是从工业界到实验室，先寻求工业上的需要，再开展研究，即根据市场需求开展研究。这种模式的成功率在25%以上。无论是哪种模式，大学与工业界合作成功的经验有六条：一是合作者品德，二是不同文化要互相体谅，三是技术成熟，四是市场前景大，五是严格的管理，六是资金有保障。[3]

六、国外相关制度的借鉴与启示

以上五个国家和地区为促进绿色能源技术转移，都制定了与绿色能源和技术转移相关的法律法规，这些规范成为绿色能源技术转移的根本动力。这些国家和地区关于绿色能源技术转移的法律制度主要由两部分构成，专门的

---

〔1〕 See Jorge Niosi, "Success Factors in Canadian Academic Spin-Offs", *The journal of Technology Transfer*, Vol. 31. No. 4, 2006.

〔2〕 See Einar Rasmussen, Roger Sørheim, "How Governments Seek to Bridge the Financing Gap for University Spin-offs: Proof-of-concept, Pre-seed, and Seed Funding", *Technology Analysis & Strategic Management*, Vol. 24, No. 7, 2012.

〔3〕 参见罗长坤：《加拿大大学的教学、科研管理和技术转移》，载《中国高等医学教育》1998年第6期。

技术转移法律和其他法律中关于绿色能源技术转让的内容。这些法律的共同特点：总体上都未建立专门的绿色能源技术转移法律制度，在分散的相关法律条文中，既有原则性的法律规定，也有具体配套的法律条款，且随着能源开发利用的实际情况进行不断的修订和完善。本书对这五个国家和地区与我国在法律体系、管理机构、技术转移机构、技术转移模式、资金支持方式以及其他相关制度六个方面进行了对比，如下表（见表2-1）所示：

表2-1　中国与代表性国家（地区）在技术转移法律体系等方面的对比表

国家/地区	法律体系	管理机构	技术转移机构	技术转移模式	资金支持方式	其他相关制度
中国	以《环境保护法》《反不正当竞争法》《专利法》为代表	科学技术部、自然资源部	企业、高校、科研院所	技术转让与技术许可使用	绿色技术银行	碳排放权交易机制
欧盟	以竞争法《欧盟运行条例》、欧盟相关指令为代表	欧盟委员会	企业	技术转让贸易	欧洲能源复兴计划（EEPR）	技术转让协议集体豁免
美国	以《拜杜法案》《史蒂文森—威德勒创新法》为核心	能效和可再生能源局	技术许可办公室和概念证明中心	技术许可证贸易	国际技术转让基金	绿色能源技术相关法律的党派色彩严重
日本	以《科学技术基本法》《产业技术促进法》为代表	自然资源和能源局	科学技术振兴事业团和日本中小企业事业团	技术转让	政府资助与社会资金	节约能源法律政策
英国	以《气候变化法》《专利法》为代表	知识产权局	技术转移公司或创新服务公司	技术转让与技术许可使用	绿色投资银行	绿色技术专利申请快速审查制度

国家/地区	法律体系	管理机构	技术转移机构	技术转移模式	资金支持方式	其他相关制度
加拿大	以《投资法》《专利法》为代表	创新科技和经济发展部、知识产权局	企业、大学	大学技术推动模式和工业拉动模式	概念验证基金	绿色专利快速审查程序

尽管这些国家（地区）的分散式法律制度存在一些问题，但仍有我国在制度建设上值得借鉴的许多经验。具体如下：

首先，构建高水平、专业化的技术转移人才队伍。欧盟与美国都十分重视人才培养，科技创新与技术转移均离不开人才，高质量的专业人才才能引领整个国家的科技研发能力，特别是美国已经形成了较为高质量、专业化的技术转移机构，构建了完善的技术转移服务体系。而我国目前的技术转移服务体系尚不健全且技术转移人才队伍建设薄弱，无法积极引导和满足社会发展的需求。技术转移人才的培养首先应当完善人才培养计划，在需求量适中的地区展开试点进行实验，不断调整计划内容，最终符合我国实际情况，若在试点过程中形成某个特定的行业，可以倡导高校开设相关专业，为技术转移服务体系增添助力，以专业知识培养专业人才。技术转移服务体系的构建是实现技术转移的重要途径，因为技术转移服务体系代表着服务网络化、信息集中化、程序统一便捷化，美国将小企业发展中心作为技术转移的核心主体机构，用以服务全国乃至涉外的技术转移工作，而欧盟则将高校技术研发中心或者地区机构、国家机构作为中心点向外扩散实施服务，这些网络化的构建对技术转移的成功实现发挥了不可磨灭的作用。很显然，这些网络构建的底层逻辑就是人才的培养与支持，人才培养是整个工作的重要环节，我国需要从长远出发，周全计议。

其次，采取综合型立法模式进行绿色能源技术转移法制定。专门型立法虽对绿色能源技术转移目标予以明确规定，但通常涉及政策的内容较少，不符合我国政策先行的立法导向；而政策型立法仅宏观上规定了绿色能源技术转移目标的相关政策和法律原则，未在基本法中明确具体的绿色能源技术转移目标和制度，不符合基本法的指导性特征。因而，国家层面的基本法"绿色能源技术转移条例"的制定是我国绿色能源技术转移法律制度完善的要义，只有在基本法的规范基础上，整个法律制度才能更加完整。制定"绿色能源技术转移基本法"时，不仅应对我国的绿色能源技术转移宏观政策进行法律化的转换，明确相关政策的基本原则和指导规范，还可以借鉴其他国家和地区相关法律制度充实基本法的主要内容。

再其次，发挥政府总体布局和优化配置作用。美国十分注重技术转移环境的营造，对技术转移实施统筹治理模式，针对美国各个不同区域经济发展状况，构建相应的政策支持模式，满足科技成果转化的需求，特别是在政策支持和相关制度条件上，美国搭建了较为完善的帮扶体系。我国技术转移初具规模，但是整个体系仍然需要完善，特别是法律制度、经济政策、产业政策、人力资源政策等方面之间的联动沟通以及协同发展，应当在学习借鉴美国、欧盟等先进国家和地区政策的基础上结合我国实际状况。政府应当以更长远的目光来部署这些资源，发挥政府科技部门的作用，以符合科技发展规律以及社会运行现状的方式，对技术转移进行积极有效的指导。

最后，还可以通过行业规划以及宏观政策来加强对技术转移的支持，实现配置创新资源和营造创新环境的双重效果。政府发挥作用过程中应当重视私营部门的能动性，综合各地不同发展因素，探索政府与企业多元的合作模式，减少政府不适当干预，以紧密结合政府指导、技术转移与企业发展之间的关系从而调动社会群体的积极性，推动科技创新与转化，加速全社会的技术转移实现进程。

本章小结

自第三次科技革命以来，世界步入信息化时代，科学技术转化为生产力，不断推动社会进步，绿色能源技术借此投入生产环节，以此来缓解环境污染、气候变化给地球带来的危害。虽然，发达国家和地区与发展中国家和地区由于各种各样的因素导致双方存在经济与技术上的鸿沟，但是双方在应对全球气候变化上均达成了节能减排的共识。然而，双方在节能减排义务分配上存在一定的矛盾与冲突，为了缓解这一冲突，并且减缓环境污染、气候变化带来的危害，国际社会通过设立一定的组织与条约，为绿色能源技术转移提供一定的保障。

本章第一节通过对当前有关绿色能源技术转移的国际条约及国际会议文件内容，即世界知识产权组织、联合国内部管理知识产权等相关领域的机构以及世界贸易组织这三类组织制定的国际条约规范和形成的各类会议决议、宣言、议程等进行简要评述，梳理国际层面与绿色能源技术转移相关的内容，分析它们内在的逻辑关系，重点指出它们对保护生态、节能降耗、低碳减排所带来的影响、积极作用与实际效果，为国际社会实施绿色能源技术转移提供了一定的指导。此外，从我国绿色能源技术转移的国际合作出发，分析了近年来我国与"一带一路"倡议国家和地区、美国以及欧盟在推动绿色能源技术的研发、运用与转移转化方面较为典型的双边合作协定及其主要内容，以明确我国绿色能源技术转移的国际合作现状及未来发展趋势，为之后相关法律制度的完善作铺垫。

本章第二节通过对五个具有代表性的国家和地区，即欧盟、美国、日本、英国、加拿大的绿色能源技术转移法律制度进行分析得出，这些国家和地区总体上都未建立专门的绿色能源技术转移法律制度，在其分散的法律条文中，既有原则性的法律规定，也有具体配套的法律条款，并对这五个国家和地区与我国在法律体系、技术转移机构、技术转移模式、资金支持方式、其他相关制度五个方面进行了对比，提出我国可以在制度建设上借鉴的经验，包括构建高水平、专业化的技术转移人才队伍，发挥政府总体布局和优化配置作用，以及通过行业规划以及宏观政策来加强对技术转移的支持，实现创新资源配置和创新环境营造双重效果。

近些年来疫情肆虐，节能减排行动也在加速推进，各个国家和地区都大力推动绿色能源技术的研发、使用与推广，我国也不例外。本章第三节则站在国内法角度，从知识产权、贸易投资、市场竞争及税收法治、环境资源保护这四个方面的法律法规出发，对我国绿色能源技术转移的法律制度体系进行了剖析，体现出我国相关法律对绿色能源技术转移的鼓励与支持态度。同时，通过对我国绿色能源技术转移的争端解决典型案件进行归纳分析，提出基于风险预防和法律规制原则的要求，我们应当积极进行绿色能源技术转移争端解决机制的创新，在现有多边主义的基础上以开放、合作、共赢的姿态为世界经济发展和环境保护注入新的活力。

总之，我国绿色能源技术转移法律制度目前主要由两部分内容构成，一部分是我国加入或批准的国际条约规范，另一部分就是我国专门规定绿色能源技术转移内容的国内法规范。除了在国内大力开发绿色能源，我国也十分重视绿色能源技术转移的国际合作，一方面希望能够引进更多先进技术，另一方面也希望能够推广我国技术协助他国和地区实现节能减排的目标，其中较为重要的内容就是"一带一路"倡议、"南南合作"下的绿色能源技术转移的交流与合作，以及和美国、欧盟等发达国家和地区之间的合作与交流。就国内层面而言，我国缔结了许多国际条约、多边条约以及双边条约，一向以环境友好发展作为自身的行动指南，有助于我国实现科学研究、创新合作等方面的协作。但我们仍需要看到我国有关绿色能源技术转移法律规范的不足之处，我国尚未构建起专门规制技术转移的法律规范，有关绿色能源技术转移的内容散见于《民法典》《专利法》《反垄断法》《环境保护法》《清洁生产促进法》等相关法律规范中。这些规范内容都与私营部门的市场经济行为相关，国家在法律规范构建过程中注意到绿色能源技术目前风险大，私营部门往往望而却步，国家为此构建金融支持政策，并通过政府采购保障绿色能源技术的销售，极大地促进了私营部门的研发热情，有助于普及绿色生产方面的知识与技术，促进技术研发成果转化为现实生产力。除了维护私营部门的市场经济行为，政府也会在市场失灵时发挥一定作用，其中包括强制淘汰落后产能，反垄断规制，反不正当竞争规制，以此维护绿色能源技术的推广与应用。

能源革命背景下绿色能源技术转移法律制度存在的问题

进入 21 世纪以来，世界能源需求进入低速增长时期，新兴经济体能源需求持续增长，而绿色能源成本相对偏高，化石能源主体地位在短期内仍难以替代。此外，世界地缘政治关系日益复杂，能源生产和消费国利益分化严重，导致相关绿色能源技术转移法律制度存在诸多问题，影响全球能源革命进程。从上述国际以及我国的相关法律制度可以发现，绿色能源技术转移法律制度存在诸多不足，特别是在国际社会层面，不仅没有形成统一的国际技术转移条约，甚至发达国家和地区与发展中国家和地区在诸多条约中达成的为减缓气候变化而承诺的绿色能源技术转移内容都尚未得到实现。这些内容散见于世界知识产权组织、联合国相关部门、世界贸易组织管理体系下的各项条约，以及在各种宣言中得到提倡。不同于国际条约内容，各项宣言具有软法性质，其法律效力不如国际条约，所以即便宣言对绿色能源技术转移制度探索较深，仍旧无法实现预期效果。同时，目前国际层面缺乏义务履行监督机制以及相关争端解决机制，国际条约具有相应的法律效力，缔约方理应诚信履行诺言，但从现实状况看，发达国家和地区虽然签署了条约，但是仍未履约，发展中国家和地区的诉求没有得到充分重视。因而，本章将结合能源革命的特殊性，对现有的绿色能源技术转移法律制度和相应争端解决机制存在的不足及其原因作简要分析。

第一节　绿色能源技术转移国际法律制度存在的问题及其成因

一、国际绿色能源技术转移法律制度存在的问题

（一）国际条约规范内容乏力，缺乏可操作性和强制执行力

从第二章的分析可以看出，绿色能源技术转移条款散见于各个国际条约，

其中规定的内容又以原则性、概括性规定为主，并未制定统一的技术转移国际条约规范，无法保证相关措施落到实处。许多绿色能源技术转移具体操作性规定以软法形式存在于各个会议宣言、行动计划中，虽然具有可操作性，能够帮助众多国家和地区实现节能减排的气候目标，但是因为软法内容不具有相应的法律效力，随意性较大且没有强制执行力，也无法保证技术转移有效实现。国际条约或者各项宣言协议旨在促进国际社会之间的绿色能源技术转移，特别是发达国家和地区与发展中国家和地区之间的技术交流与合作，主张发达国家和地区积极帮助发展中国家和地区发展技术，并提供必要的资金协助其研发技术以及培养人才，但是由于条约规定不具有可操作性，宣言协议不具有相应的法律效力，导致绿色能源技术转移内容的落实更加依赖于各个国家和地区构建自身国内法或者签署双边或多边协议，这就导致国家（地区）与国家（地区）之间在遇到相关问题时依旧以自身国内法为准，国际条约或者各项宣言、计划并未发挥应有的作用，仅仅停留在倡议层面而无法得到切实有效的实施。

现有国际条约支持绿色能源技术转移，特别是在发达国家和地区与发展中国家和地区之间的技术转移，但是众多国际条约的内容比较灵活、模糊，没有规定详细的、具有可操作性的内容，在具体操作方面无法得到有效的落实。国际组织在研讨这些条约内容时，更多地将绿色能源技术转移内容作为一种口号，期望号召发达国家和地区积极伸出援手。这样做是因为国际组织认为所有国家和地区都有解决全人类共同面临的生存困境的责任，而没有考虑到各个国家（地区）之间基于自身的利益具有一定的隔阂，任何一个国家和地区都不可能抛弃本国（地区）利益，单纯去考虑全人类的生存困境。这样就能够解释为何发达国家和地区签署协议后，承诺给予的技术支持、资金支持尚未得到现实的履行。《联合国气候变化框架公约》（本部分以下称《框架公约》）确立了"共同但有区别的责任"原则，对发达国家和地区与发展中国家和地区规定了不同的节能减排义务。根据该公约第 4.5 条的内容，虽然发达国家和地区需要向发展中国家和地区转移绿色能源技术，但是其中"可行""酌情""促进""便利""资助"等弹性很大的词汇表达在一定程度上削弱了条约的拘束力，即便提及了技术转移的内容，但规定内容太过原则和宽泛，没有具体的措施内容，不具备条约本应当具备的强制性特征。当条约内容规定得详细、具体且明确时，发达国家和地区履行义务的刚性便越强，很显然上述条约不具备这个条件，这种无明确约束的承诺在绿色能源技术转移方面给各个发达国家和地区留下了很大的自由发挥空间。事实证明，从条约签订至今，发达国家和地区也未采取足够的措施履行该条内容所确立的"义务"。然而，《框架公约》属于早期谈判的成果，不是国际社会关于气候变化问题的最终规范，在其后的发展阶段还有其他条约内容对绿色能源技术转移规定进行承继，《框架公约》提出的理念为后续国际条约的谈判、签署提供了有效的借鉴，也为后续落实绿色能源技术转移内容的文本奠定了基础，因此我们也不能对《框架公约》这部条约文本给予太多的苛责。《京都议定书》同《框架公约》存在的问题相类似，即虽然《京都议定书》与《框架公约》一样，都有直接表述要求发达国家和地区履行缓解气候变化的义务，向发展中国家和地区实施技术转移，但规定的内容同样趋于原则性，使用了"酌情""帮助"等较为灵活的词汇，缺乏强制性义务内容，无法强制保障绿色能源技术转移制度的实现。虽然《京都议定书》特别声明要对《框架公约》中规定的内容构建有效程序和机制来处理不履行义务的缔约方，但最终这项声明也并未得到实施。甚至 2015 年的《巴黎协定》也并未实现充分落实和保障绿色能源技术转移制度，只是在约定中提及一些原则性、口号性的内容。

到目前为止，没有一个界定技术转移范畴、实施技术转移方法的国际法律规范，绿色能源技术转移制度面临的局面依旧是要依靠各个国家和地区自己的法律，国际条约的内容实质上被架空，发达国家和地区签署约定后，即便不履行自身承诺，也没有机构对此进行监督与谴责，甚至发达国家和地区不需要承担任何法律后果，由此不可避免地给条约相关规定的具体履行带来了消极影响。国际条约强制力不足，其他宣言协议属于软法内容，绿色能源技术转移主要是根据相关国内法以及相关主体意思自治来实施，这样的谈判必然无法保障弱势方的利益，弱者将会处于不利地位。科技能力强的国家和地区，特别是发达国家和地区会从其本国家和地区利益出发，考虑绿色能源技术对未来世界经济可能产生的重要影响，甚至认为转移绿色能源技术会影响本国和地区内部的产业在国际经济中的竞争优势，所以各个发达国家和地区才不愿意履行国际条约中的约定，仅仅在纸面上予以承诺，却不愿付诸实践。当今的竞争已经不再是局限于产品的竞争，转而进入高级技术领域的竞争。强国和地区在制定标准和竞争过程中具有优势地位。强国和地区的跨国公司也借助其国家和地区的地位，在与他国和地区进行交易时，利用优势地位以及信息差等有利因素，故意哄抬价格、附加限制性条款等内容，曲解交易双方的权利义务，甚至排除限制弱势方的权利，这样的行为无异于为发展中国家和地区引进绿色能源技术树立阻碍与屏障，这也进一步拉大了国家（地区）之间的差距，发展中国家和地区被迫接受发达国家内部提出的要求和标准，甚至不得不将这些标准内化为其国内法部分。

尽管从表面上看，各个国家和地区都制定了属于自身的法律，但实质上运行的均是发达国家和地区制定的规范体系，发展中国家和地区已然丧失了结合自身实际情况制定有效引进技术、推动发展、强化实力的规则的权利。例如，美、欧、日等发达国家和地区在技术方面具有很强的优势，他们在贸易过程中会以其强势地位将本国和地区立法要求施加给交易伙伴，这在一定程度上使强国和地区的法律产生了域外效力，为该国企业提供了便利。西方国家和地区探索规则历经百年，技术发展基础坚实，却要发展中国家和地区在短短数十年间追赶，并以相同的标准要求发展中国家和地区，这显然不公平。发达国家和地区的国内法有时不仅强加在发展中国家法律体系中，甚至发达国家和地区还会将其本国（地区）法的要求通过强势谈判的方式延伸至国际社会当中，典型的例子就是世界贸易组织下的 TRIPS 协定，就是发达国家和地区意志在国际条约中的转化，TRIPS 协定中的一些规定与美国法律内容相一致，例如 TRIPS 协定中关于商业秘密的界定就是来自美国《统一商业秘密法》，而且其中有关知识产权的内容，很多也表达了发达国家和地区的意志，特别是有关高新技术内容的法律文本，均体现了美、欧、日等发达国家和地区的国内法内容，对技术向发展中国家和地区转移构成了障碍。[1] TRIPS 协定对绿色能源技术转移的内容作了原则性的规定，内容不具有可操作性或没有强制性履行的内容，反而对知识产权权利人的权利内容规定较为详细，更侧重于保护知识产权人的利益，这样的规定很显然不利于发展中国家和地区引入绿色能源技术，对于绿色能源技术转移内容的实现难度不言而喻。知识产权是技术的根本，TRIPS 协定即便规定了技术转移的内容，但还是着重强调了知识产权的保护，鲜少提及技术转移保障内容，绝大部分条款围绕着"确权""保护"而展开。因此，TRIPS 协定对自由商业贸易环境下的绿色能

---

〔1〕　See Jayashree Watal, *Intellectual Property Rights in the WTO and Developing Countries*, Kluwer Academic Publishers, 2001, p.192.

源技术转移难以起到积极推动作用。此外，发达国家和地区在国际条约中承诺给予发展中国家和地区资金帮助和支持，但是发达国家和地区为此设立了多重费用类别并且对帮助内容予以严格的定义和限制，这就导致发展中国家和地区的企业在申请资金援助时困难重重，无法筹集到资金就无法引进先进技术，进而阻碍了发达国家和地区向发展中国家和地区转移技术的路径，发展中国家的企业就此陷入缺乏资金、无法引进先进绿色能源技术、无法发展清洁生产这样的恶性循环中。尽管发展中国家和地区在签署相应国际条约时尽可能同意强势方的要求，甚至迎合其国内法的需求，但是资金欠缺、技术不足这样的短板，无法让发展中国家和地区得到真正的发展，更无法构建应对气候变化的统一战线。

知识产权保护与绿色能源技术转移在国际社会各方谈判中，似乎一直是个难题。各个国家和地区代表各自的利益进行谈判，都期望为本国和地区争取更多的利益，特别是发展中国家和地区希望得到发达国家和地区先进技术的帮助，在共同缓解气候变化的基础上，实现国家科研实力与经济发展，这就必然涉及国际竞争的内容。如何在保护知识产权的前提下，合理实现绿色能源技术转移的目的，从社会发展的客观角度看，这个模式有助于改善全人类的生存环境现状。但是在现实中，这个目标一直停留在纸面上，无法在现实中得到实现，特别是在《框架公约》实施的过程中，发达国家和地区与发展中国家和地区一直对知识产权是否是绿色能源技术转移所必须涉及的内容争论不休。因为《框架公约》在绿色能源技术转移的内容中并未明确提及知识产权，但是知识产权在技术争端中的作用日益凸显。气候变化给发达国家和地区和发展中国家和地区带来的影响是不同的，发展中国家和地区受到的不利影响很明显多于发达国家和地区，在这样的困境下没有技术帮助、资金支持还要求发展中国家和地区履行相应的义务，这样的做法属实是强人所难，很多绿色能源技术并不一定会涉及发达国家和地区的核心机密，例如很多第二代生物能和合成燃料可能会以较低的成本复制生产出来，这并不必然触动发达国家和地区的根本利益，但发达国家和地区为了避免核心机密的外泄，选择一刀切的方式，对所有知识产权采取保护措施，导致这些成本低廉但效果很好的技术无法实现国际范围内的扩散。

（二）发达国家和地区掌握着谈判主导权，发展中国家和地区诉求难以实现

国际谈判以及条约签订过程中，发达国家和地区与发展中国家和地区的

话语权分配并不公平，发达国家和地区在国际谈判中掌握着主导权，不允许发展中国家和地区真实意志在条约中表达，即便要呈现也只局限于原则性内容，无法真正得到具体实施。绿色能源技术转移目前不仅仅是单纯的经济贸易活动，还涉及政治因素以及外交因素，发达国家和地区为了保障自身竞争优势以及发展利益，常常借口技术转移会危害其国家（地区）利益与国家（地区）安全，不积极履行甚至是拒绝实施绿色能源技术转移，其中就夹杂了政治因素与外交因素。[1]绿色能源技术或是其他高新技术在国际贸易中优势显而易见，一旦转移给其他国家和地区，其他国家和地区的生产效率便会提高，双方之间的技术差距或者竞争差距就会减少，发达国家和地区就不得不面临竞争不利的局面，尽管这是发达国家和地区一直担忧却并未实际发生的事情，但这并不影响发达国家和地区采取限制策略维护自身垄断地位以及竞争优势局面，但是从全人类利益角度出发，发达国家和地区这样的行为严重歪曲了正常的绿色能源技术转移路径，为众多国际条约的履行增添了阻碍。美国对待绿色能源技术向外转移的态度就是如此，美国出于自身政治、军事或者经济利益考虑，一向主张限制本国高新技术向具有威胁性的国家和地区出口，实施出口贸易管理及控制。2017 年，美国宣布对华技术出口管制新政策，列举了众多技术产品，其中就包含与节能减排密切相关的技术。2018 年美国继续出台对华技术及产品限制出口的管制框架，其中包含生物技术、人工智能和机器学习技术、微处理器技术、先进计算分析技术等，美国认为这样的技术管制是为了保护美国技术敏感的重要方式。由此可以看出，高新技术出口管制并非一时兴起的做法，这一直是发达国家和地区对待发展中国家和地区的贸易方式，发展中国家和地区的劣势地位能够为发达国家和地区产生不小的经济利益，并且不会妨碍发达国家和地区在国际社会中的地位，发达国家和地区的跨国企业对此持相同的态度，但是有时这些跨国企业也会为了利益去适当转让技术，发达国家和地区为了避免这样的利益驱动，便设置了诸多限制性法律规范。我们需要看到绿色能源技术的特殊性，气候变化问题刻不容缓，这关乎全人类的生存，一旦气候变化得不到有效缓解，人类将面临灭顶之灾，发达国家和地区过于看重私人利益，这是在牺牲人类的未来。

---

〔1〕　参见张建平：《气候变化谈判框架下的国际技术转让机制研究》，载《国际贸易》2010 年第5 期。

从现实情况出发，国际会议的召开以及国际条约的大量签订，并未改善发展中国家和地区的困境，发展中国家和地区由于缺乏资金以及人才的储备无法研发出绿色能源技术，加上发达国家和地区故意的限制政策，很大一部分发展中国家和地区还在重复传统工业生产的道路，其经济发展还是建立在高耗能、高污染的基础上，而这样粗放式的发展无异于重复发达国家和地区发展的老路，节能减排的目标便无法得到实现，气候恶化的速度不可能得到减缓，随之而来的就是更多的社会混乱，甚至是战争。

发展中国家和地区面对如此复杂的国际环境，很难发展自身技术。发展中国家和地区本身就缺乏成熟的统计、计算技术，甚至政府管理难以匹配科研需要，在面对国际谈判时无法掌握自身实际状况，进而无法清晰表明自身需求，加上发展中国家和地区由于历史以及现实原因，经济发展严重受限，科技研发人才以及国际交往与谈判人才均严重匮乏，发展中国家和地区对国际社会局势乃至国际立法程序缺乏足够的了解，当其面对或者参与国际会议时难以应对，不知如何正确表达自己的诉求，在面对争端时也无法很好地应对，发展中国家和地区不能对规则的颁布产生积极有效的影响，所以很多条约规则都重点体现了发达西方国家的意志，即便部分内容能够反映发展中国家和地区的意愿，但这些内容都十分局限，加上发达国家和地区的强势地位以及强硬态度，发展中国家和地区想要实施或者执行其中对自身有利的内容也十分的困难。由于历史原因，发达国家和地区抢占资源、耗能排放，度过了发展的最初阶段，而众多发展中国家和地区未能赶得上发达国家和地区的发展时期，甚至到现在还不及发达国家和地区百年前的发展水平，但是发展中国家和地区被迫要求共同面对气候变化的剧烈影响，而发达国家和地区对此置之不理，甚至认为在节能减排义务中确立"共同但有区别的责任"原则是一种效率低下且不公平的现象，发达国家和地区在这样的言论中逐步强调要共同承担节能减排的义务。发展中国家和地区的经济发展严重影响了其在国际社会中的地位，在发达国家和地区的强势推动下，各个国家和地区签署了一部部难以实现的条约。例如《框架公约》《京都议定书》中有关绿色能源技术转移的内容从未得到真正实现，具体实施程序也在一次次谈判中被延后，最后以原则性内容一笔带过。世界贸易组织体系下的 TRIPS 协定是 WTO "一揽子"协定中最为重要的条约之一，是发达国家和地区在全球建立一个普遍知识产权制度模式的强制性内容，TRIPS 协定看似包含有利于发展中国家和地区的条款，规定了技术转移的内容，但实质上该协议并未考虑发展中国家和地区乃至最不发达国家和地区与发达国家和地区之间的发展差距，规定的过渡时间与调整期限对于发展中国家和地区乃至最不发达国家和地区加入与适应 TRIPS 协定是不够的，如此看来更不用说如何保障有利条款的实施与执行了。除了 TRIPS 协定，《框架公约》与《京都议定书》中涉及技术转移的规定，也是偏向于原则性内容，并未规定相应的操作流程或者是不履行义务要承担的法律后果，这些内容都反映了发展中国家和地区的诉求无法在国际条约中得到公平的对待，特别是 TRIPS 协定强调对知识产权的保护，这样的规定极大阻碍了发展中国家和地区和最不发达国家和地区潜在地走从模仿到创新的发展之路。发展中国家和地区数量多，且发展差距较大，这个差距不仅仅体现在经济水平上，还体现在教育、文化等方面，这些内容都直接或者间接影响着经济的发展，并且这样的差距导致各个发展中国家和地区对技术的需求不尽相同，导致发展中国家和地区内部还存在着分歧，这进一步加大了发展中国家和地区凝聚力量表达诉求的难度，无法在某一领域集中发力。就目前的国际条约而言，发展中国家和地区在其中获得的帮助十分有限。数十年来，发达国家和地区从未认真履行过自身作出的承诺，气候变化的应对方式深受这些因素的影响，发展中国家和地区在政治上的弱势严重影响了他们的发展，甚至是他们对国际形势的判断，被国际条约中部分原则性、笼统性的内容蒙蔽进而签署条约，反而进一步限制了自身的发展，发达国家和地区的意志在国际社会中得到充分的体现，但发展中国家和地区与最不发达国家和地区这样最容易受到气候危害的国家的意愿却难以得到表达。

（三）现有技术转移法律规范缺乏履行监督与纠纷解决机制

绿色能源技术转移的实施一直是国际社会的难题，在当前条约的框架下，相关国际条约并没有明确规定不履行绿色能源技术转移义务的国家需要承担何种法律后果，发达国家和地区作出的技术转移承诺是否能够得到切实履行只能依靠发达国家和地区是否愿意履行，其实从这里就能看出国际条约的执行状况并不是很好。事实证明，从实际情况来看，发达国家和地区也并未主动、自愿地履行其在国际条约中作出的承诺，即便不履行也只会受到国际社会的道德谴责压力。从这个角度出发，国际条约的不履行与缺乏强制力保障有很大的关系，本身条约内容详细程度就不足，缺乏具体落实的内容，加上没有第三方或者上位机构的监督，条约目的就无从实现，这是众多为了减缓气候变化的国际条约中共同存在的问题。例如，《框架公约》并未规定有关国际法律责任的内容，同样也没有设立专门机构来实施监督，虽然设立了争端解决条款，但形同虚设。《框架公约》中规定争议各方之间可以通过谈判、调解、诉讼或者仲裁来解决纠纷，这条规则还是传统国际争端的解决方式，谈判时双方利益代表之间的协商，立场不同谈判很难进行下去，调解实质上也是以谈判的方式进行，因为调解委员会也还是由双方利益代表构成，还是针对同样的分析发表于谈判中并无二致的意见，二者没有本质区别，争端依旧无法得到有效的解决。当争议方之间谈判、调解失败可以选择诉讼或者仲裁时，诉讼或仲裁有一个很重要的前提条件，即争议各方都要同意，当任意一方不同意时，诉讼或者仲裁是无法插手解决纠纷的。这从侧面体现出，当发达国家和地区不愿意履行绿色能源技术转移义务时，即便谈判破裂，依旧可以选择置之不理并且不必承担任何法律责任。发展中国家和地区也认识到了这个问题，明白这并不能给自身或者减缓气候变化带来任何好处，事实上国际法院或者仲裁机构也从未审理过有关气候变化的案件，《框架公约》规定的争端解决方案无法起到应有的制约作用。《京都议定书》也面临同样的状况，《京都议定书》曾在条约文本中提及要构建具有拘束力后果的程序及机制，但是至今任何强制措施都不曾构建成功，各缔约方均未认真履行自身节能减排的义务，更不必说履行绿色能源技术转移的义务。绿色能源技术转移义务的履行更多的还是依靠各国（地区）国内法，特别是掌握核心技术的发达国家和地区的国内法规定，而发达国家和地区对此一直呈反对态度，例如美国总是制定各类限制技术出口的清单，防止本国丧失国际上的竞争优势，而国际条约强制制裁的缺失，又给了发达国家和地区灵活的应对之策。[1]因此，如何在绿色能源技术转移义务违反责任方承担法律后果方面寻求一个有效的约定，以推动各国真正履行绿色能源技术转移等义务是目前国际社会面临的一个迫切而又艰巨的问题。[2]除了上述提到的不足外，还有一个不足的地方在于，国际社会并不能很好地衡量与界定知识产权的保护范围，知识产权的保护制度有利于激发人们的创作热情，但过度的保护就会限制技术的扩散，气

---

〔1〕 参见张乃根、马忠法主编：《清洁能源与技术转移》，上海交通大学出版社 2011 年版，第 36 页。

〔2〕 参见马忠法等：《应对气候变化的国际技术转让法律制度研究》，法律出版社 2014 年版，第 210 页。

候变化带来的危害日益严峻，公共利益与私人利益之间的冲突也愈发激烈，如何衡量二者之间的关系是当前需要考量的重点内容，知识产权应当进行相应的变革才能更好地维护全人类共同的利益。

二、国际绿色能源技术转移制度存在问题的原因

产生上述国际绿色能源技术转移制度问题的原因主要有以下几点：

（一）各个国家和地区技术利益竞争激烈

气候变化问题最根本的还是各个国家和地区的利益争端，发达国家和地区与发展中国家和地区都在努力为各自争取相应的权利，各个发达国家和地区在资本主义制度的催化下，更看重利益。发展中国家和地区被发达国家和地区视为潜力巨大的市场，而非可以合作的伙伴。技术是发达国家和地区实现垄断地位的重要内容，在垄断的支配下，发展中国家和地区会成为其获利来源，在未来利益的驱使下，发达国家和地区的私人部门不会考虑节能减排对人类生存环境的意义，反而会考虑在国际谈判中争得权利，当发达国家和地区争得较多的排放权，无疑会限制发展中国家和地区的发展。很显然，争夺排放权是一种消极的应对之策，先不说未能成功争夺排放权的国家是否会真正切实履行节能减排义务，即便真的履行了相关义务也无法平衡各方维护国际秩序的利益，南北争端只会愈演愈烈。国际社会在谈判中共同认为技术转移能够很好地平衡二者之间的紧张关系，绿色能源技术转移是一种积极应对之策，由掌握技术的国家负责提供技术，不仅帮助控制自身的消耗，还能帮助广大发展中国家和地区实现节能减排，每个国家都减少一定的排放，国际目标就有望实现。但是国际组织以及谈判国家同时忽略了一个重要的问题，绿色能源技术往往掌握在私人部门，私人部门的高管们更看重自身经济发展与未来的获利，其不愿放弃利益是导致绿色能源技术转移不畅的根本原因。因此，发达国家和地区政府在国际谈判中作出的承诺，实质上是有悖于发达国家和地区私人部门利益的，国家作出的承诺与私人部门的逐利性存在内在的冲突，发达国家和地区在其资本主义社会制度的发展下，本身也并不愿意为发展中国家和地区提供便利，加上国际条约对履行义务并未规定强制性措施以及相应的法律后果，发达国家和地区往往不会通过制定国内法强制本国私人部门作出一定的牺牲或者是不符合未来获益性的行为。从历史发展来看，发达国家和地区占据发展先机，不仅经济实力超群，甚至掌握了世界上绝大

部分的先进技术，其中包含众多绿色能源技术，而这些技术又大部分掌握在私人部门管理中，发达国家和地区的立法一直将知识产权规定为私权利，并且强调私权利的不可侵犯性，这一点在 TRIPS 协定里也可以感受到。因此这样的局面就导致私人部门在进行绿色能源技术转移时更看重获利能力而非关乎国家履行所谓的国际义务，而政府也不能强迫私人部门实施技术转移，企业也不会放弃商业利益主动进行技术转移，技术的独特性能够让私人部门在市场竞争中占据优势地位，交易的天平会向强势方倾斜，弱势方在谈判中无法占据主动地位，自然无法实现引进先进技术的目标。其实，国际组织也并非完全没有注意到这些内容，21 世纪初，有关国际会议已经注意到私营部门的重要性，提出制定可操作性机制的内容出现在了坎昆会议上，《坎昆协议》在协议内容中特别强调了私人部门参与技术转移的内容，但是最终还是未能得到实现。国际社会似乎能够达成共识，知晓绿色能源技术转移对缓解气候变化的重要性，但是发达国家和地区依旧在国际会议中空作承诺，不付诸行动，现实中要想实现这一目标，确实比较困难。发达国家和地区在做出这些行为时似乎忘记了人类共同度过的历史，发达国家和地区的进步也离不开从模仿到创新的道路，发达国家和地区在迅速发展的时期甚至也摒弃了知识产权保护的相关法律，通过积极引进实现了自身的发展。但是，当发达国家和地区积累了足够的技术与经验后，便忘却了一个最基本的道理，即知识只有在传播交流过程中才能实现进步，人类在前人知识积累的基础上才能实现质的飞跃。

（二）国家（地区）间技术水平存在差距

整个国际社会是由发达国家和地区、发展中国家和地区以及最不发达国家和地区三类组成，根据名称就能划分出优劣地位。发达国家和地区凭借其先进技术与科研人才，经济实力最为强悍，发展中国家和地区相较于最不发达国家和地区，具有一定的生产能力，在贸易中可以出口部分"成熟"产品及原材料，最不发达国家和地区在世界贸易中往往处于最劣势的地位。发达国家和地区企业为了追求利润最大化，一直以来通过转移落后、过时或者高耗能的技术来从中获益，因为这样的技术不具有强劲的竞争力，不会影响发达国家和地区的竞争优势，但发展中国家和地区因为引进这些高耗能、落后的技术，导致自身的污染成倍增长，针对这类污染，节能减排义务不可避免地会出现争议，但是在争议产生时，发达国家和地区又会逃避责任。在某些极端情况下，发达国家和地区的企业会杜绝技术的对外交流，例如很多跨国公司在发展中国家和地区宁愿设立越来越多的独资公司而不是设立合资公司，就是为了避免自身的技术外泄。单纯从市场竞争来讲，发达国家和地区的做法不能说违背市场竞争规律，因为（增）保护先进技术可以有效避免给自身带来威胁。最不发达国家和地区在国际市场竞争中，很难具有竞争力，甚至可以说是世界市场经济的消费群体，其经济发展、生产技术甚至是人才储备都不具有支持技术研发与创新的能力，这也导致他们无法承受发达国家和地区企业提出的非分要求。发达国家和地区对历史责任与自身义务避而不谈的态度实不可取，国际组织与条约似乎成为束缚发展中国家和地区与最不发达国家和地区的枷锁，现有制度不能对技术所有者作出详细规定，不能积极联合企业和政府之间的力量，归根结底政府才是起主导作用的，政府应当积极搭建与企业合作的渠道，正视企业在绿色能源技术转移过程中的积极作用，这就需要政府在其国内法领域作出相应的规定，并积极推动国际法的构建。气候变化已经不再是单纯的环境问题，新型冠状病毒型肺炎疫情席卷全球，世界经济都遭受了巨大的打击，化石能源的价格不断攀升，各个国家和地区都面临能源紧张的局面，很显然气候变化在潜移默化地改变着世界竞争环境，特别是尚未改造完成的高耗能企业面临着更大的威胁，这也让世界再次意识到绿色能源技术研发的重要性。发达国家和地区在这样的局势下不能一味地将技术认定为竞争优势，世界贫富差距的不断扩大最终也会影响到世界经济的发展。除了上述发达国家和地区的原因，发展中国家和地区的问题也有很大影响。发展中国家和地区不能一味地等待国际社会相关制度的落实，而要积极主动寻求变革。发展中国家和地区在经济、人才、技术上均存在不足，特别是在信息方面，绿色能源技术信息获取、专业知识更迭速度不及时都会影响发展中国家和地区的技术研发，但是这些内容均离不开资金的支持。发展中国家和地区想要摆脱上述短板，实现自身质的飞跃，就需要从自身实际出发，认真评估自身所需要的技术内容，并且积极与其他发展中国家和地区沟通联系，互相之间构建信息交流平台，特别是在国际谈判中，需要共同面对发达国家和地区的不公平态度。另外，吸引先进技术最基础的还是要构建好自身法律制度。发展中国家和地区不注重政府建设、法律制度构建、市场经济运行调整，会无端增加企业的运行成本，这样就无法吸引到高水平的外资企业。上述内容的完善能够为发展中国家和地区吸引先进技术提供一个良好的社会环境，但发展中国家和地区即便要引进技术，也需要对外来技术进行评估，众多发展中国家和地区为了发展，盲目引进发达国家和地区转移的技术，最终不仅污染严重，经济发展也没有实现，评估技术就有可能获得自身所需的技术，实现从模仿到创新的道路。

（三）国际贸易市场机制不公平

世界经济贸易主要就是依靠市场机制来运行的，强调竞争和贸易自由，这样的做法看似公平合理，但细究便能够发现问题，这样的自由更强调各个国家和地区处于相近的国际地位和水平，各方在贸易过程中能够相互制衡、相互牵制，这样就能够实现国际贸易最初的平衡发展目标。但事实上，经过这么多年的发展，世界贫富差距越来越大。当前的国际贸易市场机制是由以美国为首的发达资本主义国家和地区建立并且主导的，并不利于世界所有国家和地区的发展。贸易不公平现象越来越严重，甚至这样的状况已经影响到世界和平，小范围的不安定情况频发，技术发展在其中也是相同的局面，技术强国愈发强大，技术弱国愈发弱小。我国是世界上发展较为成功的发展中国家和地区，但是我国为此付出了巨大的代价，甚至是以牺牲环境换得了发展，这严重损害了生态环境利益。虽然国家已经意识到这个问题，并在尽力补救，但这远比我们当初获得的经济利益要多许多且更难以获取。其他发展中国家和地区欠缺实力，未能突破发展，最终形成了弱势局面。气候变化影响全人类的幸福，开放的制度有助于推动技术转移，但实质不公平的局面也会导致目标不能实现。

第二节　绿色能源技术转移国内法律制度存在的问题及其成因

一、国内绿色能源技术转移法律制度存在的问题

（一）法律体系不健全，忽略市场主体的能动作用

我国绿色能源政策比较丰富，但是我国在应对气候变化，特别是在绿色能源技术转移方面的法律制度还不够完善，甚至我国还没有专门制定一部针对气候变化的法律规范。而气候变化是目前最为严重的世界难题之一，我国在国际社会中加入了很多与应对气候变化相关的国际组织与国际条约，但是尚未完全落实到国内法层面。我国应对气候变化以及绿色能源技术转移的法律规范大多停留在原则性内容上，属于一些鼓励支持科技研发的倡导性规范，或者是片面强调政府、社会组织的作用而忽略企业在其中积极作用的规定。

　　例如，我国《环境保护法》设立专章规定政府及相关部门的监督管理规定。面对违反环境保护法律规范的行为，公众有权向环境主管部门进行举报，剩下的其他章节中也着重强调了政府的作用。例如，国家划分代表不同保护力度的生态功能区、国家建立健全生态保护与补偿制度等。关于企业的规定则更多出现在法律责任章节，主要强调了企业不可作为的事项，当企业违反了《环境保护法》的相关内容，将面临不同程度的处罚，例如限制生产、停业整顿、责令停业、关闭等。《环境保护法》作为保护环境的基本法，这样的原则性规定太过单一与薄弱，又缺乏"应用"内容，对企业多样化应对气候变化的方式无法起到较强的引导作用。又如，《清洁生产促进法》的大幅篇章也在强调政府及相关部门的作用，即便其中有关于企业的内容，也大多是倡导性条款，规定的宽泛空洞，无法指导企业的具体环保行为。如该法第 19 条规定，企业在进行技术改造过程中，应当采用无毒、无害或者低毒、低害的原料和资源利用率高、污染物产生量少的工艺和设备，也应当对生产过程中产生的废物、废水和余热等进行综合利用或者循环使用，以及采用能够达到国家或者地方规定的污染物排放标准和污染物排放总量控制指标的污染防治技术。显然，企业经营要符合上述条文内容，每一项都离不开技术更新，绿色生产、减少污染的关键在于技术，这是最根本的要素，特别是近些年国家倡导绿色节能生产，要求更迭落后耗能生产材料，上述法律规范符合国家政策导向，这些内容虽然具有一定引导性，但未体现生产材料更迭的根本要素，即技术研发与技术转移，拥有技术研发能力的企业自然不会太过关注此类概括性规定，但我国中小企业规模庞大，很多企业并不具备技术研发的能力，生产材料的更换必须依靠技术转移，但上述法律条文不具有可操作性，其倡导作用大于规范作用，企业在参考这些法律内容时，无法将其视作行为指南来规范自身的行为。同时，《清洁生产促进法》设立"鼓励措施"专章内容，且该章仅有 5 条，内容涉及国家财政支持以及税收优惠，并无规定详细可行的绿色能源技术转移的内容，也未考量到企业与企业之间有关绿色能源技术转移的合作活动，只考虑到了政府与企业之间的关系，忽略了企业作为市场主体之间的能动性。只有市场主体对绿色能源技术广泛应用，我们的环保目标才有望实现，但是根据上述分析可知涉及环境保护的相关法律并未关注到问题的根源，在促进绿色生产、保护绿色环境，提高资源利用率等内容上，还停留在倡导性规范上，忽视了解决问题的根本方法。

有关绿色能源技术转移的法律规范散见于各个相关法律法规中，这些散见的技术转移内容是否能够构成相应的法律体系，目前尚未被证实，实践中也并没有太多的实证可以追寻，但是从为数不多的基本条款中我们能够发现，这些涉及绿色能源技术转移的法律条文存在内容上的重复，从这里就能够看出此种法律体系并未形成。一个完整的法律体系关键在于各部法律、各个条文之间存在内容和逻辑上的紧密关联，即法律法规内容精简的同时，又能够抓住问题的关键所在，但是即便现有条款并不符合传统认知上的完整法律体系，也不影响相关内容在现实中发挥作用，至少出现相关纠纷时不至于存在无法可依的状态，这仍旧具有一定的积极意义。从气候变化的科学解释出发，气候变暖主要在于温室气体的排放，温室气体排放离不开人类的社会活动，很明显仅依靠人体自身的活动很难制造出危害环境的温室气体，这显然与企业的生产活动相关，那么节能减排的任务理应与企业脱不了干系，但是我国立法一向依赖于政府及相关部门的监管能力，并未开拓推动企业发挥绿色生产、节能减排的路径，反而以原则性鼓励和严厉性制裁为主，这样的法律内容不具有完整性，需要我们重新构思，制定一套既能发挥政府及相关部门与监管力又能发挥企业能动性的法律规范。

综上所述，从法律体系方面来说，我国针对绿色能源技术转移的法律制度存在不足。第一，我国有关环境保护的法律法规多以政府监管为主导，长期忽略市场经济主体对减缓气候变化的能动作用，市场经济主体是参与社会活动的重要主体，资源利用、技术更新与市场经济主体关系密切，法律规范应当对此予以重视。第二，我国针对绿色能源技术转移的法律规范内容分散，甚至内部存在一定重复与冲突，尚未形成一个相对独立完整的法律体系，并且为数不多的法律规范也旨在倡导节能减排，并未规定具体可行的行动指南，无法为绿色能源技术转移提供保障。第三，我国对环境治理的行动策略还尚未转移到技术转移领域，我国中小规模企业基数庞大，研发能力相较于大规模企业而言相对较弱，特别是小企业几乎没有技术研发能力，资金与人才的储备极大地影响了企业的科技含量，因此技术转移是提高自身环保实力的有效途径，国家的立法活动应当将目光投入绿色能源技术转移领域。

（二）法律内容不协调，未发挥相关激励作用

在《民法典》施行之前，《合同法》《技术合同法》《节约能源法》都没有对技术转移的含义作出统一明确的界定，而是采用了"技术推广"这样的

词汇，技术推广包含了技术转移和技术许可两部分内容，但这是《民法典》施行后才得以区分的。从法律角度出发，"技术推广"并不是一个法律术语，更像是一个生活用语或者政策用语，因其概括性而无法具体分配相关主体之间的权利义务。从这个角度看，《民法典》合同编中技术合同章节的设立是具有一定进步性的，《民法典》从传统上的"民商合一"立法体例逐步发展到"民商知合一"的立法体例，技术合同专章的内容就集中了民事范畴中商事条款与知识产权条款的融合，这样的规范体例凸显了技术合同当事人之间的平等地位，对当事人之间的权利义务给予了同等保护，详细规定了当事人之间的行为准则，特别强调了转让费用、使用费用以及保密义务，对违反上述内容的当事人的法律责任，本章也将其分为违约责任和侵权责任。从上述内容可以看出，《民法典》弱化了原来《合同法》以及《技术合同法》对技术合同制度的管制倾向，但是根据技术合同的具体内容，可以发现法律规范之间存在冲突，例如《民法典》第 847 条规定，职务技术成果的使用权、转让权属于法人或者非法人组织的，法人或者非法人组织可以就该项职务技术成果订立技术合同。法人或者非法人组织订立技术合同转让职务技术成果时，职务技术成果的完成人享有以同等条件优先受让的权利。职务技术成果是执行法人或者非法人组织的工作任务，或者主要利用法人或者非法人组织的物质技术条件所完成的技术成果。本条内容对职务技术成果权属问题作出了灵活规定，并非将职务技术成果直接规定为法人或者非法人组织所有，保留了技术研发人员获得相关技术权利的路径，而《专利法》则直接将职务技术成果规定为单位所有，由单位对职务发明创造的发明人或者设计人给予奖励或者合理的报酬。[1]当前的市场竞争关键就在于技术之间的竞争，掌握核心技术以及技术创新能力，是企业在众多竞争者中脱颖而出的关键。在人力资源市

---

〔1〕　参见《专利法》第 6 条规定，执行本单位的任务或者主要是利用本单位的物质技术条件所完成的发明创造为职务发明创造。职务发明创造申请专利的权利属于该单位，申请被批准后，该单位为专利权人。该单位可以依法处置其职务发明创造申请专利的权利和专利权，促进相关发明创造的实施和运用。非职务发明创造，申请专利的权利属于发明人或者设计人；申请被批准后，该发明人或者设计人为专利权人。利用本单位的物质技术条件所完成的发明创造，单位与发明人或者设计人订有合同，对申请专利的权利和专利权的归属作出约定的，从其约定。《专利法》第 15 条规定，被授予专利权的单位应当对职务发明创造的发明人或者设计人给予奖励；发明创造专利实施后，根据其推广应用的范围和取得的经济效益，对发明人或者设计人给予合理的报酬。国家鼓励被授予专利权的单位实行产权激励，采取股权、期权、分红等方式，使发明人或者设计人合理分享创新收益。

场不断成熟，企业激励方式逐渐多元的趋势下，《民法典》的规定为技术研发人员获得职务技术成果预留了制度空间，这能够很好地激发研发人员的积极性，而《专利法》坚持单位优先的观念已然不合时宜，其应当顺应时代发展趋势，尽快加以调整，实现各个法律规范对知识产权内容规定的相互协调。此外，《民法典》并未详细规定单位与技术研发人员之间的收益分配，不再对职务技术成果收益在单位与技术成果完成人之间的分配问题进行具体调整，但是《专利法》对此作出了规定，由单位对相关人员给予奖励或者报酬，奖励主要适用于职务发明获得专利授权后的情况，而报酬主要适用于职务发明实施转化后的情况，这两个词在法律意义上存在差别。

除了《民法典》与《专利法》对此进行规范外，《促进科技成果转化法》也有类似的规定，例如第 44 条第 1 款规定，职务科技成果转化后，由科技成果完成单位对完成、转化该项科技成果作出重要贡献的人员给予奖励和报酬。《促进科技成果转化法》与《专利法》不同的是，并未详细区分奖励与报酬适用的情形，而是将二者合并规范在"职务科技成果转化后"这一个前提条件下，相较于《专利法》规定的"职务发明获得专利授权后"以及"职务发明实施转化后"两个保护范畴而言，《促进科技成果转化法》的保护时间范畴不周全。特别法与基本法对相关内容的规定不协调，并且《民法典》作为基本法应当担负起统一协调的作用，但《民法典》规定不完善，无法为知识产权中有关技术转移内容提供一般的法律规定，这些规范之间的冲突不利于技术的发展，更不用说绿色能源技术的发展了。此外，税法的相关内容与激励绿色能源技术转移存在不协调，例如《企业所得税法》将个人独资企业和合伙企业排除在适用范畴外，不享受相应的优惠待遇，不利于促进这类企业实施技术转移内容，这两类企业适用《个人所得税法》，而《个人所得税法》第 4 条要求由省级人民政府、国务院部委、中国人民解放军军以上的单位，以及外国组织、国际组织办法的技术、环境保护等方面颁发的奖金可以免征个人所得税，这样的规定对于个人独资企业和合伙企业而言起不到促进技术转移的作用。

很显然上述法律法规之间的冲突，对绿色能源技术转移会产生不利影响，造成企业怠于提高自身的技术研发和创新能力，这样对市场的把握永远处于落后的状态。这些不仅是企业自身的问题，也与我们未高度归纳技术转移与创新提升之间的联系有关，即我国没有建立成熟的法律规范体系，无法为相关企业提供有效的指引，这也是我们需要注意的一项全新领域。

（三）法律规范实施不科学，绿色能源技术转移多流于形式

我国针对绿色能源技术转移相关法律规范的实施并无科学的规划，执法的力度与严格程度也不足。前文分析了法律内容之间存在不协调的现象，究其根本还是在于国家在宏观层面缺乏整体调控，没有对绿色能源技术转移内容进行科学的规划，配套政策不完善，没有收集足够的探索经验，最终无法落实在法律法规层面。世界上的先进技术大部分都掌握在发达国家和地区手中，我国作为近年来发展速度较快的国家，给发达国家和地区增添了许多压力，以至于为了抑制我国的发展，他国和地区会采取部分极端的限制政策，技术限制就是其中很重要的内容之一，因此这对于我国引进先进技术而言会产生一定的不利影响。在面对不利的国际环境，我国对技术引进还缺乏统一、明确的规划，并未将引进技术的吸收转化工作放在首位，也没有根据市场经济不同发展阶段规划实施不同的技术引进战略与开发转化计划。不论是政府、社会还是企业本身，对技术的引进与吸收都处于无计划状态，相关法律法规的原则性规定也无法为企业具体行为提供参考价值。环境恶化、气候变化是近些年的热点问题，国家对此投入了相当多的精力，政府从环境保护法再到税收优惠，都对环境保护有相关规定，但是一直成效甚微，究其根本就是对技术的不重视，资源的高效利用、新能源的开发、耗能产业的更迭等需要技术的参与，技术研发并非易事，技术转移能够很好填补研发的空缺，但是我国对技术的引进工作没有构建一套具有权威性的统一宏观管理体系，无法形成一个统一协调与平衡的运行机制，这也间接造成了企业自主摸索而产生的资源浪费局面，极大地打击了企业研发与引进绿色能源技术的积极性。[1]在这方面，日本与韩国的经验值得借鉴，日本十分注重对技术引进的立法与管理工作，特别是在技术引进后的转换工作，侧重于将他国先进技术及时转化为本国的现实生产力，韩国除了重视技术引进的立法工作外，还将技术引进与国家工业化长期战略相结合，并制定相关激励政策，激发了企业对技术引进的积极性，在日韩两国国家的主动干预下，日本与韩国实现了在技术方面的成功。技术引进与自主研发相结合才能从根本上提升我国的技术水平，气

---

〔1〕　参见李志军等：《技术转移与知识产权保护》，中国科学技术出版社2013年版，第146～147页。

候变化危害极大，节能减排刻不容缓，充分利用好绿色能源技术转移和绿色能源技术研发，才能实现这一目标。我国长期以来忽视了这一重要方面，技术引进转移与研发环节衔接不畅，一些重大的技术引进项目无法被纳入国家技术攻关推广层面，企业自身研发能力不足，无法从根本上改变这一现状，国家理应发挥强大的研发实力，增强技术引进与研发激励之间的关联，这也是我们在应对绿色能源技术方面的一个薄弱点。企业作为私营部门以利益为主导，自身实力并不强劲，技术引进、技术研发与产品生产相结合的闭环路径尚未形成，而这样的模式需要企业具有强劲的实力，但我们以中小企业规模为主的模式无法实现这一目标，即便大型企业能够实现这一模式，也无法带动整个市场经济的走向，无法推动创新型社会的构建。除了我国本身存在实施方面的问题，国际层面的实施现状同样堪忧，就技术转移方面被寄予厚望的《清洁发展机制项目运行管理办法》（清洁发展机制以下简称 CDM）规定的 CDM 项目来说，在《京都议定书》采取促进绿色能源及技术转移的措施背景下，CDM 应运而生并受到各个国家和地区的重点关注，我国为了促进绿色能源技术转移也专门制定了配套措施，即《清洁发展机制项目运行管理办法》。但是实际上，CDM 并没有给我国带来预想中的核心技术，只是在设备买卖层面或者是非核心技术转移层面，甚至在多数情况下，国外企业向国内企业转移的技术是其本身已经淘汰的技术，并且价格昂贵，我国并未在 CDM 运行下取得如期的进步。[1]

（四）法律制度不完善，难以满足能源革命的现实需要

20 世纪末期，《联合国气候变化框架公约》的签订激发了人们对于气候变化的关注，联合国政府间气候变化专门委员会在后续的几次报告中均强调了气候变化与能源问题之间的密切联系。事实上，伴随着能源耗竭危机的出现，能源革命早已拉开了序幕，以寻找开发新能源替代传统能源、提高能源利用效率为目标的战略选择已成为各个国家和地区共识。在能源革命中，技术的创新必然会与制度结构本身产生一定冲突，不能因技术革新重要而忽略了制度革新。因为对于绿色能源开发而言，技术的创新必然涉及技术要素全资本构成的过滤，而在这个过程中也必然会要求全要素生产率的制度创新，

---

〔1〕 参见马忠法等：《应对气候变化的技术转让法律制度》，上海人民出版社 2019 年版，第 197～200 页。

通过制度对技术创新系统化与合理化的正向激励，技术的研发与推广会更具有政治与经济意义。能源革命与能源转型相辅相成、密不可分，能源革命是能源转型的大势所趋，能源转型是能源革命的实质，只有能源在顶层设计上以及运行模式上发生实质性绿色转型，能源结构才可能实现革新，因此能源革命与制度革命之间的关系是互推互进的，而非相互分离。然而寻找替代能源与提高能源利用效率的发展道路并不顺利，根源在于现有绿色能源技术转移法律制度难以完全适应能源革命的需求。以我国《可再生能源法》为例，该法为可再生能源的总量确定了目标，可以在很大程度上减少不可再生能源的使用，有效缓解不可再生能源资源耗竭的风险，但是该法确定的固定电价制度并不能使上述可再生能源总量目标得以有效落实。《海洋可再生能源发展"十三五"规划》明确提出 2020 年全国海洋能总装机规模、潮汐能总装机规模、潮流能总装机规模分别要突破的千瓦数，依据固定电价制度，只有十分之一的发电站能符合规划目标，其余发电站均不能保证覆盖在保障性收购电网之下。在示范工程引导下，我国几千个岛屿均开展了微电网建设，但作为重要可再生能源的太阳能、风能、潮汐能、海洋能等新能源均无法适用固定电价制度，[1]换句话说，《可再生能源法》的固定电价制度在当前绿色能源背景下适用范围很小，在某种程度上抑制了绿色能源及其技术的发展。

　　绿色能源技术转移在知识产权制度上的运用也很频繁，然而相关的强制许可制度没有产生实质性效果。所谓强制许可制度是指专利行政机关依法强制要求专利权人许可他人实施其专利的制度。我国在《专利法》《专利实施强制许可办法》中均对强制许可制度予以了规定，但该项制度的落实却不到位。截至目前，我国强制许可的专利数量还屈指可数，主要存在以下几种原因：第一，强制许可适用范围的规定较为抽象。依据《专利法》相关规定，专利的强制许可主要适用于四种情形：滥用专利权、紧急情况、公共利益、从属专利，与绿色能源技术转移最契合的为"公共利益"，但这一情形本身含义较为模糊、较为抽象，也没有另外的法律或司法解释对"公共利益"这一概念进行明确细化，这极大地增加了该情形适用的不确定性，降低了绿色能源技术转移以涉及公共利益为由申请强制许可的可能性。第二，强制许可费用设

---

　　〔1〕　参见田其云：《绿色能源革命背景下可再生能源发展的制度路径》，载《中州学刊》2019 年第 7 期。

置不合理。我国《专利法》对强制许可使用费的规定采用的是"合理"二字，但如何界定是否合理，尚不明确。一般而言，专利许可人与被许可人由于信息的不对称，双方在定价上很难达成共识，许可人出于营利目的想要抬高转让价格，而被许可人处于信息弱势地位，会不自觉地认为价格偏高，因此法律有必要对该"合理"许可费确定一个价格构成，以宏观调控手段来促成绿色能源技术转让费用的合理性。第三，强制许可程序不健全。我国《专利法》对不同事由的强制许可规定了两种模式的运行程序，相较而言，因专利权滥用和从属专利而强制许可的程序比因紧急情况和公共利益两种情形多申请、审查、听证三道程序，但不论哪种程序，均存在一定缺陷。一方面是时间问题，当专利权人对强制许可不服提起诉讼，绿色能源技术转移进程只能中止，带来的后果不仅仅是技术转移效率的降低，还有气候环境的进一步恶化。另一方面，上述提到绿色能源技术转移往往通过"公共利益"途径获得，而根据《专利法》规定，属于公共利益事由的强制许可缺少听证程序，这意味着专利权人的权利受到限制，是否强制许可只能由行政机关来决定。[1]

综合上述两种制度存在的缺陷，不难发现，当前我国国内法律法规表现出了明显的滞后性，现有的与能源、环境、自然资源有关的法律法规及政策尚且停留在能源革命之前的规定中，无法适应能源革命的现实需要。从制度逻辑推演进程来看，能源革命作为一场时代变迁，势必会推动制度向适应能源革命的方向发展。然而现阶段我国还未出台完整的"能源法"，由于该部门法涉及政治、经济、生态环境等多重要素，其制定过程必然伴随着较大阻力，此外一些与节能有关的现有法律制度在气候变化适应过程中也逐渐体现出与社会发展的不适应性，有的制度可能流于形式、无法发挥其功效，有的制度甚至与节能减排、绿色环保目标产生冲突，直接阻碍能源革命的进程。故要想满足能源革命的现实需求，我们当前的能源相关法律制度还需不断完善。

二、国内绿色能源技术转移制度存在问题的原因

（一）政府在环境治理中忽视私营部门的作用

我国环境保护相关法律法规存在不足，在应对气候变化的问题上，立法

---

[1] 参见王江、李佳欣：《我国绿色技术专利强制许可制度实施的多重障碍及破解》，载《环境保护》2021年第1期。

者更看重政府等国家公权力主体的监管能力，忽视了私营部门的力量，二者在环保法律关系中的地位相差较大，更多地属于监管与被监管的关系，不利于发挥私营部门的主动性。市场经济的客观性要求政府应当将职能定位于制定市场规则，维护市场秩序，通过法律手段和经济手段调控市场，减少对市场的干预。但是在环境保护方面，政府的意志还居于主导地位，政府不干预企业具体经营状况，无法切实了解到企业在绿色能源技术转移方面存在的现实问题，监管措施无法与现实问题紧密衔接。目前，政府还没有制定有关技术转移的基本法律规范，知识产权法律对此保护也不周全，知识产权的管理无法贯穿企业科研、生产、经营全过程，无法以更灵活的方式应对技术市场的新变化。因此绿色能源技术转移面临的局面较为尴尬，自由交易、粗放式管理、原则性鼓励方式，造成私营部门在技术更迭方面的浪费，其中不仅仅是技术购买试错的成本，还包括交换技术信息的成本以及相关技术人才引进的成本，这也是造成我国绿色能源技术发展缓慢的原因之一。

此外，除了政府无法第一时间了解到企业在绿色能源技术转移过程中遇到的难题，企业也无法及时了解到政府的环保举措，虽然目前我们稳步推进法治政府、服务型政府的建设，政府信息公开已经取得很大的进步，但是环保问题有时会面临政府环境信息公开不全面的情况，例如一线城市与其他城市获得信息的速度有所差别，各地对涉及国家秘密、商业秘密、个人隐私判断标准不同进而导致信息公开范围不同，有些地区开设环境信息公告栏保证即时通信而部分城市未开设，这些都会导致政府与企业之间信息交流的断层，企业也会因此作出错误的判断造成企业资源的浪费。针对治理环境、缓解气候变化的问题，政府环境决策缺乏科学性，很少举行听证会与论证会收集公众或者私营企业对于环境治理的意见，因此在具体落实时难免遭遇公众与私营企业的逆反心理，即便政府采取强制措施与手段，也不利于政府决策的贯彻落实。美国在这方面颇有成效，美国认识到减缓气候变化是一个复杂的系统工程，与其政治、经济、社会福利、环境保护等各个方面均有关联，因此美国先后颁布《清洁能源与安全法》以及《能源法案》，用以规范温室气体排放的控制及削减问题。《清洁能源与安全法》的核心就在于对能源和能效进行改革，限制碳排放总量，主要方式是采取碳排放"总量限额与交易制度"的市场化手段削减排放，通过设定碳排放上限，对美国发电厂、炼油厂、化学公司等能源消费密集型企业的碳排放进行限量管理。[1]美国《拜杜法案》在世界范围确立了影响地位，该法案为国家财政资助下的专利权的归属制度构建了全新的模式，激发了中小企业参与技术研发活动的热情，极大地降低了政府管理成本，并且促进了研发成果的转化。美国立法者与我国立法者的不同之处就在于对政府在环保活动中的角色定位，美国立法者认为市场杠杆和利益筹码才是推动私营部门实现绿色目标的重要方式，而我国立法者认为政府的强制监管才是推动企业转变环保思路的有力举措，在中国特色社会主义制度下，美国作为资本主义国家所采取的方式不可完全照搬，但确实具有一定借鉴意义，市场经济的发展就是以利益为驱动力，在承担一定社会责任的前提下，通过利益导向私营部门行为的效果可能要比强制监管更有利一些，私营部门主动采取措施节能减排或者主动更换老旧耗能设备，环保目标的实现会相对更容易一些，私营部门技术庞大，一旦能够激发私营部门主动节能减排的行动，减缓气候变化、实现节能减排目标的步伐就能大大加快，甚至还能够带动绿色能源行业的发展。

（二）经济建设与环境治理存在不协调现象

改革开放以来，我国经济飞速发展，曾经年均约8%的GDP增长率令世界刮目相看，高速增长的工业化与城镇化为社会带来了巨大的财富。在很长一段时间，我国各个地方的政府都在一片向好的经济增长数据中迷失了方向，将经济建设放在所有政府工作的首位，不考虑长期目标转而投向短期效益与短期目标，忽视资源快速消耗、污染加剧以及生态失衡的各类环境问题，这样过分强调GDP的增速，给环境带来了严重的破坏，大量高污染高耗能的消耗型经济增长模式使得我国的环境矛盾越发突出。高投入、高消耗、高污染的粗放式工业发展方式，并没有为我国带来可持续发展的预期利益，经过近些年的反思，我们发现环境保护与经济发展同等重要，我们的发展不仅仅代表着我们，还代表着子孙后代的利益，因此从长远角度分析，环境保护甚至比经济发展还要重要。党的二十大报告指出，推动绿色发展，促进人与自然和谐共生。要加快发展方式绿色转型。推动经济社会发展绿色化、低碳化是实现高质量发展的关键环节。完善支持绿色发展的财税、

---

[1] 参见兰花：《简析2009年美国气候变化法案——兼论对中国的挑战和借鉴》，载《武大国际法评论》2010年第2期。

金融、投资、价格政策和标准体系，发展绿色低碳产业，健全资源环境要素市场化配置体系，加快节能降碳先进技术研发和推广应用，倡导绿色消费，推动形成绿色低碳的生产方式和生活方式。人类的开发行为或多或少都会对环境产生影响，但是我们不能就此放任随意开发，环境的自我修复能力有限，我们必须对此有正确的认识，不可修复的环境损害是存在巨大风险的。

除了国家层面的问题，社会公众的环保意识也不够强烈。随着国家对新能源产业的推崇与支持，各类产业迅速发展，新能源汽车近些年来发展势头最好，新能源汽车产业是国家政策引导的经济发力点，也是当下热门的环保产业，但是仍有人为了经济利益舍弃环境保护，如广东省江门市某实业有限公司的副总经理将该公司生产新能源汽车锂电池正极材料过程中产生的毒性工业固体废物浸出渣 23 067 吨，以每吨 318 元的价格交给无相关资质的司徒某戊、司徒某协非法处置，二人又将上述毒性工业固体废物浸出渣转包给无相关资质的陈某峰等人分别运往多地实施非法倾倒，该行为与环保目的相悖，并且固体污染废弃物数量庞大、毒性强，会造成严重的环境污染后果，虽然相关涉案人员已经受到法律的制裁，但是该案让我们不得不重新审视社会公众的环保意识，经济利益与环境保护之间的平衡不仅仅是国家的事情，更是每一个社会公众的事情。国家层面决策的不科学以及社会公众环保意识不够，这两个方面的因素导致我国在制定政策时脱离实际并且缺少公众参与，环境保护相关法律法规与现实的衔接不够紧密与及时，也会导致绿色能源技术转移的内容在法律层面的不健全。

（三）绿色能源技术市场发展不均衡

我国绿色能源技术市场发展不均衡，特别是东部地区与中西部地区之间的差异，以及城市地区和农村地区之间的差异尤为明显，先进绿色能源技术的转移多在东部地区或者发展较好的城市进行，这种地区差异会限制绿色能源技术通过市场机制向更多的地区扩散适用，造成绿色能源技术推广失败，广大地区依旧面临资源浪费与环境污染的威胁。绿色能源技术市场发展不均衡的原因有多种，除了上文阐述过的法律法规不完善以外，还包括绿色能源技术市场监管体系不规范、绿色能源技术市场人才队伍建设不完善、绿色能源技术市场服务平台建设不完善、绿色能源技术市场与其他市场要素交流不充分等内容。[1]首先，我国对技术市场的管理偏向于按行政区域划分，地区与地区之间的管理呈现分割的状态，并且近年来简政放权的规划导致政府行政人员数量减少，因而像技术转移这样需要专业知识的工作政府人员也无法独立应对，反而兼职人员居多，这就导致绿色能源技术市场的监管体系不规范，缺乏宏观指导与微观调整措施，调控力度的弱化会影响绿色能源技术的发展。其次，绿色能源技术与一般市场商品交易不同，其涉及多个领域知识的融合，绿色能源技术转移涉及技术评定、转移方式、法律法规、合作模式等多方面的问题，绿色能源技术兼具专业性、复杂性、多项知识复合性，此类人才需要具备绿色能源技术领域、相关市场领域、法律法规甚至是各地、各个国家和地区政策等多方面的知识，可以说这样的复合型人才是十分难得的，这也从侧面表明我们缺乏对此类人才的培养与储备，人才队伍建设不完善就会限制技术与市场的对接。再其次，统一的平台建设与管理能够集中性地收集信息，例如中国裁判文书网就能够供民众查阅相关司法裁判文书、国家法律法规数据库能够供民众查阅相关法律法规，这些专业平台的建设能够助力相关领域目标的实现，同理，绿色能源技术转移也需要这样的平台来搭建相关的技术信息关联。目前为止，我国尚未构建起功能齐全、覆盖力广泛的技术市场服务平台，无法实现技术信息的无阻沟通，技术之间的沟通受阻导致众多技术作为一个整体难以发挥作用，从这一角度看，我国技术的发展还不够充分。随着知识经济时代的到来，许多行业开始构建不同领域的技术信息市场，部分技术信息市场初具规模，但不同行业的市场之间无法形成有效的沟通网络，整体缺乏统一的规范与标准，并且不同市场的构建侧重点不同，技术信息较为分散，无法形成统一的信息审查标准，行业规范在技术信息市场可能存在失灵的风险。最后，绿色能源技术市场与其他市场要素交流不充分，无法实现自身的深化发展，绿色能源技术市场与其他市场要素的协调与平衡，是促进绿色能源技术市场发育完善的重点内容，例如资本市场、劳动力市场、信息市场等。绿色能源技术转移的目的是实现我国绿色科技成果产业化，将科研成果及时落实在现实生产过程，实现绿色能源技术运用的常态化。为了实现这一目标，首先要考虑资本市场的保障，尤其是风险投资的内容，企业试错成本是推广技术过程中不得不考虑的因素，风险投资的政

---

[1] 参见李志军等：《技术转移与知识产权保护》，中国科学技术出版社 2013 年版，第 83 页。

策环境有助于为企业行为"保底"，在未知领域推动企业积极尝试，开拓绿色能源技术市场。但是我国的风险投资环境一向以政府为主导，其非市场化的运作机制严重制约了该制度对绿色能源技术研发与绿色能源技术转移的培育功能，绿色能源技术市场与其他市场要素存在不协调的局面，是绿色能源技术转移面临的一大困境。

（四）法律制度具有固有的滞后性

法律制度的存在起源于社会发展的需要，法律制度的功能之一在于打击违法行为，维护社会稳定。然而正是因为法律制度具有鲜明的时代性特征，也使得法律制度的发展常常滞后于社会经济的发展，法律制度具有固有的滞后性。法律制度的滞后性是指现有法律制度难以适应现实社会的快速发展，以至于出现制度不适用、制度被架空甚至制度阻碍经济、社会、生态文明发展的现象。这种滞后性不是后天产生的，而是与生俱来的，当一项法律制度被明文确定下来的时候，其看似具有稳定性，但实则已经注定需要随着时代的变迁不断地完善，也就是说，没有一部法律或者一项制度能够逃脱不断更新、不断变革的命运。法律体现的是统治阶级的利益，而在我国，人民是国家的主人，因此法律所代表的是人民的利益。在这种体制之下，人民的生存权和发展权作为一项公共人权应当是法律首要保护的权利。但随着人类社会经济的不断发展，资本逐利的目的让人们忘记了环境的重要性，资源过度开采、能源过度消耗导致气候日渐变暖、冰山逐渐融化，煤炭、石油、天然气等可再生能源日趋枯竭，紧接着持续高温、降水等自然灾害频发，使人们不得不停下逐利的脚步去关注日趋紧张的环境问题。环境危机的根源在于能源问题，能源的短缺要求人们开发新的可替代能源，能源的消耗以及对环境的污染又要求人们加强技术创新，提高能源利用率，提升能源利用的清洁度，减少对环境的破坏，二者结合，便有了绿色能源技术的兴起。绿色能源技术以开发新型清洁能源技术为主，降低传统化石能源消耗量及污染度技术为辅，旨在将"绿色"二字贯穿能源开发、利用、消耗的全生命周期中。绿色能源技术是实现能源转型的重要工具，但并非所有国家、所有企业都具备相应的技术开发能力，绿色能源技术的发展受制于经济实力、知识水平、硬件条件以及管理能力等多重因素，许多企业乃至国家均无法达到自主研发的水平。以我国为例，我国在绿色能源技术开发上尚且处于劣势，技术存在形式以实用新型居多，许多技术还要依靠国外进口，由此一来，绿色能源技术转移成为国家重点激励的对象。经济基础决定上层建筑，能源革命的紧急需求对国内法律制度的革新提出了更高要求。现阶段虽然我们已有不少法律对绿色能源技术转移作出规定，但都或多或少地存在一定局限性与滞后性，在当前局势下我们应当重新审视现有法律制度的可行性与适用性，通过扩大（或缩小）外延或内涵的方式增强制度与制度之间的协调性与兼容性，增加新的创新激励制度，取缔阻碍绿色发展的制度，以增强法律制度对绿色能源技术转移的保障作用。

以上述提到的《可再生能源法》规定的固定电价制度为例，该制度无法覆盖全部可再生能源，导致可再生能源总量目标难以实现，即现存固定电价制度阻碍了能源革命中提升可再生能源使用率的发展。这并非固定电价制度设定之初固有的漏洞，而是在社会的高速发展中所暴露出的制度与经济、生态发展不同步、不协调的冲突，从根本上讲是法律制度的滞后性与制度外因素变迁的不平衡矛盾。要想化解这个矛盾，首先要分析该制度存在的必要性，就固定电价制度而言，它延续了 1995 年颁布的《电力法》，对上网电价实行统一管理、统一定价。当时可再生能源生产规模较小，且经济发展的基础是化石能源，[1]这项制度在可再生能源发展初期是可以起到促进作用的。然而现在可再生能源开发规模逐渐扩张，非化石能源逐步取代化石能源，固定电价制度逐渐体现出其不适应社会发展的一面。这种不适应性是从本质上的不适应，并非简单完善就可以克服的，因此国家需要探索新的制度（如配额制）来取代固定电价制度，使其符合绿色能源技术转移的现实需要。再以上述提到的强制许可制度为例，从现实层面来讲，该制度之所以实用性低，与强制许可双方所处的环境脱不了关系。虽然上文分析了强制许可制度本身存在的可能影响该制度运行的问题，但归根结底还是制度环境所致。如果大范围推广强制许可制度，势必会降低创新型人才开发技术的积极性，企业、科研机构等也不愿意加大技术开发力度，能源技术得不到革新，技术转移从源头上受到了限制，绿色能源技术转移过程将陷入无限恶性循环之中。如果从能源法立法角度来看，能源与环境本身的复杂性也加重了能源革命在制度层面的落实。能源立法与环境立法类似，由于涉及的客体过多，独立成典不仅需要

---

〔1〕 参见田其云：《绿色能源革命背景下可再生能源发展的制度路径》，载《中州学刊》2019 年第 7 期。

考虑体例问题，更多的是要考虑各个单行法之间的兼容性问题。环境法典的制定已经提上日程，而是否将能源相关内容纳入环境法典尚且存在争议。至于立法上的学理问题本书不过多探讨，本书旨在分析相关法律制度的欠缺对于能源革命进程的延缓作用。因此，如果一项具有良好初衷的制度难以落实，或者在落实过程中表现出种种阻碍社会发展的现象，则应当从制度本身出发，重新审视该制度的合理性与可行性，并有针对地朝着适应社会变革的方向进行修补、完善抑或废止。

第三节　绿色能源技术转移争端解决机制存在的问题及其成因

绿色能源技术转移虽然也是贸易的一种，但与一般性的国际货物买卖不同。除绿色能源技术转移合同本身具有复杂性以外，其在争端解决上也非常复杂。绿色能源技术转移合同的签订主体往往涉及不同国家和地区，需要解决的争议内容也常常多种多样。此外，由于不同国家和地区法律规定可能有所冲突，在解决绿色能源技术转移争端时一般采用国际通用方法：仲裁和诉讼。这两种途径各有利弊，优势：仲裁途径耗时短，且高度尊重当事人的意思自治，处理方式较为灵活；而诉讼处理结果更加客观公正，且能充分保障当事人的救济权。本章对两种途径的优点不过多讨论，而将重点放在两种争端解决机制在能源革命背景下解决绿色能源技术转移争端的不足上，并对产生这些问题的原因进行分析。

一、以仲裁方式解决绿色能源技术转移争端存在的问题

在绿色能源技术转移中，如果合同主体涉及两个或两个以上国家或地区，产生争议后双方更倾向于采取仲裁方式来解决，原因在于仲裁的适用规则往往较为灵活，当事人可以挑选仲裁员、调整仲裁程序，整个仲裁过程也可以最大程度上尊重当事人意思自治，仲裁的效率也往往高于诉讼。由于当事人对仲裁过程具有较强的控制力，仲裁结果也将更具有说服力，如果当事人对仲裁过程的公正性有异议，可以申请仲裁机构进行处理，仲裁机构将快速介入调查，并给当事人合理的答复。但仲裁方式解决争端也有缺陷：由于仲裁过程适用的实体法律规范比较开放，仲裁人员作出的裁决在结果上可能有失公正，且一裁终局，相比诉讼过程少了再审的监督程序，这意味着当事人少

了一项救济渠道。当然，并非所有的争议都可以采用仲裁方式解决，争议是否具有商业性是判断能否仲裁的重要标准之一，这对绿色能源技术转移来说非常重要。从转移主体角度而言，由于绿色能源技术转移的主体存在多种可能，其争议是否具有可仲裁性也要分别进行讨论，如果转移主体法律地位平等，那么该争议就可以通过仲裁解决，但如果转移主体涉及一国政府或者行政机关，则不可以通过仲裁方式进行解决。从转移客体角度而言，在绿色能源技术转移中一般会涉及知识产权问题，而知识产权兼具人身属性和财产属性，对于涉及财产的部分可以通过仲裁方式解决，但对于人身的部分则很难通过商事仲裁裁决。[1]因此可以说，仲裁方式对解决绿色能源技术转移争议存在着适用性不强的问题，一旦转移一方涉及公权力主体，则无法启动仲裁途径。

除此之外，仲裁裁决的承认与执行也是一大问题。裁决、承认、执行是三大不同的程序，仲裁委员会只负责进行裁决，剩下两个工作需要当事人向法院自行申请。绿色能源技术转移纠纷往往涉外，涉外仲裁裁决的承认由中级人民法院来进行，当一项裁决被法院承认后，便可以申请执行了。在绿色能源技术转移中，如果产生争议，采取仲裁方式解决是最高效、最省时的，然而下达裁决并不是争议解决的最终结果，执行问题仍然是纠纷解决的一大难题。由于涉外仲裁的承认和执行程序需要依靠法院进行，弊端由此显现：效率低，执行难。换句话说，技术转移双方在裁决过程所节省的时间又重新耗费在了执行阶段。绿色能源技术转移不同于一般技术转移，在我国当前大力推进能源革命的情形下，如果因为争议解决耗时过长耽误了绿色能源技术转移的进程，对企业、国家乃至全球环境来讲都将是一笔损失。

二、以仲裁方式解决争端存在问题的原因

要理解以仲裁方式解决绿色能源技术转移争端中存在问题的原因，首要先厘清仲裁的程序。仲裁大致可以分为两种：仲裁机构仲裁与专案仲裁，二者最大的区别在于仲裁主体是否是常设机构。机构仲裁是常设的，它最大的特点是每个仲裁机构都相互独立，不同的仲裁机构有不同的裁决规则，也有

---

[1] 参见马忠法：《技术转移法》，中国人民大学出版社 2021 年版，第 300 页。

不同的管理方式。而专案仲裁是临时的，也叫临时仲裁，其适用法律规则更为灵活，但在处理疑难复杂案件时可能会面临人手不够、专业欠缺等问题。在绿色能源技术转移的争端解决过程中，如果当事人一致同意选用仲裁方式，则应当提交仲裁申请，仲裁机构结合受理范围作出是否予以受理的决定。受理后，仲裁机构会优先考虑当事人的意愿来确定仲裁人员，由一名或多名（奇数）人员组成仲裁庭，对案件进行审理。在审理程序上各个仲裁机构大同小异，主要包括调查取证、法律的适用以及保全措施等。上述提到仲裁的规则不统一以及适用性问题，应当从仲裁本身设立的目的来看。仲裁机制的设立一方面是为了减缓司法机关办案压力，另一方面是为了赋予商事纠纷解决方式以多元性，供商事主体自主选择。仲裁具有准司法性质，不能等同于司法，当事人的自愿选择是仲裁方式解决争端的基础，如果没有提前约定，任何一方均无权启动仲裁程序。以临时仲裁为例，其成立本身就是为了解决个案，裁决过程中不仅要考虑公平公正，更多的是要考虑当事人的需求，这就决定了仲裁机构处理案件采用规则的不统一性。再从争议本身来看，本书重点讨论的是能源革命背景下的绿色能源技术转移问题。该问题之所以具有可研究性，是因为绿色化进程刻不容缓，而争端解决效率难以提升。绿色能源技术转移合同以涉外居多，以现有办案模式来看，涉外仲裁从裁决到承认再到执行，只有第一个阶段是较为高效的，其余两个阶段由于涉及公权力机关，无法按照当事人自主意愿选择规则、流程或者时间，工作效率难以确定和保障，因而增加了绿色能源技术拖延转移的风险。

三、以诉讼方式解决绿色能源技术转移争端存在的问题

绿色能源技术转移争议属于技术合同纠纷案件，原则上归属于中级以上人民法院管辖，但经高级人民法院向最高人民法院报批通过后，也可以指定基层人民法院来审理技术合同一审案件。在合同的定性上，如果一个合同既包含技术转移的部分，又包含其他部分，则要看当事人产生的争议具体涉及哪一部分。如果是对技术部分产生争议，则应当依据技术合同的管辖权规定确定管辖地；技术转移合同中往往涉及知识产权问题，如果当事人因知识产权的确权、保护等问题产生矛盾，则应当依据知识产权纠纷处理的管辖权确定管辖，具体参考《最高人民法院关于知识产权法院案件管辖等有关问题的

通知》[1]；技术转移中也会涉及竞争问题，如果一方违反了《反不正当竞争法》，那么一般情况下由中级人民法院管辖，符合一定条件的基层人民法院也可以管辖。具体管辖情况如下（见表 3-1）：

表 3-1 绿色能源技术转移纠纷法院管辖情况

编号	事由	一审管辖法院
1	技术合同纠纷（包括技术开发合同、技术转让合同、技术许可合同、技术咨询合同、技术服务合同等）	①原则上由中级以上人民法院管辖；②经最高人民法院批准同意后也可以由基层人民法院管辖
2	对技术合同中有关商业秘密内容或者不正当竞争内容产生纠纷	①原则上由中级以上人民法院管辖；②经最高人民法院批准同意后也可以由基层人民法院管辖
3	对技术合同中有关知识产权内容产生纠纷	①北京、上海、广州的知识产权法院，管辖有关专利、技术秘密、植物新品种、集成电路布图设计等专业性较强的一审案件；②北上广知识产权法院所在市辖区内的基层人民法院，管辖除知识产权法院管辖外的其他一审案件；③经最高人民法院批准同意后也可以由基层人民法院管辖一审案件

由此可以看到，我国对技术合同的管辖权规定相对来说成体系化，且按照争议的实际内容区分不同管辖规则，比较科学也比较合理。然而存在的一个问题是绿色能源技术不同于一般技术，绿色能源技术除具有技术属性外还具有新能源属性，涉及法学、化学、物理学、环境学、能源学等多门学科，相较一般技术而言其综合性、复杂性、专业性更强。现如今各级法院已经加强技术类人才储备，但绿色能源类技术人才尚且缺失，导致此类纠纷的公正性无法保障。

关于绿色能源技术转移争议的法律适用问题，各国之间还没有形成定论。1975 年联合国贸易和发展会议提出起草《国际技术转移行动守则》，其间各

---

[1]《最高人民法院关于知识产权法院案件管辖等有关问题的通知》规定，知识产权法院所在市辖区内的第一审知识产权民事案件，除法律和司法解释规定应由知识产权法院管辖外，由基层人民法院管辖，不受诉讼标的额的限制。

国对技术转移的法律适用问题产生了争议。[1]有的国家认为技术转移合同涉及受让国的公共秩序，应当适用受让国的法律，该观点考虑的是最密切联系原则；有的国家则认为技术转移合同作为合同的一种，应当赋予双方当事人以高度的自治权，其中包括出现争端后的法律适用问题，该观点考虑的是意思自治原则；还有的国家规定了专门的冲突规范，如果当事人没有约定法律的适用，则应当依据与合同联系最密切的地方确定准据法。上述争论看似针对的是技术纠纷法律适用问题，但实际上是各国对本国司法主权的维护。

四、以诉讼方式解决争端存在问题的原因

通过诉讼方式处理绿色能源技术转移争议是最客观、最公正的手段。相比于仲裁途径，提起诉讼没有适用的前置条件，也可以保证执行的强制力。然而绿色能源技术转移合同是一类非常特殊的合同，一方面合同主体复杂，既可能涉外，也可能涉政府；另一方面合同客体复杂，既涉及新能源，也涉及绿色技术，还与公共利益相关。因此可以说绿色能源技术转移合同既具有"民事性"，也具有"行政性"，而这双重属性就决定了其争议处理过程不同于一般的合同纠纷。绿色能源技术转移合同的"民事性"是将着眼点放在合同上，把技术看作一种独立的生产要素，赋予其一定的商业性，重点强调的是合同双方平等的法律地位与意思自治。绿色能源技术转移合同的"行政性"是将着眼点放在了绿色能源技术转移的过程本身。在市场经济体制下一般的商品流通很少受到国家干预，市场主体的商业往来行为更多的是依赖自愿原则。但绿色能源技术转移所依托的背景是能源革命，尽管能源已经消耗殆尽、环境也在日益恶化，还是不能激发企业真正放下逐利的目标而去主动耗费人力、物力、财力研发绿色能源技术。在这样企业内生动力严重不足的情况下，政府干预的作用便凸显出来。一个国家的技术能力背后所反映的是整个国家的科技水平和市场竞争力，为了提高国家的综合实力，同时将建立科技强国目标与节约资源、保护环境基本国策有机结合，国家不仅需要激励绿色能源技术的研发，还要对研发出来的技术加以保护，不仅要避免本国核心技术的流失，还要刺激企业引入国外先进技术。于是便有了国家对绿色能源技术的投资政策、对外汇的管制手段以及绿色技术上的税收优惠政策等。可以说，

---

〔1〕　参见马忠法：《技术转移法》，中国人民大学出版社 2021 年版，第 260 页。

绿色能源技术转移不仅仅是个人行为，更多的是代表国家行为与国家意志。当技术转移出现争端，进入诉讼程序，表面上看到的是对管辖问题以及法律适用问题的争议，实则反映的都是一个国家对本国司法主权的维护，这也就不难解释为什么长久以来各国对涉外技术转移合同的法律适用迟迟下不了定论的问题了。

本章小结

绿色能源技术转移的法律问题之所以会受到全球的关注，是因为气候变化、环境污染已经严重危及地球的生态平衡，对人类共同的生存利益产生了不良影响，而这样威胁公共安全的环境问题与当今的科技时代相碰撞，使得绿色能源技术成为国际社会较为关注的内容。当然，能源生产和消费革命的兴起也是绿色能源技术转移研究的正当性来源。我国也不例外，"环保意识""绿色生产""循环利用""绿色能源创新""绿色能源转移"等内容成为近些年来党的报告、政府工作报告的重要内容之一。在这样的关注度下，绿色能源技术转移的法律制度建设也被提上议程，各个国家和地区都在构建技术转移或者知识产权等相关方面的法律制度，以期更好地保护自身技术成果或者推动自身科技的进步。

本章第一节就绿色能源技术转移国际法律制度存在的问题及成因进行分析。无论是国际层面还是在国内层面，抑或是在争端解决机制层面，各个国家和地区都在努力构建绿色能源技术转移的法律规范，国际社会对此开展的研讨要更早一些，定期召开与环境相关的会议并且制定了许多国际条约，如《框架公约》《京都议定书》《巴黎协定》、TRIPS 协定等。通过对这些国际条约及相关实务活动进行分析，可以发现目前国际层面尚未形成完整的绿色能源技术转移实施体系，在绿色能源技术转移内容上也未制定专门的国际条约予以规范，并且现有的规范内容更多是作出了原则性规定，无法为有科技需要的发展中国家和地区提供有力的保障。此外，以 TRIPS 协定为典型代表的保护知识产权等的内容，对绿色能源技术转移形成了无形的阻碍，扭曲了发达国家和地区向发展中国家和地区转移相关技术的渠道，使得发展中国家和地区无法重现从模仿到创新的道路。整体来看，现有绿色能源技术转移国际法律制度存在以下问题：一是国际条约规范内容乏力，缺乏可操作性和强制执行力；二是发达国家和地区意志特征明显，发展中国家和地区诉求难以实现；三是现有技术转移法律规范缺乏履行监督与纠纷解决机制。究其原因，阻碍绿色能源技术向发展中国家和地区转移的根本原因在于以下三点：一是各个国家和地区争夺国际利益激烈；二是不同国家和地区间的能力差距悬殊；三是国际贸易市场机制模式不公平。

我国国内绿色能源技术转移法律制度存在的问题及成因是本章第二节的主要内容。第一，法律法规体系不健全，我国尚未制定一部专门规制技术转移的法律法规，有关绿色能源技术转移的法律规范散见于各个法律文本中，条文内容存在一定的重复与冲突，没有形成相对独立完整的法律体系，并且其中规定的内容较为原则性，规定过于单一、薄弱，无法指导企业的具体环保行为。此外，国内有关环境保护的法律法规长期以政府监管为主导，忽略了私营部门的能动性，无法调动社会广泛的积极性。第二，在相关法律规范中涉及绿色能源技术转移内容法律规范相互之间不协调，其中包括《民法典》《专利法》《促进科技成果转换法》《个人所得税法》，我国在法律文本中没有高度归纳技术转移与创新提升之间的密切关系，加上企业本身逐利性不愿花费成本投入科研，这些不利因素的叠加导致法律规范无法发挥相关激励措施的正面作用。第三，我国没有构建好技术引进的宏观管理体系，尚未形成一个统一协调的运行机制导致法律规范实施过程不科学，打击了企业研发与引进绿色能源技术的积极性，导致绿色能源技术转移多流于形式，无法发挥实质有效的作用。第四，法律规范制度不完善，难以满足能源革命的现实需要。现有的与能源、环境、自然资源有关的法律法规及政策尚且停留在能源革命之前的规定中，无法适应能源革命的现实需要。造成上述局面的原因主要有四种：一是政府在环境治理过程中居于主导地位，忽视私营部门的作用；二是我国看重经济建设，忽视经济发展与环境治理之间的协调发展；三是我国技术市场发展不充分，限制了绿色能源技术转移的发展；四是法律制度存在滞后性，阻碍了能源革命的发展进程。此外，我国绿色能源技术市场监管体系不规范、人才队伍建设不完善、服务平台建设不完善、市场要素交流不充分等原因的叠加，都限制了绿色能源技术转移在国内的发展。

关于绿色能源技术转移争端解决机制层面存在的问题及成因分析，是本章第三节的内容。现阶段，国际常用的处理方式是仲裁和诉讼，由于仲裁途径处理方式灵活，又能最大限度上保障当事人的自主决定权，因此用得较多。

然而问题也由此暴露，一方面仲裁程序启动本身需要受到层层限制，相比诉讼途径来讲其适用条件更严苛，因此仲裁方式解决技术转移纠纷并不具备广泛的适用性；另一方面涉外仲裁的承认与执行也面临着效率低下的问题，当事人选择仲裁程序的很大一部分原因是为了提高效率、把控时间，然而一项涉外仲裁裁决不可避免地要进入承认与执行阶段，这个过程由法院处理，因而又陷入了效率难以把控的难题之中。如果当事人选用诉讼程序处理纠纷，优点是处理结果相对客观公正，适用范围基本覆盖全部纠纷，但缺点也显而易见，一方面是绿色能源技术转移涉及多学科多领域专业知识，仅凭办案人员的法学素养远远不够，急需加强全方位综合性人才储备；另一方面由于绿色能源技术转移合同兼具民事与行政色彩，不仅涉及私人利益，还体现国家司法主权和社会公共利益，因此各国对于涉外技术合同纠纷的法律适用问题一直争持不下，至今未形成定论。

第四章

能源革命背景下我国绿色能源技术转移的实践

物质资料生产是人类社会赖以存在和发展的基础。伴随着电气的广泛应用，社会生产力得到了极大提高，社会面貌发生了巨大的变化，人类对能源的关注度日益上升。在工业革命前期，人们坚持征服自然的理念，认为自然界中的石油、煤炭等能源是取之不尽，用之不竭的。随着对自然规律认识的加深，人类认识到石油、煤炭等能源的不可再生性，特别是 20 世纪 70 年代和 90 年代的三次石油危机，石油输出国占据资源高地，以石油为条件向欧美等国和地区开展政治斗争，给全球经济带来巨大冲击。2022 年 2 月 24 日，俄罗斯与乌克兰双方爆发军事冲突，对国际能源市场产生巨大影响，推动国际能源尤其是石油价格持续上涨。此外，石油、煤炭在使用过程中产生大量的二氧化碳，给环境带来不可扭转的负面影响，如困扰世界各个国家和地区已久的资源开采地区的空气质量严重恶化和生态环境破坏以及由此带来的全球变暖。此后，各个国家和地区开始逐步减少对石油、煤炭等资源的依赖，通过提高技术、改变理念来提升资源的使用效率，改变粗放式发展方式，并开始探寻开发和使用清洁、绿色、安全、高效的可再生能源，以减少对传统能源的过度依赖。虽然人们对绿色能源和绿色能源技术的追求由来已久，但目前还未有文献能够充分精准地说明绿色能源或者绿色能源技术开始出现和使用的时间。1992 年，在巴西里约热内卢召开的联合国环境与发展大会通过的《21 世纪议程》一文中明确提出"无害环境技术"以追求世界范围内的可持续发展，文中多次提及的"无害环境技术"，极有可能是绿色能源技术的前身。在全球气候变暖等各类棘手的环境问题压力下，发达国家和地区对绿色能源进行大力开发，并扩大了绿色能源技术的应用范围，因而该技术在 20 世纪 90 年代开始得到普遍认可和广泛普及。

人类社会的发展离不开技术的进步，在近代史上已发生过三次工业革命，现在正迎来第四次工业革命。第一次工业革命始于 18 世纪，蒸汽机得到了广泛的应用，从此煤炭开始逐渐代替了之前的人力、畜力，人类的生产方式从纯手工化逐渐转为机械化，生产效率得到了巨大提高。第二次工业革命始于19世纪70年代，电力和内燃机的使用催生了大规模的生产方式，大大促进经济发展，极大地改变了人们的生活方式，还为"石油时代"和"汽车时代"打下了物质基础。第三次工业革命从20世纪60年代开始，是以半导体技术、互联网及计算机为代表的数字革命，不仅进一步改革了生产方式，提高了生产效率，还注重清洁能源的开发，提倡可持续发展的新能源体系革命。一些研究认为，第四次工业革命，是以人工智能、清洁能源、机器人技术、量子信息技术、虚拟现实以及生物技术为主的技术革命，并且通过这些技术驱动了社会生产方式的变革。[1]每次工业革命带动生产力迅速发展，将人类物质生活和精神生活带到一个新境界的同时，也给人类的居住环境带来了一些危害。例如，由全球气候变暖引发的海平面上升、极端天气增多、生物多样性锐减等问题。在第四次能源革命中，世界各国和地区为了文明的延续，纷纷开始进行绿色能源变革。为了共同应对全球气候变化，国际社会积极寻找公平合理的减缓气候变化的途径，并取得了重要进展。1992年联合国环境与发展大会开放签署《联合国气候变化框架公约》，公约于1994年生效，成为国际应对气候变化谈判的主渠道，并达成一系列成果。1997年达成《京都议定书》，要求发达国家和地区承担量化的减排指标。2015年12月达成的《巴黎协定》于2016年生效，进一步明确了全球绿色低碳发展的大方向和2020年后全球气候治理的相关制度框架。2017年12月达成了《巴黎协定》实施细则，为各方履行《巴黎协定》提供了明确指导，2020年各缔约方将正式开始实施《巴黎协定》。[2]中国作为负责任的大国，自古讲求"天人合一"。党的十八大以来，在习近平生态文明思想指导下，我国贯彻落实绿色发展理念，坚持人类命运共同体的理念，以最大努力应对气候变化。2020年9月，国家主席习近平在第七十五届联合国大会一般性辩论上郑重宣示：中国将提高国家自主贡献力度，采取更加有力的政策和措施，二氧化碳排放力争于2030年前达到峰值，努力争取2060年前实现碳中和。为响应能源革命，推动产业结

---

〔1〕 参见孙德强等：《第四次工业革命对我国能源的发展影响和启示》，载《中国能源》2019年第11期。

〔2〕 参见《我国应对气候变化工作取得了哪些进展？还有哪些工作要做？》，载 http://www.tan-paifang.com/tanguwen/2019/0901/65477_8.html，最后访问日期：2023年3月21日。

构优化，应对气候变化，绿色能源技术转移的发展被赋予了新的使命，也迎来了新的机遇。"十三五"期间，我国高耗能项目产能扩张得到有效控制，石化、化工、钢铁等重点行业转型升级加速，提前两年完成"十三五"化解钢铁过剩产能 1.5 亿吨上限目标任务，全面取缔"地条钢"产能 1 亿多吨。截至 2021 年 6 月，新能源汽车保有量已达 603 万辆。我国风电、光伏发电设备制造形成了全球最完整的产业链，技术水平和制造规模居世界前列，新型储能产业链日趋完善，技术路线多元化发展，为全球能源清洁低碳转型提供了重要保障。截至 2020 年年底，我国多晶硅、光伏电池、光伏组件等产品产量占全球总产量份额均位居全球第一，连续 8 年成为全球最大新增光伏市场；光伏产品出口到 200 多个国家及地区，降低了全球清洁能源使用成本；新型储能装机规模约 330 万千瓦，位居全球第一。[1]这些数据表明我国绿色能源技术发挥了巨大的作用，与此同时，与之相配套的绿色能源技术转移法律制度也有必要进行进一步探究。

当今世界，化石能源的大量使用带来环境、生态和全球气候变化等领域一系列问题，主动破解困局、加快能源转型发展成为世界各个国家和地区的自觉行动。新一轮能源革命兴起，为世界经济发展注入了新的活力，推动人类社会从工业文明迈向生态文明。同时，能源安全是国家安全观的一个重要组成部分，习近平总书记强调，能源安全是关系国家经济社会发展的全局性、战略性问题，对国家发展、人民生活改善、社会安定至关重要。[2]因此，在国际能源局势紧张、传统能源面临枯竭危险、绿色能源发展劲头强势的情形下，为全面贯彻绿色发展理念，统筹推进生态建设在内的"五位一体"总布局，坚持推进供给侧结构性改革，顺应世界能源发展趋势，推动能源的健康生产、多元供给和绿色消费，切实保障我国社会主义现代化建设任务的完成，要积极推进能源体制改革，抓紧制定电力体制改革和天然气体制改革总体方案，启动能源领域法律法规立改废工作。为此，有必要针对绿色能源技术转移的实践状况，对我国绿色能源技术的投资贸易、专利许可以及国际合作这三种模式进行探讨。

---

〔1〕　参见《中国应对气候变化的政策与行动》，载 http://www.gov.cn/xinwen/2021-10/27/content_5646697.htm，最后访问日期：2023 年 3 月 21 日。

〔2〕　参见《能源生产和消费革命战略（2016-2030）》，载《电器工业》2017 年第 5 期。

第一节　能源革命背景下绿色能源技术转移的实践概述

一、能源革命下我国绿色能源及其技术发展的概况

20 世纪 90 年代，我国面临复杂的国内外环境，特别是以美国为首的发达国家和地区对我们围追堵截，在高新科技交流上对我国采取制裁政策。而我国在绿色能源技术和绿色能源技术转移上起步晚，发展落后于发达国家和地区。在二战结束后的一段时间内，由于当时特殊的国际形势，我国与西方发达国家和地区都还未正式建立外交关系，正常的经贸来往也鲜有发生。此时，我国面临何去何从的政治威胁和意识形态斗争，以致对 20 世纪 70 年代和 90 年代爆发的三次石油危机更多的是从政治角度和意识形态角度出发，而不是从科技角度对能源问题给予高度关注。1978 年改革开放后，国家实行对内改革、对外开放的政策，对绿色能源（当时的提法为"新能源"或"可再生能源"）的关注提到了战略高度，准确来说，在 20 世纪 80 年代的"六五"计划中有所体现。但由于当时我国的开发重心在于传统能源，对绿色能源需求不高，新能源技术方兴未艾，我国相关产业不成系统，技术水平不成熟且使用成本高，未达到产业规模。因此，绿色能源在我国并未占有举足轻重的地位。在绿色能源发展的早期阶段，为缓解能源供应问题，国家主要采取的方法是发展水电站、太阳能、小型风电机、太阳灶和沼气池等新能源。在 20 世纪 90 年代后，随着"地球峰会"联合国环境与发展大会召开，对发展中的环境问题认识空前提高，在国际上形成了保护环境和协调发展经济的共识。在国内，对绿色能源和绿色能源技术给予政策和财政支持，新能源的发展在法律和实践中开始得到应用，绿色能源消费比重快速上升，新能源从研究开发走向市场，从城市走向农村，最为重要的是以解决能源供给为出发点转为以解决环境问题为突破口。

21 世纪初期，绿色能源和绿色能源技术进入高速发展期，这一阶段核心技术得到攻破，形成有利于绿色能源发展的政策和法律体系，如 2019 年 1 月 7 日国家发展改革委、国家能源局联合下发的《关于积极推进风电、光伏发电无补贴平价上网有关工作的通知》，2020 年 1 月 20 日财政部、国家发展改革委、国家能源局联合发布《关于促进非水可再生能源发电健康发展的若干

意见》，2019 年 5 月 28 日国家能源局发布《关于 2019 年风电、光伏发电项目建设有关事项的通知》等相关文件以及《节约能源法》、《清洁生产促进法》和《可再生能源法》等相关法律。这些政策文件和法律成为我国绿色能源发展的政策和法律体系的重要组成部分，有利于国家对绿色能源和绿色能源技术依法规范和管理，对其实践与应用起到促进和指导作用。

有关资料表明，近些年来我国绿色能源和绿色能源技术在绿色、环保等新发展理念和相关法律法规文件的指引下得到飞速发展，其应用与实践取得的成果也实现了质和量的飞跃，[1]但与煤炭石油等传统能源的开发历史长、实用技术成熟、相关产业成系统等特点相比，绿色能源及其技术在我国呈现发展历史较短、规模偏小、产业分散等特点。这就使得初期对其研究开发需投入大量人力和物力。绿色能源及技术的研究开发成本高，占总投资比重大，盈利能力较传统能源小，故应当对其给予特殊政策和津贴补助，发挥制度优势。

以国有企业为主导，以国家政策为支持，以适时颁布相关法律法规为规范指导指引并推动了绿色能源及其技术的发展。近年来，我国清洁能源发展迅猛，继续保持全球领先地位。据国家能源局统计数据，全球新能源产业重心进一步向中国转移，我国生产的光伏组件、风力发电机等关键零部件占全球市场份额 70%。同时，我国可再生能源发展为全球减排作出积极贡献，2022 年合计减排 28.3 亿吨，约占全球同期可再生能源折算碳减排量的 41%。[2]然而，实践中，民营企业和社会资本进入绿色能源领域的道路并不平坦。在一些绿色能源产业完善和技术成熟的地区，实现能源开发和技术转化是推动国家经济发展的助推器，但是很多社会资本求而无路，很多民营企业为了跨入绿色能源产业的"隐形门槛"而煞费苦心。现阶段，我国需要打破国有企业在绿色能源及其技术上的专有权，让社会资本和民营企业进入，丰富绿色能源产业的市场主体，发挥民营企业积极性、主动性，推动绿色能源市场结构升级，我国成功地实现能源产能扩张，从而解决能源产业化问题。因此，如何让社会资本和民营企业进入绿色能源行业，用完善的法律法规代替发展

---

〔1〕 参见《〈中国可再生能源发展报告 2022〉显示 2022 年中国可再生能源发展成绩斐然》，载《中国经济导报》2023 年 7 月 8 日，第 3 版。

〔2〕《我国清洁能源发展迅猛，继续保持全球领先地位》，载 https://finance.sina.com.cn/jjxw/2023-5-13/doc_ imytseun9036430.shtml，最后访问日期：2023 年 6 月 14 日。

初期的倾斜政策，进而促使绿色能源行业发展市场化和规范化成为我国面临的一大挑战。

在绿色能源行业迅速发展的背景下，我国企业缺少技术和创新能力问题依旧突出。而绿色能源对改善能源结构、保护生态环境、实现绿色低碳可循环发展和实现碳达峰碳中和具有重要意义。因此，我们坚持把经济结构战略性调整作为主攻方向，把科技进步作为重要支撑，加快转变经济发展方式。同时，我国是世界上人口最多的国家，产业结构丰富，能源市场庞大，对绿色能源需求量大，且政府对绿色能源产业提供一系列的税收政策、价格政策、补贴政策，以及在能源部门设立专门的职能机构和部门管理和支持绿色能源发展，使我国成为国际市场与国内市场最理想的绿色能源投资地[1]。在激烈的市场竞争中，企业只有依靠创新技术提高生产率才能在市场中处于领先地位。然而现实状况是，我国绿色能源及其技术发展存在以下问题：绿色能源发展体制机制尚不完善、绿色能源发展规划缺乏顶层设计、绿色能源应用市场稳定性不足、绿色能源消纳和输送程序繁多、基础设施和相关法律法规滞后于行业发展。联合国北京办事处的低碳发展报告显示，我国需要 60 多项核心技术来实现电力、交通、建筑、钢铁、化学等主要工业领域碳浓度的目标，但是这 60 多项核心技术中 70%不为我国主体所掌握。[2]以水电为例，我国的风电技术主要来源于西欧等发达国家和地区，而核电技术特别是第三代核电 AP1000 技术主要依赖于美国。如何充分发挥巨大绿色能源市场优势，吸引国际投资和国内投资，通过竞争有序、公平合理的技术转移法律规定获取我国所需要的、对绿色能源技术核心能力形成可以起到关键作用的技术成为我国面临的另一大挑战。

二、我国绿色能源技术转移的主要路径

科技是第一生产力。技术的发展过程就是研究开发到应用研究再到实际应用的过程，三者是相互依存、相互联系、相互贯通的关系，而克服技术转移中面临的困难，将为我国绿色能源技术的转移奠定扎实的基础。当前，我

---

〔1〕 参见《我国清洁能源发展现状及存在问题分析》，载 http://www. chinapower. com. cn/scfx/20160830/50810. html，最后访问日期：2023 年 3 月 21 日。

〔2〕 参见彭亚媛、马忠法：《全球环境基金促进绿色技术转移的路径及启示》，载《国际商务研究》2022 年第 1 期。

国经济发展进入新常态，能源消费增速放缓，供应压力有所减轻，为推进能源革命拓展了回旋的余地。全社会对能源开发利用普遍关切，广大人民群众节能环保意识不断增强，为推动能源革命背景下的绿色能源技术转移奠定了广泛的基础。[1]

毫无疑问，技术是在普遍联系中通过国内和国际相互作用，在内外输入和流出的过程中实现增值的。在技术转移过程中，技术输入国和技术输出国都得到了相应的回报。技术输出国带来巨额利润，加速科技更新换代，巩固和扩大了技术优势地位。而对于技术输入国来讲，技术的输入扩展了经济发展所需的技术，利用外来先进技术建设现代企业，为经济发展提供了条件。

（一）学者或机构对技术转移路径的不同观点

不同的学者或机构对于技术转移的路径持有不同的观点。国内学者马忠法将清洁能源技术转移视为动态的过程，认为其更加适合具体的清洁能源行业或部门的技术转移。UNFCCC 专家组认为，技术转移需要技术信息、能力建设、可容纳环境、技术转移的经济体制以及技术转移的方法机制五项要素。而 Kemp 认为清洁能源技术转移不是固定不变的状态，而是一个相互联系、相互配合的动态过程，并将可获得的知识、早期市场的形成、为减少成本之目的所能扩张和建立的范围、建立在技术和实践之间的半合作行为者的网络、应对和适应社会相反声音和消费抵触情绪这五个要素作为技术转移中最为关键的要素。掌握新技术的企业提高劳动生产率，从而获得比普通企业更多的价值。某个企业采取先进的技术，其他企业也会竞相采用新技术，率先采用先进技术的企业依靠先进技术得到的利润下降时，为了维持以前达到的收益水平，企业就会在适当时候转移技术，当先进技术在部门内部普及后，部门平均劳动生产率就会上升。

总体上来看，UNFCCC 专家组的看法更符合经济学上的变量，但实际上与法学相差甚远。为使我国绿色能源转移技术的路径模式化，以便更好地为我国绿色能源行业发展提供便捷，笔者认为 Kemp 的看法更加适合具体的能源绿色行业的技术转移分析。市场控制力、溢出效应、信息对称性通常是阻碍市场导向型的技术转移的三个主要因素。首先，市场控制力。任何新技术在发展初期往往是弱小的，研究开发期要一定时间的准备、专利和其他知识产

---

[1]　参见《能源生产和消费革命战略（2016-2030）》，载《电器工业》2017 年第 5 期。

权，其技术的价格往往会超出边际成本很多。众所周知，价格和成本之间的差额便是技术所有者可获的利润。若市场支配力过于泛滥，则不利于社会资源的优化配置，正如亚当·斯密所说"市场是一只看不见的手"，这只看不见的手调节着社会资源在各个行业和部门的分配。而且市场支配力的泛滥会损害技术所有者的合法权益。从短期来看，处于技术前端的所有者由于缺乏实质性的竞争，可以在短期内获得高额利润；但是从长期来看，由于尖端技术所有者的垄断行业内部缺乏竞争，便可能会被进入该行业的替代产品迅速代替或失去竞争力。其次，溢出效应。溢出效应也称外部性，是指社会成员在从事相关经济活动时，其造成的成本和后果不完全由行为人负责，最早发生在跨国公司。溢出效应分为知识溢出效应、技术溢出效应和经济溢出效应。溢出效应在技术转移中，技术接受方可能会从技术溢出中得到相应的利益。溢出效应会产生消极影响也会产生积极影响。积极的溢出是指科技转移对社会产生正向作用，即技术信息广泛传播到经济体中并且技术所有者不能从技术扩散中获得利益，受益者无须因技术传播的利益而支付相应的代价。在外国直接投资、人员流动和贸易中可能会发生这种溢出效应。最后，信息对称性。技术的转移包括在知情者和非知情者之间的信息转移。信息不对称发生在市场交易中易导致掌握信息比较充分的人员处于有利地位，反之信息缺乏的人员处在不利的地位。信息不对称现象会使掌握信息不完善的一方对交易缺乏信心，从而不利于降低技术转移的交易成本。在信息转移内部环境下，信息不对称现象表现尤为突出，"信息本身就是有价值的""信息本身也是市场""市场中存在摩擦和交易成本"等理论甚嚣尘上，使得交易难以执行。许多跨国公司相较于同其他公司合作更愿意建立子公司，并且在母公司和子公司之间建立技术数据库，因为这样做可以更好地克服市场体系中的缺陷，很大程度上克服因信息不对称而造成的难以在市场上得到合适利益的缺陷。

（二）国内绿色能源技术转移的类型

国内绿色能源技术转移主要通过产、学、研相互配合来完成或通过相关当事人之间的技术转让、技术许可、技术咨询、技术服务等环节来完成。一方面，通过绿色能源技术的产学研相互联系、相互依存、相互配合来完成，这种路径很大程度上取决于技术转化，国内有大量的实践。例如，在《促进科技成果转化法》等相关法律法规支持下的空气化工产品（呼和浩特）有限公司大型气体岛项目。该项目是美国空气产品公司在我国区域投资建设运营的首个煤气化和合成供应项目，项目代替内蒙古久泰新材料有限公司年产100万吨乙二醇项目中煤制气装置和空分装置，产生的合成气供给内蒙古久泰新材料有限公司作为原料。该案例的成功依赖于以下几点：一是注重"政、产、学、研"协同创新，开放创新平台与知识产权运营平台，作为市场主体独立运作专利转化；二是政府配套了促进专利转化的引导政策，例如湖南省通过出台《关于支持以专利使用权出资登记注册公司的若干规定（试行）》，将专利权和使用权合理分离，就专利使用权出资定义、入股比例及条件、监管工作等方面作出了新的界定，从而为专利权托管第三方运营畅通了渠道；三是内蒙古久泰新材料有限公司具有较强的知识产权转化意愿，积极开展专利转化的态度是转化成功的关键，主动解读和运用国家政策，促使专利转化的顺利进行。[1]

　　另一方面，通过相关权利人间的技术引进、技术转移、技术推广和技术帮助等程序来完成。技术转移是目前最受关注和最为重要的方式，这是种有偿的转移方式，技术以商品的形式在技术市场中进行交易。这种路径就是人们常提到的技术交易，由于相对成熟的技术可以带来直接或间接的利益，因此，人们通常把相对成熟的技术视为商品，通过交换实现其价值。成熟的技术没有繁复的转化程序，接受方可以在生产或者服务过程中直接使用，这种情况在国内也有很多实践，较为典型的是大连化物所专利许可的氢燃料电池堆产品成功下线的案例，其实施的主要法律依据是《专利法》《著作权法》等法律及与它们相关的法规、规章等。2019年10月，中国科学院大连化学物理研究所专利技术实施许可的氢燃料电池堆产品在安徽明天氢能科技股份有限公司六安工厂成功下线。六安工厂的成功下线意味着我国自主知识产权的基于不锈钢金属板氢燃料电池堆生产线成功投入生产。该项目值得国内其他科研院所在以下多方面借鉴：如借助专利信息利用手段来做好核心专利的挖掘及布局工作，结合优势和热点领域积极参与各类技术标准的制定和修订以及专利标准化运营策略来促进产业化国内外推广等。技术转让具有按市场规律及原则办事，易为技术转移双方认可，特别是有利于调动技术供应方的积极性，在转让技术的同时提供相关服务的优点。但其缺点是市场有其固有的缺

---

〔1〕　参见马天旗主编：《专利转移转化案例解析》，知识产权出版社2017年版，第108页。

陷，当发生市场失灵时，技术转移会陷入困境。

同时，技术引进是最常见的技术转移方式之一。缺点是企业现有环境和新设备之间需要相当一段时间的磨合期，企业需要在组织上变革，成本高，提高技术慢的问题，难以从根本上克服。优点是其能够快速地获取需要的技术，技术所有者还会提供培训，投资风险小获利快。技术推广和技术帮助是指通过示范性活动使目标技术传播出去得到广泛应用的过程；而技术帮助通常是指大学或者科研机构通过派放人员、解决问题等方式对企业提供帮助以达到技术转移的目的。[1]

三、我国绿色能源技术转移的相关政策

能源革命始终是建设中国特色社会主义现代化的重要战略，也是国家安全观的重要体现。改革开放以来，我国能源事业得到快速发展和规划，现已成为世界上煤炭、石油、天然气等传统能源和绿色能源的最大供应国，形成了传统能源和绿色能源全方面供应的体系，为全面建成社会主义现代化强国提供了不可或缺的支撑。但我国能源体系的发展还面临很多挑战，例如，人均拥有量较少、能源供应地区和能源需求地区不相称、能源开发方式粗放对生态环境产生负面影响以及能源利用率低等。为确保我国能源事业能够与现代化强国的战略安排相匹配，我们不断加大对绿色能源和绿色能源技术转移的支持力度，提供相关政策和法律法规支持，促进绿色能源生产与消费的革命，加快构建资源节约型、环境友好型社会。

我国现已进入新时代，社会的主要矛盾已经转化为人民日益增长的美好生活需要和不平衡不充分的发展之间的矛盾。2014 年 6 月，习近平总书记在中央财经领导小组第六次会议上明确提出我国现阶段能源发展的总体战略，并对我国下一步能源改革法律制定、政策制定等提供思想支撑。我国必须走可持续发展道路，加大力气发展绿色能源和绿色能源技术，推动构建绿色能源产业体系。在我国绿色能源政策的指引下，绿色能源技术的转移得到极大的政策扶持和重视。针对我国对绿色能源技术转移的相关政策，本书将从构建绿色能源技术转移的相关保障机制、注重产业基础设施和服务体系建设、明确绿色能源技术转移的发展战略和国家顶层设计等方面进行论述。

---

〔1〕 参见熊焰等主编：《专利技术转移理论与实务》，知识产权出版社 2018 年版，第 83 页。

首先，构建绿色能源技术转移的相关保障机制。绿色能源技术需投入大量人力财力，开发研究成本高，建设周期长。为保障绿色能源及其技术的发展，我国对绿色能源技术转移的有关权利作了法律制度或者政策上的界定和保护，法律与政策的权威性对绿色能源技术的转移发挥了不可或缺的作用。我国政府提出加快转变经济发展方式，落实节约资源、保护环境的国策。为实现绿色发展，建设现代化国家，气候变化和绿色能源技术转移提上日程，这也加快了一系列针对绿色能源技术发展和转移政策的完善。

其次，注重产业基础设施和服务体系建设。在新时代，绿色能源产业是可持续发展的重要保障，能源基础设施和服务体系的重要性和制约性也日益凸显。一方面，基础设施供给短缺，是我国绿色能源产业普遍存在的一个问题。这种情形主要是长期向高耗能的工业企业投资造成的。因此，在今后加快推动绿色能源产业基础设施的建设过程中，要及时调整投资战略，因地制宜发展绿色能源产业，努力将生态资源优势转化为产业发展动能。另一方面，绿色能源行业服务体系专业水平低，政策和资金支持不到位，需要政府引导、法律保障，从而推进绿色能源行业服务体系建设。

最后，明确绿色能源技术转移的发展战略和国家顶层设计。国外学者声称，中国清洁能源的发展主要依靠政府自上而下的计划。国家的顶层设计和支持性政策在绿色能源行业起到了很大的推动性作用。这些顶层设计主要包括但不限于面对气候变化制定应对方案、对绿色能源行业发展进行结构布局、制定行业标准、对绿色能源的发展发挥带头性作用以及建设碳排放交易的市场体制。构建顶层设计可以规划国家的结构布局，发展阶段和未来的发展目标；体制机制保障为绿色能源技术的转移提供便捷和法律保护；行业标准，可以淘汰一批落后的企业，实现绿色能源技术的更新换代，推动绿色能源和绿色能源技术朝着更高、更好的方向发展；税收优惠，可以很大程度上推进绿色能源技术的开发研究和转移。

（一）绿色能源技术转移的相关保障机制

伴随着第三次科技革命，绿色经济和知识经济成为各个国家和地区努力建设的目标，同时，为应对气候变化和推动经济发展，绿色能源和技术相结合已经成为重要的动力之一。如前所述，能源安全是国家安全观的主要内容，技术创新成为国家核心竞争力的重要体现。而体制机制的构建很大程度上能够克服市场本身的自发性、盲目性，避免市场的外部性引发资源配置不合理问题，推动市场主体以有利于社会发展的方向前进。在这样的背景下，政府成立专门的组织机构应对复杂多变的国际国内状况成为必要。应对气候变化和节能减排工作领导小组，生态环境部门下的气候变化司，国家发改委领导下能源局和科技部，是我国绿色能源技术转移的主管机构。

国务院总理担任国家应对气候变化和节能减排工作领导小组（以下称领导小组）负责人，领导小组主要负责制定国家应对气候变化的战略、方针和政策，统一部署应对气候变化的工作，研究审议国际合作和谈判方案，协调解决应对气候变化工作中的重大问题；贯彻落实国务院有关节能减排工作的方针政策，统一部署节能减排工作。具体来讲，绿色能源技术转移的主管部门主要有国家气候变化对策协调小组、高新技术发展及产业化司、新能源和可再生能源司。

1. 国家气候变化对策协调小组

正是由于应对气候变化的组织机制的顶层设计，我国绿色能源技术才得到如此迅猛的发展。1998年，由国家发改委带头组建的国家气候变化应对小组，在国家机关机构改组过程中成立，推动绿色能源技术跨部门的协调是其主要任务之一。国家气候变化对策协调小组是我国在应对气候变化等领域的重要决策机构，下设办公室为常设机构，负责小组交接的各项工作和国内气候变化的管理和统筹规划，尤其是与我国履行约定的相关活动。例如，与国际组织和国际主权国家开展能力建设合作，就气候变化等重要问题定期召开协调小组全体会议，同时对国际国内相关气候问题随时召开全体会议。国家气候变化对策协调小组在2007年改组升级为气候变化司，到2018年转设到生态环境部下，其主要职责没有根本性质的变化。

此外，国家气候变化协调小组早在1996年就向联合国开发计划署申请信息通报项目，其中就包括能源信息通报。此外，1998年协调小组就GEF开展了ECPINC项目，[1]此项目设置了7个直接目标及相应的产出和活动，其中前5个目标是按部门编制国家温室气体排放清单，有森林和城市废弃物、能源、农业、工业生产工艺过程和土地利用等相关领域。为顺利完成项目，构架气候变化协调领导小组办公室作为实施机构进行组织工作，某种程度上也是我国对绿色能源技术进行调查和摸底的最早工作了。

----

〔1〕 GEF 全称为全球环境基金（Global Environment Facility）。

2. 高新技术发展及产业化司

在绿色能源和绿色能源技术产业化过程中，高新技术发展及产业化司起到了不可忽视的推动作用。高新技术发展及产业化司隶属于科技部，主要负责能源技术产业化政策研究和对各个高新地区的建设提出指导及对技术交易市场的监管，引导其朝着正确方向发展；协调有关部门拟定高新技术发展及产业化的规划设计，为行业发展策划蓝图；为行业发展提出创新性政策建议；为国家高新技术产业开发区建设提供指导性意见以推动高新技术产业化体系的发展。比如，对国家"863"计划主题项目"生物质制清洁燃料关键技术与示范"中期检查、对国家科技支撑计划重大项目、对国家科技支撑计划"太阳能储热技术及规模化应用"项目进行可行性论证等。

3. 新能源和可再生能源司

新能源和可再生能源司归属于国家能源局，具体职责是指导协调新能源、可再生能源、农村能源发展，组织拟定新能源、水能、生物质能和其他可再生能源发展规划、计划和政策并组织实施。

此外，相关机构还包括为发改委提供决策建议的国家发改委能源研究所。其中，国家可再生能源发展中心和 CDM 项目管理中心属于能源研究所下设机构，与我国绿色能源技术转移工作关系密切。具体而言，国家可再生能源发展中心主要负责可再生能源产业化政策研究、《可再生能源法》的实施管理细则研究与起草、农村能源、乡镇企业能源问题的研究、可再生能源技术的开发与推广和可再生能源技术领域的国际合作项目。CDM 项目管理中心是根据《国家清洁发展机制项目运行管理办法》相关要求设置的管理机构，负责发展和监管我国 CDM 项目。[1]

---

　　[1]　CDM 中心目前承担的主要工作包括：一是 CDM 项目的相关管理和研究工作，包括协助国家发改委气候司进行 CDM 项目的组织申报和专家评审和签发、CDM 项目数据库信息系统的开发和管理、对清洁发展机制项目实施情况进行必要的监测和监督、开展清洁发展机制相关的能力建设活动并提供有关的管理、技术咨询服务、协助气候司对中国清洁发展机制基金资助项目进行汇总、CDM 项目相关问题的跟踪和分析等；二是支持和参与国家气候变化谈判，包括研究提出气候变化谈判的相关战略、参与政府在气候变化的国际谈判；三是应对气候变化及节能减排的相关政策研究，包括国家应对气候变化的重大课题、国家节能减排的相关战略、规划与政策研究等；四是促进低碳和节能减排的灵活市场机制的相关研究，包括对节能交易、碳交易体系、合同能源管理及节能服务产业等相关市场机制的研究的推动；五是国际合作项目的开发和管理，包括协助气候司进行 CDM 项目能力建设方面的国际合作、完成政府委托的有关气候变化及节能方面的国际合作项目等。

（二）产业基础设施和服务体系建设

绿色能源及其技术具有研究开发成本高，收益性弱的特点，为了使绿色能源行业健康发展，我国政府对相关产业基础设施和服务体系建设给予了高度重视，主要体现在技术推广、可再生能源保障性收购制度、清洁能源用电利益调整机制、技术进出口管制政策四个方面。

1. 技术推广制度

技术推广有利于平衡技术高地和技术洼地，转移使用效率高、经济效益好的技术以填补相关空缺，充分发挥市场经济的自主性。技术推广政策为国家了解国内技术需求和供给提供了数据，让国家更加全面生动地掌握相关技术发展的水平。涉及技术推广的政策非常多，由于篇幅限制，本书仅对《节能低碳技术推广管理暂行办法》、《国家重点节能低碳技术推广目录》（2017年本，低碳部分）和《公共机构绿色节能节水技术产品参考目录（2017年）》作简要评述。

首先，2014年，国家发展改革委印发《节能低碳技术推广管理暂行办法》，对重点节能低碳技术申报、遴选、推广进行了规定，重点节能低碳技术申报评价指标中包括节能能力、经济效益、技术先进性、技术可靠性及行业特征指标，同时还规定鼓励技术提供单位建立重点节能低碳技术示范推广中心，展示和宣传重点节能低碳技术。其次，为了落实《"十三五"规划纲要》和《"十三五"控制温室气体排放工作方案》的有关要求，加快低碳技术推广应用，国家发展改革委编制《国家重点节能低碳技术推广目录》（2017年本，低碳部分），该目录对6项非化石能源类技术、14项燃料及原材料替代类技术、3项工艺过程等非二氧化碳减排类技术、1项碳捕集、利用与封存类技术、3项碳汇类技术利用的主要技术内容、适用的技术条件、建设规模、投资额、碳减排量、目前推广比例等进行了规定。最后，以舟山市为例，为引导公共机构应用先进、适用的绿色节能节水技术产品，舟山市编制发布了《公共机构绿色节能节水技术产品参考目录（2017年）》。该目录对建筑隔热保温系统、空调通风系统、绿色数据中心、餐厨系统、能源消费监控体系、电梯及动力系统、用水系统、新能源和可再生能源利用等系统做了详细规划。

2. 可再生能源保障性收购制度

为贯彻落实《中共中央、国务院关于进一步深化电力体制改革的若干意见》，保障非化石能源消费比重目标的实现，推动绿色能源生产和消费革命，

2016 年国家发展改革委印发《可再生能源发电全额保障性收购管理办法》。该办法对全额保障性收购、保障措施、监督管理方面进行规定。在保障措施方面，该办法规定风电、太阳能发电等可再生能源发电企业应配合电网企业加强功率预测预报工作，提高短期和中长期预测水平，按相关规定向电网企业或电力交易机构提交预报结果……并促进市场交易电量多发满发。可再生能源发电企业应按有关规定参与辅助服务费用分摊。[1]

3. 清洁能源用电利益调整机制

由于我国绿色能源发展历史较短，开发研究成本高等原因，中央和地方各级为了推动绿色能源行业的发展都对其给予一定的政策倾斜。为推动电力运行调节，促进绿色能源持续健康发展，国家发展改革委、国家能源局颁发了《关于改善电力运行调节促进清洁能源多发满发的指导意见》，指出各省（区、市）要统筹年度电力电量平衡，积极促进绿色能源消纳；加强日常运行调节，充分运用利益补偿机制为清洁能源开拓市场空间；加强电力需求侧管理，通过移峰填谷为清洁能源多发满发创造有利条件；加强相互配合和监督管理，确保清洁能源多发满发政策落到实处。该指导意见构建了清洁能源用电利益调整机制，在供给侧和需求侧管理方面都规定了绿色能源的消纳内容，即最大限度促进绿色能源的高效利用，缓解各地用电压力，进而促进大气环境质量改善。

4. 技术进出口管制政策

技术进出口的主管机构是中华人民共和国商务部，主要负责技术进出口的审批和行政管理。绿色能源技术转移技术包括：专利权转让、技术服务和其他方式转移、技术秘密转让、专利申请转让、专利实施许可的技术转移，这些都受到《技术进出口管理条例》限制。

（1）限制出口的绿色能源技术

核能作为绿色能源的一种，正确使用核能技术能提供大量的电力，但是如果使用不当会造成难以弥补的损害。我国对核能技术采取严格的限制，为维护国家主权和人民生命安全，打击国际恐怖组织，维持国际和平，我国于1997 年颁布了《中华人民共和国核出口管制条例》（以下简称《核出口管制条例》）。条例规定凡涉及《核出口管制清单》的核材料、核设备和反应堆

---

[1] 参见《可再生能源发电全额保障性收购管理办法》第 17 条。

用非核材料等物项及其相关技术的贸易性出口及对外赠送、展览、科技合作及援助，应当遵守国家有关法律、行政法规的规定不得损害国家安全或者社会公共利益。海关可对出口经营者出口的物项及其技术是否需要办理核出口证件提出质疑，并可要求其向商务部申请办理是否属于核出口管制范围的证明文件；属于核出口管制范围的，应当依据本条例的规定申请取得核出口许可证。违反本条例规定，出口核材料、核设备、反应堆用非核材料的，依照海关法的规定处罚。此外，对核出口审查、许可相关行为也制定了行为准则[1]。

（2）鼓励进口的绿色能源技术

为了发挥进口贴息政策在培育行业竞争新优势，积极扩大先进技术推动绿色能源和绿色能源技术相关行业的消化吸收和再创新，国家发展改革委、财政部、商务部印发《鼓励进口技术和产品目录（2016年版）》。该目录对鼓励引进的先进技术、重要装备、鼓励发展的重点行业三个方面进行了规定。可再生能源、氢能等新能源领域关键设备的设计制造技术等传统能源和绿色能源技术属于鼓励引进的先进技术。

（三）绿色能源技术转移的国家顶层设计和发展战略

为了解决气候问题，完成"双碳"（碳达峰、碳中和）目标，绿色能源技术及其转移在节约资源、保护环境方面发挥了巨大作用。能源技术革命作为核心动力，能源体制革命则是战略思想的核心基础。我们要坚持节约资源和保护环境的基本国策，推动形成绿色发展方式和生活方式，协同推进人民富裕、国家强盛和美丽中国建设。

1. 国家顶层设计

为促进可再生能源产业高质量发展，落实国家能源委员会第二次会议精神，推进能源生产，增强能源安全保障能力，国家发展改革委、国家能源局于2016年印发《能源生产和消费革命战略（2016-2030）》。该战略指出推动能源供给革命，构建清洁低碳新体系实现增量需求主要依靠绿色能源。推动绿色能源成为能源增量主体，开启低碳供应新时代。此外，还指出推动能源技术革命，抢占科技发展制高点需推广应用绿色能源开发利用技术。强化自主创新，加快非化石能源开发和装备制造技术、非化石能源清洁开发利用技术应用推广。

---

[1] 参见《核出口管制条例》第16~18条、第5条。

2.《新时代的中国能源发展》白皮书（2020 年版）

我国坚持绿色发展的新理念，实施创新驱动发展战略，不断深化能源体制改革，持续推进能源领域国际合作。为应对全球气候变化，维护世界能源安全，实现"双碳"目标，我国于 2020 年颁布《新时代的中国能源发展》白皮书。全文共由七个部分组成，其中第一部分（走新时代能源高质量发展之路）、第四部分（建设多元清洁的能源供应体系）、第五部分（发挥科技创新第一动力作用）这三个部分中提及绿色能源技术及其转移较多。其中第四部分特别说明要推进绿色能源高效开发利用。强调优先发展非化石能源、清洁高效开发利用化石能源、加强能源储运调峰体系建设以及支持农村和贫困地区能源发展。开发利用非化石能源是推进能源绿色低碳转型的主要途径，我们把非化石能源放在能源发展优先位置，绿色能源技术转移在这些方面起到了重要的作用。《国家创新驱动发展战略纲要》将安全清洁高效现代能源技术作为重要战略方向和重点领域。[1]

当然，绿色能源技术的国际转移是本书的重点，但是本书也会兼顾国内绿色能源技术转移。在国际层面，本书将着重从投资贸易路径、专利许可模式、国际合作三个方面进行论述。国际市场相比国内需求更多，供给更加多样化，在这样的供求关系中，绿色能源技术转移流动的价值更能被国际组织和主权国家认可，与国家间纷纷建立单边或双边的合作机制。在国际合作机制的背景下，开展国家间的共同研究、开发和创新，共享技术，开展合作交流，进行技术推广。

第二节　绿色能源技术转移的投资贸易实践

一、我国绿色能源技术的相关货物及服务贸易

绿色能源技术转移贸易是实现能源革命中"一个合作"的重要途径。我国绿色能源产业不仅要积极推动国内技术转移，同时也不能忽视国际技术转移贸易。技术作为商品既有使用价值也有价值，其主要通过技术贸易在国际市场上流通。生产者为了获得超额利润率先采用先进技术，生产出新的产品，

---

〔1〕 参见《〈新时代的中国能源发展〉白皮书》，载中国政府网，http://www.gov.cn/zhengce/2020-12/21/content_ 5571916. htm，最后访问日期：2022 年 9 月 21 日。

消费者为了获得使用价值满足自己的需求，往往愿意付出较高的价格获得该商品。技术产品通过贸易的途径被传递到世界各个国家和地区，技术接受方对商品进行二次创新再将其卖到其他国家，循环往复以此达到技术和知识的传播和完善。技术较成熟的发达国家和地区与技术较欠缺的发展中国家和地区一般是通过成套的设备交易实现绿色能源技术的贸易。但是，贸易中也存在许可证贸易和成套设备买卖的情况（这里的贸易仅指实物贸易）。许可证贸易是指知识产权贸易，后文会展开论述。目前，我国已全面启动能源革命体系布局，推动化石能源清洁化，根本扭转能源粗放式发展方式，实施政策导向与规范约束并重。

我国绿色能源技术贸易经历从成套的引进设备，到引进重点核心技术，再到引进技术服务三个阶段。

第一个阶段（从新中国成立到改革开放）是简单引进成套的技术设备，以期满足国内商品需求。由于当时特殊的国情，新中国刚成立，国内百废待兴，引进成套技术设备的做法最符合我国的实际情况。20世纪50年代，国际上以美国为首的资本主义国家和地区对我国围追堵截，我们的冶金、汽车、石油、煤炭、电信、机械和一些军工项目的技术引进主要来自苏联和东欧一些国家和地区。到20世纪60年代由于中苏关系破裂，我国技术引进开始转向西方发达国家和地区。从日本和西欧等10个国家和地区引进了石油、化工、冶金、矿山、电子和精密机械等方面技术设备84项，用汇2.8亿美元。虽以成套设备的引进为主，但也开始引进生产制造技术。1968年~1971年，我国的技术引进完全中断。从1972年开始，我国又恢复了技术引进，至1977年国家先后从美、日等10多个国家和地区引进技术和设备222项，用汇39.61亿美元。[1]通过引进发达国家和地区高质量的技术设备来建设国内空缺的生产流水线，以满足国内的需求，为整个绿色能源行业的发展提供经验。

第二个阶段（改革开放后到21世纪）主要是引进重点核心技术。这个阶段我国技术引进发生了两个大的转变，一方面是从成套的设备引进到单线的核心技术引进，另一个方面是由于工业化体系的初步形成，引进技术的目的由最初的为新建企业服务到为现有企业技术改造服务，这两个大的转变对我国能源发展方向、农业生产技术的升级、新兴产业的发展都起到了很大的推

---

〔1〕 参见苏科五主编：《新编中国对外贸易概论》，上海财经大学出版社2013年版，第111页。

动作用。[1]与此同时，经技术培训后，我国技术人员大大增多，在精密仪器的技术专利使用和运行软件等方面的技术不断发展完善。为促进我国技术成熟设备的发展，国家对相关行业给予政策上的倾斜。例如，给予为引进先进的生产技术和管理方面的知识与硬件而进行相配套的技术贸易免除海关关税的优惠。到 20 世纪 90 年代，我国形成一套较为完善的加工贸易体系。20 世纪 90 年代后，以我国加入世界贸易组织（WTO）为标志，我们大幅度下调了多种商品的进口关税税率，使关税总水平下降到 12%。此后，对部分进口税收优惠政策进行了调整，其中包括自 1996 年以前批准的技术改造项目和企业项目进口设备，不再沿用之间的海关关税优惠，缩小了免税的范围，对已成熟的技术不再给予税收优惠，这标志着我国从全套的设备引进转向重点引进核心设备。为更好地履行我国在 WTO 中的承诺，国家开始重视知识产权的合法保护和转让，对知识产权的技术贸易在政策上给予大力倾斜。

第三个阶段（21 世纪以后）更加注重知识产权的保护和引进，重点关注引进技术服务。随着我国改革开放的深入，进口在经济中的战略意义得到提升，"一带一路"倡议的建设过程也是我国在符合世界经济发展规律的条件下主动向世界市场开放的一个重大措施。尤其是 2018 年中美发生贸易摩擦后，美国对我国的芯片等核心零件进行制裁，我们更加认识到核心技术的重要性，鼓励企业自主创新，加快核心技术的国产化，避免被人"卡脖子"的危险。2020 年，我国《民法典》颁布，对技术转让合同和技术许可合同作了专门规定，对深入实施创新驱动发展战略和推进知识产权强国战略起到了关键作用。在这一阶段，与硬件结合的软件进口大大减少，设计领域的技术服务进口成为技术贸易的主力军。

（一）与绿色能源技术相关的货物贸易

国外经济学家 Helpman 和 Coe 经研究认为：国家的市场开放程度和其与发达国家和地区的贸易量以及生产的商品和商品生产率成正比。这个国家的市场越开放，其与发达国家和地区的贸易量越多，产品的生产效率也越高，反之则反。[2]在对外贸易方面，我国对小到技术产品的对外贸易，大到机械

---

〔1〕　参见张晓华、窦志强：《我国技术贸易发展的演变及应注意的问题》，载《商业文化（下半月）》2011 年第 7 期。

〔2〕　See Coe D. T., Helpman E., "International R&D Spillovers", *European Economic Review*, Vol. 39, No. 5, 1993, pp. 859−887.

设备、生产流水线大型产品的高、精、尖技术产品的进出口都给予了高度重视。近年来，在能源革命背景下，国家顶着全球经济下行的压力，聚焦夯实能源安全发展基础，着力做好能源领域安全监管工作，提升自身科技原创力，不断增强高科技相关的竞争力，逐步从技术进口大国成为技术出口国。为了应对全球气候变化，提高生态环境质量，绿色能源技术转移越来越被重视，大型发电设备、技术、高级生产线的转移在我国绿色能源技术转移中尤为重要。要想在绿色能源技术发展的初期阶段取得快速进步，除了直接进行先进技术和设备的转移外，中外技术人员在技术示范和技术交流过程中不断改善技术甚至实现技术创新也是不可或缺的，这些将对绿色能源技术的发展起到重要推动作用，有利于优化绿色能源的结构布局，提升绿色能源技术的创新发展。

1. 我国关于技术进口的法律规范

技术进出口是指我国公民向境外或者境外向我国境内，通过贸易、投资、经济技术合作的方式转移技术的行为，具体包括专利权转让、专利申请权转让、专利实施许可、技术秘密转让、技术服务和其他方式的技术转移。

《对外贸易法》《民法典》《技术进出口管理条例》《禁止进口限制进口技术管理办法》《禁止出口限制出口技术管理办法》《最高人民法院关于审理技术合同纠纷案件使用法律若干问题解释》《反不当竞争法》《中外合资经营企业法实施条例》等是我国对技术进出口进行规范所依靠的主要法律法规。从内容来看，可以分为两个方面：一方面是实体内容，也就是说对技术进出口合同的内容进行规范；另一方面是程序性事项，也就是进出口技术的分类管理和登记或者说是审批程序。

（1）技术进出口合同

为了克服市场经济的自发性、盲目性、滞后性等固有缺陷，发挥政府宏观调控作用，用法律手段规范市场秩序，加强对市场的规范和管理，国家出台了一系列法律法规对技术进出口合同进行规范，其中涉及权利保障、技术完善和一些限制性的条款。[1]

在权利保障上规定，技术开发合同履行过程中，因出现无法克服的技术

---

〔1〕《技术进出口管理条例》第24条规定，技术进口合同的让与人应当保证所提供的技术完整、无误、有效，能够达到约定的技术目标。

困难，致使研究开发失败或者部分失败的，该风险由当事人约定；没有约定或者约定不明确，依据本法第 510 条的规定仍不能确定的，风险由当事人合理分担，以对合同双方权利进行保护。[1]《技术进出口管理条例》《民法典》等在限制性条款上都作了相关规定。绝对无效的限制性条款和可排除的限制性条款是技术合同通常涉及的两种限制性条款。第一种限制性条款——绝对无效的限制性条款，它会对技术合同的整体有效性产生影响。例如，《民法典》中技术合同一章的第 850 条规定非法垄断技术或者侵害他人技术成果合同无效，如果合同当事人所拟定的技术合同涉及此类条款，则该合同不具有法律效力。第二种限制性条款——可排除的限制性条款，它仅对条款本身产生影响不会对全部合同产生影响，即若技术合同中有此类条款，那么此条款无效，但是该技术合同的其他条款仍然具有法律效力，可继续发挥作用。如果合同无效，那么当事人尚未履行的义务应当免除；若合同当事人正在履行，那么应当立即停止履行该义务。如果合同当事人已履行完合同中无效的义务，那么合同当事人将会被法院判令恢复合同订立之前的状态。恢复合同订立前的状态、持续的保密义务、过失原则是国内法在裁判无效技术转让合同时所遵循的一般原则。

（2）进出口技术的分类管理和登记

《技术进出口管理条例》第 3 条规定，国家对技术进出口实行统一的管理制度，依法维护公平、自由的技术进出口秩序。限制进出口技术、自由进出口技术、鼓励进出口技术、禁止进出口技术这四类是我国常见的进出口技术分类。

首先是限制和禁止进出口技术。为了维护国家主权、人民安全以及保护生态环境，国外一些技术在向我国出口时或者我国在向世界上其他国家进口时会受到一些约束。此外，国家可以随时对涉及重大和平与安全问题的技术采取措施进行限制。[2]

---

〔1〕　参见《民法典》第 858 条。

〔2〕　《对外贸易法》第 16 条规定，国家对与裂变、聚变物质或者衍生此类物质的物质有关的货物、技术进出口，以及与武器、弹药或者其他军用物资有关的进出口，可以采取任何必要的措施，维护国家安全。在战时或者为维护国际和平与安全，国家在货物、技术进出口方面可以采取任何必要的措施。

表 4-1　限制进出口技术审查 [1]

提交进出口技术申请	申请书、出口技术说明文件、企业法律地位证明文件、进出口企业经营资格证书或对外贸易经营者备案登记表 根据情况预备国家秘密技术保密审查批准书
商务部门审查	贸易审查和技术审查，30 个工作日批准
发放许可技术合同	3 年有效期
申请许可证	许可意向书、合同副本及附件、签约双方法律地位证明文件、技术资料出口清单，包括文件、资料图纸等
商务部门审查	合同的真实性核实身份、技术内容与申报时是否一致，需 10 到 15 个工作日
发放许可证	领取许可证前，上网录入合同内容 技术出口转让，到国家知识产权局办理登记

根据《对外贸易法》，负责对外贸易的有关部门对限制进出口的技术可以临时决定限制或者禁止指定的技术进出口，详细规定见表 4-1。对于违反《对外贸易法》规定的技术进出口常常会关联泄露国家秘密罪、非法经营罪和走私罪等，为此要受到相关法律的惩罚。

其次是自由进出口技术。对此，《技术进出口管理条例》有明确规定。虽然自由进出口是我国对技术进出口进行规范约束的基石，但是受到法律法规禁止进出口的技术不受此基本原则保护。具体来看，自由进出口技术合同需要在线登记以便国家管理，技术进出口经营者需要在商务部门的"技术进出口合同信息管理系统"网站上进行登记，并在商务主管部门履行登记手续。技术进出口经营者经商务主管部门核对后，3 个工作日内才能获得《技术出口合同登记证》或《技术进口登记证》。若主要内容发生变更的，应当重新办理许可或者登记手续，申请人凭许可证或者登记证，办理外汇手续、银行手续、税务手续、海关手续等。也就是说，自由进出口技术的登记和审批程序是不以登记日期为合同生效的时期，登记不是合同生效的条件或前提。技术进出口合同登记仅仅和外汇手续、银行手续、税收手续、海关手续有关。这些条件显示中国的相关技术进出口方面的规定和国际规定相接轨符合国际惯

---

〔1〕　参见《技术进出口管理条例》。

例，同世界贸易组织的规则相匹配，在技术进出口领域我国政府过度参与现象很大程度上得到改善。[1]

最后是鼓励进出口技术。改革开放以来，国家在技术方面实行"引进来，走出去"的方针。在技术出口方面，商务部与科技部联合发布《关于鼓励技术出口的若干意见》，积极鼓励成熟的产业化技术出口。[2]在技术进口方面，商务部、科技部、工业和信息化部等联合发布《关于鼓励引进技术消化吸收再创新的指导意见》，在银行贷款、税收优惠、知识产权等多方面采取措施鼓励对国外先进技术的引进。[3]

2. 我国技术进出口的实践

如前所述，我国绿色能源技术起步较晚，发展历史短。绿色能源技术发展的早期阶段主要是成套地引进发达国家和地区的技术设备，填补国内空缺，满足国内相关生产需要，为绿色能源行业的发展提供经验。

（1）绿色能源行业初期阶段主要依靠技术设备进口

我国光能发电开始于 20 世纪 70 年代，为丰富能源体系，减轻对传统能源的依赖，能源行业聚焦实现"双碳"目标任务，着力加快能源绿色低碳转型。近些年，我国光伏产业受国际和国内市场影响发展快速。我国国家能源局发布的 2023 年 1 月~5 月全国电力工业统计数据显示，截至 5 月底，中国太阳能发电装机容量约 4.5 亿千瓦，同比增长 38.4%。

我国风力发电开始于 20 世纪 50 年代，和光力发电历史类似。我国在 20 世纪 70 年代开始对并网风电进行示范性研究。1984 年，国家电力局、能源局和航空部联合对欧美发达国家和地区的风力等绿色能源行业进行全面的考察。考察过后，经综合考量选择从丹麦进口了 4 台 V15-55/11kW 风力发电机作为

〔1〕参见李明德：《中国技术进出口制度的新发展——中日知识产权高级论坛其他》，载 https://www.chinaiprlaw.cn/index.php? id=911，最后访问日期：2023 年 7 月 15 日。
〔2〕《关于鼓励技术出口的若干意见》第 2 条规定，积极鼓励成熟的产业化技术出口。支持企业通过贸易、投资或者经济技术合作的方式出口技术（指未列入《中国禁止出口限制出口目录》的技术），包括专利权转让、专利申请权转让、专利实施许可、技术秘密许可、技术服务、技术咨询等。第 6 条规定，鼓励科技型企业"走出去"。鼓励和支持科技型企业通过对外投资、承包工程、技术与知识产权入股等方式开展对外合作业务，鼓励科技型企业并购境外高新技术企业、设立境外研发机构，带动我技术及服务出口。发挥驻外经济商务、教育、科技等机构的作用，引导企业"走出去"，开展合作研发，建立海外研发基地和产业化基地。
〔3〕《关于鼓励引进技术消化吸收再创新的指导意见》提出，有效引导企业引进国外先进适用技术，并对引进技术进行消化吸收再创新，推动产业技术进步，提高企业自主创新能力和技术竞争力。

我国风力发电的学习样板。后来，山东省政府专门派遣人员到丹麦专门学习理论知识。在丹麦学习过程中，山东省政府特派学习小组习得了维修、定期检查、备件更换、故障排除等相关技术。1986年，建成我国第一座风电场——马兰风发电厂。马兰风电厂成为我国风电历史上的一个重要开端，是国家较早的通过进口别国整套设备和学习相关技术而后改进完善成为我国自主生产力的成功代表。

（2）引进设备推动技术的更新

技术转移对处于技术高地的发达国家和地区与技术洼地的发展中国家和地区来讲都是一件益事，可以推动技术转移国家的技术更新换代。例如，国际技术交易联盟中的意大利卡帕尼亚新钢铁孵化器（Campania NewSteel）。意大利卡帕尼亚新钢铁孵化器由意大利科学城和那不勒斯费德里克二世大学共同出资建立，是意大利南部唯一经过政府认证的科技型创业孵化、加速企业。现已逐步发展成为一个高质量的创新空间、技术基础设施、专业服务和国际商业创新交流中心，支持初创企业从创意产生到规模扩大的各个阶段的创建和发展，为意大利中部和南部的大学、研究机构和商业系统提供服务。2016年，作为意大利科学城旗下的重要孵化器，新钢铁孵化器参与组织了由意大利教育研究部和中国科技部启动、由国际技术转移协作网络（ITTN）和中国国际科学技术合作协会组织的中意创新周、中意创新创业大赛，作为中意两国创新合作具有开拓性意义的一次探索、实践，为两国在以往科技创新合作良好发展基础上，进一步以国际联合创新创业为主要形式，开拓高技术领域初创企业的国际化发展渠道，推动优秀项目孵化落地、优秀技术产业化、优秀人才创新创业、先进绿色能源技术转移，提供实践经验与模式参考。

（3）我国核电技术出口的实践

随着科技实力的发展，绿色能源技术不断增强，国际上对我国绿色能源技术的认可度越来越高，技术设备的市场越来越大，国内相关技术走出的呼声越来越高。在核电领域，2014年，中国核工业集团公司和阿根廷核电签订中阿核电站项目合同，中国核工业对阿根廷提供技术设备和服务等方面的帮助，阿根廷政府对中国核工业集团表示完全的信任。该项目标志着我国自主创新能力的大幅提升，而且也向世界证明我国不再是核能上的"矮子"，我国拥有可以管理核电建设工地的技术人员，而且已经开始出口，这说明我国核能有很大的发展前途。2023年5月，我国自主三代核电技术"华龙一号"全球首堆示范工程——福清核电 5、6 号机组正式通过竣工验收。"华龙一号"是我国在 30 余年核电科研、设计、制造、建设和运行经验的基础上，研发的具有完全自主知识产权的三代压水堆核电创新成果，技术指标达到国际先进水平。"华龙一号"全球首堆示范工程两台机组年发电量 200 亿度，相当于每年减少标准煤消耗 624 万吨、减少二氧化碳排放 1632 万吨，植树造林 1.4 亿棵，经济社会和环保效应明显。[1]"华龙一号"全球首堆示范工程全面建成，工程各项指标满足设计要求，为我国形成了一套完整的、自主的三代核电型号标准体系，提升了我国核电的全球竞争力，对优化我国能源结构、推动绿色低碳发展具有重要作用，也为"华龙一号"后续批量化建设项目提供良好借鉴。

（二）绿色能源技术转移的服务贸易

和市场秩序一样，绿色能源技术转移的服务贸易也有广义和狭义之分。狭义上，绿色能源技术转移的服务贸易是指技术服务、技术答疑解惑、技术咨询和提供技术秘密等。从广义上看，其是指除狭义的绿色能源技术服务贸易外，还包括服务与设备并存的混合型技术交易合同，例如一揽子合同。除国内企业的境外特许经营属于绿色能源技术转移之外，广义上绿色能源技术转移还涉及国家顶层设计层面的技术转移服务，例如中国—东盟技术转移中心（CATTC）。此外，我国与将联合国宗旨作为行为准则的联合国亚太技术转移中心（APCTT）也保持密切联系，而该中心最重要的核心项目就是绿色能源技术转移。[2]

技术中介是广义上绿色能源技术转移服务贸易的突出代表。技术中介本身并不是技术转移的当事人，而是技术转移的商业辅助人，即中间人为技术转移当事人提供知识技术、技术核心信息、主要技术经验以此来进行双方之间的联系、组织、介绍和工业化开发，技术中介的核心职能主要包括四个部分。[3]国内已初步形成了完善的行业体系，催生了一批具有规模的多种形式

---

〔1〕　参见《"华龙一号"全球首堆示范工程通过竣工验收》，载 http://www.news.cn/2023-05/05/c_122592405.htm，最后访问日期：2023 年 11 月 14 日。

〔2〕　联合国亚太技术转移中心是联合国亚太经济社会委员会下设一个地区性组织，为亚太地区服务。亚太技术转移中心的目标是加强该地区的技术转让能力，促进无害环境技术的进出口来自成员国。它为寻求解决日益增长的社会、经济和环境挑战的发展中国家的技术跨越提供了巨大的机会。

〔3〕　参见赵家章主编：《中国对外贸易概论》，首都经济贸易大学出版社 2013 年版，第 172 页。

的技术中介机构。技术中介按照不同的分类方法具有不同的类型，按照业务类型可分为综合服务、咨询服务、平台提供和交易中介四类。综合服务类为顾客提供各个方面的技术转移服务，例如各地区的生产力促进中心；咨询服务主要是为顾客提供技术转移过程中所需的特定服务，如技术售后维护、科技评估机构、专利事务所、无形资产评估公司、会计师事务所、市场调研公司等；交易中介主要提供较为全面的技术转移中介服务，如技术经纪事务所和国家级技术转移中心。[1]本书在这里主要论述国际服务贸易和国内服务贸易。

1. 国际服务贸易

我国绿色能源技术不断发展并逐步趋于完善，绿色能源企业承接跨国界的绿色能源项目，遵循"走出去"的国家战略，对跨国绿色能源技术服务的需要大大增多。"中国—东盟技术转让中心"是我国在国际绿色能源技术服务上已建立的项目，绿色能源技术的转移作为该项目最主要的合作方面，在加强该地区技术转让能力和促进绿色能源技术的发展起到了重大推动作用。如前所述，绿色能源技术转让在亚太地区越来越重要，为此，亚太技术转移中心设立了"可再生能源技术银行"以此鼓励成员国进行绿色能源技术的转让。

（1）作为联合国亚太技术转移中心的成员国

联合国亚太技术转移中心（APCTT）作为联合国亚太经济社会委员会下的一个组织，其主要使命是促进亚太地区中小企业之间的技术转移。[2]APCTT设立亚太可再生能源合作网络（RECAP），旨在促进亚太地区能源的可持续发展，宗旨是加强可再生能源技术的发展。我国科技部国际合作司与APCTT联手举办促进可再生能源农用微型系统技术研发合作研讨会，意在推进对可再生能源农用微型系统技术研发合作的经验和模式进行了交流研讨。

（2）建立中国-东盟技术转移中心（CATTC）

CATTC主要提供五个方面的服务，[3]该组织是根据《中国—东盟科技伙

---

〔1〕 参见刘东威、李健：《技术产权交易理论与实践研究》，北京出版社2010年版，第40页。

〔2〕 参见江月：《亚太地区技术转移的门户——联合国亚太技术转移中心》，载《华东科技》2002年第7期。

〔3〕 中国-东盟技术转移中心主要提供五个方面的服务：（1）提供有对接价值的中国和东盟国家技术供需信息；（2）组织高层次的技术转移活动；（3）提供高质量的技术转移配套服务；（4）提供专业的东盟政策解读和咨讯服务；（5）提供高效率的中国-东盟技术转移对接渠道。

伴计划》建立的，主要目的是促进我国和东盟国家先进技术的转让和推动创新区域一体化的发展。CATTC 所拥有的中国和东盟技术转让协作网络（CATTN）是提供中国—东盟技术转让对接的高效平台，同时在中国和东盟国家科技部门的支持下，为地区发展绿色能源技术转让提供灵活的运营机制和对接渠道。中国和东盟技术转移中心的项目主要有东盟国家技术转让中心、技术转移服务中介机构、技术转让配合服务机构以及中国和东盟技术转移联盟等。随着现今全球环境的变化，我国在科技方面自主创新能力得到极大提升。在能源革命背景下，随着绿色能源技术转移法律法规制度的完善，CATTC 将随着我国和东盟关系的紧密而日益旺盛发展。

2. 绿色能源技术转移服务贸易的国内途径

目前我国已经建立起系统的绿色能源技术转移的服务贸易体系。本书着重论述以高校为依托的国家技术转移中心、"一带一路"环境技术交流与转移中心以及依靠资源整合的技术联盟这三种途径。

（1）以高校为依托的国家技术转移中心

国家经济贸易委员会、教育部认定七所高校为首批"国家技术转移中心"。开发和推广共性技术、参加建设企业技术创新体系、推动高校科技成果的转化和技术转让、推动国际技术协作、为企业提供创新综合服务这五个方面是我国经济贸易委员会和教育部在《关于在部分高等学校建立国家技术转移中心的通知》中明确的任务。高等院校有优势学科，尖端人才的综合优势，在绿色能源技术转移方面高校承担着孵化的任务。高校和企业用产、学、研相互配合，相互协调，相互依靠的方式，发挥学校学科全面、人才高端的资源优势，推动科研成果转移，不仅能提升相关学科的创新能力，还能为学校带来经济效益，更为科研创新提供动力。另一方面，高校和企业相结合的方式还能为企业带来一定的好处。例如，增强企业的核心竞争力和创新力，提升企业为社会经济服务的能力。

高校"国家技术转移中心"在绿色能源转移方面起着重要推动作用。大连理工大学（鞍山）研究院为贯彻落实能源革命背景下绿色能源技术转移于2018 年 9 月发布促进科技成果转移行动方案。该方案意在加快推动科技成果转化为现实生产力，促改革、调结构，特别强调产学研协同开展科技成果转移转化，支持高校和科研院所开展科技成果转移转化。为了建立长期、稳定的战略性双赢合作，在合作成立新公司的基础上，借助研究院为基点来构建大连理工大学长三角产学研科技合作网络，为公司提供包括中试、工程化、技术培训等多项服务，以适于初创型中小科技企业的孵化。此外，还积极组建和参加技术和产业联盟，并通过制定技术标准和解决产业链配套问题等来进一步为企业赢得市场份额优势。[1]

大连理工大学（鞍山）研究院专利转移案件中有两大突出亮点：

第一，在产学研过程中由高校和合作企业共同提交专利申请，后期也并不需要发生专利权的转移，这样在客观上能够避开现有政策机制的各种弊端，同时提高高校专利转移转化的审批效率，加大转移转化成功率，并及时把握市场机会来展开产业化经营。从另一方面看，如何客观、准确评估高校专利技术的市场前景和潜在价值，避免高校以无形资产入股过程中的利益损害，同样是此模式需要注意的问题。在此情况下，高校自身成立的技术转移中心或者第三方独立机构，可以提供更为专业、全面、规范的专利价值评估服务，做好优质专利的质量管理，搭建技术交易信息服务平台，提供后续法律程序咨询等方面服务为高校及合作企业做好中介服务。

第二，市场所取得的效率和成绩，往往取决于市场主体究竟以何种方式配置。在该案例中，在专利技术的整个实施及产业化推进过程中，始终坚持以企业作为市场主体。一方面，合作双方共同成立的新公司既可充分汲取高校在特色技术上的优势，避免专利技术一转了事、后续乏力的窘态，又能够充分发挥企业主体在市场判断和运作，以及人事、财务、销售等环节的灵活性，形成良好的资源互补态势。另一方面，由于高校和企业均占有公司股份，使两者在利益方面更严密地连接起来，有效激励下一阶段研发及继续扩展产业化的积极性，成立的新公司还能够根据合作双方的实际情况和需求来针对性地执行产业化布局，切实发挥市场主体的机动性来创造更大的经济效益和社会效益。[2]

（2）"一带一路"环境技术交流与转移中心

生态环境部和深圳市政府合作建设的"一带一路"环境技术交流与转移中心是全国范围内最先实施生态环境部和地方政府合作推进绿色能源技术转移的案例。巩固和"一带一路"倡议国家绿色环保产业的相互协作，提升空

---

[1] 参见马天旗主编：《专利转移转化案例解析》，知识产权出版社2017年版，第36页。

[2] 参见马天旗主编：《专利转移转化案例解析》，知识产权出版社2017年版，第39页。

气污染治理，污水净化以及固体废弃物的再利用等方面的技术协作是该机构成立的主要目的。我国用高效实用的绿色环境技术为其他发展中国家和地区提供技术推广和示范，把"引进来和走出去"作为深圳技术交流与转移中心的关键点，在能源革命背景下，推动绿色能源的发展，共同促"一带一路"倡议国家的绿色可循环发展，将"一带一路"建设成为一条绿色、发展之路。中央政府相关部门和地方政府合作模式利用深圳市经济特区国家给予的特殊政策和沿海位置的优势，尤其是深圳市和东盟国家的交流合作经验，为推动国内绿色能源技术的转移发挥了重要作用，而且也为"一带一路"倡议国家的绿色能源的技术协作、转移和利用的发展提供不可缺少的推动力，这种实践也为我国绿色能源技术转移的发展提供了宝贵的经验。我国其他地区也可以尝试将自由贸易试验区的特点和优点相结合，在已建立的绿色技术转移中心为基础，促进特定区域的绿色能源技术的转移为节点，以便更好地推动更大范围的技术转移，同时带动世界经济的可持续发展。

（3）依靠资源整合的技术联盟

技术联盟是"四个革命、一个合作"的创新实践，为推动能源供给革命、带动能源技术转移提供创新实体，对建立多元供给体系、带动产业升级发挥了强劲的动力作用。所谓技术联盟是指为了实现特定的技术创新目的，两个或者两个以上的高校、企业、科研机构、政府相关职能部门相互配合、相互依赖围绕技术的研究开发和实际应用而建立的一种非短期的、双赢或多赢的合作伙伴关系。技术联盟的实质是：以知识交流为基础的动态合作方式，是联盟中成员之间传递知识、分享知识、整合知识的互动过程。技术合作方式和技术创新组织方式的最新模式主要有合作协议、合资企业、许可合同。[1]技术联盟是一个大的概念，按照不同的方式可以划分为不同的部分，大而广的技术联盟和产业细分这两种划分是最常见的。大而广的区域性技术联盟包含的范围很广，不仅包含技术转移辅助人，而且还要承担技术孵化、科技成果与企业之间的转移、最新科技信息的收集等工作。产业细分往往承担了技术创新的重要任务。这里对大而广的区域性技术联盟和产业体系的技术联盟做简要概述。

---

〔1〕 参见张晓凌等：《技术转移联盟导论》，知识产权出版社 2009 年版，第 90 页。

第一类：大而广的区域性技术联盟。

我国区域性的技术转移联盟组织已初步成立，其中较为完善的地区包括：长江三角洲经济区、东北地区、环渤海经济地区。总的来看，技术联盟包括技术转移联盟在内，当前的发展态势呈现为：联盟成员增多且结盟速度快、成员之间的行业分布广、类型多样化、成员构成多元化、涉外联盟中我国成员的话语权有所增加、同一行业中巨头联盟的趋势大大上升。

首先，长三角技术转移联盟。从"四个革命、一个合作"的能源战略思想出发，长三角技术转移联盟侧重从技术方面谋创新促发展，以推动区域之间科技的互动为主要目的。长三角技术转移联盟成员有上海科技开发交流中心、浙江科技交流中心、江苏生产促进中心。由三方代表签订相关协议，组成战略指导委员会作为联盟的最高机构，协调三方的行动，对整个联盟的运转进行负责。

长三角技术转移联盟为实现三个区域的科研资源、资金支持、技术转移渠道的共享提供了平台，促进科技成果的顺利转化，为地区行动科技转化提供中介服务，消除科技进步以及科技成果转化时的地区贸易壁垒，通过取长补短为各地区的科技配合打下坚实的根基。长三角技术转移联盟设立了三大技术转移服务平台，分别是技术信息服务平台、技术与资本对接服务平台、技术经纪人合作服务平台。这三大平台在技术转移服务活动方面各有侧重，相互配合，相互协作，共同组成一个无缝的服务联盟大平台。其中，建设技术信息服务平台旨在为三个区域机构的数据提供整合与共享服务，使得三个地区的科技成果、技术困惑以及国际上的前沿科技信息能够以最快的速度流通，实现三地乃至全国的信息共享；建设技术与资本对接服务平台主要是为了在技术转移服务联盟中引进资本平台和风险投资机制，实现技术和资本的有效对接；[1]而技术经纪人的建立是为了打破地区之间的行政壁垒，实现经纪人资格的三地互认，将三地的经纪人队伍纳入大联盟范围内以便进行有序的管理和指导，同时为经纪人提供技术项目和转移渠道，为提高技术转移的经济效率和经济效益提供有利的条件。

其次，东北技术转移联盟。在科技部支持下，黑龙江、吉林、辽宁三省科技厅和大连、沈阳、长春、哈尔滨四市科技局共同发起创立了东北技术转

---

〔1〕 参见张晓凌等：《技术转移联盟导论》，知识产权出版社 2009 年版，第 90 页。

移联盟，其成立为东北三省创造了一个规范、透明的商业环境，提供了一个高效率、低流通费用、低风险、资金高速流通的技术转移平台，是推进东北地区区域技术创新体系建设的重要举措。

最后，环渤海技术转移联盟。该联盟由北京、天津、河北、山西、内蒙古、辽宁和山东两市五省（自治区）的技术市场管理部门及技术经纪机构共同发起创建，为地区的技术信息交流和资源共享提供了一个高效平台，同时，通过这个平台的高效运转，为开展技术经纪人和技术市场的相关培训提供便利，促进了区域内人才的流动和人才结构的多元化。该平台的建立还为建设双边、多边技术交易统计分析交换通报制度、开展多种形式的技术成果推广、交易和技术交流活动以及投资融资服务活动、促进技术转移项目与资本的无缝衔接提供了巨大的便利。此外，该联盟进行有关技术转化、技术转移方面的软课题研究，进而优化环渤海技术转化、转移的条件和环境，促进环渤海地区经济和科技的更快发展。

第二类：产业体系的技术联盟。

产业体系协作在我国出现较早，产业集群效应促进技术信息在行业间的流通以及进一步推动技术转移的案例不在少数。尤其是在《关于选择一批产业技术创新战略联盟开展试点工作的通知》和《关于选择部分产业技术创新战略联盟开展试点工作的通知》两个文件后，产业内部的技术创新联盟便取代产业作为技术转移价值的主要载体。本书着重论述产业体系的技术联盟在煤炭行业的作用。

新一代煤化工产业技术创新联盟的服务对象主要是以煤化工规模化生产，重点是煤炭资源的高效利用和绿色发展，以解决限制行业发展，精进重大核心技术、集成系统技术为己任，依据产业链组成联盟，建设煤炭资源共享平台。联盟成员在联盟协议和项目协议的制约下享有联盟的技术创新资源的权力以及从创新成果的使用和转移中收益的权力。开放式联盟运行机制的突出体现，主要表现在以下三个方面：第一，联盟成员的开放，不断吸取新的创新资源，吸取对联盟发展有利的技术单位和资金单位。第二，资源的开放，联盟在整合的基础上实现共享。第三，创新技术成果的共享，推动技术成果的转移和推广。

总的来说，虽然我国各地的技术联盟机制有所不同，但是大都包括技术开发研究、技术成果商业化、技术转移。而本书所述的区域性技术联盟和产业体系技术联盟存在一定的缺点。例如，两者都是在政府政策的支持下进行的，其自主性偏低；联盟内部组织松散，连接不够紧密，庞大的机构略显臃肿；机构组织之间职能重叠，存在信息壁垒，导致各方信息共享不畅，也导致资源的浪费。当然，区域性的技术联盟和产业体系技术联盟也有其独特的作用。以高校为依托的国家技术转移中心机制让技术成果从实验室走向实际的商业应用，技术联盟使绿色能源技术在不同的主体之间得以流通。

二、清洁发展机制

清洁发展机制（CDM）作为《京都议定书》的三大机制之一，是推动发展中国家减少温室气体排放的重要工具，同时也被认定是《京都议定书》中唯一包含减少发展中国家温室气体排放，并对发展中国家在减少温室气体有行动要求的弹性机制。[1]CDM 的设立旨在推动发展中国家和地区通过该机制与发达国家和地区合作，充分利用世界上已有对环境友好的绿色能源技术，实现绿色可循环发展之路，而实现这一目标的重要途径之一就是技术转移。但是由于《京都议定书》对 CDM 的设定过于原则化，因此，其设定的预期目标在实际运行中存在以下几点不足。第一，发达国家和地区可能为了从发展中国家和地区获取减排量的目标，而鼓励本国（地区）跨国公司利用发展中国家和地区技术落后的不足与发展中国家和地区进行合作。第二，发达国家和地区的跨国公司往往为了追求剩余价值最大化，保护其超额利润而不让先进技术外泄，仅仅向发展中国家和地区出售其较为落后的设备。第三，CDM是为了服务本国污染者而设定的机制。有些时候通过它的合作项目不但没有实现减排的目标，反而加深了对自然资源的私人占有和公司的接管。当然，所有这些都是以牺牲当地社区和居民的利益为代价的。虽然以上所述有些尖锐，但是 CDM 所设想的目标在很大程度上都没有实现，也间接说明了上述判断存在一定的合理性。

有学者认为 CDM 的主要弊端在以下两个方面：一方面，帮助发展中国家和地区绿色循环发展的设定过于弹性化，其资金目标难以通过具体的、数字

---

〔1〕 See World Bank, "World Development Report 2010: Development and Climate Change", in https://openknowledge.worldbank.org/entites/publication/e917b047 - 3a48 - 5688 - 9804 - 0466417304fb, last visited on 21 April 2022.

化的行为体现出来。另一方面，通过达成一定合作，项目效果作为得到减排的认定过于简单，并且可以带来实实在在的利益，也就是说业主和合作外方可以通过每吨的温室气体减排量获得实际利益。因此，CDM 的目标通常被理解为通过交易来落实减排的任务，而不是促进发展中国家和地区的绿色可持续发展。由于 CDM 默认发达国家和地区可以用廉价的方式在全球推广自己落后的设备来实现自己国家和地区的减排目标，故 CDM 被看作是一个短期性和功利性的工具。

在其营利目标的推动下，不管是东道国的合作国还是发达国家的跨国公司，关注的更多是获得联合国执行理事会（EB）颁发的核证减排量（CER），合作双方都没有驱动力来实现真正意义上的技术转移，对技术共享问题漠不关心，关心的是一个项目运行所有的核心技术秘密信息。就东道国的合作方来说，其目标并非慈善而是利益，只要能够获得一个政府所批准的 CDM 项目，并且通过执行理事会认证的 CER，就可以得到本国政府的政策倾斜以及发达国家和地区跨国公司的资金或者设备方面的援助。对于绿色发展技术是否转移他们并不关心。在东道国合作方看来，从合作方直接购买成套的设备是通过技术转移获得 CER 最快的途径。至于开发研究技术、购买技术或者说与合作方共同开发技术是一个投入大、回报少、周期长的过程，不值得大费周章地专门安排资金和人员从事此类事件。CDM 在《京都议定书》生效进入实施阶段后，被很多人看作是发展盈利的一个重要因素，而不是一个绿色能源技术转移的良好机制。[1]主要原因在于《京都议定书》虽推动了一般意义上的技术创新，但没有加速技术的转移。其短期行为特征十分突出，只是试图解决局部问题，并没有解决表面问题，也没有解决根本问题，发展中国家和地区没有在真正提升技术能力，也没有实现绿色循环发展。在实际合作中，发达国家和地区把获得减排指标作为首要目标，技术转移被当成附属品。简单来说，CDM 在实际运行中不是以技术为核心，而是以减排量的成本和预期收入为内生动力。

有学者专门对 UNFCCC 下的清洁发展机制执行理事会注册项目中的 2293个待注册项目和 644 个已经注册的项目进行分析，发现 2293 个待注册项目的

---

[1]　参见马忠法：《论清洁发展机制在环境友好技术转让方面存在的问题及其完善的建议》，载《科技进步与对策》2011 年第 2 期。

转移比率是 39%，644 个已注册项目的技术转移比率是 43%。[1]除此之外，这些项目对绿色能源发展产生什么样的结果还有待证明。在 2015 年《联合国气候变化框架公约》CDM 的执行理事会待注册的 3000 多个项目中，其中有 36%的项目涉及技术转移。但是根据世界银行报告显示，只有 1/3 的 CDM 项目包含有技术转移，这些项目中只有 15%的纯技术或者纯知识转移，32%的项目通过成套的技术设备交易来实现技术转移，53%的项目是设备和技术捆绑转移。CDM 项目转移在 2014 年前签约量达到顶峰后，往后年份呈逐年下降趋势。这一趋势在我国、印度、巴西显示得最为明显。UNFCC 建立了金融机制，以支持发展中国家和地区缓解和适应气候变化的金融需求。截至 2022 年 4 月 2 日，在 CDM 理事会登记的项目已超 4000，[2]但是没有详细数据说明这些项目中有多少的项目真正包括技术转移。反映出 CDM 项目对我国绿色能源发展并没有起到推动作用，更多的是国外相关领域的企业在我国市场的扩张。

CDM 项目中技术转移在国内和国际发展的现状说明两点问题。第一，CDM 项目中的技术转移率低，且包含技术的质量不高。第二，发展中国家和地区所需的绿色能源技术在 CDM 项目中转移量远远赶不上需求。这些问题与 CDM 设立的初始目标有较大偏差，探究背后的原因以及解决这些问题，正是我们迫切需要做的事情。

世界银行报告也指出 CDM 项目产生额外性、模糊性、对绿色可循环发展的作用小、EB 治理无力、运行低效、分布不均衡、奖励不足、连续性较差等缺陷是导致 CDM 项目在技术转移方面没有突出贡献的主要原因。[3]但本书认为，CDM 在我国的实践表明，虽然它在减排方面取得了突出的效果，但是在绿色能源发展技术转移方面没有收到预期效果。除去一些其他方面的原因外，CDM 目标设置不合理是导致技术转移的预期效果与实际效果不符的根本原因。

---

[1]　See Antoine Dechezleprêtre et al. , "Technology Transfer by CDM Projects: A Comparison of Brazil, China, India and Mexico", *Energy Policy*, Vol. 37, No. 2, 2009, pp. 703–711.

[2]　参见邹骥等：《环境有益技术开发与转让国际合作创新机制研究》，经济科学出版社 2009 年版，第 60 页。

[3]　See World Bank, "World Development Report 2010: Development and Climate Change", https://openknowledge. worldbank. org/entites/publication/e917b047–3a48–5688–9804–0466417304fb, last visited on 21 April 2022.

三、外商直接投资及其技术溢出

顺利实现能源生产和消费革命要全方位加强国际合作，实现开放条件下的能源安全。在立足国内能源安全的条件下，在能源生产和消费革命所涉及的各个方面加强国际合作，充分利用国际资源。跨国公司作为经济全球化的主要载体，通过在国际上直接投资，对本国和全球经济的发展起到了巨大的推动作用，极大地促进了技术、人力等生产要素在世界范围内的流通。外商投资，特别是跨国公司在世界范围内的研发架构对技术转移起到了不可忽视的推动作用。跨国公司对母公司和东道国技术发展和经济进步的发展都起到了正面作用。对于东道国，外商直接投资的同时也引进了先进技术。对于跨国公司母公司来说，对外直接投资，增强了技术输出。利用先进技术和人才资源的优势进行不同的研究开发活动，以此来满足增强跨国公司对东道国经济影响，同时保持技术垄断所带来的利益，[1]这正是跨国公司进行对外直接投资从事开发研究活动的重要内容，也是跨国公司技术转移的主要特征。在能源革命背景下，中外技术交流的重要性又上了一个台阶。

（一）技术内部转移

促进技术内部转移的因素有很多，比如，东道国法律环境因素。但是，众多因素中最重要的还是与企业自身利益相关的因素。自我国《民法典》实施后，专利制度大大完善，对知识产权的保护力度增强。跨国公司基于技术转移的风险和追求利益最大化的内在动力，采用以技术优势为依托的对外直接投资的方式，加深技术内部转移的过程。跨国公司通过对外直接投资实现技术内部转移，可以体现以下三个方面的优势：第一，能够最大程度地开发利用现有公司的潜在生产能力，发展公司一体化的生产方式，独占技术创新中的超额利润。第二，能够避免核心技术秘密外泄，保持公司技术垄断的地位。第三，技术内部转移能够依据母公司对子公司的投资来确定定价策略，减少技术在外部交易过程中的种种风险，使技术价格的确定服从公司总利润最大化的要求。除此之外，以技术内部转移为基础的外商直接投资还可以较大程度上减少东道国政府的干涉，避开贸易保护的壁垒，提升公司的竞争力。伴随着我国《民法典》的深入实施，对外商直接投资的限制不断减少，跨国

---

〔1〕　参见吴林海、吴松毅：《跨国公司对华技术转移论》，经济管理出版社 2002 年版，第 43 页。

公司技术内部转移的趋势会不断加强。

独资经营的企业控制全部股权，对自己企业的生产经营活动享有掌控权，独自负责投资并对独自承担投资风险。独资经营企业的这些特点使其成为技术内部转移的最为有效的方式。企业内部交易成本低、内部利润共享、资源共享是独资企业最为突出的三个优势。跨国公司建立独资企业的主要目的就是保持技术垄断地位，防止技术秘密外泄，其技术改造和技术创新主要发生在母公司，与子公司所在国家的联系甚少，技术转移往往发生在企业内部，其技术对东道国不发生转移关系。21 世纪以来，跨国公司更倾向于从东道国获取廉价自然资源和人力，利用其先进的技术打开东道国市场。长远来看，这将对东道国以及全球环境产生不利影响，不利于对气候变化采取正确的措施。

(二) 技术溢出

如前所述，跨国公司一般会把技术和相关信息转移到当地子公司或者分支机构，其中有一部分以"溢出"的方式进入东道国，这也算是跨国公司给东道国带来的正面影响之一。在跨国公司内部的技术信息不能全部吸收，东道国公司从中获取利益且无须支付相关技术转移费用的情况下，就会发生技术溢出效应。技术溢出效应对东道国而言能够带来巨大的收益。例如，当地企业可以从跨国公司中得到技术相关的信息。同时，跨国公司在当地的发展也能给东道国的经济带来推动力。技术溢出在合资企业中发生的频率较高。由于双方在合作过程中技术人员会不断地交流，再加上双方在合作过程中共同经营、共同投资的缘故，技术转移的意愿往往要比一般企业更为强烈，因此溢出效应也就更加明显。

从经济学的模型构建出发，对技术溢出效应有三种不同的观点。第一种观点：外商直接投资作为推动经济发展的方式之一，不过是把技术进步当作现有生产者提高产品质量的一种手段。第二种观点：把外国直接或间接的投资以及颁发技术专利证囊括在该模型中，意味着在平均价格的条件下扩展要素的容纳空间。当技术能力和生产要素价格都提高时，企业会发现到技术能力不高和生产要素价格相对偏低的国家投资建厂或者颁发高新技术专利证，能够带来巨额利润时，知识外溢就会在国际范围内出现。[1]第三种观点：企

---

[1] 参见沈坤荣、耿强：《外国直接投资、技术外溢与内生经济增长——中国数据的计量检验与实证分析》，载《中国社会科学》2001 年第 5 期。

业在研究开发过程中必然要淘汰掉落后的技术和产能，引进先进的技术。企业通过研究开发先进技术，并垄断技术，提高生产率，获得高额垄断利润。生产资料质量的提升往往标志着技术知识外溢和外在性的显现。技术知识外溢和外在性能够减少不变资本的边际收益递减，由此可以带来一个最佳、最高或者最低增长率。根据其传导机制的不同，"溢出效应"可以分为两大类。一类是从纵间联系来看，外商直接投资带来的技术溢出效应可以通过跨国公司和东道国企业间前后联系以及东道国企业和当地供货商和客户之间前后联系体现出来。这种技术溢出主要体现在跨国公司在培训东道国优秀供货商时主动提供相关技术援助。另一类是从横向联系来看，跨国公司在东道国的发展，对当地的企业结构企业行为产生了一定的影响。

通过外商直接投资获得技术溢出相关知识后，表现最为明显的就是掌握核心技术后独自经营。在高铁领域出现过此类状况，我国在与西方和日本的高铁合作项目中，在习得相关技术基础后，加强研究开发，在原有的高铁技术基础上创新，形成一整套完善的技术后与原合作国展开竞争。因此，也被德国《世界报》评为——中国虽在扩建高铁网络，但是正在利用从合作伙伴那里获得的技术自行制造列车。我国在"一带一路"建设过程中，把列车技术沿线建设给相关国家带去便利。就连德国铁路公司也在考虑从我国制造商进购配件，以致一些西方学者认为西方企业在"养虎为患"。在绿色能源领域，我国相关行业还在发展阶段，技术溢出多发生在双方技术转移后。

（三）我国绿色能源企业并购典型案例分析

在能源革命背景下，世界各个国家和地区对绿色能源技术的重视大幅提升，自 2016 年发布《能源生产和消费革命战略（2016-2030）》后，我国能源企业愈发认识到技术要素在资本发展中的主导作用。为了顺应世界发展大势，我国能源企业在国际市场上展开了大规模的并购活动。我国能源企业借助金融危机期间欧美国家绿色能源企业资不抵债的机遇开展跨国并购，引进西方发达国家优质技术，这一做法成为我国能源企业掌握先进技术的快捷途径。为我国引技引智，拓宽国际合作的领域，强化国际能源技术合作力度，拉动能源产业深度融合，实属提升我国能源国际竞争力的强有力途径。2021年上半年，我国企业并购数量为 6177 件，金额总计为 3121 亿美元，创有史以来半年交易量的最高水平，其中天顺风能（苏州）股份有限公司收购德国Ambau 案例是业界津津乐道的通过技术转移掌握先进技术的成功案例。

1. 天顺风能（苏州）股份有限公司收购德国 Ambau 案例

我国企业为响应能源革命，加强全方位国际合作，打造能源命运共同体，与世界各个国家和地区签订协议。对于技术转移项目来说，由于其具有"周期长、变化多、风险大"的特点，所以对于不同的区域、不同的目标受众、不同的技术阶段，每个项目采取的操作方法和手段亦不相同。在这个过程中，如何能够让潜在技术受让方更好地了解技术本身的实际价值和专利价值、商品化所需的投入成本范围、潜在风险及预期收益量、周期则显得尤其重要。为了提高技术流动效率，全国各地涌现出了各种各样的联盟、网上技术交易市场、平台等不同形式的技术交易工具，而实际的技术交易促进效果并不好，与忽略了这一过程中"操作者"即技术经理人的重要性和不可替代作用不无关系。国内很多技术经理人更多的是关注国内高校与企业间的技术转移、产、学、研合作，在对全球创新资源的把握、技术先进性的判断、定向技术集成的目标区域选定上则（增）存在误区。因此，无法及时有效地为企业提供足够专业化的服务，而且各省市技术经理人的水平差异很大。作为技术转移过程中的操作者，为了更有效地整合资源，需要具有更多国际视野、熟悉东西方商业文化、懂技术并且及时了解和学习国际国内知识产权法律法规。[1]

在该案例中，德国 Ambau 库克斯港生产中心靠近北海海岸线，是北海海上风电桩基的重要供给商之一，可覆盖德国、英国、荷兰、丹麦、比利时等周边国家。天顺风能（苏州）股份有限公司借助收购德国 Ambau 提升公司在全球风电设备市场的竞争力和国际地位，有助于公司深化风电力改革，深化全球战略，拓宽公司业务范围，完善产品结构布局。多年以来，我国技术转移管理体系已经初步形成，专利保护和转移促进的法律体系逐渐完善，技术交易机构的数量也逐渐增多，且涉外专利引进数额呈逐年增长趋势，专利技术转移和转化前景广阔。根据知识产权商品化理论，通过技术拆解和技术评估分析算法可以得出以下结论：需做好基础技术侵权分析和技术排查；需做好核心技术评估和相关分析，选择发明、实用新型、技术秘密等最合适的保护形式；要做好衍生技术应用性分析和竞争性分析，预判可能的合作伙伴或竞争对手。

---

〔1〕 参见马天旗主编：《专利转移转化案例解析》，知识产权出版社 2017 年版，第 175 页。

能源革命下的技术转移必须重视打造命运共同体，主动扩大我国与世界各个国家和地区的能源利益交汇处，把能源合作战略利益和资源国经济发展和技术长处结合起来，带动资源开发与基础设施相结合。通常，基于语言文化、制度环境等差异，国际技术转移面临更为复杂繁重的沟通、磋商任务。一般而言，国外技术转移主体的契约意识和知识产权意识相对较强，在谈判中比较较真。技术转移的过程伴随着专利技术的许可转让，也牵涉转让许可之后的共同开发或某一方继续开发的知识产权归属和保护策略问题。有时，后者的谈判更为艰难，甚至是决定技术转移成败的关键性因素。在该案例中，技术转移双方就因为知识产权保护等问题使谈判数次濒临崩盘。因此，国际技术转移对技术经理人的专业能力要求更为严格，既要完成技术转移任务，又需要国际化运作和资源整合能力，还要具备知识产权专业知识，能够为交易双方提供可接受、可实现的知识产权解决方案。[1]

2. 合资并购失败案例

合资并购过程并非全是一帆风顺的，也会遇到各种困难。例如，三峡集团收购葡萄牙电力公司案。2018 年 5 月，三峡集团提出以 90.7 亿欧元（约合 108.3 亿美元），收购葡萄牙电力公司（EDP 公司）剩余股份，此前三峡集团持有 EDP 公司 23.25% 股份，为单一最大股东。葡萄牙证监会要求三峡集团在 EDP 股东大会召开 45 天后履行其收购要约中的所有剩余条件。但是此项收购需要获得监管机构的 16 项批准，三峡集团当时只获得了两个，美国、巴西、法国、加拿大等国的监管机构尚未批准该交易。除资金的影响外，因市场信息掌握不全面缺乏国家安全方面的考虑而失败的案例更多。

跨国失败的因素包括很多，例如，相关国家因安全问题而设置一些行政阻碍。技术型收购因公司类型较小、组织灵活，其收购较容易成功，而市场扩张型收购因为原料收购容易遭到阻碍则（增）较为困难。尤其是在能源革命背景下，绿色能源发展强劲，世界各个国家和地区纷纷通过相互投资、市场开放的途径引进先进技术。在此背景下，我国企业更需要积极融入全球能源产业链，增强国际竞争力，推动绿色能源生产和高效节能硬件和软件在"引进来"的基础上完善后"走出去"。

---

〔1〕　参见马天旗主编：《专利转移转化案例解析》，知识产权出版社 2017 年版，第 180 页。

四、政府和社会资本合作模式

政府和社会资本合作（PPP）作为公共基础设施中的一种运行模式，能够发挥政府导向作用，鼓励私营企业和私人资本参与公共项目的积极性，充分发挥民营企业的竞争作用，减少企业投资风险，同时还能增加供给、提高人民生活水平和生活质量。在该模式下，私营企业提供产品和服务，与政府达成协议，双方形成风险共担、利益共享的合作关系。简而言之，PPP 模式是指政府公共部门和私营企业在共担风险、共享利益的基础上，通过合作，政府开放特定公共领域让私人私营企业参与，发挥私营企业的专业性从而为公共提供更好的服务。[1]

目前绿色低碳是我国能源产业发展的方向，能源革命是能源可持续发展的必由之路。随着我国能源领域基础制度的初步形成，能源国际合作水平的提升，创新发展战略推动能源科技实力的发展，技术发展重要作用将在能源治理和能源合作中愈加凸显。[2]PPP 合作模式一般是建立长期的合作关系，通常包括三个主要的要素。[3]这种合作模式一般是由政府部门负责对公共基础设施的质量以及价格监管，私人资本承担合作项目的大部分工作，通过"谁使用谁付费"以及部分"政府付费"的方式获得投资回报。在此模式下，能够充分吸收社会资本，拓宽融资渠道，解决融资难的问题，形成多元化的资金投入机制，大理市洱海再生水厂项目是较为典型的案例。

大理洱海环湖截污 PPP 项目是国家财政部第二批 PPP 示范项目。中国水

---

〔1〕 PPP 在不少国家和地区均有实践，但不同国家地区和国际组织对其定性不一。加拿大 PPP 国家委员会指出 PPP 是公共部门和私人部门之间的一种合作关系，主要强调公私部门之间的风险分担和利益共享。美国 PPP 国家委员会认为 PPP 是介于外包和私有化之间并结合了两者特点的一种公共产品提供方式，并从项目生命周期角度强调了私人部门的参与，尤其强调了私人部门的投融资。

〔2〕 参见《能源生产和消费革命战略（2016-2030）》，载《电器工业》2017 年第 5 期。

〔3〕 PPP 的主要因素一般被认为：一是融资要素。由私人部门承担融资责任是区分 PPP 模式和传统方式的重要因素。实践中，私人部门参与投融资能有效减轻政府财政负担，满足社会公共利益需求。二是项目产权要素。此处项目产权为权利束，不仅指所有权，而且包含经营权和收益权等权利。根据产权经济学，特许私人部门拥有项目所有权或项目经营权和收益权，可以激励私人部门进行管理和技术创新，从而提高 PPP 项目的建设运营效率。同时，特许私人部门运营基础设施有利于促进公共部门机构改革，消除冗员现象。三是风险分担要素。共同分担风险是 PPP 模式与传统方式的重要区别所在，PPP 模式中公私部门按照各自承担风险能力的大小来分担风险，不仅能够有效地降低各自所承受的风险，还能加强对整个项目的风险控制。

环集团和大理市签订协议，项目占地利用规划于 2016 年 5 月获得省国土厅批复，经过两轮竞争中国水环境集团有限公司成为社会投资人中标，9 月份正式签订 PPP 项目合作协议。2016 年 4 月项目开始动工，2019 年 9 月项目竣工开始进入正式运营阶段。该项目中政府通过补贴令的方式减轻支出压力，达到轻装上阵的效果。采用此种模式扩大了大理市财政收入，保障了项目支付的资金来源，降低了政府公共预算的支出压力，将传统的债务融资方式转化为社会资本购买服务的方式，减轻了大理市的财政负担。此外，此模式有利于创新机制，把控运营质量。目前，国内大部分 PPP 项目将可用性付费部分设置为项目公司的投资成本和对应的合理回报，而绩效考核付费部分则设置为运营维护成本和对应的合理回报。即项目公司在项目建设竣工验收后，其投资成本和对应的合理回报基本可以无风险收回。在该项目中，公司的投入成本和相应的回报通过完工验收全部收回。通过测算，本项目运营维护成本和对应的合理回报约占政府购买服务费年付费金额的 5%～7%，投资成本和对应的合理回报约占政府购买服务费年付费金额 93%～95%。但是通过竞争性磋商，项目通过竣工验收后，项目公司仅可确保获得政府购买服务费年付费金额的 85%，剩余的 15%需要与截污干管（渠）运营维护绩效考核挂钩。该种设置实现了可用性部分在全生命周期的考核，可以激励项目公司在运营期内高质量地对项目进行运营维护。

虽然 PPP 模式合作的重点在公共基础设施方面，但是它与绿色能源技术转移也有一定的联系。例如，公共基础设施的原料要是换成保持恒温的材料，对节约能源也能起到积极作用。更为重要的是，该模式若应用到绿色能源技术转移方面，则前途不可限量。在国际条约中，私人企业拥有技术不愿转让，是条约失效的一个重要原因。公私合营模式在公共基础设施领域的应用给我们带来的启示：将 PPP 模式推广到绿色能源技术转移领域，巩固公私主体间的合作，合理划分利益，可能是解决技术转移难题的有效途径。

第三节　绿色能源技术转移的专利许可模式实践

知识产权许可作为技术转移的重要途径，在绿色能源技术转移中发挥着不可代替的作用。技术转移和知识产权的关系历来被人们所争议，发达国家和地区认为，发展中国家和地区知识产权保护力度不够，技术转移机制不完善，吸收能力缺乏。

从经济学角度出发来看知识产权和技术转移的关系对我们分析二者之间的联系极具启发。经济学家 Olena Ivus 认为加强对知识产权的保护对发展中国家和地区来讲是弊大于利，对发展中国家和地区的产品进出口产生负面影响。而技术转移，特别是对于绿色能源技术这种高新科技的获得机会没有带来显著的变化。通过对技术敏感企业和非敏感企业的进出口数据进行研究发现，加大知识产权的保护力度刺激发达国家和地区技术敏感企业的出口，但对发展中国家和地区的出口会产生负面影响，发展中国家和地区得到的仅是商品质量上的提高，而价格和出口数量并没有提高。[1]也就是说，加强对知识产权的保护对发展中国家和地区获得高新技术没有带来显著限制，原因在于高新技术难以模仿且发展中国家和地区缺乏相关能力。经济学家 Mohamed Sadi 认为在技术转移的相关贸易中，无论技术转移采用何种形式，发达国家和地区在贸易中都能获利。与技术转移所带来的生产力提高相比，在支付大额的准租金或者许可费用时，发展中国家和地区的公共福利被削减了。[2]此外，他还认为来自发达国家和地区的知识产权许可会对发展中国家和地区的技术转移能力带来不利影响，发展中国家和地区的收益会溢出到所引进的发达国家和地区的技术上。支付许可费和准租金的外溢，例如，许可转移会进一步减弱发展中国家和地区的技术转移能力，原因在于其对外国技术进口形成了路径依赖。有学者提议，发达国家和地区在全球发展援助和赔偿中，应对其所造成的后果形成积极方面的资金支付机制，来鼓励发展中国家和地区利用技术和避免落入技术转移路径依赖的陷阱中。

1997 年《京都议定书》的签署带来绿色能源技术专利申请的流行，这说明，国家政策在建设应对气候变化技术发展平台过程中起着主导作用。1997年开始，绿色能源技术领域的专利率以每年 20% 的速度增加，大大超过化石燃料和核能等传统能源的专利增长幅度。[3]

---

[1]　See Olena Ivus, "Do Stronger Patent Rights Raise High-Tech Exports to the Developing World?", *Journal of International Economics*, Vol. 81, No. 1, 2010, pp. 38-47.

[2]　See Mohamed Saadi, "Technology Transfer, Foreign Direct Investment, Licensing and the Developing Countries' Terms of Trade", *The Journal of Applied Economic Research*, Vol. 5, No. 4, 2011, pp. 381-420.

[3]　参见马忠法等：《清洁能源技术转移法律制度研究》，法律出版社 2017 年版，第 275 页。

一、我国绿色能源技术专利现状

如前所述，虽然我国绿色能源技术发展时间短，但是发展势头猛、速度快。水能、风能、太阳能等绿色能源的发展，和清洁煤、天然气等传统能源高效清洁化的发展呈齐头并进的态势。但是从专利的数量和分布状况来讲，我国与发达国家和地区相比呈持平态势。如表4-1[1]所示，全球超80%的绿色能源技术专利申请来源于中国、美国、日本、韩国、德国、法国、英国、瑞士、瑞典、荷兰10个国家。在多数绿色能源技术领域，我国绿色能源技术申请量飞速上升，且近年来我国在绿色交通技术专利申请方面成为全球的领导者。

表4-2　全球专利申请情况

国家	2019 年	2020 年概算
中国	59 193	68 720
美国	57 499	59 230
日本	52 693	50 520
韩国	19 073	20 060
德国	19 358	18 643
法国	7906	7904
英国	5773	5912
瑞士	4627	4883
瑞典	4202	4356
荷兰	4055	4035
总计	265 381	275 900

（一）风能专利

如前所述，我国风能起步晚，1986年马兰风力发电场是我国风能的摇篮。

---

〔1〕 参见《世界知识产权组织：中国国际专利申请量保持全球第一》，载 http://de. mofcom. gov. cn/article/ztdy/202106/20210603067438. shtml，最后访问日期：2022 年 6 月 2 日。

风电的发展大致分为三个阶段：萌芽阶段、成长阶段、成熟阶段。

第一个阶段：萌芽阶段。我国风电发展初始阶段，由于历史原因，我国企业在和外资企业通过合资的方式获得先进技术的过程中遭到阻碍，外资企业始终没向我国合作企业转移核心技术。

第二个阶段：成长阶段。在这一阶段，我国企业开始从外国引进设计图纸，从图纸设计研究到量化生产。在此过程中，虽然遇到了技术适应性和技术时效性问题，但通过克服这些问题，我国企业培养了一批自己的研发团队。

第三个阶段：成熟阶段。在这一阶段，我国风力发电市场进入稳定增长期。我国企业在风能方面的实力大大提高，并具备研发创新能力，开始和国外风电企业合作，或者直接受托外国公司进行研发。随着我国各项法律政策的出台，可再生能源产业不断发展，特别是风能领域的发展已位居世界前列。从风能的关键专利来看，我国风电企业关于各项核心技术很少有知识产权积累。

（二）太阳能专利

太阳能有关设备国产化程度呈现持续上升趋势，但我国在太阳能专利占有上仅有1%，这与我国太阳能资源大国的地位不匹配。国际上，光伏逆变器的核心企业主要集中在美国、德国、日本。例如，美国的 Advanced Energy 公司、Enphase Energy 科技有限公司、Outback Power System 公司、Satcon 公司；德国 SMA 公司、西门子公司；日本的三菱电子公司等。[1]

在太阳能有关专利方面，我国企业还存在以下问题：首先，产业布局畸形及国际能耗污染转移问题。太阳能产业上游产业原材料在外，下游终端应用在外的现象尤其突出，而粗硅加工、高纯度硅提纯、光伏电池生产中的高耗能、高污染环节却在国内，近年来光伏产业的繁荣本质上却使我国沦为发达国家污染和能耗转移地。其次，太阳能产业链各环节仍然存在技术瓶颈。尽管我国企业在个别领域有所突破，但是，我国太阳能产业链各个环节仍存在技术瓶颈。以国内太阳能级多晶硅生产领域为例，国内企业专利申请均为近两年新提出的，部分反映了多晶硅产业开始为突破七大传统多晶硅生产商

---

〔1〕 参见张乃根、马忠法主编：《清洁能源与技术转移》，上海交通大学出版社 2011 年版，第 6 页。

技术封锁进行了尝试。个别企业在个别环节甚至做到了世界领先。但技术突破仍然仅限特定环节，技术成熟度，特别是四氯氢硅等副产品的处理技术不成熟，与美、日、德三国的七家公司有很大差距。还有就是，产业链中游硅料/硅片项目、光伏电池生产的关键设备或国产设备的关键部件仍需要进口。这些环节中不少设备和相应的专有材料曾一度严重依赖进口，近年来国产化程度刚刚起步。但是国产设备的性能，尤其是精度方面不够，尚无法从根本上缓解依赖进口的现象，包括国内领军企业在内的诸多生产商设备价值的 80% 仍是进口产品。对多晶硅这样高能耗、带有污染性副产品的产业，要客观看待近年来工艺上的突破，更要注重从能耗、环保效益的要求上仔细甄别、客观评估我国的技术发展水平。最后，技术转移现状及存在的问题。如上所述，一些关键技术领域境外同行的封锁并未缓解。就此，有学者还指出多晶硅领域大公司有些技术虽然以 KNOW-HIOW 形式来保护，但随着其他企业也开始研究该领域，这些企业最终一定会以专利集合的形式构建专利标准，那时我国企业就不得不付出更大代价。从目前的技术转移形式看，成套设备引进也是整个光伏产业的普遍方式，而后续的技术支持也仍需依赖外国设备供应商。国内企业应提高技术引进的质量，积极拓宽融资渠道，适时收购金融危机后有合作意向且掌握先进技术的境外光伏企业。

总之，在太阳能专利方面，我国企业和科研单位在制造技术以及未来技术方面虽然有一定的知识产权储备，但是在核心技术（如操作系统、电池控件）方面仍有所不足。

二、绿色能源技术许可

我国企业通常采用引进国外先进的绿色能源技术和设备的方式，以此达到淘汰落后技术，调整产业结构，在国内进行量化生产的目的。以风能为例，我国风能技术以采用技术许可为主要发展方式。例如，风机安装调试技术、风电场测评技术设计和改造（尤其是海上风电厂）、并网技术（主要是关键并网技术和逆变器技术）、储电技术（尤其是抽水储能）大都是采用技术许可的方式。购买技术许可的一般方式是中方向外方支付技术转让费用后获得征集制造技术及关键部件的技术，得到生产能力后，外方在中方生产一定批量后再抽取提成。

专利许可费用通常十分昂贵，而技术转让的内容仅包括部件技术要求和风机装，还不包括风机设计，且过度引进关键技术易造成对国外的依赖。以海上电气目前的 2MW 级风力发电机为例，其中有 80% 完全自主研发，20% 引进，引进的技术中多为关键技术，如控制系统、传动系统、齿轮箱及轴承等。为保护其关键技术，很多跨国公司已将风电产业的一些辅助技术在我国申请专利，从而形成技术壁垒。[1]

通过专利许可途径，技术供给方可以快速回笼资金，并且回避投资中发生的种种问题。此外，技术接受方可以获得技术，在较短的周期内将产品推向市场，并且在消化吸收的同时，增强自己的创新能力。改革开放以来，我国把引进先进技术作为一项重要的经济手段，但是技术引进必须辅以吸收利用与再创造。然而昂贵的许可费以及拒绝许可的风险依然是我国企业进步中难以跨越的一道坎。需要注意的是如果对买来的技术不去改进、完善，那么消化吸收创新就会无法进行。消化吸收弱，导致了"落后—引进—再落后—再引进"的恶性循环。

第四节　能源革命背景下绿色能源技术转移的中外合作实践

在人类共同应对全球气候变化大背景下，能源清洁低碳发展成为大势。世界各个国家和地区纷纷制定能源转型战略，提出更高的能效目标，制定更加积极的低碳政策，推动可再生能源发展，加大温室气体减排力度。实现全球温室气体排放和吸收相平衡的目标，将驱动以新能源和可再生能源为主体的能源供应体系尽早形成。各国不断寻求低成本的绿色能源代替方案，推动经济绿色低碳转型。为顺应《巴黎协定》提出的更高要求，我国明确在能源革命背景下，21 世纪下半叶与世界的能源合作水平将持续提高。随着我国深度融入世界经济体系，对内对外开放互相作用，开放型经济新体制加快构建，创新驱动发展战略深入实施，能源科技实力显著提升，在国际能源合作和治理中将发挥更重要的作用。[2]

---

〔1〕　参见张乃根、马忠法主编：《清洁能源与技术转移》，上海交通大学出版社 2011 年版，第 8 页。

〔2〕　参见《能源生产和消费革命战略（2016-2030）》，载《电器工业》2017 年第 5 期。

　　三年疫情肆虐，加之节能减排行动的加速推进，全球传统能源行业走势大不如前，国际社会中各个国家和地区都大力推动绿色能源技术的研发、使用与推广。我国十分重视绿色能源的开发，并尝试将绿色能源推广为我国能源供应体系的重要部分，除了在国内大力开发，我国还非常重视绿色能源技术转移的国际合作，与众多国家和地区签署了绿色能源技术方面的相关条约，一方面为了能够更好地学习其他国家和地区先进的绿色能源技术，另一方面也希望能够推广我国绿色能源技术进入国际社会，上述行为对我国乃至全球范围内的能源结构、生态保护、气候变化及经济发展作出积极贡献，在应对气候变化方面贡献了中国智慧，提供了中国方案。中国和美国两个温室气体排放量最大的国家于 2014 年在碳排放量方面达成协议，互相合作开发研究绿色能源，助力减排承诺的兑现。同时，"一带一路"的建设巩固了我国和东盟十国的联系。电能作为基础设施的必要项目，我国向东盟国家提供大批小水电等适合的绿色能源技术。

一、我国与美国关于绿色能源技术转移的交流与合作

（一）合作背景

　　第一，两国绿色能源技术合作有历史的机制优势。自 1979 年我国和美国签订首批政府间协定——《中美科技合作协定》之后，虽然两国关系历经波折，但是科技合作一直延续从未中断。依据《中美科技合作协定》，我国和美国定期举行大气合作联合工作组会议，目前，双方已召开 20 次会议，成为统筹协调中美科技交流合作的常态化机制。中美两国已签订包含《中华人民共和国科学技术部与美利坚合众国加利福尼亚州政府关于推动低碳发展与清洁能源合作的研究、创新和投资谅解备忘录》在内的近 100 个合作协定书和谅解备忘录，涵盖多个方面，形成了"点、线、面"相结合的良好局势。科技合作成为我国和美国政治互信、经济合作、文化交流的重要支撑力量。

　　第二，两国经济发展都对传统能源（如煤炭、石油、天然气）依赖度大，但是本国生产有限，往往需要跨国贸易运输，这严重影响两国各自的能源安全。为缓解对传统能源的过度依赖，减少温室气体的排放，降低生态污染，共同构建绿色、低碳、可持续的生产生活方式，越来越多的国家开始加速向低碳能源体系演进，更多地发展太阳能、风能、水能等绿色能源供给。中国

和美国的合作使世界先进技术与最大应用市场相结合，带动两国能源体系向低碳化的成功转型。

第三，根据 2021 年《BP 能源年鉴》中数据显示可知，我国和美国是能源消耗和温室气体排放大国。随着温室气体的大量排放，致使一些小岛国家尤感危机。虽然化石能源消费危机和全球气候变暖不是仅凭一国之力就可以控制的，但是作为世界能源生产和能源消费大国的我国和美国在这些方面所要承担的责任不言而喻。据国际能源署预测，能源行业在世界温室气体排放中占比超过 80%，若对此不采取措施，2030 年的二氧化碳排放量将增加 400 亿吨，而这一数字远远超过世界温室气体减排目标。为此，世界能源行业采取了很多措施，例如减少传统能源的使用，增加绿色能源的使用，计划在 2030 年前大量关停火电项目。在共同应对全球气候问题上，我国和美国的合作被赋予了全球意义。双方共同推进绿色能源的研究和开发有共同的战略利益，这也是双方共同合作的广泛基础。

第四，为应对全球气候变化而产生新的需求，我国和美国在绿色能源合作方面的优势互补成为推动双方合作的主要动力。对美国而言，其经济主要依靠金融服务业，虚拟经济所占比巨大，需要大量的绿色能源技术及其设备作为实体经济的支撑点之一。拜登政府上台后宣布重返《巴黎协定》正好符合美国发展态势。向我国出口绿色能源技术及其设备获得利润，同时还可以推动美国绿色能源行业的发展，减少美国对我国的贸易逆差。除此之外，出口发展带动就业的增长也是美国政府所追求的目标之一。于我国而言，能源结构升级紧迫，生态环境治理迫在眉睫。绿色能源市场广大，不管是绿色能源的开发研究和使用，还是工业减排、建筑节能都蕴藏着巨大的市场。同时，绿色能源合作可以最大限度地减少绿色贸易保护的负面影响。中美绿色能源企业的合作不仅可以充分发挥双方各自的优势，增加自身碳减排能力，还可以减弱市场风险所带来的不确定因素，提高自身产品竞争力。

（二）中美绿色能源技术转移机制

我国和美国绿色能源技术合作从共识走向实践源于 2008 年签订《中美能源环境十年合作框架》，并依据该框架签署了《中美能源环境十年合作框架下的绿色合作伙伴计划框架》。[1]这两个文件为绿色能源技术合作规划了目标和实施步骤，表明了双方合作的坚定态度。2009年，中美签署《中华人民共和国政府与美利坚合众国政府关于加强气候变化、能源和环境合作的谅解备忘录》，该文件重在加强两国在绿色能源技术的交流以及控制污染节能减排方面的联系，双方均承诺会积极采取措施构建合作关系，减缓气候对两国乃至世界的影响。2009年，双方成立了"清洁能源联合研究中心"（CERC），这是双方进行联合开发和技术合作第一次在资金和知识产权上进行的实质性机制。2016年，双方续签《中美科技合作协定》，并于同年9月再次联合发布《中美气候变化合作成果》。2017年，双方签署《中华人民共和国科学技术部与美利坚合众国加利福尼亚州政府关于推动低碳发展与清洁能源合作的研究、创新和投资谅解备忘录》，建立中国–加利福尼亚州清洁技术伙伴关系。2018年中美续签《中美科技合作协定》5年，为中美政府间科技合作奠定合法的框架，也为中美民间科技合作搭建有效的平台。2021年4月，中美双方共同发表了《中美应对气候危机联合声明》，声明中阐述中美将继续采取环保行动，将碳中和、温室气体净零排放作为双方的长期战略，努力扩大对发展中国家的支持，并且落实具体减排措施，尽快实现《巴黎协定》规定的温升限制目标。随着两国对绿色能源技术的重视，我国和美国有关绿色能源合作的政策框架日益完善。下文将着重介绍两国绿色能源技术合作机构、知识产权、资金机制。

1. 中美绿色能源技术合作机构

不同于以前两国政府之间零散的交流合作，绿色能源技术合作是双方有规划、成体系的全面持续合作。我国和美国关于绿色能源合作机构从科技部到能源部，多种多样。本书就主要合作机构——中美清洁能源联合研究中心

---

〔1〕《中美能源环境十年合作框架》和《中美能源环境十年合作框架下的绿色合作伙伴计划框架》，致力于建立绿色合作伙伴计划，并以政策创新、宣传教育、符合适当条件的技术转让、信息发布，以及其他与《中美能源环境十年合作框架文件》原则和宗旨相符合的目标为宗旨。鼓励中美两国各级地方政府之间，企业之间，学术、研究、管理、培训机构之间，以及其他机构之间自愿结成绿色合作伙伴关系，依托有特色、创新型的具体项目开展技术合作、经验交流及能力建设等形式的合作活动，包括对能源环境领域的创新政策和做法的试点示范，以及创新技术的开发、试验及推广；并致力于推进能源安全及经济和环境的可持续发展，鼓励各级政府评估并创造有利的政策环境，为行业和个人参与能效提高、新能源和可再生能源开发、清洁交通系统发展、森林和湿地生态系统的保护及其功能服务价值的发挥，以及提升促进可持续发展的能力等方面提供激励机制。

展开论述。

中美清洁能源联合研究中心（CERC）根据 2009 年中美双方签订的《关于中美清洁能源联合研究中心合作议定书》而组建，其作为联合研发机构旨在推动中美两国的科学家和工程师在清洁能源技术领域开展联合研究。联合研究的主要领域有：节能建筑、清洁煤、清洁能源汽车等。双方密切合作，大大缩短了技术开发的时间。该议定书强调研发中心注重在绿色能源领域的技术开发，中美两国在绿色能源技术部门，如在企业、大学及其他机构推广相应的技术，利用可再生能源减少化石能源带来的污染与危害，并提高能源的利用效率，实现能源的多重利用、能源使用多样化以及最终实现低碳经济。在 2020 年，中美清洁能源研究中心"碳捕集、封存、利用和示范及新一代技术研发"项目通过验收，这对我国 CCUS 技术发展路线图的实现提供了技术支撑点，同时，也为我国顺利实现 2060 年完成碳中和的目标提供了有利的技术。

2. 中美绿色能源技术知识产权

中美清洁能源联合研究中心在中美科技合作知识产权机制领域进行了探索，成立了知识产权工作组。中美双方在合作之前协商好知识产权的归属问题，避免产生不必要的知识产权争端影响双方后期的合作。研发主体享有知识产权，这是知识产权的分配原则。例如，各方应当向对方提供项目产生的第一手技术信息，包括项目相关国所需的信息和一方拥有或可以获得且其有权公开的信息。

双方在合作项目中可以联合发布论文、共同测试、共享数据库、一同制定标准。对于在合作中产出的科技文章、报告，各方在所有国家享有非独占、不可撤销的、免交使用费的翻译权、复刻权和公开发行权。合作活动中一方雇佣或资助人员创造的知识产权由该方所有。合作过程中双方共同雇佣或资助人员创造的知识产权由双方共同享有。各方将有权在其领土内使用或许可他人使用合作过程中创造的知识产权。参与中美清洁能源研究中心项目的科研机构或者人员所有的知识产权直接归属机构或者个人，不再归属国家。[1]

---

〔1〕 参见《国务院关于印发实施〈中华人民共和国促进科技成果转化法〉若干规定的通知》，载 http://www.gov.cn/zhengce/content/2016-03/02/content_5048192.htm，最后访问日期：2022 年 9 月 21 日。

3. 中美绿色能源技术资金机制

中美绿色能源技术合作项目的资金机制大体而言可分为两种。第一种是以中美能源合作项目及其备忘录为代表的援助性资金机制，[1]该机制是由美国政府部门无偿地主动给我国相关项目方提供资金支持。第二种是以中美清洁能源联合研究中心为代表的开放性资金机制。在该类项目中，项目方不仅可以接受政府部门拨付的资金，还可以吸收民间资金，且我国和美国各方在研发技术过程中只资助本国。

（1）援助性资金机制

中美能源合作项目（ECP）的资金机制，即我国和美国以及私营企业开展相关技术合作研发或者技术成果商业化转移，这种机制可概况为"依托市场机制的发达国家资助"。在美国，美国发展贸易署将提供资金资助此类项目。例如，美国贸易发展署希望为绿色能源的最优实践路径及其相关的项目提供资金援助。

（2）开放性资金机制

中美清洁能源联合研究中心（CERC）的资金机制，即我国和美国双方共同出资，但是各方仅针对各方企业或高等院校的研究进行资助，或者说联合资助双方企业或高等院校组成的项目开发组，这种机制可以概括为"各自资助，联合研发"。各方的资金既可以是各方政府部门的拨款，也可以是吸收的民间资金，且吸收的民间资金具有投资性质。CERC 下的项目资金将由双方共同承担，协助保障长期稳定的资金支持。同时，企业或者高校也可以为其参与的合作项目提供资金。在此说明，在合作项目过程中，我国科技部和国家能源局的资金只支持本国参与者的研发，同样，美国能源部的资金只支持美国参与者的研发，双方对具体项目另达成协议的除外。

综上所述，这两种机制的特点有以下三个方面。第一，这两种资金机制吸收的资金来源多样化，不仅可以吸收政府部门的拨款，还可以吸收民间资金。第二，这两种资金机制是单方的支持，中方无须对美方企业开展同等的互惠资助。第三，其资助的对象大都是针对性项目，而不是对政府的直接

---

〔1〕　中美能源合作项目（ECP）创立于 2009 年，是一个由企业发起并出资的非营利、非政府组织，旨在中美两国开发和实施清洁能源和能效领域具有商业可行性的项目。《备忘录》的主要内容是：通过 ECP 平台，扩展和加深中美双方在清洁能源领域的合作，并由美国贸易发展署为我国清洁高效能源最佳实践的可行性研究、咨询、考察、研讨会和相关的工程开发工作提供资金支持。

资助。

（三）中美绿色能源技术转移案例

政府为企业搭建合作平台成为中美绿色能源技术合作的主要方式。其中中美清洁能源联合研究中心（CERC）在推动绿色能源向我国市场的转移发挥了重要作用。比较典型的是，美国环保产业公司"阿米娜"研发了一种新型粉煤分离器的专利技术，此技术能阻挡较大煤粉颗粒进入锅炉，从而减少氮氧化物排放量。"阿米娜"公司通过中美清洁能源联合研究中心的平台和我国风电场合作，我国风电发电厂安装阿米娜公司研发的新型煤粉分离器后大大地减少了污染物的排放，同时阿米娜也在我国打开了市场。

二、我国与东盟关于绿色能源技术转移的交流与合作

东盟因其独特的地理优势拥有丰富的绿色能源资源。水电水利规划设计总院曾指出，东盟待开发水电资源超过 2.4 亿千瓦，此外还享有丰富的太阳能、风能、生物质能，但是区域内可再生能源只占一次能源消费量的 9%，未来开发市场巨大。另外，东盟也有发展绿色能源技术的意愿。吉隆坡举行的第 33 届东盟能源部长会议通过的《2016-2025 年东盟能源行动计划》，提出到 2025 年将可再生能源消费占比提升到 23% 的目标。由于东盟国家绿色能源资源丰富，可再生能源成本继续下降，加上东南亚海岛众多地理条件，东盟区域更适合发展微电网。但是，东盟分散式发电的绿色能源发电技术和远程运电技术不成熟，技术人才缺少，这些都是东盟绿色能源技术转移存在的问题。

我国和东盟地理位置靠近，是东盟理想的合作伙伴。2021 年，第五届东亚峰会清洁能源论坛在北京召开，会议强化了"绿色能源网络"（GEN）的倡议。[1]此外，得益于双方签订的《中国-东盟自由贸易区协定》，我国和东盟超 93% 的产品关税为零，双方合作势头持续向好。

（一）我国与东盟签订的相关国际条约和国际文件

我国一直是全球绿色科技创新的引领者，在清洁能源应用等领域具有较

---

〔1〕 该倡议落地可能性非常大，主要基于两点：第一，我国在长距离、大容量输电方面的成功经验，如"西电东送"，证明了我国和东盟加强能源联乃至电网互联具备技术可行性；第二，双方在能源供需方面的强互补关系，我国与东盟强化能源联系也具备经济上双赢的潜力。

强的技术和资金优势，与东盟国家在绿色低碳合作方面有巨大潜力。自 2009 年首个《中国-东盟环境保护合作战略》发布以来，双方迄今已出台 5 部合作战略和行动计划，在环境和气候领域建立了成熟的政策对话机制，在高层政策对话、生物多样性和生态保护、环保产业与技术、联合研究等方面开展了各种合作活动，为南南环境合作作出了区域贡献。2011 年以来，我国累计安排资金约 12 亿元人民币，与 36 个发展中国家签署 41 份气候变化合作文件，其中就包括东盟国家。涉及绿色能源技术转移内容的双边协议或者多边协议包括但不限于 2014 年 11 月签署的《第十七次中国-东盟领导人会议主席声明》、2014 年 5 月签署的《中华人民共和国马来西亚建立外交关系 40 周年联合公报》、2013 年 10 月发布了《中泰关系发展远景规划》等，上述文件都表达了对可再生、替代和清洁能源开发的愿景，期待绿色能源技术的开拓，提高能源效率的同时实现能源的有效节约。此外，2020 年 7 月，我国与老挝合作签署建设低碳示范区谅解备忘录，双方以视频方式签约《中华人民共和国生态环境部与老挝人民民主共和国自然资源与环境部关于合作建设万象赛色塔低碳示范区的谅解备忘录》。

随着《区域全面经济伙伴关系协定》（RCEP）的正式生效，未来我国与东盟在碳中和领域的合作将释放巨大合作空间和市场潜力。东盟可再生能源发展迅速，潜力巨大，而我国是全球最大的太阳能电池板、风力发电机、电池和电动汽车生产国，双方在零碳能源生产侧、终端需求侧和储能设备等方面有广阔的合作空间。

（二）我国和东盟在绿色能源技术转移领域的实践

近年来，新型冠状病毒肺炎疫情给我国和东盟的能源电力合作带来了不小的挑战，特别是对于人员和物资的往来产生了巨大的影响，但我国与东盟国家在清洁电力技术项目上的合作依然保持着稳定增长的局势。2020 年，我国主要电力企业对东盟国家投资的项目共有 15 个，投资总金额 18.95 亿美元；对东盟国家新签工程承包合同约 64 个，合同金额高达 65.7 亿美元。2020年，我国电力企业在东盟国家的投资金额和新签工程承包合同额分别同比增长 24.7% 和 35.4%。

1. 中缅清洁炉具技术转移项目

全球清洁炉灶联盟曾提出于 2020 年之前在全球推广 1 亿台清洁炉具的宏伟目标。2015 年 6 月，在第七轮中缅战略与经济对话中，两国就重大双边、地区和全球性问题深入交换意见，并就双方推广清洁炉具达成一致意见，中方做出到 2020 年推动至少 4000 万农村家庭使用清洁炉具及燃料的重要承诺。

2017 年 3 月 1 日，我国赠送缅甸应对气候变化物资交接仪式在缅甸首都内比都举行。国家发展和改革委员会向缅甸自然资源与环境保护部赠送了 1 万台清洁炉具和 5000 套 100W 太阳能户用光伏发电系统。同时，我国供货企业对来自缅甸 14 个省的林业及干旱区绿化部门近 40 名官员和技术人员进行了有关使用与维护的技术培训，该计划为缅甸普通农民家庭提供清洁能源、改善生活条件，并为缅甸改善农村空气质量、减排温室气体、应对气候变化做出了积极贡献。这是我国气候变化和东盟国家合作的又一重要成果，也是中缅两国携手应对气候变化挑战的成功探索。[1]

2. 中菲清洁能源技术转移项目

菲律宾地处热带，年光照时长多，清洁能源丰富，但由于国内技术开发不够成熟，我国与菲律宾清洁能源技术合作开发具有极大潜力。我国和菲律宾在清洁能源技术领域的合作不仅包括光伏发电、水力发电，还包括风力发电等。其中水力发电是我国和菲律宾清洁能源合作的重要领域。2017 年我国与菲律宾在吕宋岛中部成立《巴洛格水电枢纽二期项目》，此项目是中非合作中最大的现汇项目，该项目坝长 1500 千米，最大坝高达 105.5 米。

除水电合作外，我国和菲律宾在光伏发电技术领域的合作也非常密切，作为中国国家电网下属上市企业的南瑞集团，依靠自身过硬的清洁能源技术与菲律宾签订了多个项目。其中，在菲律宾内格罗省成立的《菲律宾 SACASUN 58.98NW 集中式并网发电项目》该项目占地 73.38 公顷，是南瑞集团目前在菲律宾成立的最大项目。《菲律宾莱特岛 30NW 光伏电站 EPC 项目》是南瑞集团在菲律宾成立的第一个项目，建设后的莱特岛光伏电站是菲律宾单体装机容量最大的地面光伏电站。

3. 中越风电技术转移项目

越南作为东南亚地区风能最为丰富的国家之一，增强风力发电成为越南清洁能源计划的主要内容。我国和越南在清洁能源技术领域的合作主要集中于风能、太阳能、水电。国内企业凭借自身先进技术，采用国际竞标的方式

---

[1] 参见科学技术部中国 21 世纪议程管理中心、技术转移南南合作中心编著：《南南合作可再生能源技术转移模式探索》，科学出版社 2020 年版，第 207 页。

在越南开展清洁能源合作。例如，我国和越南共建的越南海阳燃煤电厂项目，是由中国能源建设集团（中国能建）旗下西南电力设计院有限公司和中国能建国际工程有限公司组成联合体以"设计—施工—采购"的 EPC 方式承建。该项目也是截至合同签订时，我国在越单笔投资金额最大的项目，也是越南国内装机容量最大的项目之一。2020 年，两台机组计划实现投产，预计年发电量将达到 81 亿千瓦时，将有效改善越南北部电力短缺状况，提高当地社会经济发展水平。

中越双方在平等互利的基础上共同商讨建设方案，我国也积极为老挝绿色基础建设提供助力，例如太阳能 LED 路灯、新能源机动车及环境监测设备等。老挝低碳示范区的建设便是"南南合作"与"一带一路"倡议的典范，为其他国家的绿色区域建设提供良好的范本。我国与巴基斯坦于 2021 年签署南南合作谅解备忘录，2022 年 1 月，我国与巴基斯坦应对气候变化南南合作项目发运仪式在北京成功举办，本次南南合作还落实了我国"一带一路"的倡议，我国承诺向巴基斯坦援助三千套太阳能光伏电源系统，协助巴基斯坦提高应对气候变化的能力，帮助巴基斯坦落实国际条约相关规定。

4. 柬埔寨低碳示范区项目

柬埔寨低碳示范区是我国 2015 年宣布在发展中国家开展的 10 个低碳示范区项目之一。2019 年 11 月中华人民共和国生态环境部与柬埔寨王国环境部签署《中华人民共和国生态环境部与柬埔寨王国环境部关于合作建设低碳示范区的谅解备忘录》，中方通过向柬方援助包括太阳能路灯、光伏发电系统、电动摩托车、环境监测设备在内的应对气候变化相关设备和物资，提供能力建设培训，并与柬方共同编制低碳示范区建设方案的方式帮助柬埔寨提高应对气候变化能力。目前已有 200 套光伏发电系统和 2800 个太阳能路灯照亮西哈努克市区及周边的街道，中方还捐赠了 10 套环境监测设备和 200 辆电动摩托车。柬埔寨环境部环境知识和信息总司司长乔·帕里斯表示，西港使用绿色能源后，不仅供电稳定，而且低碳环保，西港民众真切感受到了低碳示范区建设带来的好处，中国援助的绿色光源帮助柬埔寨迈出了应对气候变化的重要一步。

5. 中国老挝赛色塔低碳示范区

万象赛色塔综合开发区也是中外合作的 10 个低碳示范区之一，是中老两国应对气候变化的"南南合作"项目的重要载体。2022 年 4 月 29 日，中老应对气候变化"南南合作"万象赛色塔低碳示范区揭牌暨新能源车项目交付仪式以视频方式举行，我国生态环境部副部长赵英民致辞表示，依托赛色塔综合开发区，开展低碳示范区建设，是落实关于构建中老命运共同体行动计划的重要举措，体现了两国环境部门的务实和担当。中方愿与老方继续携手，进一步加强生态环境保护和应对气候变化领域合作，推动绿色低碳可持续发展，切实造福两国人民，为构建中老命运共同体、推动人类进步事业作出更大贡献。

根据规划，开发区内将总计安装 3000 套太阳能路灯。2022 年 4 月，中方向老方交付包括 12 辆新能源客车、8 辆新能源卡车、8 辆新能源环境执法车在内的援助低碳示范区第二批物资。此前，中方援助首批物资已于 2021 年 8 月运抵万象，首批新能源车辆投入使用后，每年可使当地减少约 1243 吨碳排放，相当于植树超 10 万棵，新能源客车开始在赛色塔综合开发区与万象市之间试运行。2022 年，园区 23 名老挝工作人员参加了新能源汽车培训，进一步掌握了新能源汽车的日常使用、维护及故障排除等技术。老挝自然资源与环境部部长坎表示，相信不久的将来，将可以把电动大巴车使用到万象市一些公交线路上，促进万象市绿色能源的使用，减少污染物的排放。

（三）我国与东盟国家开展绿色能源技术转移的实践总结

与东盟国家绿色能源技术转移的实践表明，我国和东盟的绿色能源技术转移可以通过直接投资、商品贸易和技术贸易等多种方式进行。对我国来说，尤其广大农村地区，需要将我国生物质能利用的技术优势与东盟资源优势结合起来，优先选择技术要求低、工艺简单、资金需求小、劳动力容纳量高的生产项目，依靠可再生能源技术来提高产品竞争能力，前景十分广阔。我国和东盟绿色能源合作作为市场寻求型投资，需从长期利益出发，先立足，后扎根，再发展，最终占领市场。目前，我国在非投资企业多是资源寻求型企业，缺乏真正的跨国经营意识和长期经营目标，一般只求"投资少、见效快"。因此，我国要大力促进政府、企业和民间不同层次的合作，提升合作内涵，让绿色能源技术国际合作从一般性的交流互访向实质性合作转变，为绿色能源技术"走出去"奠定基础。同时，我国还应结合东盟实际情况和我国可再生能源产业发展状况，制定针对东盟的对外投资规划，明确重点区位和产业，以重点项目优势技术、龙头企业车头，从长期战略规划对非可再生能源投资和产业转移。[1]

三、我国与欧盟关于绿色能源技术转移的交流与合作

(一) 我国与欧盟签署的相关条约和国际文件

我国与欧盟共同认为气候恶化严重威胁人类共同的利益，应对气候变化的绿色能源技术在减缓气候恶化方面具有不可撼动的地位，因此双方十分认同 2015 年《巴黎协定》下达成的承诺，认为我国与欧盟对减缓气候变化负有不可推卸的责任，双方需要为了人类共同的整体利益，在可持续的经济社会发展框架下建设性地一起努力，并期望在今后的合作中能够尽快落实《巴黎协定》相关内容，保障《巴黎协定》目标尽快得到实施与实现。2015 年 6 月，我国与欧盟达成联合声明——《中欧气候变化联合声明》，双方在声明中认可发达国家和地区应当协助发展中国家和地区开展节能减排活动，提供技术与资金支持，双方还强调从 2015 年至 2020 年要加速落实节能减排相关行动。《中国—欧盟能源合作路线图 (2016-2020) 》指出，中欧高度依赖进口化石能源，总计约占全球能源消费量的三分之一。中欧全球气候治理合作，无论从直接减排还是从间接减排带动方面，都将为全球气候治理带来巨大改变。

2018 年 7 月，我国和欧盟达成《中欧领导人气候变化和清洁能源联合声明》其中明确列举双方将在应对气候变化方面采取绿色能源技术合作，双方将在与气候相关的科学研究、创新合作方面加强协作。当前中欧在绿色资产分类标准制订、气候友好型经济活动界定等方面均已展开协同合作。2021 年 11 月，中欧《可持续金融共同分类目录》在 COP26 期间发布，明确了约 80 项双方共同认可的气候友好型经济活动，为全球绿色低碳经济行为的认定提供了可参考的话语标准。中欧应继续统一和拓展绿色金融的内涵和标准规范，进一步提升其在相关领域的一致性，并为相关标准的国际化提供蓝本。2023 年 4 月，我国和丹麦围绕两国能源绿色低碳转型进展、下一步合作机遇等议题深入交换了意见，双方共同签署了《关于加强中丹清洁能源伙伴关系的谅解备忘录》。该协议的目的是深化清洁能源和区域供暖方面的双边合作，以加速我国的绿色转型。

---

[1] 参见张永宏等：《中非新能源合作的前景、挑战及对策》，载《国际经济合作》2013 年第 2 期。

（二）我国和欧盟在绿色能源技术转移领域的实践

20 世纪 90 年代，在大亚湾核电站的基础上，中广核继续与法国合作建设了岭澳核电站一期，推动我国的核电国产化从大亚湾的 1% 迈上了 30% 的水平。进入 21 世纪，中广核与法国电力集团再度携手，共同建设使用法国 EPR 三代核电技术的台山核电站。2007 年 11 月，中法合作建设台山 EPR 项目系列协议签署。台山核电站是中法两国能源领域的最大合作项目，该项目由中国广核集团、法国电力集团和粤电集团共同投资组建的台山核电合营有限公司负责建设和运营。这里规划建设 6 台压水堆核电机组，一期工程建设两台，采用 EPR 三代核电技术，每台机组的单机容量为 175 万千瓦，是世界上单机容量最大的核电机组。引进 EPR 技术建设台山核电站，是我国政府从国家能源战略高度作出的重要决策，也是中法能源合作领域的里程碑事件。

2021 年，国内首个中外合资海上风电项目——江苏东台海上风电项目 20 日实现全容量并网发电，标志着国家能源集团"一带一路"建设项目再添硕果，中欧新能源合作取得新成果。该项目总装机容量为 50 万千瓦，总投资约 80 亿元，由国家能源集团与法国电力集团签署合作协议，共同建设运营的我国首个中外合资海上风电项目。其中，国华投资持股 62.5%，法电新能源公司和 EDF（中国）投资公司共同持股 37.5%。该项目全部投入运营后，预计年发电量 13.9 亿千瓦时，可满足 200 万居民的年用电需求，相当于节省标煤 44.19 万吨，减排二氧化碳 93.75 万吨、二氧化硫 1704 吨。

2023 年，中国厦门厦钨新能源材料股份有限公司和法国欧安诺公司签约，双方计划共同投资 15 亿欧元在法国的北部港口城市敦刻尔克设立一家电池领域的合资企业。该项目计划提供 1700 个工作岗位，为法国的锂电池产业提供全面支持和发展机遇。厦门厦钨新能源材料股份有限公司是一家专业从事锂电池材料生产的企业，特别是电动汽车的锂电池。欧安诺则是一家全球领先的锂电池阴极材料生产商。两家企业的合资项目将主要生产高性能、高安全性和低碳排放的锂电池阴极材料，以满足欧洲市场对电动汽车和储能系统日益增长的需求。

四、我国与非洲关于绿色能源技术转移的交流与合作

我国是非洲绿色转型的坚定支持者和重要合作伙伴。迄今，我国已在中非合作论坛框架内实施上百个清洁能源和绿色发展项目，支持非洲国家更好

发挥太阳能、水电、风能、沼气等清洁能源优势，助力非洲自主可持续发展之路。

2021 年 11 月 29 日，中非合作论坛第八届部长级会议召开，双方于 2021 年 11 月 30 日通过《中非应对气候变化合作宣言》，双方一致认同气候变化会影响全人类的生存，也是当今世界上最严峻的挑战之一。我国与非洲国家都是目前面积较大、人口较集中、发展潜力不错的发展中国家，在应对气候变化的节能减排计划中，不可缺少的角色存在，特别是非洲的刚果盆地，不仅是非洲大陆最大的盆地，还是世界十大盆地之一，拥有世界上第二大热带雨林，并且其中多湖泊和沼泽，被称为世界上最大的物种基因库之一，刚果盆地在应对全球气候变化中能够作出巨大的贡献，因此不仅双方要加强协作，国际社会也应当支持，特别是加强在绿色能源技术开发与交流，以此来共同应对气候变化，缓解气候变化给经济带来的沉重打击，支持双方的可持续发展方略，为国际社会构建和谐生命共同体贡献一份力量。《中非应对气候变化合作宣言》中第 4 条提及发达国家应当履行自身承诺，填补 2020 年前应当提供的具体气候支持资金，尽快制定新的计划。第 5 条拓宽了中非合作领域，从水陆空多个维度与领域开展密切的合作。第 6 条及第 8 条明确提出我国将加快落实在非洲国家的绿色能源技术的落地建设，并助力非洲相应的人才培养，支撑非洲国家更好地利用可再生能源，实现非洲国家的绿色、低碳、高质量发展。

多年来，我国携手非洲国家建设了一大批新能源项目。肯尼亚加里萨光伏发电项目是目前东非最大的光伏电站，每年可减排 6.4 万吨二氧化碳，年均发电量超过 7600 万千瓦时，满足了 7 万户家庭共计 38 万多人的用电需求，有效缓解肯尼亚"电荒"难题；中非共和国首座光伏电站——萨卡伊光伏电站并网发电，极大缓解首都班吉的用电难问题，促进了当地经济社会发展。南非北开普省德阿风电场，一座座风机迎风转动。该风电场 2017 年投产发电，是我国在非洲第一个集投资、建设和运营于一体的风电项目。项目每年为当地稳定供应清洁电力约 7.6 亿千瓦时，发电量相当于节约标煤 21.58 万吨，减排二氧化碳 61.99 万吨，助力南非向清洁低碳转型的同时，也为当地创造了就业机会，带动周边社区发展。

在中非合作论坛、"南南合作"、共建"一带一路"倡议等机制的引领和带动下，中非多年来并肩携手，在非洲实施了大批清洁能源"超级工程"。苏丹麦洛维水电站、埃塞俄比亚特克泽水电站成为所在国的发电"顶梁柱",坦桑尼亚剑麻废液产沼气发电工程、尼日利亚木薯乙醇加工厂成为生物质能开发典范,多项代表性工程落成投产后,有效优化了当地能源结构。除了大型清洁能源项目,中小型新能源发电及储能设备也在非洲遍地花开。2022年4月8日,中方援助的太阳能路灯维修项目开工仪式在中非共和国首都班吉举行。作为中非合作论坛约翰内斯堡峰会"十大合作计划"的落实成果,中方于2016年为班吉市区主干道援建200盏太阳能路灯。此次,中方再提供100套路灯用于更换或备用,同时维修受损灯柱。当天,数百盏太阳能路灯点亮班吉街道,见证中非合作的不断丰富。

五、我国绿色能源技术转移的国际应对

(一)开展绿色能源技术培训

许多发展中国家和地区与不发达国家和地区在应对气候变化的过程中都需要特别援助,特别是不发达国家和地区与小岛屿发展中国家和地区,因为它们受气候变化的影响最大,而造成气候变化的贡献却最小。由于这些国家的资源、市场规模和技术能力有限,它们难以吸引外国清洁技术,即使它们改善了知识产权保护。因此,国际援助,如财政或技术援助,对于帮助这些国家在气候变化中生存和可持续发展是必要的。[1]我国非常重视绿色能源技术的发展,在水能、潮汐能等绿色能源技术方面积累了很多经验,在探索中形成了一套适合发展中国家和地区的绿色能源技术转移方案。作为拥有先进绿色能源技术的发展中国家和地区,我国愿意向其他国家和地区分享自己的经验。近年来,许多发展中国家和地区纷纷派学员来我国学习绿色能源技术或者我国派技术人员前往这些国家和地区进行现场指导。

2016年4月,由我国工程师组成的3人专家组前往赞比亚,执行我国和赞比亚绿色能源技术转移项目框架下赞比亚小水电示范项目的技术理论培训和水电站选址现场指导任务,在此过程中为赞比亚提供小水电规划、选址、可行性研究等方面的培训内容。我国项目组通过选点培训与实地考察,优选了Chipota进行小水电开发。工程实施后,改善当地生产生活条件,促进经济

---

[1] See Joy Y. xiang, *Climate Change, Sustainable Devepment and Cleantech: A Pathway for Developing Countries*, Edward Elgar Publishing, 2022, p. 121.

增长，对促进该地区经济持续稳定发展起到了积极作用。实践中，我国在推动绿色能源技术转移方面的努力影响了许多国家和地区。

此外，我国科研机构在推动绿色能源技术转移的对外合作方面也贡献了一份力量。例如，南京水利科学研究院于 2017 年在巴基斯坦和非洲地区进行绿色能源合作研发以及农村电气化技术转移培训活动，建设了"中巴小型水电技术国家联合研究中心"与"非洲绿色能源及农村电气化技术转移及研究培训中心"等。这些民间合作对推动绿色能源技术转移起到了重要作用。

（二）建立"南南合作基金"

绿色能源技术转移的南南合作是实现可持续发展目标的主要措施，我国十分重视南南合作在推动全球经济可持续发展目标中的作用。2015 年，中美发布《中美元首气候变化联合声明》，我国宣布设立 200 亿的"南南合作基金"。此后，在联合国气候变化峰会上，我国又宣布每年的资金翻倍到 2000 万美元，这组数字已经达到最初承诺的百倍。我国的银行系统，尤其是国家开发银行和中国进出口银行，都支持对非洲基础设施的大规模建设。有关数据显示，截至 2018 年年底，我国在非洲成立了的公司超过 3700 家，直接投资总额高达 460 亿美元，我国企业完成的合同交易额达到 5172.6 亿美元。

对非投资论坛（Investing in Africa Forum，IAF）是 2015 年中非合作论坛约翰内斯堡峰会的重要成果，每年一届，在我国和非洲国家轮流举办，至 2019 年已成功举办五届。IAF 由世界银行和中国国家开发银行共同倡议举办及支持，汇集了来自我国和非洲国家的国际机构、发展伙伴和智囊团的代表，以深化政策对话，分享经验，讨论促进投资的商业机会。在第二届对非投资论坛上，世界银行与中国国家能源局和财政部共同签署了一份谅解备忘录，以加强与非洲在绿色能源方面的合作。

本章小结

新一轮的能源革命已经拉开序幕。从供给侧来看，以页岩气、可燃冰、智能电网为代表的绿色能源技术不断取得创新性发展，从需求侧来看，能源创新性发展与生产直接相联系的特征意味着消费者与能源生产环节紧密结合，能源利用率的不断提高保证了能源的长久发展。绿色能源技术转移是绿色、低碳、创新、开放发展的方向和需求，推动"四个革命、一个结合"的同时，也促进社会各领域生产消费模式的结构性变革，产生许多新的需求。对于能源领域来讲，技术创新发明已经为能源困境提供了许多解决方案。然而能源革命的挑战不仅仅是技术突破上的困难，还有技术转移应用上的挑战。技术持有者和政策制定相辅相成、相互影响，这就需要技术持有者与社会政策相结合。能源革命背景下，我国积极倡导能源技术革命，拉动绿色能源产业及相关行业的协同发展，同时加大对绿色能源技术转移制度的研究和完善。

对能源革命背景下我国绿色能源技术转移的模式进行探索需要建立在绿色能源技术转移相关的实践基础上。因此，我国绿色能源技术转移的实践概况为本章第一节的内容，也是后续内容的基础和铺垫。近些年，我国绿色能源和绿色能源技术在绿色、环保等新发展理念和相关法律法规文件的指引下得到飞速发展，但仍呈现发展历史较短、规模偏小、产业分散等特点。从具体实施上看，国内绿色能源技术转移主要通过产、学、研相互配合来完成或通过相关当事人之间的技术转让、技术许可、技术咨询、技术服务等环节来完成。因此，我国对绿色能源技术转移实施了多方面的激励政策，可以归纳为构建绿色能源技术转移的相关保障机制、注重产业基础设施和服务体系建设、明确绿色能源技术转移的发展战略和国家顶层设计这三个方面。基于上述实践基础，本章将着重从投资贸易、专利许可、国际合作这三种模式进行论述。

关于投资贸易模式的论述是本章第二节的主要内容。一方面，在贸易层面，绿色能源技术转移可分为货物贸易和服务贸易两种形式。绿色能源技术设备引进在我国发展的初期阶段起到了重要作用。然而，技术产品对外输出成为我国绿色能源技术"走出去"的重要途径。在服务贸易形式方面，中国已经形成了成熟的国内外技术服务中介机构。国内技术转移中心和技术联盟的发展，为中国绿色能源技术成果商业化发挥了巨大的推动作用，同时也为完善制度提供了实践经验。另一方面，在投资层面，绿色能源技术以及技术转移可分为外商直接投资和中国企业对外收购。其中外商直接投资中"溢出效应"在一定范围内给我国带来了较为先进的技术，但是外国企业"技术内部化"程度非常剧烈，相较于和东道国直接进行技术贸易，跨国公司更愿意在子公司内部进行技术转移。因此，东道国通过"技术溢出"得到的先进技术非常稀少。我国在跨国收购过程中往往会出现这样的现象：以技术收购为目标的企业发展状况通常很好，而以扩张市场为导向的收购遇到的变数通常较多，例如国家安全审查。此外，CDM 以及政府和社会资本合作这两种路径也是投资贸易模式的具体表现形式。

本章第三节主要论述专利许可模式。虽然我国绿色能源技术发展时间短，在专利拥有数量方面仍处于追赶发达国家的地位，但我国发展势头猛、速度快，从许可转让方面来看，绿色能源技术转移和推广率还有很大的进步空间。中国企业通常采用引进国外先进的绿色能源技术和设备的方式，以此达到淘汰落后技术，调整产业结构，在国内进行量化生产的目的。然而昂贵的许可费以及拒绝许可的风险依然是我国企业在发展中难以跨越的一道坎。如何在对引进的绿色能源技术进行消化吸收的同时，增强企业自身的创新能力，是我国今后需要重点关注的问题。

国际合作模式的论述是本章第四节的重点内容。我国主持、参与了多个世界或地区性的多边或者双边的战略能源技术联合研究开发中心合作项目，与美国和东盟等国家或地区达成了较好的绿色能源技术合作。相关国际合作实践为我国今后与他国的国际合作提供了两点经验：一是要开展绿色能源技术培训，二是建立"南南合作基金"等资金支持机制。

能源革命背景下绿色能源技术
转移法律制度的完善

　　加快推进能源革命，是一项长期战略任务，更是一项复杂系统工程，面临现实困难与挑战。然而，可以明确的是，能源革命的机遇大于挑战，必须统筹全局，把握机遇，因势利导，主动作为，构建完善的绿色能源技术转移法律体系。[1]在能源革命背景下，完善绿色能源技术转移法律制度是保障能源革命阶段性任务和整体战略目标顺利实现的应有之义。本书提出，围绕能源革命战略目标，选择重点突破领域，从国际法律制度、国内法律制度、争端解决机制三个层面对上述存在的诸多问题予以回应，以构建完善的绿色能源技术转移法律体系。

第一节　绿色能源技术转移国际法律制度的完善

　　21世纪是"知识爆炸"的时代，信息与科技的发展也从分散走向集中，知识成果也成为市场经济的重要组成部分，掌握先进科技的国家和地区能够在国际市场获得得天独厚的竞争优势，也正是这个原因，导致了发展中国家和地区与发达国家和地区差距逐渐变大。气候变化引发的结果是十分具有威胁性的，这种威胁性不单单针对某个国家和地区，而是针对在地球生存的全人类，因此需要通过绿色能源技术转移来提升全球应对环境污染、气候变化的能力，构建良性发展的制度环境与平台。但是，发达国家和地区为了保障自身竞争优势，正在竭力提高知识产权在全球范围的保护规则，使得知识产权保护规则成为阻碍发展中国家和地区科技发展的规则，知识产权保护规则违反了其保障与激励的初衷。

---

〔1〕　参见《能源生产和消费革命战略（2016-2030）》，载《电器工业》2017年第5期。

一、完善国际社会知识产权制度，为绿色能源技术转移提供法律保障

知识产权制度的本质应当是通过相关权益保护促进世界技术的发展，以此来提高技术从而改善人们的生活，而不是仅仅为了保护知识产权而设定相关制度。因此，基于这个本质内容，我们可以得出一个结论，知识产权制度认可其他合法行为对技术进行扩散，实现人民生活福祉。当前，在气候变化、环境污染的影响下，人们的生存环境受到巨大损害，发达国家和地区在新技术的研发与新机器的生产方面具有相当大的优势，多数发展中国家和地区需要依赖进口才能实现自身的减排目标，但是双方实力不均、谈判地位不平等等因素，都阻碍了发展中国家和地区获取重要技术的渠道，因此知识产权制度在保障绿色能源技术转移这个过程中显得尤为重要，在促进绿色能源技术所有人的积极性基础上，保障和保护绿色能源技术受让人获取技术的渠道，这对世界范围内节能减排目标的实现都具有积极推动作用。预期的理想状态与现实的实现程度是存在差异的，发达国家和地区与发展中国家和地区在国际会议中的博弈不仅体现在共同颁布的国际条约中，还体现在发达国家承诺实现状况中。例如《联合国气候变化框架公约》（本部分以下简称《框架公约》）为了维持国际社会的公平正义、保障生态系统平衡稳定、确保经济发展可持续等目标，确立了"共同但有区别的责任"，主张由发达国家和地区带头承担节能减排的责任，甚至在附件中列举了发达国家和地区的强制减排义务，发展中国家和地区在《框架公约》的规定中，可以基于自身发展要求自愿实施节能减排义务，从表面上看这样的规定能够敦促各国履行自身节能减排义务，但事实上，《框架公约》具体条款中穿插了"可行""酌情""促进""便利""资助"等弹性很大的词汇，无法保障条约的约束力，也不具备相应的强制性特征，这也能从侧面反映条约内容的空洞、泛化，无法确保发达国家和地区履行义务的刚性程度，这种无明确约束力的承诺给发达国家留下了较大的自由发挥空间，这样直接导致绿色能源技术转移实现程度不足。知识产权保护程度争论在 TRIPS 协定中得到了一个阶段性的结论，那就是世界范围内需要确立一个较高的保护水平，这也不难看出 TRIPS 协定是发达国家和地区在博弈中取得胜利的成果，这种"较高"水平的保护在发达国家和地区中可能有助于私权保护，但是这并不适合所有国家和地区，特别是在国际社会确立这样的保护水平是非常不合理的，这打破了发达国家和地区与发展中

国家和地区之间微妙的平衡关系。发展中国家和地区必须依靠自身力量，寻找破解之法，在知识产权中研讨出一种周全的方案。该方案须既有利于技术的引进，又有利于激发自身的科技研发能力。绿色能源技术知识众多技术中的一种，绿色能源技术转移是为了应对迫在眉睫的气候变化与环境污染，自身的发展还是需要加强自身科技研发能力与水平，技术转移并不代表自身放弃技术研发，我国作为发展中国家一贯坚持技术引进与技术研发相结合，在部分领域已经实现了后续创新和技术适应活动，其他发展中国家和地区也实现了这些目标，但这远远不够，发展中国家和地区还需要借助现有的知识产权知识，积极寻求新的解决之法，以实现技术转移活动和技术研发活动，避免发达国家和地区的过度保护阻碍了发展中国家和地区的技术发展。国际条约的软法性质较为突出，对发达国家和地区不积极履行义务的行为没有对应的制裁体系，使得发达国家在履行义务方面具有更多的自主空间，阻碍了绿色能源技术转移的实现。TRIPS 协定内容认为技术权利属于知识产权均是私权利，国家对私权利的干预必须以法律规定为准，若没有法律相应的规定，国家干预行为就属于非法行为。

目前国家对技术转移的干预一般体现在两个方面，一是对技术进出口进行干预，二是对技术转移合同部分内容进行干预。这两项内容对发展中国家和地区而言都不利：其一，发展中国家和地区的国际地位无法与发达国家和地区匹敌，发展中国家和地区在国际社会中的谈判能力较弱，难以为自己争取到相应的权利，其二，发展中国家和地区内部经济实力无法与发达国家和地区经济实力相匹敌，相对应地发展中国家和地区企业在面对发达国家和地区企业也无法为自身争取到有利条件，技术转移也相应地受到了阻碍。基于上述内容，TRIPS 协定的相关内容需要受到调整，气候变化相对于私权利利益而言，影响更深远且更深刻，绿色能源技术转移的急迫性不同于一般的技术转移，有必要适用强制转移策略，或者可以尝试构建国际上的环境友好型技术公共知识产权平台，构建专门环境友好型技术公共知识产权平台后还可以在其中建立专门的绿色能源技术知识产权归属与利用制度，这样就能够以科学系统的制度，敦促世界各个国家和地区分享绿色能源技术，为绿色能源技术转移提供良好的沟通环境。绿色能源技术的发展，更多的是依靠国家和地区优惠政策、公共资金的资助才逐渐发展起来的。从现实角度出发，企业对利益的追逐并不会因为气候变化带来的环境恶化而减退热情，绿色能源技术相较于传统化石能源产业而言是一种全新的挑战，在没有利益驱动的情况下，企业往往不会主动作出转变，在国家行为的指引下，企业经营方式才会迸发出新的发展趋势。例如英国、美国、日本等发达国家和地区政府在2008年、2009年间均增加了应对气候变化的绿色能源领域的财政支出，我国也不例外，为了应对气候变化，在国家"十一五"国家科技计划中为绿色能源科技研发安排了大量经费。[1]很显然绿色能源技术带有一定公共利益的性质，这样才能获得政府的支持与帮助，绿色能源技术现在仍然处于研究探索的初级阶段，尚未形成成熟完整的研发体系，因此私营部门投入研究的积极性并不是很大，各个国家和地区政府的支持更多的是在弥补此前对环境造成的过度损害，也是国际社会交付各国和地区的历史责任。各个国家和地区用以支持绿色能源技术研发的资金来源于社会公众，气候变化带来的危害也是针对人类命运共同体，如果从这个角度出发，各个国家和地区的社会公众都为绿色能源的研发付出了自身的力量，这部分资金从宏大的目标上可以代表全人类的共同利益，而非局限于某个国家和地区的利益，应当从国际层面贯彻"谁投资谁受益"的原则，尽量避免发达国家和地区设置的各种技术转移障碍，构建绿色能源技术清单，完善信息公开机制，鼓励发达国家和地区的技术在发展中国家和地区的专利申请，并不拒绝第三人合理合法的使用。

知识产权制度有利于绿色能源技术转移的开展，国际知识产权制度应当给予发展中国家和地区在绿色能源技术方面的知识产权立法以更灵活的弹性空间，在完善知识产权制度时着重考量增加人民福祉与应对气候变化等因素，而非着重考量私权利的全方位保护，这样才有助于绿色能源技术在世界范围内扩大适用，有效缓解气候变化带来的危害。

二、重视发展中国家的主张，为绿色能源技术转移提供国际支持

绿色能源产业是新兴产业，在环境问题日益严峻的当下，是抢占经济市场份额的好时机，发达国家和地区一直将发展中国家和地区视为自身经济市场，而不是以同伴的立场共同面对问题。这也就不难解释为何发达国家和地区在国际会议谈判过程中总是竭力避开绿色能源技术转移的议题，其实不单

---

[1]　参见赵刚：《科技应对气候变化：国际经验与中国对策》，载《中国科技财富》2010年第9期。

单是绿色能源技术，其他一般技术转移发达国家和地区也总是避而不谈，本质上讲发达国家和地区不愿发展中国家和地区模仿发达国家和地区科技发展路径来推动自身经济技术的发展，因此有关约束力的国际条约签订方面，发达国家和地区态度一直十分消极怠慢。自改革开放以来经过数十年的快速发展，我国一跃成为世界第二大经济体，在国际社会中的话语权随着经济、科技等综合国力的增强也在不断提升，我国作为发展中国家也在国际会议中适时表明发展中国家的态度，也主张积极推动绿色能源技术转移来应对气候变化等环境问题。其他发展中国家和地区在面对绿色能源技术转移的问题上，同样坚持自身诉求。在发展中国家和地区的不断坚持下，国际条约取得了一定的进步，既有要求发达国家和地区切实承担节能减排国际义务的内容，也有要求发达国家和地区要对发展中国家和地区提供资金、技术等方面的支持。但是这部分内容并不具有强制性，内容页十分有限且没有被放在突出的位置。在条约制定后，发达国家和地区关于这部分内容的后续履行情况，也处于停滞或缓慢状态，即便发展中国家和地区多次重申、强调，发达国家和地区履行效果也并不明显。技术支持不到位的原因可以理解为发达国家和地区不愿意将自身技术对外转移，然而资金支持不到位却难以被理解。从历史责任角度审视问题，发达国家和地区在历史发展中过程中大量排放污染气体是不争的事实，发达国家和地区有着更高的历史排放与现实的人均排放，由此可以推断出，减排义务主要在发达国家和地区是一个不争的事实，但是发展中国家和地区面临气候变化现状也不能为了发展坐视不理，目前在大部分条约内容中规定发展中国家不承担减排义务或者承担"相对减排义务"，这是目前估计社会对发展中国家和地区节能减排的态度，但是我们需要考虑到发展中国家和地区承担绝对减排义务是迟早的问题，关键在于在什么时间开始承担，如果能够得到发达国家和地区绿色能源技术的支持，这样的减排义务就能够尽早开始。国际社会应当重视发展中国家和地区的主张，让发展中国家和地区买得起、用得上绿色能源技术，维护全球利益，依旧坚持"共同但有区别的责任"，鼓励各个国家和地区间的绿色能源技术转移，促进环境友好型技术在世界范围内的流通，并且发达国家和地区对此作出了帮助的承诺，应当切实履行，以优惠和减让的条件对发展中国家和地区伸出援手，积极履行自身资金帮助的支持，国际社会也要敦促发达国家和地区积极履行自身责任。我国一向以全人类共同利益为自身参与国际事务的指导思想，也坚决维护发展中国家和地区的利益，积极参与应对气候变化的各项国际合作，特别是涉及技术转移项目、活动或过程，为我国绿色能源技术发展等找到拓展和为世界服务的空间。[1]

除了推动发达国家和地区支持绿色能源技术转移外，发展中国家和地区也应当积极采取联合行动，要在引进绿色能源技术和自主研发绿色能源技术两个方面共同努力。在自主研发绿色能源技术方面应当积极寻求合作，例如印度比较重视应对气候变化的技术，巴西较为重视生物质或生物能技术，我国绿色电力技术发展势头充足，其他发展中国家和地区也有自身的研发方向，发展中国家和地区应当注意到其他国家和地区的长处，相互之间开展技术转移活动，在各取所长的同时增强自身绿色能源技术研发实力，共同履行减能减排义务。这也能够促进国际社会绿色能源技术转移的步伐，为国际层面应对气候变化的统一战线奠定基础。"南南合作"以及"一带一路"是较为成功的合作模式，合作方能够就绿色能源技术转移以及应对气候变化积极交流、交换经验，除了初步的合作，发展中国家和地区应当积极探索建设共同数据库来增强彼此之间的联系，主动制定符合长久发展利益的国际制度，在逐渐发展的过程中可以尝试构建统一的国际技术转移制度，填补国际法空白。发展中国家和地区一直在探寻一个经济增长与环境保护相协调发展的模式，这种尝试在"一带一路"倡议中得到了印证与实现，"一带一路"倡议的共同建设是近些年来的热点话题，绿色能源技术转移也是"一带一路"倡议的重点内容之一，这有望实现在全球范围内形成成熟的绿色能源技术转移的制度，为全球技术转移提供可借鉴的样本。"一带一路"倡议的国家和地区，不论经济发展、科技研发还是基础工业水平，都比我国要落后一些，但是这些国家和地区的自然资源较为丰富。换而言之，如果有技术的加持，这些国家和地区能够很快实现转型，在理性分析的基础上，我们作出了科学决策，将自身的先进绿色能源技术转移给"一带一路"倡议国家和地区，帮助他们利用本土优势实现转型，避免通过牺牲环境为代价提升经济水平，我国的做法在国际上取得了众多国家的称赞，在国际社会中享有较高的声誉。我国的做法警醒了国际社会的同时，也提醒了其他发展中国家和地区：在增强制度能力、提升话语权的机会来临时，我们不该为了抽象的意识形态等方面的因素，放

---

[1] 参见李盛：《全球气候治理与中国的战略选择》，吉林大学 2012 年博士学位论文。

弃我们在国际规则形成方面的影响力和话语权，发达国家和地区的态度不应该成为发展中国家行为的指南，国际社会关注发展中国家主张的关键因素还在我们自身，我们应当在规则制定方面积极确立合理的绿色能源技术转移国际规则，即便发达国家和地区置之不理，我们也要努力凭借自身力量推动新的规则构建，实现各方互利共赢，当发展中国家和地区在自身构建的规则中获得了新的发展，发达国家和地区也会相应地权衡利弊，在明确的权利义务规则中考量他们未来的路径。

三、完善 CDM，为绿色能源技术转移发挥实质作用

政府承诺与私营部门经营行为具有本质上的区别，西方发达国家和地区更重视私权利的保护，而绿色能源技术也大多掌握在私营部门手中，所以我们不能把所有目光聚焦在发达国家和地区的政府承诺中，也要将注意力适当分散一部分给私营部门，虽然 CDM 的首要目的是敦促发达国家和地区对发展中国家和地区实施技术转移，以便发展中国家和地区获得绿色能源技术，也能够帮助发达国家和地区分担减排压力，但是 CDM 的内涵并不是只停留在这一层，CDM 可以将私营部门与绿色能源技术转移相结合，帮助发展中国家和地区更快地获取先进技术，实现应对气候变化的目标。首先，发展中国家和地区在应用 CDM 时需要明晰自身需求，发展中国家和地区更需要获取的是技术，而发达国家和地区承诺的资金支持也是要为绿色能源技术转移服务，所以发展中国家和地区在与其他国家和地区私营部门合作时要将技术转移放在首位。此时，发展中国家和地区就必须对绿色能源技术转移作出明确的界定，否则很有可能会在丢了市场的同时，技术也没有得到发展。这样的论述是有前车之鉴的，此前 CDM 就未发挥实质作用，其合作主要转移了设备与产品，发展中国家和地区在此过程中并未获取实际意义上的技术，设备产品与技术不能够画等号，因此，发展中国家和地区需要界定绿色能源技术转移的界线。其次，发展中国家和地区需要意识到发达国家政府承诺的履行程度与其国内私营部门有很大的关系，前文提及发达国家和地区更注重保护私权利，只有在法律规定的前提下才能够动用行政权力，所以私营部门合作态度对绿色能源技术转移也有一定关系，历经数年的拉扯我们发现绿色能源技术转移已经成为难题，发展中国家和地区即便坚持在国际发声要求发达国家和地区尽快履职，在很大程度上也无济于事，因此发展中国家和地区在这种情况下就需

要转换思路，从其国内企业的经营策略入手，通过贸易行为吸引发达国家和地区私营部门与之合作，最终实现绿色能源技术转移的目的。发展中国家和地区需要重新完善其国内 CDM 的法律制度，不仅要能够获取跨国公司的绿色能源技术、让双方私营部门都有获利空间，还要保持市场平衡。这是目前完善 CDM 法律制度较难的地方。有关技术转移方面，发展中国家和地区要积极施加影响，设立较为严格审查机制，避免设备转移被误认为技术转移，绿色能源技术转移必须达到一定的技术门槛才可以。在这方面，马来西亚和南非等国家的制度就较为完善，拥有严格的审查机制，在 CDM 下的技术转移远高于其他国家和地区的平均值。我国在这方面的制度不够完善，所以技术转移效果略差，这也提醒其他发展中国家和地区，绿色能源技术转移的项目数量并非衡量其国内 CDM 发展优劣的标准。CDM 能否持续的发挥预期效果，关键在于平衡政府与私营部门之间的关系，私营部门的参与是制度发挥效用的关键性因素。因此，我们不能忽略私营部门的作用，鼓励私营部门参与是最为根本的，不论是政策性还是行业性的，都离不开私营部门的参与，因此，发展中国家和地区的政府应当在这方面起主导作用。[1]最后，发展中国家和地区需要为 CDM 制定相应的人才培养制度，制度运行顺畅与否人才的适配度很关键，不论技术审查还是后续监管都需要专门的人才对此负责，这样才能适应 CDM 项目发展的需要。在 CDM 审查管理人才培养方面，发展中国家和地区政府应当专门制定政策甚至是法律来确定这项工作在社会发展中的地位，以学科交叉的方式，将人才培养计划与环境科学、经济管理、知识产权等诸多学科结合起来，以复合型人才培养为主，这样能够更好地匹配 CDM 以及绿色能源技术转移的需求。

第二节　绿色能源技术转移国内法律制度的完善

绿色能源技术转移法律制度不完善对我国绿色能源技术发展产生了不利影响，特别是对于经济结构转型产生了一定的阻碍作用。近些年来，我国的绿色能源技术虽然取得了一定的成绩，但是我们还是不能忽视与发达国家和

〔1〕　参见马忠法等：《应对气候变化的技术转让法律制度》，上海人民出版社 2019 年版，第 242 页。

地区之间的差距，发达国家和地区一直在绿色能源技术发展中占据领先地位，我们应当积极与发达国家和地区构建友好技术合作关系，实现技术的不断升级，最终实现应对气候变化的要求。但是根据上文的分析可以得知，绿色能源技术转移不再是单纯国家（地区）与国家（地区）之间的关系，技术转移更多源于两国（地区）之间的贸易行为，因此跨国企业的利益指向性是我们在发展绿色能源技术时不得不考量的因素，对此我国的政策在一定层面上能够发挥积极作用，通过有利的政策引导贸易的发展方向，让贸易相对方自愿积极地提供技术。实现双方友好合作才是技术发展的重要任务。因此，我们应当在发挥市场和价格机制的作用的前提下，加快推进国内技术转移法律体系的构建工作并完善相关执法程序，处理好政府与私营部门二者之间的关系，充分调动每个主体的积极性，以便于促进绿色能源技术转移的快速发展。

一、加快构建国内技术转移法律体系及推进相关执法工作

国内技术转移法律体系的构建需要考虑技术发展的客观性，即技术的发展往往是从技术引进开始，在不断适用过程中进行模仿，在模仿的基础上实现创新，这个历程是最普遍的技术发展历程。我国目前处于技术发展阶段，既存在技术引进行为，也存在技术输出行为，因此我们需要将这个历程考虑在内，构建法律体系要兼顾这些因素。我国《宪法》第26条为绿色能源技术发展提供了宪法性基础，明确提及国家要保护和改善生活环境和生态环境，要防止污染和其他公害。我国《民法典》总则编第9条规定了绿色原则，即民事主体从事民事活动，应当有利于节约资源、保护生态环境。此外，还有其他与环境保护相关的法律也作出了类似的规定，这些都对绿色能源技术转移法律体系的构建发挥了积极作用。但是我们还需要意识到，这些内容都只是散布在不同的法律规范中，更多的是间接规定了环境领域的规定，并无直接针对绿色能源方面的法律规范，更不必说直接针对绿色能源技术转移方面的法律规范。因此，针对绿色能源技术转移，我们可以考虑制定统一的技术转移法律规范，绿色能源技术属于广义"技术"的一部分，可以对绿色能源技术转移部分作出特别规定，这样既能够满足技术转移规范的空缺，还能够回应当前绿色能源技术转移急切的现实需求。

在不推进全面依法治国的背景下，完善国内技术转移法律制度是依法治国方针项下的重要内容。应对气候变化的绿色能源技术转移机制包括但不限

于以下内容：第一要积极开展技术开发、合作与转移；第二要确定绿色能源技术开发与转移的关键技术；第三要加强国内合作以及国际合作；第四要努力消除技术转移壁垒，鼓励各方积极实施技术转移。这些内容对绿色能源技术转移的发展至关重要，我国的法律制度也需要围绕这些内容进行构建与完善。从技术转移法律制度完善的角度出发，应当重视对技术转移的立法工作。技术转移立法工作需要统筹从国际条约、国际合作等国际层面和国内企业自主研发、国内技术合作等国内层面综合出发。可以看出，科技已经成为国家发展的重要影响因素，各个国家和地区都在寻求科技发展的新途径，我国也需要加快完善国内技术转移法律制度和贸易交流制度，推动技术实现转移以满足现实需求。从这个角度出发，我们在技术转移立法工作中需要将确权保护以及积极转移二者并举。虽然我国知识产权法律体系已经构建了一部分确权内容，也逐渐完善打击盗版和知识产权侵权等方面的法律保护，但是这部分内容并未对转移起到推动作用，无法满足现实需要。相比之下，美国的做法具有一定的借鉴意义，将科技法律制度与知识产权法律制度的立法重点放在促进技术交流与转移上，基于这一点，我们可以积极探寻政策法律等的具体内容，推动技术与信息的不断进步，这样不仅能够及时应对技术转移出现的各种问题，还能够对未来技术转移可能会出现的问题进行超前的准备。

立法方面要做到"科学立法"，需要以我国现状为基础，以法治国家建设为指导，制定出符合国家和人民根本利益的法律制度。绿色能源技术转移是当前国际社会共同面临的重要课题，国家必须为了缓解气候变化作出一定努力，在任何制度的发展过程中，立法活动都是不可缺位的。理论界与实务界对于技术的定位，从主张确认保护到鼓励转移进步是技术价值功能充分发挥的表现，但这并不意味着确权不重要，相反确权的重要地位不曾动摇，这是鼓励创新的基础保障手段，但转移也需要被重视起来，目的就在于发挥技术对社会的最大效用。而我国当前技术转移制度尚不完善，割裂了确权与转移之间的有机互动关系，阻碍了技术转化为生产力的步伐，因此有必要制定一部"技术转移法"来对相关技术转移活动进行指导。"技术转移法"的制定需要集思广益，走立法民主化、科学化的道路，吸纳相关专家学者的意见，统一国内有关技术转移的法律内容，协调技术确权与技术转移之间的关系，化解法律规范内部以及制度与现实之间内在、外在的冲突与矛盾。在立法过程中需要注意，不要鼓励企业盲目引进所谓的高精尖技术，任何技术的发展都有其客观规律，国内现状与国外不尽相同，盲目崇拜的高精尖技术未必适合我国。在制定关于技术转移的法律时必须面向实际、面向企业，甚至有必要通过社会调研活动来探究技术转移现象背后的经济、政治、管理等方面的客观规律。因为成功的技术转移是需要能够让接收技术的一方尽可能地吸收并做出适当改进以更好地服务其本国（地区）的技术，我们在进行技术转移时要避免重复引进、浪费资源，避免形成"以市场换技术"的恶性循环局面，这样做就会导致我们既无法引进国家发展需要的技术，还会丢失我们本国的市场，这一点在绿色能源技术转移过程尤其需要注意，气候变化的影响日益严重，我们切不可在危机状况中迷失目标，在这时候更要注重评价引进技术的积极和消极影响，尤其是农业、海洋产业等较容易受到气候变化直接影响的相关产业。

此外，立法活动还能够消除技术转移障碍。我们可以通过立法明确建设技术转移基金，基金能够在推动技术转移方面增添助力，一方面技术转移往往跟随商贸活动实施，基金的构建能够衔接商业行为与法律制度之间的鸿沟，企业能够从基金侧面了解到政府对此的态度，调动自身积极性实施技术转移行为；另一方面，基金能够帮助技术更好地转化为生产力，帮助我国尽快应对气候变化带来的不良影响。[1]立法推动基金建设不仅能够敦促企业实施技术转移行为，还有极大可能催生有关技术转移的新产业，例如技术中介服务机构、技术转移网络平台、技术转移交易市场等，这也将改变原有市场结构，推动市场向着完备方向进发。立法之余，执法更为重要，技术转移法律制度还需要具体落实在执法层面才能真正发挥其作用，我国需要考量如何实施和执行相关法律制度。我国较为重视一般法律制度的构建，但在技术转移方面尚无相应的实施条例或者细则，有时更多依靠规章或政策来实施，这样的方式具有不稳定性。美国、欧盟等国家和地区均颁布了有关知识产权许可或转移方面的反垄断指南，反观我国《反垄断法》中并无涉及相关方面的法律规范，此外贸易交往可能涉及的《民法典》合同编、《对外贸易法》等法律文本中也并没有规制技术转移的相关规定，由此可见，立法的空白带来了执法的空缺，这不利于维护处于弱势地位的国内企业的利益。因此，我们亟待参照国际协议和有关国家的做法，结合我国国情，加快制定与实施这方面可执

---

〔1〕 参见马忠法等：《应对气候变化的技术转让法律制度》，上海人民出版社 2019 年版，第 72 页。

行的措施，并建立执法监督机构，打击各类有关技术转移的违法行为。

二、完善知识产权法和税法的相关规定

绿色能源技术转移知识产权保护方面法律体系的不完善，限制了技术交流，也限制了技术转移的发展。知识产权制度的重要功能在于促进技术的应用与分享，而非仅仅是为了知识产权的确权与保护。知识产权的归属、利用、收益等问题与技术转移各个环节均有着密切联系，而我国一向重视知识产权制度的发展，这对技术转移的发展具有积极作用。实体法内容是知识产权具体实施的援引规则，而 TRIPS 协定是促进技术转移援引的重要国际内容之一，因此我国在完善知识产权实体法规范时，要注意到知识产权实体法立法与TRIPS 协定要求之间的距离。首先，对于知识产权保护规则的操作应进一步细化，弥补现有知识产权对技术转移只是原则性规范指导而没有具体应用与相应的配套措施的缺陷。特别是在绿色能源技术转移方面，知识产权法律规范对此重要性不言而喻，绿色能源技术知识产权制度的修改，对技术转移有着不可忽视的影响，特别是在专利许可条件、保护期限、强制许可、合理使用等方面的规范。绿色能源技术转移是当前国际社会普遍面临的紧迫问题，有必要考虑为绿色能源技术的专利申请提供一些便利，例如适当借鉴英美的制度，为绿色能源技术专利申请开辟绿色通道，缩短技术申请的时间限制，便于技术迅速投入生产或者实施技术转移等以减缓气候变化。同时，对于绿色能源技术，可以采取特别的信息披露制度，及时公布相关的技术信息，便于社会公众知晓，这也有利于绿色能源技术转移的实施。其次，拓宽知识产权保护范围，与国际条约规定内容相适应，紧跟世界形势，将我国当前立法内容未涉及的部分纳入立法体系当中，避免在国际交往中处于劣势。TRIPS协定更多体现西方发达国家对知识产权过度保护的意志，这不利于我国绿色能源技术转移活动的开展。虽然我国立法不能完全照搬西方过度保护的方式，但是我国法律制度确实存在一定缺陷，需要根据不断更新的国际条约内容实时更新我国知识产权法律制度。我们需要在立法中尽快找寻破解之法，便于开展国际技术转移活动。最后，对于知识产权法律体系中相竞合或者不协调的内容进行修改，尽量实现法律规范内部协调与规范，并制定统一的实施细则，知识产权法律制度中包含众多法律文本，每个法律文本在制定时都有其侧重点，最初制定某部法律时可能更多考虑的是填补法律的空白，但是在法

律运行一段时间后就会发现诸多需要修改的地方，此时我们不仅要从某一部法律角度出发，还要考虑整个知识产权法律制度的协调发展，将法律实践中发现相竞合或者不协调、模棱两可的内容，在衡量整个知识产权法律体系的基础上，进行相应的修改与补充，才能使我国绿色能源技术转移更加顺利地进行，减少技术转移过程中的阻碍。

为了推动绿色能源技术转移的开展，可以完善我国税收法律制度。一是可以完善企业税收法律制度。针对落后产能增设相关使用税或者根据排污标准制定相应税目，敦促企业在利益的驱使下积极更迭落后生产设备，转而实施技术转移行为，淘汰旧有设备，使用新设备。原有税种无法满足现实需要，我们可以考虑增加新的税种，例如瑞典通过征收碳税，使得民众购买使用化石能源的成本大幅提升，降低了民众的购买欲望，敦促民众转而购买其他可替代性、环保的生物质能源，这种做法既抑制了民众对化石能源的依赖，也减缓了气候变化带来的不利影响，具有良好的社会成效，在国际层面被认为是典型的气候政策。[1]德国也采取了有效的税收政策来鼓励企业的低碳环保行为，德国加大资金投入并辅以相应的税收政策，保障企业绿色能源技术及产业的发展，稳定保持了企业的低碳发展方向，产生了显著的社会效果。[2]瑞士和德国的成功案例为我们提供了参考样本，税收法律制度的完善能够帮助我们快速实现绿色能源技术及产业的广泛开展。有效的税收法律制度能在多变的市场经济环境下发挥稳预期的作用，为众多企业的绿色能源技术转移和内部升级提供制度保障。但是国内企业规模不尽相同，国家的支持政策不能提供一份样本，这样不具有现实可操作性，因此需要针对不同规模、不同领域甚至是不同开发阶段的企业实施阶梯型税收政策，辅以落后技术使用税、能源税等不同的税目，促进企业更迭落后产能，实现绿色能源技术的铺开。例如可以设定一定减排额度，能够实现不同阶段减排额度的技术，可以根据减排贡献采取阶梯式征税模式。在这里特别需要注意，转移的技术能够实质上能够实现常态化减排目标、实质掌握技术实现进步的技术转移才能享有税收减免，对于只转移设备无法实现技术进步的，按照普通标准进行征税即可。

---

〔1〕 参见 [瑞典] 克里斯蒂安·阿扎：《气候挑战解决方案》，杜珩、杜珂译，社会科学文献出版社 2012 年版，第 79 页。

〔2〕 参见陈泮勤等编著：《气候变化应对战略之国别研究》，气象出版社 2010 年版，第 85 页。

上述内容是有关税收法律制度的完善，而我国与企业相关的税收法律制度主要体现在《企业所得税法》，因此国家需要针对现实状况将合理的、可操作性的内容增加到《企业所得税法》中，切实落实对绿色能源技术转移的税收减免优惠内容。此外，《环境保护税法》也与绿色能源技术转移的开展有关，需要对具体污染事项及征税梯度制定相应的政策规章，以协助本法在现实中能够切实落实。

三、充分发挥 CDM 碳减排功能及政府的主导作用

CDM 自《京都议定书》签订以来，作为唯一允许发展中国家和地区直接参与的碳减排国际合作机制，为世界碳减排事业提供了全新的思路和宝贵的经验。在世界范围内，尽管 CDM 的发展走向不甚乐观，但是我国是世界上 CDM 最大的发展中国家，更应当注重自身 CDM 的完善，可以尝试通过该制度推动本国绿色能源技术及产业的发展，实现绿色能源技术的创新。因此，我们应当基于此前实施 CDM 的经验，分析问题、总结得失、完善制度，保障私营部门合法利益的同时敦促私营部门积极参与其中，切实发挥 CDM 的作用。

我国现有的有关 CDM 的文本为《清洁发展机制项目运行管理办法》（2011）以及《中国清洁发展机制基金管理办法》（2017），这两个文本都属于部门规章，效力等级较低，而我国法律规范中并未明确规定 CDM，因此我们需要在立法活动中，增添 CDM，提升其法律位阶。CDM 的设立及实施是为了实现温室气体减排义务，是实现绿色环保目标的重要手段之一，因此无须为了 CDM 进行专门立法，其作为实现目标的手段可以在能源类或者环境类相关法律文本中进行规定，主要目的在于提升 CDM 的法律地位，使 CDM 在运行过程中具有法律的支撑，便于施行。例如《CDM 项目运行管理办法》总则第 4 条提及在我国开展合作的重点领域为节约能源和提高能源效率，开发和利用新能源和可再生能源、回收利用甲烷，本条中专门提及甲烷的回收与利用，但是现实中并未取得良好的成效，并未实现绿色能源技术转移行为的目标，很大的原因就在于该规章的法律效力不高，并未足够提起各方的重视。[1]因此，为了解决这个问题，我们可以在能源类或者环境类法律规范中，对

---

〔1〕　参见马忠法等：《清洁能源技术转移法律制度研究》，法律出版社 2018 年版，第 196 页。

CDM 进行原则性的规定，也可以在行政法规中作出相应的规定，因为上述两部部门规章已经对 CDM 的运行和管理作出了较为详细的内容，法律无须对此进行重复规定，仅需要在此基础上进行高度凝练与总结就好，如此一来，CDM 在法律法规层面、部门规章层面都有相应的内容，能够形成相对完整且独立的体系，这样完整的法律体系对 CDM 的现实运用具有现实的引导作用。同时，CDM 的重点在于合作项目的申请和实施内容上，《CDM 项目运行管理办法》第 20 条规定了项目审核的主要内容，其中有关技术转移内容的只规定了"技术转让情况"以及"预计促进可持续发展的效果"，这部分的重要内容显然与总则第 4 条规定的"清洁发展机制项目合作应促进环境友好技术转让"这一目标不符，这是规范内部自身的不协调导致的，我们应当将技术转移内容进行细化并列为审查重点内容。此外，CDM 要将技术转移的认定范围缩小，要注重实质意义上的技术转移而非形式上的技术转移，特别是实践中常出现的"设备转移"认定为"技术转移"的现象，我们在施行过程中要明确我们欲实现的目的为何，并贯彻执行下去。

CDM 的实施离不开政府的参与，政府需要发挥自身主导作用，鼓励私营部门积极参与其中，共同寻求绿色能源技术转移的困境破解之法。我国在CDM 中具有数量上的优势，政府应当充分发挥该机制带来的技术转移的潜能和可能，推动发达国家和地区履行资金和技术转移的承诺，为经济高质量发展服务。[1]CDM 的重要目标之一是推动发达国家和地区向发展中国家和地区转移绿色能源技术。我国近些年来不断加大研发创新力度，从技术引进逐渐向技术输出转变，但是世界大部分高精尖技术仍然由发达国家和地区掌控，所以我们仍然需要部署技术引进方针，CDM 技术转移事项主要取决于技术输出方，即发达国家和地区，发达国家和地区与我国政治体制及政府运行模式不相同，发达国家和地区的国际贸易活动仍然以私营部门为主，而我们不仅需要积极构建与发达国家和地区之间的友好关系，还需要考虑私营部门经营行为，因为发达国家和地区虽然负有向发展中国家和地区转移绿色能源技术的义务，但实际进展与预期相差甚远，因此我国政府在整合资源、发挥主导作用过程中要注意考虑上述因素，吸引发达国家和地区私营部门实施技术转

---

〔1〕 参见马忠法等：《应对气候变化的技术转让法律制度》，上海人民出版社 2019 年版，第 135页。

移行为。政府发挥作用的途径很多，政府可以采取一定行为加快实现绿色能源技术转移，例如政府与社会资本合作。政府与资本合作主要作用于公共服务领域（主要适用于我国境内的能源、交通、水利、环保、市政工程等基础设施和公用事业领域），社会资本通过合法的竞争方式，与政府平等达成协议，为社会提供公共服务，由政府为社会资本的公共服务支付相应对价。政府通过这种模式实现社会公共领域服务的目标，加强与社会的联系，实现多赢局面，一般采取特许经营模式，这种模式既有利于提升特定社会服务水平，又能够减少企业投资运行的风险。可以发现，绿色能源技术与能源、环保公用事业紧密相关，利用国内私营企业和外商投资企业的力量及其技术是提高绿色能源技术创新能力的有效途径之一，因此我们可以充分发挥政府与社会资本合作模式在绿色能源技术转移方面的作用。

四、建立健全适应能源革命的绿色能源技术转移制度

在能源革命背景下，开发新型替代能源可以说是应对能源危机的重要工具，而以可再生能源替代不可再生能源则成为加速能源革命进程的催化剂。转变传统能源结构，建立绿色能源体系，意味着能源供应市场的再度洗牌与重新分割。这个过程极其复杂，不仅涉及经济，还涉及政治、生态以及意识形态层面的内容，因而也必然会伴随着相关制度的裂变。在能源革命的演化过程中，制度变革、制度创新、制度完善贯穿始末。对于制度而言，一方面要随着革命的变迁而变迁，另一方面也会驱动革命的产生与发展，两者相互作用、不可分割，共同引领能源秩序新格局的打开。发达资本主义国家和地区与发展中国家和地区能源转型的思路相同，均为以绿色清洁能源逐渐取代传统化石能源，但发展中国家和地区还有一项更为艰巨的任务要完成——打开能源市场。换句话说，在以我国为例的众多发展中国家和地区中，煤炭、石油、电力等能源企业往往在当地居于垄断地位，要想让绿色清洁能源进驻能源行业，首先需要打破这种垄断，才能还原能源的商品属性，从而建立新的能源秩序。在这个过程中，单靠市场自身调节是远远不够的，必须让国家宏观调控参与进来，才有实现的可能性，而此时制度的变革便要发挥重要作用。能源革命需要法律的制度背景，但在能源转型中各种利益的掣肘又会牵扯到制度的冲突，因此能源革命与制度革命在某种意义上讲具有一定的趋同性。

那么制度应当如何完善呢？本书第三章提到《可再生能源法》中固定电价制度与当前能源革命的不适应性，为解决这一问题，需要先来分析可再生能源的发展历程：第一阶段，研发。这一阶段的主力在于政府，政府提供财政支持或政策支持，以解决企业自主开发绿色能源的动力不足问题。第二阶段，发展。在这一阶段中，绿色能源依靠国家扶持逐步开发出来，企业通过技术转移等方式获得绿色能源技术后批量生产绿色能源产品，然后凭借这些产品或技术开发国内国际市场，提升竞争力。[1]第三阶段，成熟。具备绿色能源技术的企业发展壮大后，可以有足够的资本向研发机构投资，促进新能源产品或技术的再次发展，形成良性循环；同时这些企业也拥有足够的经济实力与战略地位向国外出口其技术或者引进国外先进绿色技术，通过频繁的绿色能源技术转移，实现技术在全球范围内的互通互享，提升全球应对环境危机的能力。[2]这三个阶段是绿色能源技术从研发到成熟的周期性过程，不仅增强了相关能源企业的市场竞争力，也为其积累了物质财富与知识财富。

从制度层面来讲，则需要建立一定的保障或惩戒机制来促使或者加速这个过程的进行。在可再生能源的利用方面，我们有必要引入一种新的制度——配额制。配额制并非一项新制度，早在英美国家就已经投入实施，我国在 21 世纪初也对可再生能源的配额制有所研究，但最终还是采取了固定电价制度。然而随着可再生能源的快速发展，固定电价制度的缺陷开始凸显，有学者提出可以通过实施强制市场配额制度以实现可再生能源的总量目标。所谓的强制配额制是指国家对可再生能源的市场配额作出强制性规定，该项制度可以有效缓解固定电价制度所带来的与可再生能源总量目标不兼容的弊端。那么配额制与固定电价制度能否共存呢？显然不能。可再生能源的发展需要一场革命而不是改革，如果保留固定电价制度，可再生能源的发展依然受限，无法从根本上解决问题，因此可再生能源要想在制度层面符合当前能源革命的现实需要，应当彻底废除固定电价制度，以强制配额制重构能源秩序。在知识产权制度层面，与绿色能源技术转移关联较大的是强制许可制度。强制许可制度所暴露出的缺陷并非在制度本身，而是在制度的实施。为平衡

---

〔1〕 参见马忠法等：《清洁能源技术转移法律制度研究》，法律出版社 2018 年版，第 156 页。
〔2〕 参见肖国兴：《能源革命与〈能源法〉的制度之维》，载《郑州大学学报（哲学社会科学版）》2018 年第 6 期。

权利人与社会公众的利益，在绿色能源技术转移的强制许可上可以设置一条绿色快速通道，从专利权的授予，到专利权的保护，再到强制许可，全程加快步伐，为绿色能源技术转移提供制度上的便捷。此外，为解决强制许可法律保障不充分以及驱动力不足的问题，可以通过细化法律规定、制定激励措施来进行改善。一方面，我们可以对强制许可的四种情形通过司法解释等方法进行解释说明，对模糊字眼加以明确，必要时可以对相关定义的外延适当扩大，以确保绿色能源技术的强制许可不存在法律适用上的障碍；另一方面，为提高能源企业强制许可其专利技术的动力，国内法律可以在专利的利用以及税收制度上加大优惠力度，消解企业在获利上的顾虑，提升企业将其绿色能源技术以强制许可方式许可他人实施的积极性，从而提高绿色能源技术转移的频次，顺势推动能源革命的发展。

在"能源法"立法层面，我国应当加快起草的进程。"能源法"的立法过程已历时弥久，迄今为止仍未出台。然而当前我们处于能源革命的急速发展阶段，急需一部综合性的法律来提供制度上的保障，从原则到一般规定再到具体规定，强化革命的目标，为绿色能源革命提供方向上的指引。"能源法"的制定必须建立在绿色经济发展之上，以绿色可持续发展理念为基础确立各项法律制度，并将可再生能源的替代性作用贯穿始终，取消固定电价制度，明确配额制，同时还应考虑与其他单行法律法规的适配性，避免产生应用上的冲突。在能源法律体系中，还应当在投资、进出口贸易等环节增加一些正向激励制度，鼓励企业拓展外贸渠道，将绿色能源技术引进来、走出去，提升中国在国际能源上的话语权。

第三节　绿色能源技术转移争端解决机制的完善

绿色能源技术转移的争端解决机制属于事后的纠纷解决方式。绿色能源技术转移因其专业性、国际性等因素使得争端的解决也较为复杂。仲裁和诉讼作为解决争端的国际通用方法在解决绿色能源技术转移时也得到了一般性的适用。如上文所论述，现阶段，虽然国际常用的处理方式是仲裁和诉讼，其各具优势，但是也存在一些不足。对于仲裁而言，仲裁程序的启动程序严格且涉外仲裁的承认与执行效率不足；对于诉讼而言，当下审理绿色能源技术转移的综合性人才储备不足且法律适用存在争议。因此，完善能源技术转移争端解决机制应当坚持问题导向，对症下药。

一、鼓励适用国际通用商事仲裁规则

在国际纠纷中，法律的适用并非单一的，而是各个主体平衡利益后的结果。国内法律法规与国际法相互作用、相辅相成，国内法随着本国社会发展形势与国际关系较量形势的变化而变化，国际法也会随着各个国家和地区法律的变化而作出调整，因此整个国际法律秩序处于动态演化过程中。要想实现各方利益的平衡，不仅要适应国际仲裁的权力模式体系，还应考虑仲裁双方在经济、政治等问题上的平衡。[1]在技术转移国际争端中，仲裁是适用范围最广的争议解决方式。在联合国举办的《国际技术转让行动守则（草案）》会议上，许多发达国家、发展中国家和地区均对国际技术贸易争端的仲裁解决方式予以了高度认可，在最终形成的文本中，也对仲裁途径作出了 3 条专门规定，[2]不过适用仲裁方式需要一个前置条件，即需要取得技术转移双方的一致同意。文本中明确指出了鼓励技术转移争议双方采用国际贸易仲裁规则化解冲突，并将仲裁裁决的承认和执行确立为国家义务。该草案虽然并未通过，但足以看出国际上对技术转移争议解决的重视以及对仲裁方式化解矛盾的认可，同时各个国家和地区也认识到了仲裁裁决在承认与执行上的困难。这为我们提供了一个思路——通过统一的仲裁规则来规范仲裁过程，确保裁决的公正性。仲裁裁决的法律适用包括两方面内容，一方面是实体法的适用，另一方面是程序法的适用。在涉外仲裁中实体法的适用主要是寻找准据法，绿色能源技术转移纠纷一般是以合同形式存在，因此参考《法律适用法》中对合同纠纷的相关规定即可。当然，出于对当事人意思自治的尊重，双方在合同中也可以自己约定仲裁裁决所适用的法律，仲裁庭会优先考虑。在程序法适用上，通常情况下当事人不会自主约定（如仲裁规则、仲裁员的更换条件以及仲裁权限等），由此便产生了适用规则不统一的冲突。在这种情况下，仲裁机构往往采取的是适用"仲裁地法"的办法，导致同一纠纷在不同仲裁地可能产生不同的裁决结果。此时如果各个国家和地区仲裁机构能够适用统一的国际仲裁规则，将有效避免同案不同裁的现象。联合国早在 20 世纪 70 年代就通过了

---

〔1〕 参见宋阳：《国际投资仲裁准据法的平衡适用论》，载《现代法学》2022 年第 3 期。

〔2〕 参见马忠法：《技术转移法》，中国人民大学出版社 2021 年版，第 308 页。

《联合国国际贸易法委员会仲裁规则》，[1]并于2010年作出修订，对仲裁庭的组成、仲裁程序以及裁决的相关事宜作出了系统化规定，现在要做的只是鼓励、建议各个国家和地区仲裁机构以及绿色能源技术转移争议主体主动选用该部统一的仲裁规则，而具体的可以通过国际协议约定或者设定激励机制来实现。

二、建立承认与执行仲裁裁决的绿色快速通道

涉外仲裁的裁决过程为当事人节约了时间成本，加速了绿色能源技术转移争议解决的效率，然而仲裁的承认与执行却为纠纷解决的时间增加了不确定性。因此，我们需要优化涉外仲裁的承认与执行程序，建立绿色快速通道，从争端解决层面提升绿色能源技术转移的速度，从而推动能源革命进程。具体可以从以下几点入手：第一，对申请仲裁的承认与执行时限确定一个例外情形，如仲裁内容涉及公共利益的，申请承认与执行裁决的时间应当缩短；第二，对于涉及公共利益的紧急情况应当减少其强制执行的时限；第三，限制当事人提交书面证据材料的数量。总之，建立绿色快速通道的总体思路在于缩短耗时、提高效率，因为时间消耗长不意味着办案质量高，书面证据材料多也不意味着证据证明力强，因此要通过压缩的方式提高法院办案质效、培养当事人简洁明晰的举证作风。然而，在考虑绿色能源技术转移纠纷效率提升的同时还应当兼顾公平，公平才是保障当事人权利的基石。在绿色能源技术转移争端处理中，除仲裁裁决需要公正外，仲裁的承认与执行也需要公正，这种公正体现在程序公正与实体公正上，既要通过书面材料、书面文书体现整个过程的要式性，也要充分保障当事人陈述申辩的权利，这些权利可以通过限制时间加速实现，但不能剥夺，否则便是违反了公平公正原则。相对应地，是否承认仲裁裁决的理由可以简化，但应当明确。实践中不乏为了节省时间而省去理由陈述的，也不乏为了说明原因而长篇大论的，这两种做法均应该摒弃（尤其是在能源革命特殊背景下）。合理的说理部分应该是简明扼要、详略得当，重点突出有争议的、涉及当事人重要权利义务的理由，公认的事实与理由则可以省略，公正与效率兼顾，方能起到有效加速效果。[2]

---

〔1〕《联合国国际贸易法委员会仲裁规则》由联合国第31次大会正式通过。该规则适用于国家与私人间的投资争议仲裁、多方仲裁、第三人加入仲裁程序、仲裁员的指定、仲裁员责任的豁免、仲裁费用的控制等问题。规则对各国并不具有普遍约束力，仅供合同双方当事人自愿以书面方式约定。

〔2〕参见熊焰等主编：《专利技术转移理论与实务》，知识产权出版社2018年版，第262页。

三、加强绿色能源技术综合人才储备

在能源革命时代，低碳、绿色、低能耗、无污染已经成为社会共识，绿色化产业的发展不仅需要技术型人才的支持，更需要懂技术、懂规则、懂法律的综合性专业人才支撑。然而，在能源形势如此严峻的状况下，人才瓶颈、人才缺口问题成为全国乃至全球绿色能源行业的缩影。绿色就业市场正在升温，绿色人才越来越难得，也会越来越抢手。由能源革命引发的人才争夺愈演愈烈，许多国家（地区）及企业已经开始从绿色人才的培养入手，提升自身核心竞争力。绿色能源人才既可以从外地引进，也可以在本地培养。[1]但需要注意的是，人才的引进和培养应当具有前瞻性，要从全局角度综合考虑，满足能源革命的现实需求。

以我国为例，国家在绿色能源人才的孵化上已经做出努力，不过还需不断完善。首先是政策上的支持，教育部印发了《关于加强碳达峰碳中和高等教育人才培养体系建设工作方案》，要求将绿色理念融入教学，积极开展绿色低碳相关的创新创业活动，培养科技型创新人才。这个倡导应当适用于各个学科的教学，而不仅仅局限于理工科，且对于理工科人才的培养也应当加入法律相关知识的普及，为综合性人才队伍建设做储备。理论知识的丰富是实践经验提升的第一步，当前绿色能源技术转移争端在诉讼程序中单凭法院一方努力是远远不够的，需要辅之以鉴定人或有专门知识的人的专业知识，才能正确梳理案情、合理解决纠纷。其次是引进模式的创新，要建立一系列人才吸引机制，通过住房补贴、人才奖励等方式将走出去的绿色能源技术人才吸引回来，同时也可以激励外地、外国人才流入本地市场，将综合性人才聚焦对标行业，打破用人瓶颈。最后是保障机制的完善，为确保人才接得下、留得住，应当建立健全人才保障机制，将人才的学历认证、住房保障、子女上学以及求医看病等现实问题建立绿色通道，为人才市场创造一个优良、宜居的生活环境，从而进一步激发人才进一步提升自我的欲望，形成良性循环。综合素质是对一个人全面评价的客观标准，在司法领域也同样适用，某个领域的办案人员绝不应该仅仅熟知法学专业知识，而应当对其所属领域的相关学科都有所建树，才能做到专案专办。尤其是在绿色能源技术领域，要想解

---

〔1〕 参见马忠法等：《清洁能源技术转移法律制度研究》，法律出版社 2018 年版，第 78 页。

决此类纠纷，以法院为主的司法系统应当加大对相关办案人员的绿色化培训，将清洁环保思维嵌入办案思路中。同时还应加大对多学科背景人才的培养力度，以高校为切入点鼓励学生纵横文、理、工学，有效缓解单一人才思维的局限性，并对综合性人才的科研创新行为提供平台、资金支持，以便日后向社会源源不断地输送技术类社科人才，提高办案质效，为能源革命进程的加速发展贡献一份"司法力量"。

四、完善国际技术转移争议法律适用规定

我国对国际技术转移争议没有设定专门的冲突规范，而是采用了一般的冲突规则。依照国内现行法律，当事人可以在技术转移合同中约定法律的适用，但这种意思自治是有限制的，如不能违背国家的社会公共利益，所选择适用的法律不能与技术合同毫无联系，且如果是涉及特定经济部门或者特定方式的国际技术转移合同必须适用我国法律。若当事人没有约定法律适用问题或者约定不明，如何确定准据法，在国际上还存有争议。有的国家依据最密切联系原则确定准据法，而有的国家则直接选用法院地法来适用，两种选择都具备合理性，但也都具有局限性。对于前种选择而言，由于涉外绿色能源技术转移合同中涉及的元素很多，当事人所在地、合同签订地、合同履行地、能源所在地以及技术实施地等因素都可以称为有密切联系，何者联系最密切很难界定，如最高人民法院在"OPPO公司诉夏普公司"案二审终审裁定中明确我国法院在符合更密切联系原则的情况下，有权管辖双方争议的标准必要专利全球许可条件。这种判例同样可以在跨国绿色能源技术转移案件中类推适用；对于后种选择而言，其适用有一个隐含前提，即当事人虽然没有约定适用的法律，但约定了管辖的法院，因此适用法院地法是有限制的。总之，一国法院只有高效审理绿色能源技术转移类全球性案件，才可能成为相关知识产权国际规则的参与者和制定者，其裁判规则和市场地位才有可能对处理双方当事人之间的纠纷起到关键或实质作用。

在这种情形下，我们应该做的是加速完善国际技术转移争议涉及的法律适用规定，以确保诉讼进程的平稳有序。一方面，如果一个国际技术转移合同涉及我国国家安全和社会公共利益，则必须适用我国法律，这是对当事人意思自治的限制。具体到涉外绿色能源技术转移合同，由于所转移技术绝大多数涉及与节能环保有关的公共利益，因此此类合同必须强制适用国内法律。

这个原则将突破合同法空间下的当事人意思自治，将法律适用问题上升到国家主权层面。然而这个强制性原则依旧不能突破最密切联系原则，也就是说该绿色能源技术转移合同必须与我国存在一定联系，否则将不能适用。当不同的民事权利产生冲突时，最应当考虑的就是公共利益。任何不利于公共利益实现的私人权利都应当被适当约束，为确保良好的社会秩序，私益适当让位于公益是当前环境危机背景下所要达成的共识。一旦建立起这样的逻辑，法律适用的掣肘也便有了突破口。另一方面，在处理全球性绿色能源技术转移诉讼案件时，我国法院应灵活适用相关法律制度，进一步加强法院判决的执行力。在原告提供担保的情况下，可以尝试根据我国《民事诉讼法》第103条规定的行为保全制度，原告向人民法院申请执行我国法院作出的一审民事判决，从而使一审民事判决产生执行效力。或者由法院在民事诉讼程序中，扩大解释适用《民事诉讼法》第109条、《最高人民法院关于适用〈中华人民共和国民事诉讼法〉的解释》第169条规定的民事一审判决先予执行制度，将我国法院审理的跨国绿色能源技术转移纠纷案件纳入"因情况紧急需要先予执行的案件"，从而使该类案件的一审民事判决在当事人提供担保的情况下，可以生效执行。这样可以有效避免诉讼久拖不决，实现高效处理此类纠纷的目标。

本章小结

绿色能源技术转移是应对气候变化的必然措施，法律规制的缺失必然给制度的运行带来不利影响。面对挑战，我国不可能长期以"历史与现实的公平"及"共同但有区别责任"等为由来应对发达国家和地区的指责和给予的压力，而需依绿色能源技术来化解难题，而我国特定的政治、法律制度有利于其在绿色能源技术转移方面形成优势。为此，我们可在国际法、国内法和争端解决机制三个层面完善绿色能源技术转移法律制度。

本章第一节对能源革命背景下绿色能源技术转移国际法律制度的完善进行论述。从国际法的角度看，气候变化引发的结果是十分具有威胁性的，这种威胁性不单单针对某个国家或地区，而是针对在地球生存的全人类，但是发展中国家和地区与发达国家和地区差距逐渐变大，绿色能源技术转移并未发挥真正的效用，无法解决现实存在的困境，因此国际社会需要给予发展中国家和地区在绿色能源技术方面的国际知识产权立法以更灵活的弹性空间，在完善知识产权制度时着重考量增加人民福祉与应对气候变化等因素，为绿色能源技术转移提供法律保障；更要重视发展中国家和地区的主张，同时，发展中国家和地区在绿色能源技术转移国际规则制定方面要积极参与，为绿色能源技术转移提供国际法律支持；利用 CDM 将私营部门与绿色能源技术转移相结合，帮助发展中国家和地区更快地获取先进技术，实现应对气候变化的目标，为绿色能源技术转移发挥实质作用。

能源革命背景下绿色能源技术转移国内法律制度的完善是本章第二节的主要内容。首先，我国应当加快构建国内技术转移法律体系及推进相关执法工作，国内技术转移法律体系的构建需要考虑技术发展的客观性，我国目前处于技术发展阶段，既存在技术引进行为，也存在技术输出行为，因此我们需要将这个历程考虑在内，构建法律体系要兼顾这些因素。其次，我国需要在部门法中完善技术转移的相关规定，特别是在知识产权法以及税法中完善相关制度，能够对绿色能源技术转移产生积极影响。然后，充分发挥 CDM 及政府主导作用，完善 CDM，提升 CDM 立法的法律位阶，激励私营部门参与，能够充分发挥其在技术转移方面的积极作用。最后，建立健全适应能源革命的绿色能源技术转移制度，从制度层面来讲，则需要建立一定的保障或惩戒机制来促使或者加速绿色能源发展过程的进行。

对能源革命背景下绿色能源技术转移的争端解决机制提出相应的完善建议是本章第三节的主要内容。首先，国家应当鼓励各国仲裁机构以及绿色能源技术转移争议主体主动选用国际通用商事仲裁规则来化解冲突，避免出现同案不同裁的现象，同时降低裁决承认与执行的难度。其次，国内可以为与绿色技术相关仲裁的承认与执行开通快速通道，以涉及紧急社会公共利益为由加速裁决的承认与执行，进而提升能源革命的进程。再其次，我们应当加强绿色能源技术相关学科的综合性人才储备，以应对复杂的绿色能源技术转移纠纷。最后，完善国际技术转移争议法律适用规定，特殊情形下私人利益应适当让位于社会公共利益，对于涉及一国主权以及公共利益的绿色能源技术可以强制适用本国法律，以确保纠纷处理的公正性。

结 语

能源问题事关人类生存与发展，与气候、环境、资源相辅相成，密不可分。纵观社会发展历史，每一次工业革命都离不开能源的支撑作用，能源的创新始终是一个国家、一个社会的重要发展力量。作为全球社会公共问题，能源的绿色清洁化发展直接关系到各个国家和地区的经济利益乃至政治利益，技术的创新驱动着能源革命的进程。我国一直在强调加快建设创新型国家的步伐，但创新不是一蹴而就的，需要来自国家、社会、企业以及公民自身的努力。改革开放以来，我国在技术创新领域取得了显著的成绩，现已成为世界制造大国。长期以来，我国十分重视能源工作，特别是党的十八大以来，持续强调要不断深入推进能源革命。近几年来，我国的研发投入在 GDP 中的占比更是逐年上升，但必须承认的是，国内的创新产品许多是通过引进先进技术的方式研发、改良的，完全自主创新的产品不多，拥有知识产权的核心技术也屈指可数，在经济飞速发展的同时环境也遭受了不同程度的污染。气候变化、能源消耗、经济发展以及创新能力这四大问题将国际形势包围，迫使能源体系发生变革。

在能源革命语境下，国家通过法律的完善以及政策的制定来激励企业通过参与技术转移的方式获取绿色能源技术，可以有效推动能源革命的进展。因此，本书立足能源革命，旨在通过对绿色能源技术转移法律制度的基本理论、国内外绿色能源技术转移的法律现状、当前法律制度存在的问题与成因、我国绿色能源技术转移的实践以及法律制度完善建议五个方面的分析和论证，形成一套比较完整的绿色能源技术转移法律制度体系，助力能源革命进程的发展。

以可再生能源技术、新型化学储能技术以及煤炭清洁高效利用技术为主导的绿色能源技术，已经开始逐步取代传统化石能源，成为国际绿色能源体系的主力军。伴随着各种绿色能源技术的兴起，各个国家和地区之间的技术水平也逐渐拉开了差距，绿色能源的技术转移活动愈加频繁。绿色能源技术与知识产权密不可分。对于绿色能源技术转移，学界提出了诸多理论，典型的有"私法行为公法化"理论、"技术民族主义与国际法制度的兼容性"理论以及"气候正义"理论。而绿色能源的技术转移法律制度与能源革命息息相关。然而，由于发达国家和地区与发展中国家和地区的利益不同，矛盾也由此凸显：绿色能源技术转移的实质是资本与知识的交换，发展中国家和地区与发达国家和地区之间的分歧加之私营部门参与技术转移动力不足，都加大了技术转移的难度。在此背景下，国内外对绿色能源技术转移作出了法律规定，以期通过国际条约、国际协定、国内法律法规以及国际合作激励绿色能源技术在全球范围内的传播与推广。然而能源革命的推进迫在眉睫，绿色能源技术转移制度却发展缓慢。

因之，本书第三章从国际法律制度、国内法律制度以及争端解决机制三个维度，聚焦法律体系、内容、实施等领域探讨了绿色能源技术转移制度存在的问题及成因。在国际层面，由于各个国家和地区争夺国际利益激烈、不同国家和地区间的能力差距悬殊和国际贸易市场机制模式不公平，现有绿色能源技术转移国际法律制度存在国际条约规范内容乏力，缺乏可操作性和强制执行力，发达国家和地区意志特征明显，发展中国家和地区诉求难以实现，现有技术转移法律规范缺乏履行监督与纠纷解决机制的问题。在国内层面，政府在环境治理过程中居于主导地位，忽视私营部门的作用、忽视经济发展与环境治理之间的协调发展、我国技术市场发展不充分、法律制度存在滞后性等原因，导致了法律法规体系不健全、在相关法律规范中涉及绿色能源技术转移内容法律规范相互之间不协调、没有构建好技术引进的宏观管理体系、法律规范制度不完善的问题。在争端解决机制层面，存在仲裁与仲裁的相应不足之处。

发现问题的目的是解决问题，不难看出当前我国绿色能源技术发展速度飞快，但仍不成熟，在国际上的话语权依旧有限。当下，我国绿色能源技术转移已经形成投资贸易、专利许可、国际合作这三种模式的实践。国家应当积极探索适合本国国情的绿色能源技术转移发展模式，通过投资、贸易、国际合作以及知识产权交流等方式积极开拓技术转移渠道，将先进技术引进来、走出去，在提升国家综合实力的同时也推动全球绿色化进程的发展。

第五章对症下药，以第三章所提问题为切入点，寻找绿色能源技术转移的出路。在国际层面，应当完善国际社会知识产权制度，为绿色能源技术转移提供法律保障；重视发展中国家和地区的主张，为绿色能源技术转移提供国际支持；完善 CDM，为绿色能源技术转移发挥实质作用。在国内层面，建议加快推进国内技术转移法体系构建及相关执法工作；完善知识产权法、税法及竞争法的相关规定；充分发挥 CDM 及政府的主导作用。在争端解决层面，应当鼓励适用国际通用商事仲裁规则；建立承认与执行仲裁裁决的绿色快速通道；加强绿色能源技术综合人才储备；完善国际技术转移争议法律适用规定。综上，实现在国际法、国内法和争端解决机制三个层面完善绿色能源技术转移法律制度。

主要参考文献

一、中文文献

（一）中文专著或译著

[1] 李建龙主编：《绿色生物能源材料与技术研究进展》，南京大学出版社 2021 年版。

[2] 吴汉荣等编著：《国际科技合作知识产权保护实务指引》，华南理工大学出版社 2019 年版。

[3] 彭峰等：《环境视角下技术转移对高技术产业效率的影响》，武汉大学出版社 2018 年版。

[4] 马忠法等：《清洁能源技术转移法律制度研究》，法律出版社 2018 年版。

[5] 马忠法：《技术转移法》，中国人民大学出版社 2021 年版。

[6] 熊焰等主编：《专利技术转移理论与实务》，知识产权出版社 2018 年版。

[7] 张乃根、马忠法主编：《清洁能源与技术转移》，上海交通大学出版社 2011 年版。

[8] ［美］布雷登·埃弗雷特、奈杰尔·特鲁西略编：《技术转移与知识产权问题》，王石宝等译，知识产权出版社 2014 年版。

[9] 李志军等：《技术转移与知识产权保护》，中国科学技术出版社 2013 年版。

[10] 马忠法：《中国核能利用立法问题研究》，法律出版社 2019 年版。

[11] 袁嘉：《技术转让协议的反垄断规制》，中国政法大学出版社 2017 年版。

[12] 岳光溪、顾大钊主编：《煤炭清洁技术发展战略研究》，机械工业出版社 2020 年版。

[13] 全球煤炭清洁技术专项服务研究组、新一代核能用材专项服务研究组编著：《全球煤炭清洁技术与新一代核能用材发展态势研究》，电子工业出版社 2020 年版。

[14] 潘卫国等编著：《清洁能源技术及应用》，上海交通大学出版社 2019 年版。

[15] 马忠法：《国际技术转让合同实务研究：法律制度与关键条款》，法律出版社 2016 年版。

[16] 唐素琴、周轶男：《美国技术转移立法的考察和启示——以美国〈拜杜法〉和〈史蒂文森法〉为视角》，知识产权出版社 2018 年版。

[17] 李文英等编著：《中美煤炭清洁高效利用技术对比》，科学出版社 2014 年版。

[18] 陈玉华主编:《新型清洁能源技术:化学和太阳能电池新技术》,知识产权出版社2019年版。

[19] 黄维和等:《能源革命推动能源安全保障》,科学出版社2021年版。

[20] 电子元器件专业技术培训教材编写组:《物理电源》,电子工业出版社1985年版。

[21] 李伟主编:《太阳能电池材料及其应用》,电子科技大学出版社2014年版。

[22] 程明道:《气候变化与社会发展》,社会科学文献出版社2012年版。

[23] 赖先进:《清洁能源技术政策与管理研究——以碳捕集与封存为例》,中国科学技术出版社2014年版。

[24] 韩良:《国际温室气体排放权交易法律问题研究》,中国法制出版社2009年版。

[25] 李虹:《国际技术转移与中国技术引进》,对外经济贸易大学出版社2016年版。

[26] 李志军:《当代国际技术转移与对策》,中国财政经济出版社1997年版。

[27] 彭志刚:《知识产权国际许可的法律问题研究》,法律出版社2011年版。

[28] 龚向前:《气候变化背景下能源法的变革》,中国民主法制出版社2008年版。

[29] 陶鑫良主编:《专利技术转移》,知识产权出版社2011年版。

[30] 沈越、鱼金涛主编:《国际技术转移概论》,中国财政经济出版社1989年版。

[31] 刘燕华主编:《气候变化与科技创新》,科学出版社2009年版。

[32] [美] 杰里·麦克纳尼、马丁·奇克:《清洁能源发展——美国经验与展望》,彭文兵、杨俊保译,上海财经大学出版社2013年版。

[33] 郑寿春编著:《黑色变局:国际石油金融的交锋》,石油工业出版社2011年版。

[34] 冯连勇等主编:《国际石油经济学》,石油工业出版社2013年版。

[35] [美] 杰里米·里夫金:《第三次工业革命——新经济模式如何改变世界》,张体伟、孙豫宁译,中信出版社2012年版。

[36] [古希腊] 亚里士多德:《尼各马科伦理学》,苗力田译,中国社会科学出版社1990年版。

[37] 国务院经济技术社会发展研究中心编:《中国经济的发展与模型》,中国财政经济出版社1990年版。

[38] 黄顺基等主编:《科学技术哲学引论——科技革命时代的自然辩证法》,中国人民大学出版社1991年版。

[39] 余劲松、吴志攀主编:《国际经济法》,北京大学出版社、高等教育出版社2000年版。

[40] 张晓凌等:《技术转移联盟导论》,知识产权出版社2009年版。

[41] 郑成思:《国际技术转让法通论》,中国展望出版社1987年版。

[42] 尹尊声:《国际技术转让价格》,上海人民出版社、智慧出版有限公司1993年版。

[43] 胡宝民:《技术创新扩散理论与系统演化模型》,科学出版社2002年版。

[44] [美] 埃弗雷特·M.罗杰斯:《创新的扩散》,辛欣译,中央编译出版社2002年版。

［45］范力：《中国技术贸易指南》，中国经济出版社 2001 年版。

［46］庄峻：《外贸自乘效益论》，中国社会科学出版社 1994 年版。

［47］［美］约瑟夫·熊彼特：《经济发展理论——对于利润、资本、信贷、利息和经济周期的考察》，何畏等译，商务印书馆 1990 年版。

［48］王保树主编：《中国商事法》，人民法院出版社 2001 年版。

［49］［日］美浓部达吉：《公法与私法》，黄冯明译，中国政法大学出版社 2003 年版。

［50］蔡声霞：《国际技术转移与发展中国家的技术能力建设》，经济科学出版社 2013 年版。

［51］唐晓云：《国际技术转移的非线性分析与经济增长》，复旦大学出版社 2005 年版。

［52］［美］安德鲁·霍夫曼：《碳战略：顶级公司如何减少气候足迹》，李明等译，社会科学文献出版社 2012 年版。

［53］彭迪云、甘筱青等：《跨国公司发展论：跨国公司的成长与中国实施"走出去"战略研究》，经济科学出版社 2004 年版。

［54］杨先明等：《国际直接投资、技术转移与中国技术发展》，科学出版社 2004 年版。

［55］马天旗主编：《专利转移转化案例解析》，知识产权出版社 2017 年版。

［56］今春卿主编：《国际技术贸易与资本化法律的理论与判解研究》，苏州大学出版社 2005 年版。

［57］最高人民法院民事审判第三庭编：《知识产权司法文件精选》，人民法院出版社 2002 年版。

［58］法律出版社法规中心编：《中华人民共和国知识产权法律法规全书（合同法解释）》，法律出版社 2013 年版。

［59］张宇主编：《知识产权纠纷与经典案例全书（WTO 版）》，延边大学出版社 2003 年版。

［60］汪建新编著：《国际技术贸易》，格致出版社、上海人民出版社 2011 年版。

［61］孙邦清编著：《技术合同实务指南》，知识产权出版社 2002 年版。

［62］张晓凌等：《技术转移联盟导论》，知识产权出版社 2009 年版。

［63］刘东威、李健：《技术产权交易理论与实践研究》，北京出版社 2010 年版。

［64］马忠法：《应对气候变化的国际技术转让法律制度研究》，北京出版集团、法律出版社 2014 年版。

［65］曹明德等：《中国碳排放交易法律制度研究》，中国政法大学出版社 2016 年版。

［66］景春梅：《能源革命与能源供给侧改革》，经济科学出版社 2016 年版。

［67］曹俊金：《我国能源低碳转型法律制度研究》，上海人民出版社 2017 年版。

（二）中文论文和期刊

［1］毕鹏翔：《技术转移视角下区域网络腹地特征研究》，载《城市建筑》2022 年第 17 期。

[2] 李磊:《国际绿色技术转让的知识产权问题》，载《中国科技信息》2022 年第 17 期。

[3] 肖立志:《数字化转型推动石油工业绿色低碳可持续发展》，载《世界石油工业》2022 年第 4 期。

[4] 王超等:《碳中和背景下全球关键清洁能源技术发展现状》，载《科学学研究》2023 年第 9 期。

[5] 白延斌等:《双碳背景下煤矿热源低碳技术路径的实现》，载《西安工程大学学报》2022 年第 4 期。

[6] 杨宇等:《能源转型的地缘政治研究》，载《地理学报》2022 年第 8 期。

[7] 马忠法、梁晨颖:《论绿色技术转移国际法制度中的非国家行为体》，载《大理大学学报》2022 年第 7 期。

[8] 王永中:《全球能源格局发展趋势与中国能源安全》，载《人民论坛·学术前沿》2022 年第 13 期。

[9] 许勤华:《中国在国际能源治理中的地位与作用》，载《人民论坛·学术前沿》2022 年第 13 期。

[10] 严翔等:《R&D 要素配置、碳排放及绿色技术转移纠偏作用》，载《科学学研究》2023 年第 5 期。

[11] 张剑:《中国绿色技术创新效率研究综述》，载《未来与发展》2022 年第 6 期。

[12] 宋阳:《国际投资仲裁准据法的平衡适用论》，载《现代法学》2022 年第 3 期。

[13] 王波等:《"双碳"目标背景下绿色技术创新路径与政策范式转型》，载《科学管理研究》2022 年第 2 期。

[14] 冯为为:《我国开启能源绿色低碳转型"加速度"》，载《节能与环保》2022 年第 3 期。

[15] 宋慧玲等:《碳中和背景下清洁能源技术关键伴生金属可供性约束研究回顾与展望》，载《中国人口·资源与环境》2022 年第 3 期。

[16] 张亚峰等:《基于多重制度逻辑的国际技术转移新态势探析》，载《科技进步与对策》2022 年第 8 期。

[17] 乔梁等:《技术转移对高技术制造业绿色创新效率的影响》，载《产业创新研究》2022 年第 3 期。

[18] 王欢等:《碳中和目标下关键矿产在清洁能源转型中的作用、供需分析及其建议》，载《中国地质》2021 年第 6 期。

[19] 赖小东、詹伟灵:《企业绿色技术创新内涵及影响机理评述》，载《科技和产业》2021 年第 10 期。

[20] 付延等:《加强南南合作技术转移 共促绿色发展》，载《国际人才交流》2021 年第 9 期。

［21］彭亚媛、马忠法：《管制与自由：国际技术转移法律规则的回顾与展望》，载《国际经济法学刊》2021 年第 3 期。

［22］王晓雨：《风光绿色能源技术在通信基站中的应用》，载《光源与照明》2021 年第 6 期。

［23］韩荣：《〈专利合作条约〉对国际专利生成规则的形塑作用分析》，载《太原理工大学学报（社会科学版）》2021 年第 2 期。

［24］王灿等：《中国应对气候变化技术清单研究》，载《中国人口·资源与环境》2021 年第 3 期。

［25］丛建辉等：《中国应对气候变化技术清单研制的方法学比较》，载《中国人口·资源与环境》2021 年第 3 期。

［26］才秀敏：《大容量储能在可再生能源发电侧的应用——访国家能源集团北京低碳清洁能源研究院新能源技术中心主任缪平博士》，载《电器工业》2021 年第 3 期。

［27］闫晓东：《基于清洁能源技术的矿井供暖改造方案优化研究》，载《山西焦煤科技》2021 年第 2 期。

［28］王江、李佳欣：《我国绿色技术专利强制许可制度实施的多重障碍及破解》，载《环境保护》2021 年第 1 期。

［29］刘亚、姜虹伶：《基于技术转移的我国低碳技术自主创新模式研究》，载《产业与科技论坛》2020 年第 18 期。

［30］赵一冰等：《低碳战略下供给侧减缓技术的综合成本效益分析》，载《全球能源互联网》2020 年第 4 期。

［31］陶明卉、王子龙：《异质视角下国际技术转移对绿色技术创新效率的影响分析》，载《河南科学》2020 年第 7 期。

［32］田其云：《绿色能源革命背景下可再生能源发展的制度路径》，载《中州学刊》2019 年第 7 期。

［33］梁圣蓉、罗良文：《国际研发资本技术溢出对绿色技术创新效率的动态效应》，载《科研管理》2019 年第 3 期。

［34］顾高翔、王铮：《〈巴黎协定〉背景下国际低碳技术转移的碳减排研究》，载《中国软科学》2018 年第 12 期。

［35］李杨：《气候变化视角下中国–欧盟可再生能源发展与合作路径研究》，载《商学研究》2018 年第 6 期。

［36］肖国兴：《能源革命与〈能源法〉的制度之维》，载《郑州大学学报（哲学社会科学版）》2018 年第 6 期。

［37］何艳：《技术转让履行要求禁止研究——由中美技术转让法律争端引发的思考》，载《法律科学（西北政法大学学报）》2019 年第 1 期。

[38] 史学瀛、陈英达:《向发展中国家进行无害环境技术转让的知识产权困境及出路》,载《西部法学评论》2018年第3期。

[39] 肖汉杰等:《低碳环境友好技术国际转移演化博弈研究》,载《湖州师范学院学报》2018年第5期。

[40] 黄以天、罗天宇:《气候友好型技术转让与国际法:挑战与应对》,载《复旦国际关系评论》2017年第2期。

[41] 夏太寿、李淑涵:《我国低碳技术成果转移问题及模式探讨》,载《低碳世界》2017年第26期。

[42] 孟捷等:《发达国家可再生能源发展动态分析及借鉴》,载《天津科技》2017年第9期。

[43] 马荣康、刘凤朝:《基于专利许可的新能源技术转移网络演变特征研究》,载《科学学与科学技术管理》2017年第6期。

[44] 莫神星:《促进生物质能源产业持续健康发展的路径》,载《电力与能源》2017年第2期。

[45] 罗小芳、卢现祥:《论发展低碳经济的技术创新与制度创新》,载《河北经贸大学学报》2016年第3期。

[46] 王维国、刘丰:《低碳经济转型下区域技术创新与跨区技术转移研究》,载《东南学术》2016年第2期。

[47] 浜尚亮:《环境污染公害之日本水俣病事件》,载《人民公安》2016年第Z1期。

[48] 杨穹:《促进低碳技术发展的知识产权战略研究综述》,载《科技与企业》2016年第2期。

[49] 马高雅:《我国可再生能源技术转移中的知识产权问题》,载《濮阳职业技术学院学报》2015年第5期。

[50] 王敏:《低碳技术转移与知识产权保护冲突研究》,华南理工大学2015年硕士学位论文。

[51] 张桂红、蒋佳妮:《气候有益技术转让背景下国际知识产权保护标准再探讨》,载《南都学坛》2014年第4期。

[52] 马忠法:《气候正义与无害环境技术国际转让法律制度的困境及其完善》,载《学海》2014年第2期。

[53] 刘芬等:《低碳环境友好技术转移研究综述》,载《中国能源》2013年第12期。

[54] 夏先良:《新能源技术转让需要强健的知识产权保护》,载《中国能源》2012年第10期。

[55] 康明已、佘群枝:《中国引进环境技术的特征及效应》,载《武汉船舶职业技术学院学报》2012年第5期。

［56］《中国重点发展一批减缓与适应关键技术》，载《科技日报》2012 年 7 月 7 日，第
2 版。

［57］刘雪凤、罗敏光：《论构建我国清洁能源技术强制许可制度》，载《中国科技论坛》
2012 年第 6 期。

［58］任倩：《新能源产业与公共政策支持》，载《农业工程技术（新能源产业）》2011 年
第 10 期。

［59］张乃根：《论后〈京都议定书〉时期的清洁能源技术转让》，载《复旦学报（社会科
学版）》2011 年第 1 期。

［60］兰花：《简析 2009 年美国气候变化法案——兼论对中国的挑战和借鉴》，载《武大国
际法评论》2010 年第 2 期。

［61］张建平：《气候变化谈判框架下的国际技术转让机制研究》，载《国际贸易》2010 年
第 5 期。

［62］张发树等：《低碳技术国际转移的双重博弈研究》，载《中国人口·资源与环境》
2010 年第 4 期。

［63］黄可嘉：《促进我国能源可持续发展的税收政策问题研究》，首都经济贸易大学 2009
年硕士学位论文。

［64］石定环：《我国新能源的发展历程及现状》，载《中国制造业信息化》2008 年第 16 期。

［65］王艳冰：《环境无害化技术转移的法律障碍与对策》，载《学术论坛》2008 年第 4 期。

［66］马洪儒、苏宜虎：《生物质直接燃烧技术研究探讨》，载《农机化研究》2007 年第
8 期。

［67］邹骥、王海芹：《浅谈多边环境公约背景下国际技术转移的特殊性》，载《环境保护》
2007 年第 8 期。

［68］李扬勇：《国际组织宣言和决议的法律意义——对国际环境法“软法”的探讨》，载
《孝感学院学报》2006 年第 2 期。

［69］王力彬：《论专有技术的法律保护》，载《广东经济管理学院学报》2005 年第 3 期。

［70］邓楠：《加强环境无害化技术的开发与应用》，载《中国人口·资源与环境》1999 年
第 1 期。

［71］孙国瑞：《欧洲联盟科技合作与技术转让的法律制度》，载《科技与法律》1998 年第
3 期。

［72］冯楚建、谢其军：《国内外光伏产业政策绩效对比研究》，载《中国科技论坛》2017
年第 2 期。

［73］马忠法：《论清洁发展机制在环境友好技术转让方面存在的问题及其完善的建议》，
载《科技进步与对策》2011 年第 2 期。

［74］周宏春：《新时期、新高度、新任务：对生态文明建设的思考》，载《环境保护》

2017 年第 22 期。

[75] 王芸：《中国碳交易现状与实例研究》，华东政法大学 2010 年硕士学位论文。

[76] 朱成章：《能源供给革命：建立多元供应体系》，载《大众用电》2014 年第 10 期。

[77] 景春梅：《能源技术革命：能源革命的动力源泉》，载《经济研究参考》2016 年第 48 期。

[78] 何霄嘉等：《中国适应气候变化科技进展与新需求》，载《全球科技经济瞭望》2017 年第 2 期。

[79] 何自力：《用绿色发展理念助推美丽中国建设》，载《理论与现代化》2017 年第 5 期。

[80] 王植、李成贵：《国际竞争语境下西部加快构建绿色技术创新体系的推进策略》，载《生态经济》2022 年第 6 期。

[81] 马忠法：《试论我国向外转让专利权制度的完善——兼论制定我国统一的〈技术转让法〉》，载《复旦学报（社会科学版）》2007 年第 5 期。

二、英文文献

[1] S. Pacala, R. Socolow, "Stabilization Wedges: Solving the Climate Problem for the Next 50 Years wth Current Technologies", *Science*, Vol. 305, No. 5686, 2004.

[2] Ron Pe mick, Clint Wider, *The Clean Tech Revolution: Discover the Top Trends, Technologies, and Companies to Watch*, HarperCollins, 2008.

[3] Maria Luisa Aranda Sales, "The Role of Intellectual Property for Clean Technology Innovation in the Context of EU Environmental Policies", *Hepato-gastroenterology*, Vol. 48, No. 48, 2015.

[4] Landry, John T, "The Clean Tech Revolution: The Next Big Growth and Investment Opportunity", *Havard Business*, Vol. 85, No. 9, 2007.

[5] Blankinship, Steve., "Renewable Energy: Moving into the Mainstream", *Power Engineering*, Vol. 109, No. 1, 2005.

[6] Omar Ellabban et al., "Renewable Energy Resources: Current Status, Future Prospects and Their Enabling Technology", *Renewable and Sustainable Energy Reviews*, Vol. 39, 2014.

[7] U. S. Department of Commerce, International Trade Adinistration, Clean Energy: An Exporter's Guide to India and China.

[8] Wenying Chen and Ruina Xu, "Clean Coal Technology Development in China", *Energy Policy*, Vol. 38, No. 5, 2010.

[9] Lu, J. F. et al., "Performance Evaluation of a 220t/h CFB Boiler with Water-cooled Square Cyclones", *Fuel Processing Technology*, Vol. 88, No. 2, 2007.

[10] National Bureau of Statistics, *China Energy Statistical Yearbook*, 1991-1996; 2000-2002; 2005-2006.

［11］ P. Almeida et al. , "Are Firms Superior to Alliances and Markets?", *Organization Science*, Vol. 13, No. 2, 2002.

［12］ Teece, "Time-Cost Tradeoffs-Elasticity Estimates and Determinants for International Technology Transfer Projects", *Management Science*, Vol. 23, No. 8, 1977.

［13］ Karen Graham, "Temperatures in the Arctic Circle Hits 90° Fahrenheit This Week", *Science*, July 31, 2018.

［14］ Hedlund G. , "A Model of Knowledge Management and the N-Form Corporation", *Strategic Management Journal*, Vol. 15, 1994.

［15］ Interational Energy Agency, *CO2 Emissions from Fuel Combustion*, 2012.

［16］ Posner M. , "International Trade and Technical Change", *Oxford Economic Papers*, Vol. 13, No. 3, 1961.

［17］ Caves R. E. , "Causes of Direct Investment: Foreign Firms Shares in Canadian and United Kingdom Manufacturing Industries", *The Review of Economics and Statistics*, Vol. 56, No. 3, 1974.

［18］ Dunning, John H. "Explaining the International Direct Investment Postion of Countries: Towards a Dynamic or Developmental Approach", *Palgrave Macmillan UK*, 1982.

［19］ Nitya Nanda, Nidhi Srivastava, "Clean Technology Transfer and Intellectual Property Rights", *Sustainable Dev. L. &Pol'y*, Vol. 9, No. 3, 2009.

［20］ Rüdiger Kühr, *Japan's Transnational Environmental Policies: The case of Environmental Technology Transfer to Nenly Induscrialiing Countries*, Peter Lang, 2011.

［21］ Alessandrini D. , "Developing countries and the multilateral trade regime", *Leiden Journal of International Law*, Vol. 10, 2010.

［22］ Bronwyn H. Hall, Christian Helmers, "The Role of Patent Protection in (Clean/Green) Technology Transfer", *NBER Working Papers*, Vol. 26, No. 4, 2010.

［23］ Thomas Nagel, "The Problem of Global Justice", *Philosophy&Public Affairs*, Vol. 33, No. 2, 2005.

［24］ Frederic P. et al. , *Charles de Secondat, Baron de Montesquieu* (1689-1755), Alphascript Publishing, 2010.

［25］ Gechlik Mei, "Making Transfer of Clean Technology Work: Lessons of the Clean Development Mechanism", *Social Science Electronic Publishing*, Vol. 11, No. 1, 2009.

［26］ World Commision on Environment and Development, *Our Common Future* (*The Brunt land Report*), Oxford, 1987.

［27］ Adams B. , Luchsnger G. , Climate Justice for A Changing Planet (Elecfronic Resource): A Primer for Policy Makers and NGOs, United Nations: NaLs, UN Non-Govermental Liaison Service, 2009.

[28] UN, Transforming Our World the 2030 Agenda for Sustainable Development, 2015.

[29] James W. Coleman, Alexandra B. Klass, "Energy and Eminent Domain", *Social Science E-lectronic Publishing*, 2019.

[30] Dean B. Suagee, "Renewable Energy Service Companies for Indian Country", *Natural Resources & Environment*, Vol. 31, No. 3, 2017.

[31] Jim Murphy, "Turning Point: On the Cusp of an Energy Revolution", *Natural Resources & Environment*, Vol. 31, No. 1, 2016.

[32] Barton J. H., Osborne G. E., "Intellectual Property and Access to Clean Energy Technologies in Developing Countries: An Analysis of Solar Photovoltaic, Biofuel and Wind Technologies", *ICTSD Programme on Trade and Environment*, No. 2, 2007.

[33] Abbott F. M., "Innovation and Technology Transfer to Address Climate Change: Lessons from the Global Debate on Intellectual Property and Public Health", *Social Science Electronic Publishing*, No. 24, 2009.

[34] Donald Ziliman et al., *Innovation in Energy Law and Technology: Dynamic Solutions for Energy Transitions*, Oxford University Press, 2018.

[35] Olawuyi S. Damilola, "From Technology Transfer to Technology Absorption: Addressing Climate Technology Gaps in Africa", *Journal of Energy & Natural Resources Law*, Vol. 36, No. 1, 2018.

[36] Azam Monirul, "A Journey from Rio to Paris via Kyoto to Facilitate Technology Transfer to the LDCs under the UNFCCC", *Journal of Property, Planning and Environmental Law*, Vol. 13, No. 1, 2021.

[37] Oh Chaewoon, "Evaluation of the UNFCCC Technology Mechanism's Contribution to An International Climate Policy Framework", *International Environmental Agreements: Politics, Law & Economics*, Vol. 22, 2022.

[38] Prud'homme et al., "'Forced Technology' Transfer Policies: Workings in China and Strategic Implications", *Technological Forecasting and Social Change*, Vol. 134, 2018.

[39] Anderson et al., *Technology Transfer Law and Practice*, Haywards Heath, 2020.

[40] A. Klein Micahal, "Patents, Trade Secrets and International Technology Transfer", *Economics Letters*, Vol. 210, 2022.